"十三五"江苏省高等学校重点教材/编号 2018-2-055/
新形态一体化教材

财务业务一体化——基于金蝶 K/3 ERP 软件平台

鲁少勤　主　编

卜　凡　祁金祥　洑建红　副主编

电子工业出版社

Publishing House of Electronics Industry

北京 · BEIJING

内 容 简 介

"财务业务一体化"课程主要针对高等学校工商管理和财会等信息管理类相关专业的学生，根据企业管理信息化的目的和要求，培养学生财务与业务的信息化处理能力。本书以锻炼学生的实践技能为主要目的，以强化实践锻炼、突出技能培养为目标。全书划分为 4 个部分：财务业务一体化基础数据准备、总账系统信息化、业务系统信息化、财务子系统信息化。企业的进销存和财务等内容的一体化业务案例贯穿全书始终，力争使读者在虚拟现实中可视化地学会使用信息化手段处理企业财务和业务的技能，更好地理解企业财务与业务的关系（业务驱动财务、财务反映业务），并能更深入地理解企业业务流、资金流和信息流的集成性、实时性和共享性的内涵。

本书可作为高等职业院校工商管理和财会等信息管理类相关专业的财务业务一体化教学用书，也可作为企事业单位相关工作人员的辅导用书和参考读本。

图书在版编目（CIP）数据

财务业务一体化：基于金蝶 K/3 ERP 软件平台 / 鲁少勤主编. —北京：电子工业出版社，2019.8

ISBN 978-7-121-36367-2

Ⅰ. ①财… Ⅱ. ①鲁… Ⅲ. ①财务软件—高等职业教育—教材 Ⅳ. ①F232

中国版本图书馆 CIP 数据核字（2019）第 073024 号

责任编辑：李　静　　特约编辑：田学清
印　　刷：北京虎彩文化传播有限公司
装　　订：北京虎彩文化传播有限公司
出版发行：电子工业出版社
　　　　　北京市海淀区万寿路 173 信箱　　　　邮编：100036
开　　本：787×1 092　1/16　　印张：18.75　　字数：480 千字
版　　次：2019 年 8 月第 1 版
印　　次：2023 年 6 月第 5 次印刷
定　　价：52.00 元

凡所购买电子工业出版社图书有缺损问题，请向购买书店调换。若书店售缺，请与本社发行部联系，联系及邮购电话：（010）88254888，88258888。

质量投诉请发邮件至 zlts@phei.com.cn，盗版侵权举报请发邮件至 dbqq@phei.com.cn。

本书咨询联系方式：（010）88254604，lijing@phei.com.cn。

前　言

随着信息技术在各行各业的深入应用和企业信息化的全面推进，财务业务一体化日益成为实行现代化管理的必要条件。随着企业管理信息系统应用平台的不断更新，业务系统与财务系统逐渐趋向集成和融合，企事业单位对财务业务一体化人才的需求越来越多，对其综合性技能的要求也越来越高。为适应这种人才培养需求的变化，高等学校对于工商管理和财会等信息管理类专业学生的培养目标是：培养既懂管理科学又懂信息技术，从事企业信息化建设并承担信息技术和信息系统应用、维护和管理工作的复合型实用人才。

在复合型人才培养目标的指引下，要求信息管理类专业的课程必须紧紧围绕管理技术与信息技术进行设置。"财务业务一体化"是一门非常重要的课程，它在横向上跨越三类课程，即专业基础课、专业公共课和专业拓展方向课；在纵向上与各个能力模块紧密结合，即企业业务管理能力模块、财务管理能力模块和信息系统应用与维护能力模块。"财务业务一体化"不仅是高校工商管理和财会等信息管理类专业学生必修的课程，也是从事企业信息化建设的各类人员必须掌握的内容。

本书分为 4 个项目，共 12 个任务，选择金蝶 ERP K/3 V12.1 作为财务业务一体化系统平台，并适用于所有版本的金蝶 K/3 ERP 软件系统。以工业企业的经济业务案例贯穿全书始终，分别介绍了基于 ERP 软件平台的财务信息化、业务信息化及财务系统与业务系统之间的一体化，在 ERP 软件系统中主要涉及的模块有总账系统、采购与应付款管理、销售与应收款管理、仓存管理、委外管理、生产管理、现金管理、固定资产管理和工资管理等。

每个项目均有项目导入和项目分析，项目导入主要介绍项目的背景资料，项目分析主要介绍项目中应用的功能和内容。此外，每个任务还包括任务导读、任务实施、任务思考、举一反三和课后作业。任务导读主要介绍任务重点、企业案例和系统具备的功能，明确任务应该掌握的知识点；任务实施主要描述完成任务的具体操作和实施步骤；任务思考主要介绍在企业案例实践过程中应该重点思考的问题；举一反三主要介绍系统应用过程中具有相同或相似操作步骤的内容，引导学生进行更进一步的思考和实践；课后作业给出了企业的相应经济业务，是对任务学习的内容进行巩固和提高。本书提供了两套企业财务业务一体化的实践案例：一套企业案例贯穿企业信息化项目的全过程，融合全书的所有项目和任务，用于教师对课程教学内容的讲解；另一套企业案例是企业财务业务一体化的综合案例，案例以工业企业为蓝本，包括企业两个月的经济业务，案例中打破了 ERP 系统中各个模块的界限，是对财务业务一体化的综合应用，适用于学生对课程内容学习后的自行实践或实训教学。

作为新形态一体化教材，本书配有教学视频、教学课件和教学大纲，供授课教师在教学组织和实施过程中参考，读者可以通过出版社网站下载或向编者索取。本书既可以作为企事业单位从事信息化建设和应用人员的辅导用书和参考读本，又可以作为高等院校开设财务业务一体化、财务信息化及其实训课程的教材。

本书由常州信息职业技术学院鲁少勤任主编，常州信息职业技术学院卜凡、南通科技职业学院祁金祥和常州工业职业技术学院沈建红任副主编，常州信息职业技术学院张学东、赵丽锦、彭苏秦、李武韬，以及常州工程职业技术学院赵秀云和常州纺织服装职业技术学院王礼红等任参编，全书最后由鲁少勤统稿。另外，常州金蝶软件有限公司高级 ERP 实施顾问徐颖煜、常州为友软件科技有限公司总经理尹春秋和无锡富友云软件科技发展有限公司总经理邱转运也为本书的编写提供了企业案例素材和帮助，在此表示感谢！同时感谢电子工业出版社的编辑同志为本书的出版付出了辛勤劳动。

由于编者水平有限，书中难免存在不足之处，殷切希望读者提出宝贵意见。编者邮箱：sqlusqlusqlu@163.com。

编　者
2019 年 5 月

目　　录

中国常信计算机有限公司财务业务一体化实践案例

  中国常信计算机有限公司是一家研发、生产、销售网络计算机的企业，属于典型的离散制造工业企业。公司现有办公室、技术中心、生产制造部、销售部、采购部、财务部、仓储物流部、人力资源部、综合管理部等主要职能部门，有两个生产车间，共计两条生产线，目前采用按订单生产的方式组织生产。公司的主要客户为制造型企业、政府机关单位，以及卫生、教育、医疗等企事业单位。为了使企业有更长远的发展，提高企业的业务和财务处理能力，满足企业对业务和财务信息的准确性、及时性、共享性要求，公司决定采用 ERP 软件系统进行财务和业务的一体化管理，从而达到提高企业管理效率和管理水平的目的。

  2019 年 9 月，中国常信计算机有限公司选择金蝶 K/3 ERP 软件系统作为财务和业务处理平台，同时，在当月开始实施金蝶 K/3 ERP 软件系统。通过金蝶 K/3 ERP 软件系统构建公司各项管理制度，实现从手工业务处理到 ERP 信息化业务处理的平稳过渡，以确保公司的各项财务与业务管理规范有序，确保公司生产经营活动的顺利开展，提高公司的管理效率。

一、公司基本情况

企业名称：中国常信计算机有限公司

公司账套代码：503

账套名称：中国常信

单位地址：江苏省常州市武进区科教城信息产业园 A2-105

法人代表：李信诚

邮政编码：213164

电子邮件：sqlusqlusqlu@163.com

电话：0519-86333220

传真：0519-86333177

税号：32040256392123565X

启用期间：自然年度会计期间，2019 年 9 月

本位币：人民币

二、公司静态基础数据

1．核算参数设置

启用年度：2019 年

启用期间：第 9 期

核算方式：数量、金额核算

库存更新控制：单据审核后立即更新

2. 公司基础档案

公司使用的会计科目为 2007 年新会计准则科目，凭证字采用"记"。中国常信计算机有限公司初始化设置的基础数据如下所示。

1）公司部门、人员及权限分工（附表 1-1）

附表 1-1 公司部门、人员及权限分工

编　　号	用户名	部　门	权　　　　限
001.001	李信诚	行政部	管理员，不需授权
002.001	张华	技术部	管理员，不需授权，负责业务处理和账套管理
003.001	李萍	销售部	基础资料查询、销售管理系统
004.001	陈立波	采购部	基础资料查询、采购管理系统
005.001	李呈栋	仓储部	基础资料查询、仓存管理系统、主要负责原料仓
005.002	李明	仓储部	基础资料查询、仓存管理系统、主要负责成品仓
006.001.001	张恒	生产一部	基础资料查询、生产管理系统
006.002.001	何仁杰	生产二部	基础资料查询、生产管理系统、生产工人
007.001	张林	财务部	基础资料查询、财务管理系统、主管会计
007.002	李丽娟	财务部	基础资料查询、财务管理系统、会计员
007.003	王丽妍	财务部	基础资料查询、财务管理系统、工资管理
007.004	马剑飞	财务部	基础资料查询、财务管理系统、固定资产管理

2）币别（附表 1-2）

附表 1-2 币别

代　　码	名　　称	汇　　率
RMB	人民币	默认
USD	美元	6.83

3）修改、增加会计科目（附表 1-3）

附表 1-3 修改、增加会计科目

科目代码	科目名称	外币核算	期末调汇	核算项目
1002	银行存款	所有币别	√	
1002.01	建设银行	人民币		
1002.02	中国银行	美元	√	
1122	应收账款			客户
1123	预付账款			供应商
1221	其他应收款			
1221.01	职员			职员
1221.02	客户			客户

续表

科目代码	科目名称	外币核算	期末调汇	核算项目
1403	原材料			
1403.01	原材料			
1403.02	自制半成品			
2202	应付账款			
2202.01	暂估应付款			
2202.02	应付货款			供应商
2203	预收账款			客户
2221	应交税费			
2221.01	应交增值税			
2221.01.01	进项税额			
2221.01.05	销项税额			
5001.02	工资及福利			物料
5001.03	制造费			物料
5101	制造费用			
5101.01	材料费			
5101.02	工资及福利			
5101.03	折旧费			
6001	主营业务收入			部门、职员、物料
6602	管理费用			
6602.01	工资及福利			
6602.02	折旧费			
6602.03	通信费			部门、职员
6602.04	办公费			
6603	财务费用			
6603.01	利息			
6603.02	汇兑损益			

4）计量单位（附表1-4）

附表1-4 计量单位

组别	代码	名称	系数
重量组	kg	千克	1
	t	吨	1 000
数量组	Jian	件	1
	Xiang	箱	10
	Tiao	条	1
	Tai	台	1
	Ge	个	1
	Kuai	块	1
	Gen	根	1

5）增加结算方式（附表1-5）

附表1-5　增加结算方式

代　　码	名　　称
JF06	支票结算

6）客户档案（附表1-6）

附表1-6　客户档案

代　　码	名　　称
01	天河区（上级组）
01.01	科达公司
01.02	恒利公司
02	荔湾区（上级组）
02.01	宏丰公司
02.02	安迅公司

7）供应商档案（附表1-7）

附表1-7　供应商档案

代　　码	名　　称
01	海珠区（上级组）
01.01	恒星公司
01.02	南方公司
02	白云区（上级组）
02.01	王码公司
02.02	强发公司

8）仓库档案（附表1-8）

附表1-8　仓库档案

代　　码	名　　称
01	原材料仓库
02	半成品仓库
03	产成品仓库

9）物料资料（附表1-9）

附表1-9　物料资料

代　　码	名　　称	计量单位	计价方法	存货科目	销售收入科目	销售成本科目
001	原材料					
001.001	PHILIPS107 显示器	台	加权平均	1403.01	6051	6402
001.002	三星 T200 显示器	台	加权平均	1403.01	6051	6402
001.003	LGM4210C 显示器	台	先进先出	1403.01	6051	6402
001.004	金士顿 2GB 内存条	根	移动平均	1403.01	6051	6402

代　码	名　　称	计量单位	计价方法	存货科目	销售收入科目	销售成本科目
001.005	现代 2GB D3 内存条	根	加权平均	1403.01	6051	6402
001.006	华硕 M2A-VM 主板	块	分批认定	1403.01	6051	6402
001.007	七彩虹 CP355 主板	块	加权平均	1403.01	6051	6402
001.008	捷波悍马 H03 机箱	个	加权平均	1403.01	6051	6402
001.009	双飞燕 X7 鼠标	个	加权平均	1403.01	6051	6402
001.010	罗技 V47 激光鼠标	个	加权平均	1403.01	6051	6402
001.011	酷睿 E4500 CPU	个	加权平均	1403.01	6051	6402
001.012	酷睿 E2160 CPU	个	加权平均	1403.01	6051	6402
001.013	三星 X40 1TB 硬盘	块	加权平均	1403.01	6051	6402
001.014	IBM ThinP 1TB 硬盘	块	加权平均	1403.01	6051	6402
001.015	戴尔 SK-8115 键盘	个	加权平均	1403.01	6051	6402
001.016	Raze 黑狼蛛键盘	个	加权平均	1403.01	6051	6402
002	半成品					
002.001	超炫 X1 主机	台	加权平均	1403.02	6051	6402
002.002	欧皇 A 主机	台	加权平均	1403.02	6051	6402
002.003	腾信 C3 主机	台	加权平均	1403.02	6051	6402
003	产成品					
003.001	欧皇 ASDJ3	台	加权平均	1405	6001	6401
003.002	流吴 O8	台	加权平均	1405	6001	6401
003.003	超炫王商用 PCK2	台	加权平均	1405	6001	6401
003.004	炫彩 SDKX8PC	台	加权平均	1405	6001	6401

注：所有物料的税率均为 16%，原材料的属性为外购，半成品和产成品属性为自制。

三、系统参数设置与初始化

1．应收款管理系统

1）应收款管理系统参数

基本信息：应收款管理系统启用会计年度为 2019 年，会计期间为第 9 期，社会统一信用代码为 32040256392123565X，开户银行为中国建设银行常州市武进区花园街支行，银行账号为 9559431141000282816。

坏账计提方法为"备抵法"中的"应收账款百分比法"，计提比例为 5%，坏账损失科目为 6701，坏账准备科目为 1231。

科目设置：销售发票、收款单、退款单的会计科目均为应收账款 1122，预收单的会计科目为预收账款 2203，其他应收单的会计科目为其他应收款——职员 1221.01，应收票据科目为 1121，应交税金科目为 2221.01.05。

单据控制：反审核人与审核人为同一人，只允许修改、删除本人录入的单据，税率来源为"取产品属性的税率"。

期末处理：结账与总账期间同步。

凭证处理：使用凭证模板，预收冲应收需要生成转账凭证。

核销控制：不同订单号、合同号也能核销，审核后不自动核销。

2）应收款管理系统期初数据

中国常信计算机有限公司应收款管理系统初始应收款项如附表 1-10 所示。

附表 1-10　初始应收款项

客户/职员	时　间	事　由	价税合计（元）
科达公司	2019-07-06	销售流吴 O8 计算机 20 台，单价为 8 000 元	185 600
恒利公司	2019-08-25	销售欧皇 ASDJ3 计算机 50 台，单价为 9 000 元	522 000
张华	2019-08-26	出差借款	5 000
科达公司	2019-07-12	收到为期 90 天的商业承兑汇票	50 000
宏丰公司	2019-08-20	期初坏账，原因为企业缺少资金	12 000

2．应付款管理系统

1）应付款管理系统参数

基本信息：应付款管理系统启用会计年度为 2019 年，会计期间为第 9 期，其他信息与应收款管理系统相同。

科目设置：采购发票、付款单、退款单的会计科目均为应付账款 2202，预付单会计科目为预付账款 1123，其他应付单的会计科目为其他应付款 2241，应付票据科目为 2201，应交税费科目为 2221.01.01。

单据控制：反审核人与审核人为同一人，只允许修改、删除本人录入的单据，税率来源为"取产品属性的税率"。

期末处理：结账与总账期间同步。

凭证处理：使用凭证模板，预付冲应付需要生成转账凭证。

核销控制：不同订单号、合同号也能核销，审核后不自动核销。

2）应付款管理系统期初数据

中国常信计算机有限公司应付款管理系统初始应付款项如附表 1-11 所示。

附表 1-11　初始应付款项

供 应 商	时　间	事　由	价税合计（元）
王码公司	2019-08-16	采购 LG M4210C 显示器 20 台，单价为 900 元	20 880
强发公司	2019-08-19	采购金士顿 2GB 内存条 50 根，单价为 160 元	9 280
王码公司	2019-08-25	签发 3 月商业承兑汇票	20 000

3．固定资产管理系统

1）固定资产管理系统参数

基本设置：与公司基本信息保持一致。

账套启用会计期间为 2019 年第 9 期，与总账系统相连，允许改变基础资料编码，计提折旧。

2）固定资产管理系统期初数据

中国常信计算机有限公司固定资产管理系统期初数据如附表 1-12 至附表 1-14 所示。

附表 1-12　固定资产卡片类别

代码	名　称	使用年限	净残值率	计量单位	预设折旧方法	固定资产科目	累计折旧科目	卡片编码规则
001	房屋	50	5%	幢	动态平均法	1601	1602	FW-
002	交通工具	10	3%	辆	工作量法	1601	1602	JT-
003	生产设备	10	3%	台	双倍余额递减法	1601	1602	SC-
004	办公设备	5	5%	台	平均年限法	1601	1602	BG-

附表 1-13　固定资产存放地点

代　码	名　称
01	车间
02	办公室
03	车库

附表 1-14　固定资产初始数据

资产编码	FW-001	JT-001	SC-001
名称	办公楼	小汽车	组装机器人
类别	房屋及建筑物	交通工具	生产设备
计量单位	幢	辆	台
数量	1	1	2
变动日期	2004.8.30	2014.5.7	2012.12.5
存放地点		车库	车间
经济用途	经营用	经营用	经营用
使用状态	正常使用	正常使用	正常使用
变动方式	自建	购入	购入
使用部门	行政部	销售部、行政部（各50%）	生产部
折旧费用科目	管理费用——折旧费	管理费用——折旧费	制造费用——折旧费
币别	人民币	人民币	人民币
原币金额	1 000 000	400 000	600 000
购进累计折旧	无	无	无
开始使用日期	2004.9.1	2014.6.1	2013.1.1
已使用期间	180	工作总量：30万公里，已使用18万公里	80
累计折旧金额	280 000	220 000	400 000
折旧方法	平均年限法	工作量法	双倍余额递减法

4. 工资管理系统

在工资管理系统参数中工资类别为全体职工。结账与总账期间同步，结账前必须先审核。

5. 现金管理系统

1）现金管理系统参数

结账与总账期间同步。

2）现金管理系统期初数据

银行存款——建设银行的期初未达账项如附表 1-15 所示。其中建设银行的开户信息：开户银行为中国建设银行常州市武进区花园街支行，银行账号为 9559431141000282816。中国银行的开户信息：开户银行为中国银行常州市支行，银行账号为 6217856110008283586。

附表 1-15　银行存款——建设银行的期初未达账项

未 达 账 项	事　　　由	金　额（元）
企业银行存款日记账初始金额		1 290 000
银行已收，企业未收	8 月 27 日收到恒利公司的货款转账	7 800
银行已付，企业未付	8 月 23 日代付水电费	2 500
银行对账单初始金额		1 294 000
企业已收，银行未收	8 月 25 日收到科达公司支票	4 500
企业已付，银行未付	8 月 28 日开出支票给王码公司	3 200

通过附表 1-16 可以查看库存现金和银行存款的初始数据。

附表 1-16　总账系统期初数据

科 目 名 称	外币／数量	汇　率	借方金额（元）	贷方金额（元）
库存现金			36 000	
银行存款——建设银行			1 290 000	
银行存款——中国银行	20 000	6.83	136 600	
原材料——原材料			538 850	
原材料——自制半成品			760 000	
库存商品			1 346 000	
其他应收款——职员			5 000	
应收账款			707 600	
应收票据			50 000	
坏账准备				35 380
固定资产			2 000 000	
累计折旧				900 000
应付账款				30 160
应付票据				20 000
短期借款				800 000
应付职工薪酬				50 000
实收资本				4 000 000
本年利润				1 034 510
合计			6 870 050	6 870 050

6．总账系统

1）总账系统参数

基本信息：本年利润科目为 4103，利润分配科目为 4104，数量单价位数为 2。

凭证：凭证过账前必须审核，不允许修改/删除业务系统凭证，新增凭证检查凭证号，新增凭证自动填补断号。

2）总账系统期初数据

中国常信计算机有限公司总账系统各个会计科目的期初数据如附表 1-16 所示。

7．业务系统

1）业务系统参数

核算系统选项：暂估差额生成方式为"单到冲回"。

供应链整体选项：取消"若应收应付系统未结束初始化，则业务发票不允许保存"，采购系统启用新单多级审核，并设置 Administrators 组中的所有人均有权审核。

2）业务系统期初数据

中国常信计算机有限公司各个仓库的期初数据如附表 1-17 所示。

附表 1-17　各个仓库的期初数据

仓　　库	物 料 名 称	数　　量	单　价（元）	金　　额（元）
原材料仓库	三星 T200 显示器	100 台	650	65 000
	LGM4210C 显示器	200 台	900	180 000
	金士顿 2GB 内存条	200 根	160	32 000
	现代 2GB D3 内存条	100 根	170	17 000
	华硕 M2A-VM 主板	200 （批号 236）块	600	120 000
	罗技 V47 激光鼠标	150 个	100	15 000
	IBM ThinP 1TB 硬盘	50 块	400	20 000
	戴尔 SK-8115 键盘	255 个	70	17 850
	酷睿 E4500 CPU	120 个	600	72 000
半成品仓库	超炫 X1 主机	50 台	5 200	260 000
	欧皇 A 主机	50 台	4 800	240 000
	腾信 C3 主机	80 台	3 250	260 000
产成品仓库	欧皇 ASDJ3	100 台	7 200	720 000
	流吴 O8	80 台	6 000	480 000
	超炫王商用 PCK2	20 台	7 300	146 000

启用期前未完成的采购业务：2019 年 8 月 14 日收到恒星公司发来的三星 T200 显示器（001.002）50 台，每台暂估价为 620 元，入原材料仓库。

启用期前未完成的销售业务：2019 年 8 月 28 日向恒利公司发出商品流吴 O8 计算机（003.002）100 台，每台成本为 6 000 元，从产成品仓发出。

四、总账系统处理

（1）9月1日，收到江川股份有限公司投入的资金 100 000 美元，存入中国银行。

（2）9月2日，以银行存款——建设银行支付广告费 3 800 元。

（3）9月3日，计提本月短期借款利息 500 元。

（4）9月4日，从银行存款——建设银行提取现金 10 000 元（使用模式凭证）。

（5）9月5日，以现金支付采购部陈立波通信费 1 200 元。

（6）9月6日，收到宏丰公司交来的违约罚款 85 500 元，存入建设银行。

（7）9月7日，计提本月行政人员工资 42 000 元，车间管理人员工资 12 000 元，生产流吴 O8 计算机的车间工人工资 6 800 元。

（8）9月8日，对所有凭证进行复核、审核和过账。

（9）9月9日，发现9月4日所做的记账凭证中有错误，当日实际提取的现金为 1 000 元。

（10）9月10日，使用自动转账方式，将制造费用结转至生产成本——制造费账户，其中制造费用的分配比例为：流吴 O8 计算机占 60%，欧皇 ASDJ3 计算机占 40%。

（11）9月30日，对中国银行存放的美元账户进行期末调汇，将汇率从 6.83 调整为 6.88。

（12）9月30日，对所有损益类账户进行结转损益。

（13）9月30日，对所有凭证进行复核、审核、过账，查看各个总分类账、明细分类账、科目余额表和试算平衡表。

五、财务报表设计与制作

（1）编制 2019 年 9 月中国常信计算机有限公司自定义科目简表，简表的格式与内容如附表 1-18 所示。

附表 1-18　中国常信计算机有限公司自定义科目简表

简　表

单位名称：中国常信计算机有限公司　　　　　　　2019-09-30　　　　　　　　　单位：元

	资 产 资 料		损 益 资 料	
	期 初 数	期 末 数	本期借方发生额	本年借方累计发生额
库存现金				
货币资金				
应收账款——科达公司				
管理费用				
合　计				

单位负责人：　　　　　　　　　　会计主管：　　　　　　　　　　　　制表人：

（2）编制 2019 年 9 月中国常信计算机有限公司货币资金表，表格的格式与内容如附表 1-19 所示。

附表 1-19　中国常信计算机有限公司货币资金表

货币资金表

单位名称：中国常信计算机有限公司　　　　　　　2019-09-30　　　　　　　　　　单位：元

项　目	期 初 余 额	借方发生额	贷方发生额	期 末 余 额
库存现金				
银行存款——建设银行				
银行存款——中国银行				
其他货币资金				
合　计				

单位负责人：　　　　　　　　　会计主管：　　　　　　　　　　　制表人：

（3）编制 2019 年 9 月中国常信计算机有限公司资产负债表。

（4）编制 2019 年 9 月中国常信计算机有限公司利润表。

（5）编制 2019 年 9 月中国常信计算机有限公司现金流量表。

六、业务系统基本业务处理

1．采购业务

（1）2019 年 9 月 12 日，仓储部保管员李明向采购部申请采购捷波悍马 H03 机箱 100 个，当日，采购部业务员陈立波与王码公司进行协商，双方约定机箱的不含税单价为 120 元，并签订采购订单。9 月 14 日，向王码公司采购的货物到达公司，采购部业务员陈立波向仓储部保管员李明发出收料通知单，同日，李明做收货和入库处理。9 月 15 日，陈立波收到王码公司发来的采购增值税发票和 200 元人工装卸费发票，并转交财务部入账。

（2）2019 年 9 月 16 日，仓储部保管员李明发现 12 日采购的捷波悍马 H03 机箱中有 2 个损坏，陈立波与王码公司协商后，对方同意退货。

（3）2019 年 9 月 17 日，陈立波收到 2019 年 8 月 14 日向恒星公司采购 50 台三星 T200 显示器的增值税发票，显示器的不含税单价为 650 元，发票已转交财务部入账，并对期初的暂估入库单进行调整。

2．销售业务

（1）2019 年 9 月 12 日，销售部业务员李萍与宏丰公司签订向其销售 10 台流吴 O8 计算机的销售订单，计算机的不含税单价为 7 000 元，对方要求 14 日交货。14 日，李萍通知仓库保管员李明向宏丰公司发货，同日，李明做出库处理，同时将财务部开出的销售增值税发票连同货物一起送往客户。

（2）9 月 15 日，宏丰公司向中国常信计算机有限公司退货 2 台流吴 O8 计算机，退回的计算机入产成品仓库，财务部开出红字增值税发票进行红冲处理。

（3）查看本月销售订单执行情况明细表。

3．仓存业务

（1）2019 年 9 月 13 日，生产一部张恒从仓库领了 5 台欧皇 A 主机、5 台三星 T200 显示器、5 个戴尔 SK-8115 键盘和 5 个罗技 V47 激光鼠标用于生产欧皇 ASDJ3 计算机，物料的发货人和保管人都为李明。

（2）2019 年 9 月 14 日，生产一部张恒将生产完工的 5 台欧皇 ASDJ3 计算机交给仓库。

（3）2019 年 9 月 16 日，行政部从仓库领了 2 个罗技 V47 激光鼠标用于行政办公。

（4）2019 年 9 月 17 日，中国常信计算机有限公司收到恒星公司发来的产品样本：3 个罗技 V47 激光鼠标和 3 个戴尔 SK-8115 键盘，入原材料仓库。

（5）2019 年 9 月 18 日，原材料仓库盘盈现代 2GB D3 内存条 20 根，盘亏 LGM4210C 显示器 1 台。

（6）2019 年 9 月 15 日，中国常信计算机有限公司向恒星公司发出委外订单，要加工 10 台超炫 X1 主机，每台计算机委外加工费为 200 元（不含税），税率为 16%。16 日，发出委外加工的原材料（10 个捷波悍马 H03 机箱，10 根金士顿 2GB 内存条，10 个华硕 M2A-VM 主板，10 块 IBM ThinP 1TB 硬盘）。17 日，10 台超炫 X1 主机委外加工完成，李明填制委外加工入库单，入半成品仓库，委外加工费发票送至财务部入账。

（7）查看现有库存量和物料收发存汇总表。

4．生产与计划业务

（1）新建超炫王商用 PCK2 计算机 BOM（物料清单）。超炫王商用 PCK2 计算机分别由超炫 X1 主机、三星 T200 显示器、罗技 V47 激光鼠标和戴尔 SK-8115 键盘组成，构成的数量都是 1。

（2）2019 年 9 月 12 日，销售部业务员李萍接到安迅公司的销售订单，对方订购 450 台超炫王商用 PCK2 计算机，不含税单价为 7 850 元，要求 9 月 20 日交货。生产计划员何仁杰根据销售订单运算 MRP（物料需求计划）。

（3）2019 年 9 月 13 日，采购部李萍根据 MRP 运算的结果，与南方公司签订采购订单，三星 T200 显示器的采购单价为 650 元，罗技 V47 激光鼠标的采购单价为 100 元，戴尔 SK-8115 键盘的采购单价为 75 元，捷波悍马 H03 机箱的采购单价为 120 元，金士顿 2GB 内存条的采购单价为 160 元，华硕 M2A-VM 主板的采购单价为 600 元，IBM ThinP 1TB 硬盘的采购单价为 420 元，以上均为不含税单价。9 月 14 日，货到，仓库保管员做入库处理，同时采购增值税发票送达财务部入账。

（4）2019 年 9 月 14 日，下达半成品超炫 X1 主机的生产任务给生产一部，生产工人张恒进行生产领料，9 月 15 日将生产完工的超炫 X1 主机送至半成品仓库存放。9 月 16 日，下达产成品超炫王商用 PCK2 计算机的生产任务给生产二部，生产工人何仁杰进行生产领料，9 月 19 日，把生产完工的超炫王商用 PCK2 计算机送至产成品仓库存放。

（5）2019 年 9 月 20 日，李萍通知仓储部发货，将销售发票与货物一起送往安迅公司。

5．存货核算业务

2019 年 9 月 30 日，系统管理员张华进行存货成本核算处理，具体业务如下所示。

（1）核算本期外购入库业务成本。

（2）按期初加权平均价，分别核算本期其他入库成本、盘盈入库成本。

（3）经过测算，本期超炫 X1 主机、超炫王商用 PCK2 计算机和欧皇 ASDJ3 计算机的生产成本分别为 5 000 元、6 600 元和 6 500 元，对其进行产品入库成本核算。

（4）核算超炫 X1 主机的委外加工入库成本。

（5）核算本期材料发出成本。

（6）核算本期产品发出成本。

（7）查看 2019 年第 9 期的存货收发存汇总表。

七、业务与财务一体化处理

（一）采购发票账务处理与应付款管理

1．采购发票业务账务处理

（1）根据本期采购增值税发票生成记账凭证，并将其传递给总账系统。

（2）根据本期采购费用发票生成记账凭证，并将其传递给总账系统。

2．应付款管理业务处理

（1）2019 年 9 月 30 日，以银行存款——建设银行支付 2019 年 8 月 19 日向强发公司采购金士顿 2GB 内存条的欠款 9 280 元。

（2）2019 年 9 月 30 日，以银行存款——建设银行向恒星公司预付购货款 20 000 元。

（3）2019 年 9 月 30 日，向王码公司签发一张为期 3 个月的商业承兑汇票，用于支付 2019 年 9 月 12 日采购业务所欠的货款 13 920 元。

（4）查看应付款项明细表。

（5）查看应付款项账龄分析。

（6）应付款管理系统与总账系统对账。

（二）销售发票账务处理与应收款管理

1．销售发票业务账务处理

（1）根据本期销售增值税发票生成记账凭证，并将其传递给总账系统。

（2）在 2019 年 9 月 14 日宏丰公司的销售业务中，发生人工装卸费 200 元，费用由公司使用现金垫付。

2．应收款管理业务处理

（1）2019 年 9 月 16 日张华出差归来，交还剩余的现金 800 元（原借款为 5 000 元）。

（2）2019 年 9 月 17 日，收到 9 月 12 日销售给宏丰公司 10 台流吴 O8 计算机的货款 80 000 元，存入建设银行。

（3）2019 年 9 月 18 日收到恒利公司为期 2 个月的商业承兑汇票一张，用于支付 2019 年 8 月 25 日 50 台欧皇 ASDJ3 计算机的货款 522 000 元。

（4）2019 年 9 月 19 日，收到安迅公司购货预付款 50 000 元，存入建设银行。

（5）2019 年 9 月 20 日，用现金支付李萍出差借款 3 000 元。

（6）计提本月坏账准备。

（7）查看应收款项报表并对账。

（三）仓存业务账务处理与凭证生成

1．入库业务

（1）外购入库业务。对本期的外购入库单进行账务处理，生成记账凭证。

（2）产品生产完工入库业务。分别对 2019 年 9 月 14 日生产完工的 5 台欧皇 ASDJ3 计算机、9 月 15 日生产完工的超炫 X1 主机和 9 月 19 日生产完工的超炫王商用 PCK2 计算机，进行账务处理，生成记账凭证。

（3）其他入库业务。对 2019 年 9 月 17 日恒星公司发来的产品样本进行账务处理，生成记账凭证。

（4）盘盈入库业务。对 2019 年 9 月 18 日原材料仓库盘盈物料进行账务处理，生成记账凭证。

（5）委外加工入库业务。对 2019 年 9 月 17 日的委外加工入库，以及委外加工费发票进行账务处理，生成记账凭证。

2．出库业务

（1）销售出库业务。对本期的销售业务进行账务处理，根据销售出库单生成销售成本凭证。

（2）生产领料业务。分别对 2019 年 9 月 13 日生产欧皇 ASDJ3 计算机、9 月 14 日生产超炫 X1 主机和 9 月 16 日生产超炫王商用 PCK2 计算机的生产领料单进行账务处理，生成 3 张记账凭证。

（3）其他出库业务。对 2019 年 9 月 16 日行政部领用的 2 个罗技 V47 激光鼠标进行账务处理，生成记账凭证。

（4）盘亏毁损业务。对 2019 年 9 月 18 日仓库盘亏的物料进行账务处理，生成记账凭证。

（5）委外加工出库业务。根据 2019 年 9 月 16 日的委外加工出库进行账务处理，生成记账凭证。

3．业务系统与总账系统对账

通过存货核算系统中的对账功能，对仓存管理系统中物料数据和总账系统中存货数据进行核对。

八、现金管理系统业务处理

（1）会计人员张林登记现金日记账并与总账系统对账。

（2）会计人员张林编制每日现金盘点单。

（3）会计人员张林登记银行存款日记账，填制银行对账单，编制银行存款余额调节表，并与总账系统对账。

九、固定资产管理系统业务处理

（1）2019 年 9 月 19 日，公司购买办公桌三套，当日由行政部门投入使用，总计 24 000 元，以银行存款支付相关款项。

（2）2019 年 9 月 1 日，公司决定对办公楼进行整体装修，装修工作于 20 日结束并投入使用，金额为 200 000 元，以银行存款支付。

（3）2019 年 9 月 21 日，固定资产卡片中的一台组装机器人报废，清理费用为 500 元，以现金支付，报废残值收入为 10 000 元。

（4）2019 年 9 月小汽车行驶里程为 2 000 公里，计提本月固定资产累计折旧。

（5）查看 2019 年 9 月固定资产清单和固定资产价值变动表。

十、工资管理系统业务处理

（1）设置全体职工工资管理基础数据。

从总账系统中引入部门与职员数据。设置全体职工工资类别中的工资项目为：基本工资、加班小时、加班费、奖金、其他扣款、代扣税、应发合计、实发合计和扣款合计。其中，加班费=加班小时×20，应发合计=基本工资+加班费+奖金，扣款合计=其他扣款+代扣税，实发合计=应发合计-扣款合计。

设置所得税计算参数，公司采用含税级距税率（2019 年新个人所得税税率）计算所得税，以税前的实发合计为应纳税额。

（2）工资录入与计算。

2019 年 9 月中国常信计算机有限公司职工工资表如附表 1-20 所示。

附表 1-20　2019 年 9 月中国常信计算机有限公司职工工资表

编　号	用户名	部　门	基本工资（元）	加班小时	加班费（元）	奖金（元）	其他扣款（元）
001.001	李信诚	行政部	5 500	0	0	3 500	1 800
002.001	张华	技术部	4 600	12	240	2 200	450
003.001	李萍	销售部	3 500	0	0	6 300	450
004.001	陈立波	采购部	3 500	10	200	2 300	450
005.001	李呈栋	仓储部	3 500	23	460	2 200	450
005.002	李明	仓储部	3 500	26	520	2 350	200
006.001.001	张恒	生产一部	3 300	25	500	1 860	280
006.002.001	何仁杰	生产二部	3 300	20	400	2 250	200
007.001	张林	财务部	3 500	0	0	2 600	280
007.002	李丽娟	财务部	3 500	20	400	2 400	200
007.003	王丽妍	财务部	3 300	20	400	1 200	200
007.004	马剑飞	财务部	3 300	15	300	1 350	200

根据附表 1-20 中的内容，录入各部门员工的工资数据，并计算税前应发合计、扣款合

计和实发合计。

（3）计算职工工资并在工资表中导入所得税数据。

（4）审核工资数据并生成凭证。

扫一扫　　中国常信计算机有限公司财务业务一体化实践案例

项目一 财务业务一体化基础数据准备

📥 项目导入

中国常信计算机有限公司是一家研发、生产、销售网络计算机的企业，属于典型的离散制造工业企业。公司现有办公室、技术中心、生产制造部、销售部、采购部、财务部、仓储物流部、人力资源部、综合管理部等主要职能部门，有两个生产车间，共计两条生产线，目前采用按订单生产的方式组织生产。公司的主要客户为制造型企业、政府机关单位，以及卫生、教育、医疗等企事业单位。为了使企业有更长远的发展，提高企业的业务和财务处理能力，满足企业对业务和财务信息的准确性、及时性、共享性要求，公司决定采用 ERP 软件系统进行财务和业务的一体化管理，从而达到提高企业管理效率和管理水平的目的。

2019 年 9 月，中国常信计算机有限公司选择金蝶 K/3 ERP 软件系统作为财务和业务处理平台，同时，在当月开始实施金蝶 K/3 ERP 软件系统。通过金蝶 K/3 ERP 软件系统构建公司各项管理制度，实现从手工业务处理到 ERP 信息化业务处理的平稳过渡，以确保公司的各项财务与业务管理规范有序，确保公司生产经营活动的顺利开展，提高公司的管理效率。

🔍 项目分析

中国常信计算机有限公司在实施财务与业务一体化 ERP 软件系统之前，要完成多项基础数据的准备工作。这些基础准备工作主要包括：成立企业信息化项目组织、系统建账、公司职员岗位职责权限与分工、财务系统基础数据准备、业务系统基础数据准备等，在完成各项期初数据的收集与整理之后，再完成 ERP 软件系统中财务与业务系统的初始化工作。

金蝶 K/3 ERP 系统初始化设置流程包括初始化准备、系统参数设置、基础资料设置、初始数据录入和结束初始化。

（1）初始化准备。充足的初始化准备工作能让整个系统的初始化设置工作顺利进行，其准备工作包括准备账套启用时各个会计科目的期初余额、本年累计借贷方金额、币别、客户档案、供应商档案、仓库档案和物料资料等。

（2）系统参数设置。系统参数设置在金蝶 K/3 ERP 系统中具有非常重要的地位，正确的系统参数在业务处理时能有效地进行控制，如凭证是否需要审核才能过账等。

（3）基础资料设置。在财务业务一体化系统中，所有的单据都由基础资料生成，正确、完备地把基础资料输入系统中，可以提高各个系统的工作效率，并能保证数据的准确性，从而实现各个系统之间数据共享的目的。

（4）初始数据录入。在启用 ERP 系统之前，需要把财务系统和业务系统的期初数据录入系统中，以反映系统启用前的数据状态。这些数据包括期初未完成的采购、销售、委外业务数据，以及期初库存数据、期初总账数据、期初应收款数据、期初应付款数据、期初固定资产数据和期初现金数据等，同时各个系统之间的数据要保持一致。

（5）结束初始化。所有的期初数据录入完成之后，即可结束初始化工作，只有结束初始化工作之后才能进行日常的业务处理，如填制采购入库、销售发票，录入记账凭证等。

任务一　财务业务一体化系统

任务导读

财务信息化的发展历程
财务业务一体化的作用
财务业务一体化系统及其构成内容
财务业务一体化的实施过程
金蝶 K/3 ERP 软件系统及其安装

✅ 任务重点

如今，ERP 软件系统已经成为企业财务业务一体化管理的主要平台和工具。本任务阐述了财务业务一体化的概述、发展历程、作用、意义，以及财务信息系统的构成，要求从整体上了解财务业务一体化的内涵和发展方向，重点掌握财务业务一体化包含的功能模块和内容，深入理解企业实施财务业务一体化的途径和方法，同时掌握金蝶 K/3 ERP 软件系统的安装。

✅ 任务实施

一、财务业务一体化的内涵

1. 财务业务一体化概述

财务业务一体化的基本思想是在包含网络、数据库、管理软件平台等要素的 IT 环境下，将企业经营中的三大主要流程，即业务流程、财务会计流程、管理流程有机融合，将计算机的事件驱动概念引入流程设计，建立基于业务事件驱动的财务一体化信息处理流程，使财务数据和业务融为一体。在这一指导思想下，将企业的经营信息按使用动机不同划分为若干业务事件。当业务事件发生时，利用事件驱动来记录业务，处理经济业务和财务数据时，按经济业务和财务信息处理规则将企业的财务、业务和管理信息集中于同一个数据库。当需要信息时，具有数据使用权的各类人员通过软件系统的各类工具自动输出所需信息。这样就最大限度地实现了数据共享并能实时控制经济业务，真正将会计控制职能发挥出来。

ERP 软件系统平台是现代企业普遍采用的一种财务业务一体化管理工具。ERP 软件系统可以跨地域、跨部门使用，实现进销存业务与财务的一体化管理，使企业各种经济活动信息充分共享，消除信息孤岛现象。ERP 软件系统集成了总账管理、报表管理、现金管理、工资管理、固定资产管理等财务管理功能，同时还集成了采购管理、销售管理、仓存管理、生产计划管理和存货核算管理等业务管理功能，并且还包含了成本控制和人力资源管理的部分内容。因此，ERP 系统对企业加强采购环节的资金控制、减少库存，加强对企业应收账款的管理、减少坏账损失，强化财务控制及全面加强企业业务流程管理等，都发挥了重要作用，已经成为财务业务一体化的必备工具。

财务业务一体化也是企业实施 ERP 时重点关注的内容，财务管理也是 ERP 的核心模块和重要职能。目前，在 ERP 系统中，吸收了国际先进企业的财务管理经验，财务系统不仅在各模块充分集成，而且与供应链和生产制造等系统也达到了无缝集成，改善了财务管理流程。财务管理模块完成了从事后财务信息的反映，到财务业务一体化处理，再到多层次、全方位财务管理支持的转变。强调了面向业务流程的财务信息的收集、分析和控制，支持基于网络的财务业务一体化处理和企业的全球化经营，全面地提供业务经营信息和财务数据，为企业战略决策和业务操作等各层次的管理提供服务和决策支持。

2. 财务业务一体化的发展历程

1954 年 10 月，美国通用电气公司第一次使用 UNIAC-1 型计算机计算职工工资，计算机开始进入会计数据处理领域。60 多年以来，随着会计本身和计算机硬件、软件技术的不断进步，计算机在会计中的应用也逐步普及和深入发展。纵观整个发展过程，计算机在会计中的作用大致经历了以下几个阶段。

1）单项数据处理阶段（20 世纪 50 年代初至 20 世纪 60 年代中期）

这是计算机在会计中应用的初级阶段。在这一阶段中，计算机逐步取代了沿用近半个世纪的以穿孔卡片为输入方式的会计机器，成为数据处理的重要工具。计算机主要用于数据量大、业务简单、重复次数多的经济业务中，如工资计算、库存材料的收发核算等。它以模拟手工会计的核算方式，替代了部分手工劳动，提高了这些业务的工作效率。限于当时计算机硬件、软件的技术水平，这一阶段的数据处理方式一般采用单机的批处理方式。

2）数据处理系统阶段（20 世纪 60 年代中期至 20 世纪 70 年代初期）

这是计算机在会计中应用的第二阶段。在这一阶段中采用小规模集成电路的第三代计算机得到了比较广泛的应用；出现了能随机存储的外存储设备（磁盘）；操作系统日趋成熟，具有处理机管理、存储管理、设备管理、文件管理、作业管理和信息定时处理功能的通用操作系统问世。计算机硬件、软件技术的不断发展为计算机在会计中的应用开辟了广阔的发展空间。会计数据的处理基本实现了自动化，逐步形成了完整的电算化会计核算系统。计算机几乎完成了手工簿记系统的全部业务，并打破了手工方式下的一些常规结构，更重视数据的综合加工处理，更好地为分析、预测、决策和企业日常管理服务。

3）财务信息化阶段（20 世纪 70 年代至 21 世纪初）

20 世纪 70 年代以来，计算机技术发展迅猛，微型计算机出现并迅速得到广泛的应用。计算机网络和远程通信技术的出现、数据库管理系统的应用、计算机功能的大大增强及其价格的不断降低，为计算机在各个领域的广泛应用提供了良好的条件，计算机化的管理信息系统逐步形成和发展。会计信息系统开始从主要处理历史数据的日常业务型，发展为能向各管理层提供各种管理信息，进行财务计划、分析、预测、决策，具有管理信息系统特征的电算化会计信息系统，并在企业的管理信息系统中占据主体地位。

财务信息化是以计算机为主的当代电子技术和信息技术应用到会计实务中的简称，是用计算机代替人工记账、算账、报账，以及部分代替人脑完成对会计信息的分析、预测、决策的过程。财务信息化是现代社会化大生产和新技术革命的必然产物，它不仅是会计数据处理手段的变革，而且必将对会计理论和实务产生深远的影响。

4）财务业务一体化阶段（21世纪初至今）

随着信息技术和全球经济的发展，财务业务一体化完成了对财务信息化含义的进一步引申和发展。它不仅指计算机技术在会计工作中的应用，而且指其他相关的工作，如财务信息化制度的建立、企业信息化人才的培训、企业管理信息化、企业信息档案管理、财务管理信息化、业务管理及流程的信息化等。所以，财务业务一体化不仅是指狭义上的电子计算机技术在会计实务中的应用，更是指财务信息化和业务信息化及其相关业务流程的管理工作。

步入21世纪以后，随着信息技术和网络技术的发展，智能制造产业正在全球范围内广泛兴起，世界上多个国家都出台了智能制造的国家战略和行动计划。2015年5月8日，我国国务院发布了《中国制造2025》，这是我国制造强国战略的第一个十年纲领性文件。同时，为贯彻落实《中华人民共和国国民经济和社会发展第十三个五年规划纲要》《国务院关于深化制造业与互联网融合发展的指导意见》《中国制造2025》文件精神。2016年8月，工业和信息化部等（以下简称工信部）四部委联合发布《智能制造工程实施指南（2016-2020）》。2016年9月28日，工信部联合财政部正式发布了《智能制造发展规划（2016-2020年）》。这些文件的发布和实施，标志着我国现代制造工业正式进入了"智能制造"时代，"互联网+先进制造业+现代服务业"将成为中国经济发展的新增长点和传统工业经济转型升级的战略方向。随着国家各个战略方针的建立，在财务业务一体化领域，企业也由原来的会计电算化逐渐向财务信息化、信息化与工业化融合、财务业务一体化和财务智能化方向发展，财务会计工作由原来传统的会计核算工作逐渐与预算管理、财务管理、经济业务管理等相互融合，在其内容上也体现为财务与业务的一体化和智能化，这样使企业信息化能够更好地服务于企业的经营决策和国家国民经济的发展。

二、财务业务一体化的作用与意义

财务业务一体化是传统会计信息处理技术的重大变革，对会计工作和业务处理的各方面都产生了深远的影响，对于提高会计核算质量、促进会计职能转变、加强国民经济宏观管理，都有十分重要的作用。

1）减轻财务人员的劳动强度，提高工作效率

实现财务业务一体化后，只需将原始会计数据输入计算机，大量的数据计算、分类、归集、汇总、分析等工作全部由计算机完成。这就将财务人员从繁杂的记账、算账、报账中解脱了出来，减轻了其劳动强度。同时，由于计算机处理速度快，是手工处理速度的几

百倍、几千倍，从而使大量的会计信息得到及时、迅速的处理。财务和业务处理流程的优化、财务业务的一体化及信息传递方式的改变极大地提高了业务和管理工作的效率，使管理控制和效率的矛盾得到改善，处理业务的同时自动产生会计信息，使业务与财务有机衔接。

2）促进业务工作和财务工作的规范化，提高财务工作的质量

现代化的管理信息平台使基于流程管理的业务处理过程逐步规范化，管理信息透明化，管理控制的有效性得以提高。在传统的手工会计工作中，由于工作量大、业务繁杂等原因，易出现错记、漏记等问题，账证表难以规范、统一。实现财务信息化后，软件采用先进的技术对输入数据进行校验，防止非法数据的进入，如一张借贷不平的凭证，系统就会拒绝接收，从而保证了会计信息的合法性、完整性，促进了会计工作的规范化，提高了会计信息的质量。

3）促进会计工作职能的转变，提高企业的管理水平

财务作为管理活动的一个重要组成部分，不仅具有核算、监督的基本职能，还能通过分析进行预测并参与经济决策。传统手工处理方式下，财务人员整天忙于记账、算账、报账，很难有时间和精力对会计信息进行分析，参与经济决策。同时，由于手工处理方式的客观限制，会计信息难以得到全面、详细、及时、准确的处理，使分析、预测缺少科学的依据。实现财务业务一体化之后，不仅可以将会计人员从繁杂的事务中解放出来，使他们把主要精力用于经济活动的分析、预测，同时也提供了更全面、更科学的决策依据，企业决策支持能力和持续发展能力得到增强，为管理者特别是中层及高层管理人员提供了多角度查询、统计和分析功能及手段，更加充分地发挥会计的预测和决策职能。

4）促进企业员工整体素质的提高

财务业务一体化对财务人员和业务管理人员提出了更高的要求。一方面，财务信息和业务信息的处理方式发生了改变，要求企业人员学习和掌握更多企业信息化管理方面的知识；另一方面，管理职能的转变需要企业人员更多地参与经济活动的分析、预测，探索和研究经济活动的规律。

5）促进企业整体竞争力的提升

财务业务一体化使企业实现了以物流为依据、以信息流为核心、以商流为主体的全新运作方式，极大地提高了企业的工作效率和竞争能力。一是企业经营管理理念得到了全面更新和提升，员工素质不断提高，企业竞争力不断加强。二是财务业务一体化改变了企业的业务处理方式和管理方式，促进了企业管理的变革和创新。三是财务业务一体化促进了企业基础工作能力的加强，实现了信息高度集成与共享，改变了过去的信息孤岛状况。

三、财务业务一体化系统的构成

1. 数据和信息

数据是反映客观事物的性质、形态、结构和特征的符号，其表现形式可以是数字、文字、图形、表格和专用符号等。

数据的概念包括数据的内容和数据的形式两个方面。数据的内容是客观实体属性的反映，是属性名与属性值的统一；数据的形式是记录的符号，借助于一定的符号来记录客观

实体的属性。

会计数据是指采用"单、证、账、表"等基本形式表现的各种未加工的数字、文字、图表与特殊符号的集合。信息是指经过加工处理的有用数据，它用文字、图形、数字等形式，对客观事物的性质、形态、结构和特征等方面进行反映，帮助人们了解客观事物的本质。信息必然是数据，但数据不一定是信息，有用的数据才成为信息。信息和数据既有联系，也存在差别。信息具有共享性、时效性、压缩性、传输性、等级性、扩充性、转换性、寄载性等特征。

会计信息是指在会计管理中需要的各种数据，包括资产和负债信息、生产费用和成本信息、利润和分析信息等。从其使用层次看，会计信息可分为财务信息、定向信息和决策信息。

财务信息是指反映已发生的经济活动的信息，如凭证、账簿所反映的内容。

定向信息是指管理所需的特定信息，如本期经营状况，与计划或历史资料进行比较的分析报告。

决策信息是指具有决策性质或为决策活动服务的信息，如年度销售规划、本量利分析信息等。

2. 系统和信息系统

系统是指由一些相互联系、相互作用的元素，为实现某一目的而组成的具有一定功能的有机整体。例如，一个企业是一个系统，由生产、销售、管理等部门构成，其目标是通过产品的生产、销售，提高企业经济效益。

系统可以划分为若干个子系统。例如，企业这个系统可以划分为供应、生产车间、销售、财务、人事等子系统，而财务子系统又可以划分为会计核算子系统和财务管理子系统。

以提供信息为目的，输入的是数据，经过加工处理然后输出的是信息的系统，称为信息系统。一般信息系统都具有输入、加工处理、传输、存储和输出等功能。如果这些功能是由计算机完成的，则称为计算机信息系统。

3. 会计信息系统

会计信息系统（Accounting Information System，AIS）是一个组织处理会计业务，并为管理者和决策者提供信息的系统。它通过收集、加工、存储、传送和利用会计信息，对经济活动进行反映和控制。

作为管理信息系统的一个子系统，会计信息系统也是一个人机系统。从系统组成来看，它是由计算机硬件设备、软件、处理流程和制度、人员等组成的一个信息系统。

（1）硬件设备。硬件设备一般包括数据输入设备、处理设备、存储设备和输出设备，另外还有通信设备、机房等。

（2）软件。一个会计信息系统的运行不仅需要硬件设备，而且需要一套程序以保证系统运转，实现系统目标。一般地，可把这些程序分为系统软件和应用软件。系统软件主要包括操作系统和计算机语言系统。应用软件通常是系统的使用者组织专门人才根据系统要求研发或购买的通用商品化软件，它们一般是按系统中各职能子系统的任务来设计的。例如，会计信息化核算系统，一般按工资核算、材料核算、固定资产核算、成本核算、产成品与销售核算和账务处理等职能研发。

（3）处理流程和制度。处理流程和制度是保证系统运转的文档和规定，如会计信息化系统使用说明书、数据准备说明书、机房管理制度、会计内部控制制度等。

（4）人员。一般仅指直接从事系统研发、维护工作，以及使用该系统的人员。这些人员包括系统管理人员、系统维护人员、系统分析设计人员、系统程序员、操作人员、数据准备人员等。

一个企业要建立财务业务一体化系统，必须根据企业本身的特点和要求，综合考虑购建计算机的硬件、软件，并培训相应的信息化管理人员。

4．财务业务一体化系统的功能结构

从管理角度来说，财务业务一体化系统的功能结构可以分成三个基本部分，分别是财务信息系统、业务系统和管理分析系统。财务业务一体化系统数据多，处理流程复杂，规模较大，而且不同部分在数据处理上各有特点，因此财务业务一体化系统又需要再划分成若干功能模块，即若干个子系统。每个企业单位子系统的划分，可根据本身特点、规模大小、管理要求及原有工作组织的基础不同来决定。财务业务一体化系统的组成如图 1-1 所示。

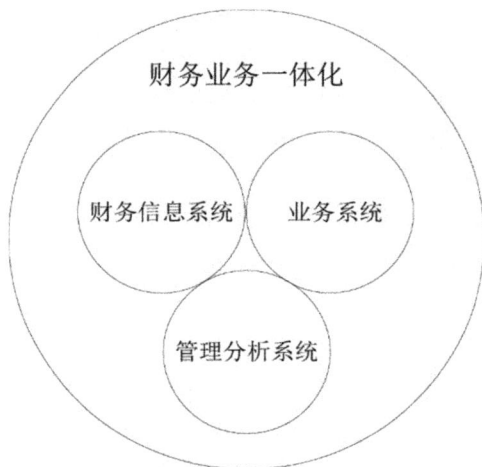

图 1-1　财务业务一体化系统的组成

1）财务信息系统

财务信息系统用于日常财务和账务处理，主要由总账、财务报表、工资管理、固定资产管理、应付款管理、应收款管理、物料核算、成本核算、现金管理等子系统组成。这些子系统以总账子系统为核心，为企业提供全面且详细的会计核算和财务管理功能。

总账系统是从记账凭证的填制开始，完成凭证的复核、审核、记账、结账等业务处理，并对总账、明细账、日记账及凭证、科目汇总表等账证进行查询，提供各种形式的查询和打印功能。总账系统是整个财务业务一体化系统的核心，各业务核算子系统，如工资管理、固定资产管理等子系统中生成的凭证需要转入总账系统进行登账。同时，其总账、明细账等信息也是会计报表子系统的数据基础。

　　财务报表子系统是根据总账系统得出的数据，包括账户的结余额和本期发生额，按照统一规定的会计报表格式的要求，定义会计报表结构文件和会计报表数据文件，生成会计报表文件，打印输出会计报表，为企业的决策提供相应的数据支撑。

　　工资管理子系统主要是计算每个职工的应发工资，完成工资的核算、分配，以及福利费的计提和凭证处理工作，编制工资报表并输出工资结算汇总数据，据此发放工资，工资汇总分配计入损益类账户和成本类账户。工资管理子系统计算数据量大，准确性、及时性要求较高。

　　固定资产管理子系统主要是根据固定资产卡片建立以每个登记对象为一个记录的固定资产文件。平时根据有关部门提供的原始凭证，进行固定资产文件记录的插入、删除或更新，月末编制固定资产增减汇总表，转入总账系统，更新有关记录。每月可按个别折旧率计算每项固定资产的折旧额，并根据使用部门的不同，编制折旧费用分配表，转入成本核算子系统，用以计算产品成本。

　　物料核算子系统是财务业务一体化系统中数据变动比较频繁的子系统，材料或库存产品核算系统应按材料库存产品的详细品种规格设立库存材料或库存产品数据库文件，根据收发料单输入、核算库存的增减变动与结存情况，及时输出有关数据，满足日常管理的需要。同时，要加强对储备资金占用情况的控制，能提醒有关部门现时的积压或短缺情况，要定期汇总编制产品收、发、存汇总表，转入总账系统，用以更新有关的账簿文件。

　　成本核算子系统是一个数据量大、处理流程比较复杂的子系统，必须结合本单位生产工艺技术特点进行设计。成本核算子系统是以生产统计数据及有关工资、折旧和存货消耗数据为基础数据，按一定的对象分配、归集各项费用，以正确计算产品的成本数据，并以自动转账凭证的形式向总账系统及存货核算系统传送数据。

　　另外，随着会计制度的改革，有些企业单位还增设了往来款项核算子系统和财务分析子系统，对日益复杂的债权、债务等有关数据进行处理，从各个子系统中提取数据，并对数据进一步加工、整理、分析和研究，从而全面地了解财务状况和经营成果，以满足管理上的要求。

　　2）业务系统

　　业务系统以库货核算和库存管理为核心，包括仓存管理、采购管理、销售管理、委外管理和生产计划管理等子系统。企业业务系统可以处理企业仓存、采购、销售、委外、生产计划管理等部门各环节的业务事项，有效地改善仓库的占用情况，有效地控制采购环节的资金占用，并对应收款项进行严格的管理，尽可能避免坏账的产生。

　　3）管理分析系统

　　管理分析系统一般包括财务分析、利润分析、流动资金管理、销售及报表分析、财务计划、领导查询和决策支持等子系统。

　　财务业务一体化系统作为计算机软件系统还必须设计必要的辅助功能模块，包括查询功能模块、维护功能模块、防错纠错功能模块、授权控制模块、运行时序控制模块、安全控制功能模块、操作记录管理模块等，从而通过这些辅助功能，保证系统安全可靠地运行。

四、财务业务一体化系统的实施

　　实施财务业务一体化是一项系统工程，涉及企业的各个方面，需要投入较多的人力、物力和财力。因此，一般由企业领导或总会计师负责指挥，由财务会计部门与业务管理部门共同承担具体的实施工作。

1．制订财务业务一体化实施计划

在企业财务与业务一体化具体实施过程中，必须制订一个详细的实施计划，对在一定时期内要完成的工作做出具体的安排。这样才能使整个工作有计划、按步骤地进行，有利于合理安排人力、财力和物力，也有利于企业信息化工作的实施与检查。

2．配备计算机硬件和系统软件

在企业财务与业务信息化应用的初期，核算内容简单的小型企事业单位可选用单机结构，经济业务量大、地理分布集中的大中型企事业单位可选用多用户结构。随着信息化软件应用工作的深入，中小型企事业单位可采用文件服务器（FS）网络结构，大型企事业单位可逐步建立客户机/服务器（C/S）网络结构，直至浏览器/Web 服务器（B/S）网络体系。客户机/服务器网络结构和浏览器/Web 服务器网络体系是财务业务一体化系统比较理想的硬件结构。企业可以根据实际情况和财力状况，选择与本单位财务信息化工作规划相适应的计算机品种、机型和有关配套设备，为以后实现企业全面的信息化管理在软件、硬件技术支持方面打好基础。在系统软件方面，多数企业采用微软的 Windows 操作系统，一般选择 Oracle、SQL Server 等关系型数据库管理系统。

3．配备财务业务一体化软件系统

在企业财务信息化的初期或在会计业务比较简单的企业事业单位（小型企业和行政事业单位）中应以选择通用会计软件为主。大中型企事业单位会计业务一般都有其特殊要求，当通用会计软件不能完全满足其各种特殊的核算与管理要求时，可根据实际工作需要，把会计信息系统与业务系统集成在一个管理信息系统中，实现财务与业务的一体化系统。现阶段，ERP 系统已经成为主流的财务与业务处理平台。在国内的 ERP 软件系统中，以用友 ERP 软件系统和金蝶 ERP 软件系统为典型代表，本书以金蝶 K/3 WISE V12.1 ERP 软件系统为平台来对财务业务一体化进行介绍（若无特别说明，本书中金蝶 K/3 与蝶 K3 相互通用，同时本书中所有业务的处理流程也适用于任何版本的金蝶 K/3 ERP 软件系统）。

4．培训企业财务业务一体化系统应用人员

财务业务一体化的应用与运行是一项技术含量较高的工作，不仅需要会计专业、计算机专业的人才，更需要既懂财务业务又懂信息技术的复合型人才。面向财务业务一体化应用人员的培训可分为初、中、高三个等级。大部分人员要通过初级培训，掌握计算机和软件系统的基本操作技能。部分人员要通过中级培训，能够对计算机系统环境进行一般维护，对软件系统进行参数设置，以及对财务业务的核算信息进行简单的分析和利用。少部分人员要通过高级培训，能够进行系统功能的需求分析，能够掌握系统实施的内容和过程，对企业信息化项目进行有效的风险预防和管控等。

5．建立财务业务一体化系统的岗位职责和管理规程制度

系统的实施，不仅使财务核算发生了重大变化，而且还改变了传统手工管理的习惯和

方法。财务业务一体化的相关工作岗位可分为业务信息化岗位和财务信息化岗位。二者可在保证财务业务数据安全的前提下交叉设置，各岗位人员要保持相对稳定。

财务业务一体化工作岗位具体可分为：会计主管、系统管理、成本会计、出纳、会计档案保管和业务管理等。在不违背内部牵制原则下，企业信息化岗位可按一人一岗、一人多岗或一岗多人的方式安排，但出纳人员不得兼任系统管理、复核和会计档案保管工作。

（1）会计主管岗位。该岗位工作人员负责对输入计算机的会计数据（记账凭证和原始凭证）进行审核、调整；操作会计软件登记账簿，进行月底结账工作，打印输出报表并进行确认；根据业务需要定期打印总账及明细账，负责对计算机内的会计数据进行分析。

（2）系统管理岗位。该岗位工作人员负责系统运行环境的建立与日常维护，以及计算机硬件、软件的管理；负责系统的安全保密工作；负责系统操作人员的权限设置和更改，以及日常会计科目的增加；根据业务需要定期（至少每星期一次）做好系统数据的备份工作（数据必须双备份），并且每月刻录成数据光盘；负责相关台账的建立。

（3）会计凭证制单岗位。该岗位工作人员负责审核原始凭证的合法性、合理性、正确性、完整性、真实性，并根据审核过的原始凭证填制、输入会计数据。

（4）会计凭证复核岗位。该岗位工作人员负责对凭证进行复核，审核该凭证中数据的正确性、会计科目的准确性、部门和项目的合理性，输出经审核后的记账凭证。

（5）出纳岗位。该岗位工作人员负责收付款及票据的打印汇总，做到日清月结；定期与总账系统进行核对，确保每笔款项都及时入账。

（6）会计档案保管岗位。该岗位工作人员负责管理存档的会计数据（U 盘、硬盘、光盘），程序光盘（软盘），以及打印的会计账表、凭证和各种资料，做好会计软件及数据资料的安全保密工作。此岗位可由除出纳以外的人员兼任。

（7）业务管理岗位。该岗位工作人员负责企业采购、销售、仓存和生产管理等业务的处理，完成物料供应、产品生产加工、产品销售、委外加工、生产计划编制和仓存出入库业务处理等工作。

6．新旧系统的转换

新旧系统的转换是指传统财务处理方式或独立会计核算系统向财务业务一体化信息系统的过渡，主要工作包括：数据转换、新旧系统并行和系统评价等。新旧系统并行起始时间应放在年初或季初等特殊会计时期，并行阶段时间一般为 3 个月。在并行阶段，通过两种方式下的数据对比，检查各种核算方法的正确性，检验会计科目体系的正确性和完整性，考察技术人员操作的熟练程度，纠正业务处理流程中的错误。

7．企业信息化实施的咨询

对于一般的小型 ERP 软件，软件开发、经销、技术支持与运行维护一般可以由软件开发商完成；对于大型 ERP 软件及企业管理软件，软件开发和经销一般由软件开发商完成，而软件技术支持与运行维护则需要由专业化管理咨询服务机构来完成，由它们为企业提供专业化咨询服务。这是由大型 ERP 软件及企业管理软件实施过程的复杂性决定的，它符合现代产业发展分工细化的原则，是国外企业管理软件发展的成功经验。

企业在实施 ERP 系统之前，首先要找的不是软件开发商，而是专业的管理咨询机构。聘请深知行业知识和企业管理软件知识的专家组对企业进行充分调研和需求分析，甚至对管理流程重新进行设计，将企业的核心问题归纳出来，分析企业最需要什么样的管理和什么样的管理软件。对企业员工进行管理意识的培训，而不完全是手把手地进行操作技能培训。在实施企业信息系统的过程中，管理咨询专家根据自己丰富的经验为企业进行业务流程设计并监督系统的实施进度，随时定位管理目标。在系统交付运行之后，定期进行系统运行效率评估，及时纠正系统在企业管理中出现的错误。管理咨询服务机构对于推动大型财务业务一体化系统的成功应用和提高企业管理水平起到了重要作用。

五、金蝶 K/3 ERP 系统的安装

金蝶 K/3 软件系统是金蝶软件（中国）有限公司开发的一款 ERP 产品，其系统以成本管理为目标，以流程控制为主线，推动管理者应用 ERP 等先进的管理模式和工具，为企业建立科学、完整的人、财、物、产、供、销管理体系。ERP 软件集成了财务管理、供应链管理、生产制造管理、人力资源管理、企业绩效、移动商务等系统功能。金蝶 K/3 ERP 系统是目前 ERP 市场上的主流产品之一，在市场上享有较高的声誉并占有较大的市场份额。如图 1-2 所示是金蝶 K/3 ERP 软件中的数据传递关系。

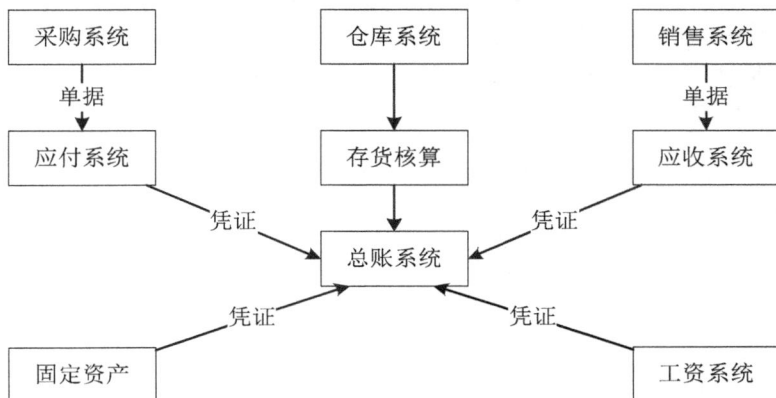

图 1-2　金蝶 K/3 ERP 软件中的数据传递关系

金蝶 K/3 ERP 系统的运行环境比较复杂，需要借助多个第三方软件的支持才能架构出金蝶 ERP 软件的安装基础。

1．金蝶 K/3 ERP 系统的软硬件环境要求

服务器：CPU 推荐使用 Intel Xeon 或 AMD Opteron5 系列及以上，主频 2.4GHz 四核并发及以上；内存 4GB 及以上；硬盘采用 SCSI 或更快的企业级存储，剩余空间大于 20GB，分区的文件系统格式建议采用 NTFS。

客户端：双核酷睿 CPU，主频 2.4GHz 及以上；内存 2GB 及以上；硬盘剩余空间大于 20GB，分区的文件系统格式建议采用 NTFS。

网络：速率为 100Mbps 及以上，推荐以 1000Mbps 与数据库服务器连接，延时<20ms，丢包<0.1%。

操作系统：建议采用 Windows Server 2003 Standard/Enterprise/DataCenter SP1/SP2，Windows Server 2003 Standard/Enterprise/DataCenter 64 位 x64 SP1/SP2，Windows Server

2008 Standard/Enterprise/DataCenter，Windows Server 2012 DataCenter/Standard 等。

数据库引擎：SQL Server 2005 Standard/Enterprise SP4，SQL Server 2008 Standard/Enterprise/DataCenter SP3 及以上，SQL Server 2008 R2 Standard/Enterprise/DataCenter SP2 及以上，SQL Server 2012 Standard/ BI /Enterprise 等。

2. 安装金蝶 K/3 ERP 系统第三方软件

金蝶 K/3 系统安装盘集中了所有金蝶 K/3 系统所需的第三方软件。首先需要进行金蝶 K/3 系统的安装环境检测，金蝶 K/3 安装系统将搜索当前操作系统中没有的第三方软件，并自动安装。具体的操作步骤如下。

Step1：将金蝶 K/3 系统安装盘（手册和资源盘）放入光驱，即可弹出"金蝶 K/3 安装程序"对话框，如图 1-3 所示。单击"环境检测"按钮，弹出"金蝶 K/3 环境检测"对话框，如图 1-4 所示。根据是服务器端还是客户端，从中选择"客户端部件""中间层服务部件""数据库服务部件"等选项进行环境检测。

Step2：环境检测完毕之后，单击"确定"按钮，安装金蝶 K/3 系统所需的第三方软件，如图 1-5 所示。第三方软件全部安装结束以后，即可出现一个信息提示框，如图 1-6 所示，从中可以查看环境检测中出现的相关问题。

Step3：解决完问题后单击"确定"按钮，金蝶 K/3 系统安装环境检测完毕，如图 1-7 所示，即可开始安装金蝶 K/3 软件。

图 1-3 "金蝶 K/3 安装程序"对话框

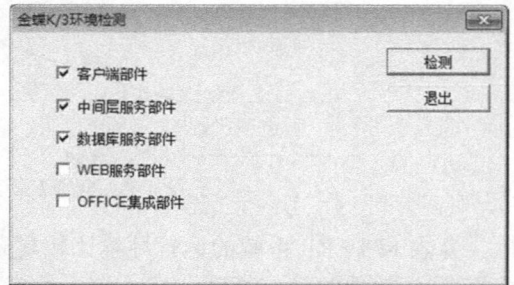

图 1-4 "金蝶 K/3 环境检测"对话框

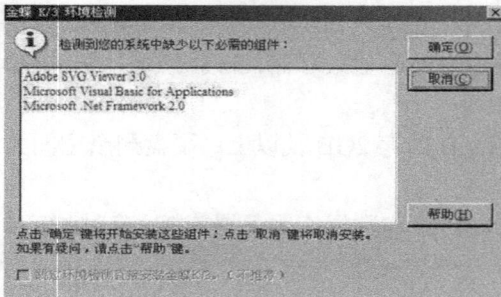

图 1-5 金蝶 K/3 安装环境检测结果

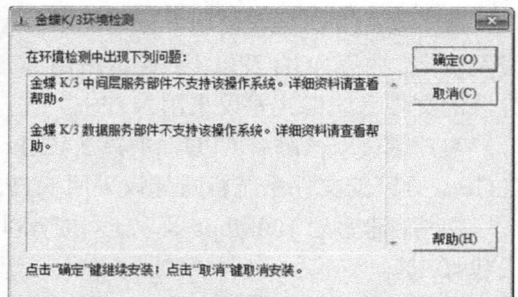

图 1-6 环境检测问题

图 1-7　环境检测完毕

3. 安装金蝶 K/3 系统

所有的准备工作已经就绪，接下来就可以安装金蝶 K/3 系统。需要注意的是，安装 K/3 系统需要以计算机管理员的身份登录系统，并关闭无关的其他程序（尤其注意防火墙和杀毒软件）。具体的操作步骤如下。

Step1：将金蝶 K/3 系统安装光盘放入光驱，如图 1-3 所示，单击"安装金蝶 K/3"按钮。

Step2：在金蝶 K/3 系统安装向导界面，单击"下一步"按钮，打开"许可证协议"对话框，如图 1-8 所示。

Step3：单击"是"按钮，打开"客户信息"对话框，输入相应的用户名和公司名称，如图 1-9 所示。

Step4：单击"下一步"按钮，打开"选择目的地位置"对话框，从中设置金蝶 K/3 系统的安装位置，如图 1-10 所示。

Step5：单击"下一步"按钮，打开"安装类型"对话框，在其中根据当前计算机在整个系统中的角色，选择不同的安装组件，这里选择"全部安装"选项，如图 1-11 所示。

Step6：单击"下一步"按钮，即可自动安装，并显示安装的进度，如图 1-12 所示。若在 Step5 中选择了"中间层服务部件"选项，则还会进行中间层组件的安装，直至安装结束，如图 1-13 所示。

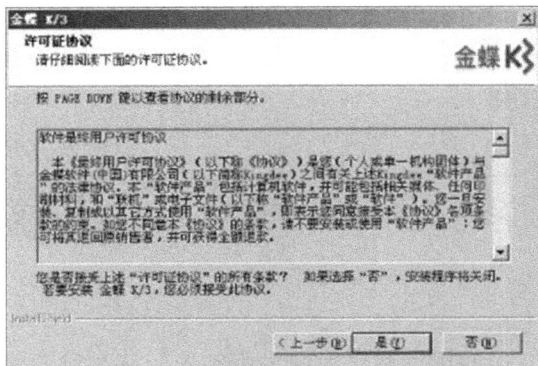

图 1-8　"许可证协议"对话框

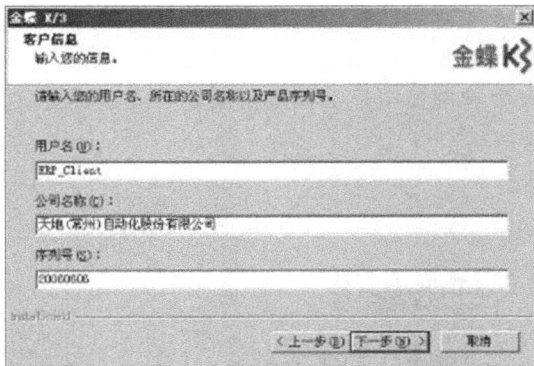

图 1-9　"客户信息"对话框

图 1-10　"选择目的地位置"对话框

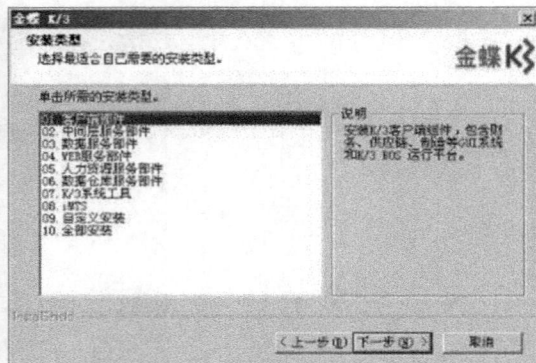

图 1-11　"安装类型"对话框

图 1-12　金蝶 K/3 安装进度界面

图 1-13　金蝶 K/3 安装完成

4．安装金蝶 K/3 系统过程中的常见问题与解答

问题 1：为什么金蝶 K/3 系统安装完毕后，不能进行账套初始化操作？

解答：检查安装的数据库管理系统是否设置了密码，在进行账套管理时，需要输入数据库管理系统的 sa 登录密码，从而保证金蝶 K/3 系统具有数据库的操作权限。

问题 2：金蝶 K/3 系统的中间层组件安装完毕后账套管理打不开，怎么办？

解答：依次打开"开始"→"控制面板"→"管理工具"→"组件服务"，展开"组件服务"→"计算机"→"我的计算机"→"com+应用程序"，选中所有以小写 ebo 开头的文件和 kdsvrmgr 文件，右击选择"属性"，单击"标识"按钮，选择"此账户"，浏览选择一个管理员用户，输入密码，单击"确定"按钮即可。

扫一扫　视频 1-1：金蝶 K/3 ERP 软件系统安装

任务思考

金蝶 K/3 ERP 系统充分体现了企业绩效管理的思想和以业绩为驱动的经营和管理模式，针对企业战略的管理特点，它构建了多层次的企业管理应用模式。在金蝶 K/3 ERP 的体系架构中，把数据库服务器、中间层服务器和客户端相对独立，解决了企业组织结构松散、空间独立的问题，同时在企业管理信息化解决方案中也划分为 3 层：业务运营管理层、商业智能层和企业战略管理层。在业务运营管理层进行财务、物流、生产等日常业务处理；利用商业智能层提供全面的商业分析和优化功能，进行财务分析、物流分析和生产分析等；通过战略企业管理层的各种工具和方法，实现企业的战略目标管理、业务规划和预算管理等。

金蝶 K/3 系统最大的特色是以独立于工业（或工商一体化）企业和企业集团业务，以客户自定义的单据流为纽带，代替业务中无形的资金和物料的流转轨迹，将整个业务流程统一为一个有机整体。因此，制造系统也成为金蝶 K/3 系统的重要信息中心，每个业务单据之间、业务单据与业务基础资料和管理资料之间的联系形成了一个全面、严密的信息网，不断传递和接收各种业务信息。这种联系既包括业务数据之间的直接联系、间接关联，又包括单据和资料之间信息递推式的传播和即时获取，从而提高了整个金蝶 K/3 系统的综合运作水平和效率。

想一想

1．除金蝶 K/3 ERP 软件系统以外，还有哪些财务业务一体化软件？
2．金蝶 K/3 如何实现把业务数据传递给财务系统？
3．金蝶 K/3 ERP 系统中，业务系统与财务系统之间的接口是什么？

举一反三

金蝶 K/3 安装程序还提供了金蝶 K/3 系统的修改、修复和删除功能，具体的操作步骤如下。

Step1：打开金蝶 K/3 安装程序，从中选择"修改""修复""除去"选项，如图 1-14 所示。

Step2：单击"下一步"按钮，弹出"选择功能"对话框，从中选择需要安装的组件，如图 1-15 所示。

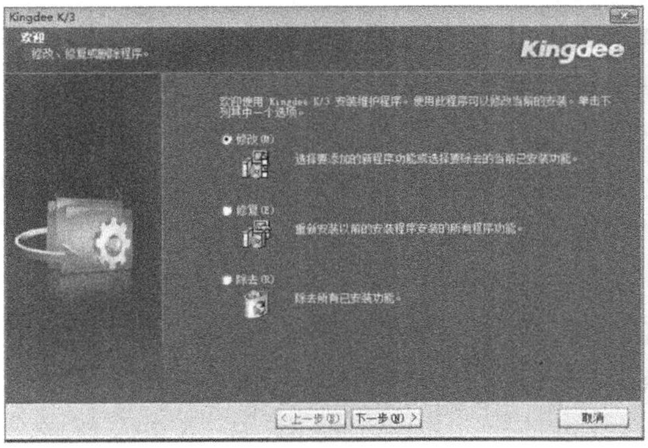

图 1-14　金蝶 K/3 安装程序 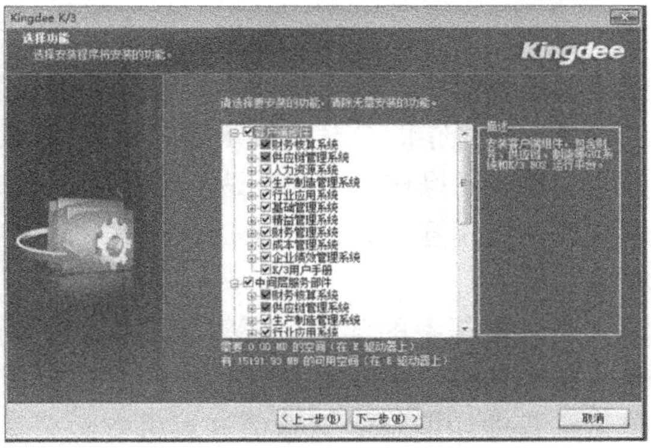　　　　图 1-15　"选择功能"对话框

Step3：如果要重新安装以前安装程序所安装的程序组件，可以在安装向导中选择"修复"选项，系统会自动修复金蝶 K/3 系统中存在的问题。

Step4：如果在安装向导中选择"除去"选项，金蝶 K/3 安装程序将删除所有已经安装的程序组件。

课后作业

1. 财务信息化的发展历程包括哪三个阶段？
2. 对企业而言，财务业务一体化有哪些作用？
3. 什么是财务业务一体化系统？它的功能结构主要由哪些内容构成？
4. 简述财务业务一体化的实施过程。
5. 简述金蝶 K/3 ERP 软件系统的安装过程。
6. 简述如何删除金蝶 K/3 ERP 软件中的部分功能。

任务二　系统建账及人员权限分工

任务导读

新建账套
☐　账套属性设置
☐　　启用账套
☐　　　用户管理
☐　　　　用户功能权限管理

✅ 任务重点

在金蝶 K/3 ERP 系统中，账套是企业进行日常业务操作的数据文件与场所。也就是说，企业日常的业务操作都是在某个账套中进行的，账套是用于储存企业凭证、账簿、报表、固定资产资料、工资资料、往来资料及物流资料等各项业务数据的数据库，是存储数据的媒体与文件，存放在数据库服务器端。各个账套之间的数据相互独立、互不影响。在金蝶 K/3 系统中，账套管理主要包括新建账套、启用账套和账套备份等功能。

用户管理指的是对具体账套的操作用户进行管理，根据用户所属的公司部门和操作业务，为相应的操作人员赋予适当的权限，并对用户使用账套的业务范围进行控制，以方便系统的操作和管理。在金蝶 K/3 系统中，用户管理主要包括新增用户、删除用户、用户授权等功能。

通过本任务的学习，要求能够根据不同的企业类型，为企业建立账套，同时设置账套的基础信息并启用账套。另外，还要掌握 ERP 系统的账套备份、新建用户和用户授权等系统管理功能。中国常信计算机有限公司的基本情况，以及公司部门、人员及权限分工的信息具体如下。

1. 公司基本情况

企业名称：中国常信计算机有限公司
公司账套代码：503

账套名称：中国常信

单位地址：江苏省常州市武进区科教城信息产业园 A2-105

法人代表：李信诚

邮政编码：213164

电子邮件：sqlusqlusqlu@163.com

电话：0519-86333220

传真：0519-86333177

税号：32040256392123565X

启用期间：自然年度会计期间，2019 年 9 月

本位币：人民币

2．公司部门、人员及权限分工

公司部门、人员及权限分工如表 2-1 所示。

表 2-1　公司部门、人员及权限分工

编　　号	用 户 名	部　　门	权　　限
001.001	李信诚	行政部	管理员，不需授权
002.001	张华	技术部	管理员，不需授权，负责业务处理和账套管理
003.001	李萍	销售部	基础资料查询、销售管理系统
004.001	陈立波	采购部	基础资料查询、采购管理系统
005.001	李呈栋	仓储部	基础资料查询、仓存管理系统、主要负责原料仓
005.002	李明	仓储部	基础资料查询、仓存管理系统、主要负责成品仓
006.001.001	张恒	生产一部	基础资料查询、生产管理系统
006.002.001	何仁杰	生产二部	基础资料查询、生产管理系统、生产工人
007.001	张林	财务部	基础资料查询、财务管理系统、主管会计
007.002	李丽娟	财务部	基础资料查询、财务管理系统、会计员
007.003	王丽妍	财务部	基础资料查询、财务管理系统、工资管理
007.004	马剑飞	财务部	基础资料查询、财务管理系统、固定资产管理

注：生产一部和生产二部同属于生产部（上级组），部门属性为车间。这里的编号为 ERP 系统中职员的编号，而不是操作用户的编号。

任务实施

一、系统建账

企业业务活动的管理都是在账套这个数据库中进行的，安装好 ERP 软件系统之后必须建立一个账套（数据库）来存放业务数据，这样才能把企业现实中的基础数据转化为数据库中的电子数据。所有账套相关的操作和管理都要在"金蝶 K/3 服务器配置工具"中才能完成。新建账套的具体步骤如下。

Step1：账套管理登录。在桌面窗口中，依次单击"开始"→"所有程序"→"金蝶 K/3 WISE 创新管理平台"→"金蝶 K/3 服务器配置工具"→"账套管理"，进入"账套管理登录"界面，

如图 2-1 所示。初次登录时系统默认用户名为 Admin，密码默认为空，直接单击"确定"按钮。

Step2：新建组织机构。进入"金蝶 K/3 账套管理"窗口后可见，窗口左边窗格为机构列表，右边窗格为账套列表，分别代表企业机构和企业内部的账套信息，其中账套列表中反映了账套的编号、名称、类型、数据库、实体、创建时间、备份时间和版本等相关信息，如图 2-2 所示。

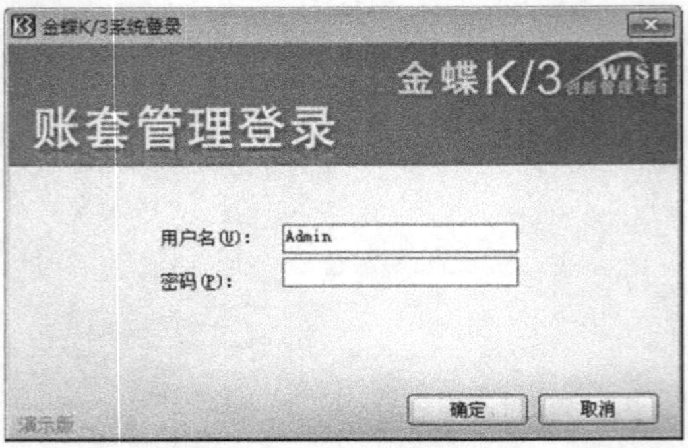

图 2-1 "账套管理登录"界面

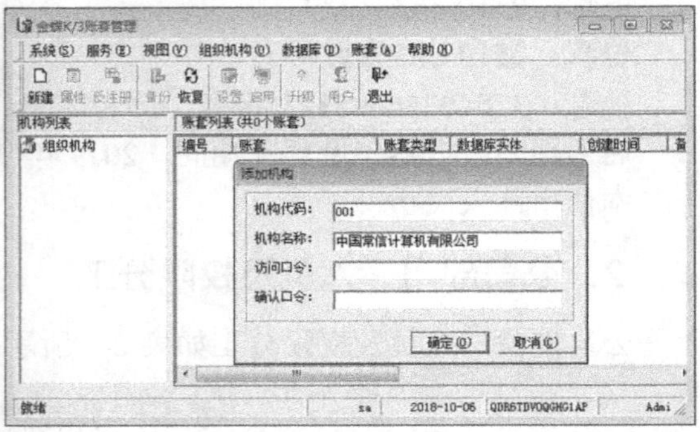

图 2-2 新建组织机构

依次单击菜单栏中的"组织机构"→"添加机构"，在弹出的"添加机构"对话框中，依次填入机构代码、机构名称和访问口令后，单击"确定"按钮。

Step3：新建账套。先单击左边机构列表中相应的组织机构，再依次单击菜单栏中"数据库"→"新建账套"，在弹出的"信息"对话框中，系统会提示新建账套的几种类型，单击"关闭"按钮，就会显示"新建账套"对话框，在其中输入账套号、账套名称，选择相应的账套类型，并选择数据库文件路径及数据库日志文件路径，同时输入登录数据库管理系统的系统用户名与系统口令，最后单击"确定"按钮，即可创建新的账套，如图 2-3 所示。

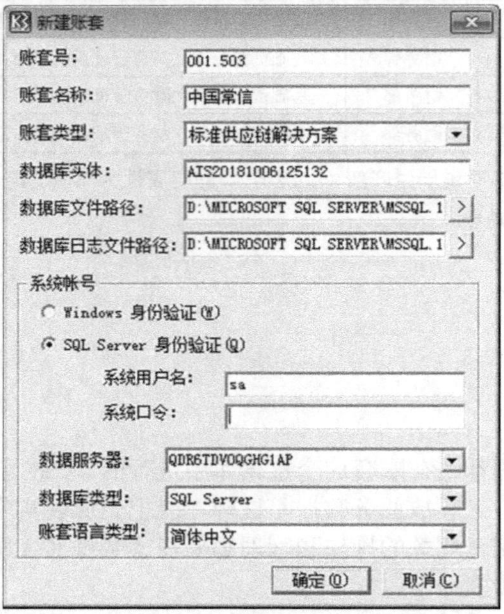

图 2-3 新建账套

小提示

1. 登录"账套管理"的 Admin 是 ERP 系统管理员管理账套的账号，而不是公司 ERP 软件操作员的账号。

2. 新建账套时，账套类型选择"标准供应链解决方案"，其包含的功能最全。

3. 图 2-2 中账套号为 001.503，其中 001 表示的是组织机构代码，503 表示的是账套代码。

4. 如果要删除某个组织机构，则必须先将该组织机构下的账套全部删除。

扫一扫　　视频 2-1：新建账套

二、启用账套

账套创建以后，即可设置账套的相关属性并启用账套，具体的操作步骤如下。

Step1：设置账套属性。在"金蝶 K/3 账套管理"界面，双击新建的账套（或单击工具栏中的"设置"按钮），在弹出的"属性设置"对话框中，分别设置账套的"系统""总账""会计期间"信息，分别如图 2-4、图 2-5 和图 2-6 所示。在设置账套的"会计期间"时，单击"修改"按钮，在弹出"会计期间"对话框中选择启用会计年度为 2019，启用会计期间为 9。

Step2：启用账套。分别设置完账套的"系统""总账""会计期间"信息之后，单击"确定"按钮，系统会自动弹出"金蝶提示"对话框，单击"是"按钮，即可启用当前账套，如图 2-7 所示。

图 2-4　属性设置"系统"标签　　　　图 2-5　属性设置"总账"标签

图 2-6 "会计期间"对话框

图 2-7 确认启用当前账套

视频 2-2：账套属性设置与启用

三、账套备份与恢复

1. 账套备份

账套备份可以减少丢失数据的危险。账套备份有两种方法：一是手动备份；二是自动备份。手动备份一次只能备份一个账套，具体的操作步骤如下。

Step1：在"金蝶 K/3 账套管理"界面，选择需要备份的账套，单击工具栏中的"备份"按钮，打开"账套备份"对话框，如图 2-8 所示。

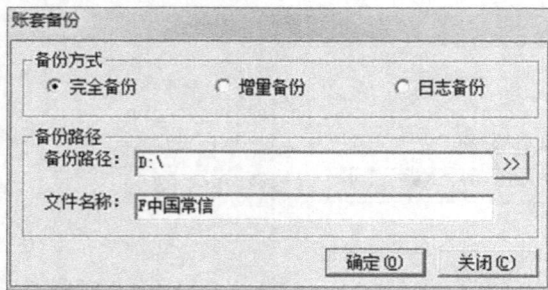

图 2-8 "账套备份"对话框

Step2：在"账套备份"对话框中，分别选择"完全备份""增量备份""日志备份"选项，选择备份文件的存放位置，然后单击"确定"按钮，即可进行账套备份。

2. 账套恢复

恢复账套是为了在数据丢失或操作失误时，将原来备份的数据恢复到金蝶 K/3 ERP 系统中，从而减少工作损失，具体的操作步骤如下。

Step1：在"金蝶 K/3 账套管理"界面，单击工具栏中的"恢复"按钮，打开"选择数据库服务器"对话框，如图 2-9 所示，在其中输入登录数据库服务器的用户名和口令，单击"确定"按钮。

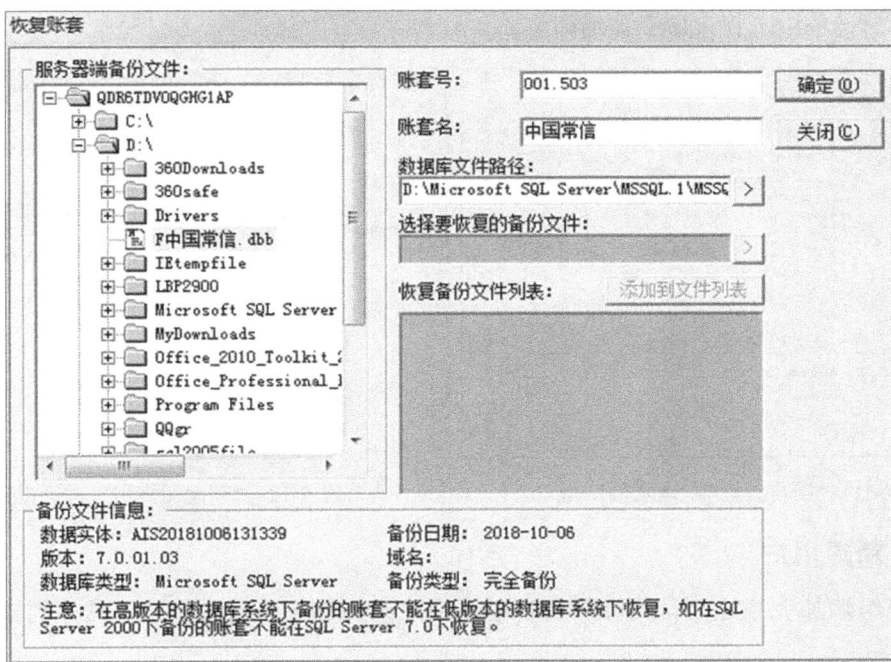

图 2-9　"选择数据库服务器"对话框

Step2：在"恢复账套"对话框中，分别选择需要恢复账套数据的备份文件，输入账套号及账套名等信息，单击"确定"按钮，即可完成账套恢复，如图 2-10 所示。

图 2-10　账套恢复

扫一扫　　视频 2-3：账套备份与恢复

四、用户与权限管理

在金蝶 K/3 ERP 系统中，用户管理是对账套使用者的管理，包括新增用户、删除用户、用户授权等。在账套创建好之后，就需要根据企业的实际情况，设置相应的操作人员并赋予其适当的权限，以便对系统进行操作和管理。这里的用户即企业的工作人员。

新增用户、删除用户等是对账套使用者的管理，而用户授权是为了系统的安全性，根据企业的实际需要，对每一个用户进行具体权限的设置。权限的设置既要达到权力约束的目的，又要追求简化和实用性，太过细致的权限也会使系统性能受到影响。

1．新建用户组

用户组是用户的类别，同时也是用户权限的集合，给某一用户组赋予权限，则该用户组中所有的用户都具有了该权限。金蝶 K/3 系统自带的用户组 Administrators 具有所有操作的权限，即最高权限，无须对该组中的用户进行任何授权。新建用户组的具体步骤如下。

Step1：在"金蝶 K/3 账套管理"窗口中，单击菜单栏中的"账套"→"用户管理"（或直接单击工具栏中的"用户"按钮），进入"用户管理-[中国常信]"窗口，如图 2-11 所示。

Step2：在"用户管理-[中国常信]"窗口，单击工具栏中的"新建用户组"按钮，即可弹出"新建用户组"对话框，分别输入用户组名和说明后，单击"确定"按钮，即可完成用户组的添加，如图 2-12 所示。若新建的用户组从属于某个已经存在的组，直接在"新建用户组"对话框中选择隶属于该组即可。

图 2-11 "用户管理-[中国常信]"窗口　　　图 2-12 "新建用户组"对话框

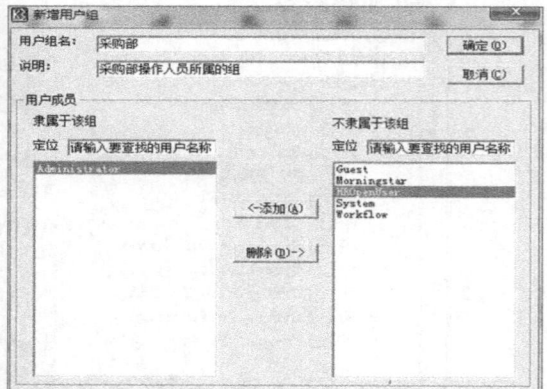

2．新建用户

用户组添加完成之后，就可以在新增的用户组中增加相应的用户，具体的操作步骤如下。

Step1：在"用户管理"窗口，单击菜单栏中的"用户管理"→"新建用户"，弹出"新增用户"对话框，如图 2-13 所示。

Step2：在"用户"标签中分别输入用户姓名和用户说明，如图 2-13 所示；在"认证方式"标签中选择"密码认证"，并输入用户密码，如图 2-14 所示；在"权限属性"标签中，设置该用户是否可以具有用户管理的权限，如图 2-15 所示；在"用户组"标签中，设置该用户所隶属的用户组，图 2-16 所示。

图 2-13　"新增用户"对话框

图 2-14　"密码认证"标签

图 2-15　"权限属性"标签

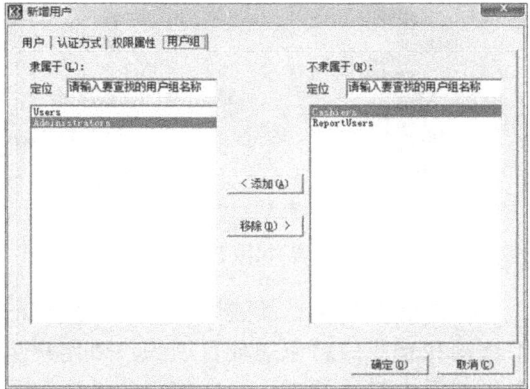

图 2-16　"用户组"标签

小提示

金蝶 K/3 各种用户之间的区分：

1. 金蝶 K/3 ERP 系统用户是账套的使用者，是企业中使用 ERP 系统的员工，也是各个功能模块的操作员和使用者。

2. 登录账套管理的用户 Admin 是指企业内部的 ERP 系统管理员，即负责对账套进行管理和维护的人员，其也可以进行用户管理。

3. "新建账套"对话框中的系统用户名 sa 指的是，数据库管理系统的登录账号，登录这个账号可以对数据库进行操作和管理。

3．用户授权

企业中不同的用户，其权限也有所不同。金蝶 K/3 通过权限管理对每个用户赋予不同的权限，实现权限的合理分配。用户授权的具体步骤如下。

Step1：在"用户管理-[中国常信]"窗口中，单击工具栏中的"功能权限管理"按钮，在出现的"用户管理_权限管理[李萍]"对话框中，在相应功能模块权限的复选框中打上钩"√"，再单击"授权"按钮，即可完成对用户组的授权，如图 2-17 所示。对用户组的授权，也是对该用户组中所有成员的授权。

Step2：在"用户管理_权限管理[李萍]"对话框中，单击"高级"按钮，打开"用户权限"窗口，如图 2-18 所示。在对话框左边选择金蝶 K/3 ERP 系统的功能模块，在右边选择功能模块对应的权限，在复选框中打上钩"√"，就表示该用户具有该项权限，反之，则表示该用户不具有此项权限。最后，依次单击"授权"→"关闭"按钮，完成对用户的授权。

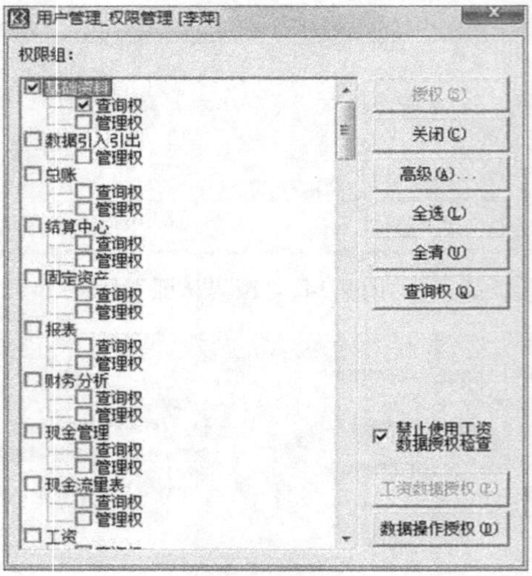

图 2-17 "用户管理_权限管理[李萍]"对话框 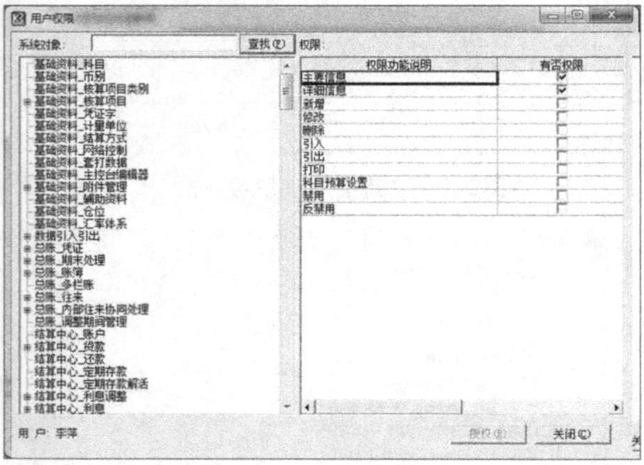　　　　　图 2-18 "用户权限"窗口

在新建用户组、新建用户和用户授权的管理和操作过程中，体现了整个企业内部的组织结构和企业信息化的项目组织。以用户组代表公司内部的各个部门，用户组中的用户代表各部门内部的员工。根据部门的性质和员工业务范围分别设置用户组和用户的权限，这样公司整体的项目组织就会非常清晰、一目了然。

扫一扫　　视频 2-4：用户及权限管理

任务思考

金蝶 K/3 用户管理是对 ERP 系统使用者的管理，系统设置了系统管理员 Administrators 组，该组具有最大限度的操作权限，可以操作 ERP 系统的所有功能，可以查询所有的数据和报表。除系统管理员以外的其他各组权限都同 Users 组一样，需要通过权限设置来对其进行功能模块授权。

想一想

1. 当有一天，销售部业务员李萍忘记了她 ERP 系统的登录密码，那么 ERP 系统管理员应该如何帮她修改密码？

2. 金蝶 K/3 ERP 系统中，如何实现让销售业务员李萍只能查看仓库数量，而不能查看仓库物资的金额？

举一反三

在"金蝶 K/3 账套管理"中，除了有新建账套、账套启用和账套备份等功能，还可以对账套进行修改和删除，对用户进行删除和禁用等。

1．修改账套

账套创建完成后，其中的账套信息不是一成不变的，用户可以根据需要对账套进行相应的修改。在"金蝶 K/3 账套管理"窗口，选择需要修改的账套，再单击工具栏中的"属性"按钮，从中可以修改账套的相关信息。

2．删除账套

为节省硬盘空间，可以删除一些无用的账套。在"金蝶 K/3 账套管理"窗口，选择需要删除的账套，再单击菜单栏中的"数据库"→"删除账套"，即可删除账套。

3．注册账套

金蝶 K/3 的注册账套是将已经存在于其他数据库服务器上的金蝶账套，加到当前的账套管理中，从而实现一个中间层对多个数据库服务器账套的管理。在"金蝶 K/3 账套管理"窗口，单击菜单栏中的"数据库"→"注册账套"，在"注册账套"界面分别选择需要注册的数据库服务器和账套，即可完成注册。

4．用户删除与禁用

当某个用户不再使用金蝶 K/3 ERP 系统时，可以在"用户管理"窗口中选择需要删除的用户，单击菜单栏中的"用户管理"→"删除"，即可完成对该用户的删除。

当某个用户不再使用金蝶 K/3 ERP 系统，并且其已经发生了相关业务，不能被删除时，可以选择禁用该用户。在"用户管理"窗口，双击需要禁用的用户，在弹出的"用户管理"对话框中，勾选"此用户已禁用"复选框，即可禁用该用户。

课后作业

1. 根据公司的基本情况，为中国常信计算机有限公司建立金蝶 K/3 ERP 系统的账套，然后设置账套的相关属性并启用账套。

2. 根据表 2-1 为中国常信计算机有限公司新建用户组、用户，并对每一用户进行功能权限授权。

3. 将中国常信计算机有限公司的账套"中国常信"备份至 D 盘根目录下，并将备份的账套重新恢复为"中国常信 II"。

任务三 系统基础数据准备

核算参数设置
会计科目设置
币别、凭证字、计量单位、结算方式设置
部门、职员资料设置
客户、供应商数据准备
仓库、物料数据准备

☑ 任务重点

基础信息是各个部门公用、共享的信息，是整个 ERP 系统的基础。例如，如果一项物料在仓库部门和技术部门中的编码不一致，那么系统将会认定为这是两种不同的材料。在企业建立信息的统一标准和数据规范（编码规划、名称等）。基础资料编码是以简短的文字、符号或数字、号码来代表物料、品名、规格或类别及其他有关事项的一种管理工具。在物料较为简单且种类较少的企业或许有没有物料编码都无关紧要，但在物料多到数百种、数千种甚至数万种的企业中，物料编码就显得格外重要。此时，物料的领发、验收、请购、跟催、盘点、储存等工作极为频繁，而物料编码可以使各部门提高效率，各种物料资料传递迅速、意见沟通更加容易。金蝶 K/3 ERP 系统的基础数据主要包括币别、会计科目、计量单位、部门、职员、客户、供应商、仓库、物料等，具体内容如下所示。

1. 核算参数设置

启用年度：2019 年
启用期间：第 9 期
核算方式：数量、金额核算
库存更新控制：单据审核后立即更新

2. 公司基础数据

表 3-1 至表 3-9 为公司基础数据。

表 3-1 币别

代　码	名　　称	汇　率
RMB	人民币	默认
USD	美元	6.83

表 3-2 修改、增加会计科目

科目代码	科目名称	外币核算	期末调汇	核算项目
1002	银行存款	所有币别	√	
1002.01	建设银行	人民币		

续表

科目代码	科目名称	外币核算	期末调汇	核算项目
1002.02	中国银行	美元	√	
1122	应收账款			客户
1123	预付账款			供应商
1221	其他应收款			
1221.01	职员			职员
1221.02	客户			客户
1403	原材料			
1403.01	原材料			
1403.02	自制半成品			
2202	应付账款			
2202.01	暂估应付款			
2202.02	应付货款			供应商
2203	预收账款			客户
2221	应交税费			
2221.01	应交增值税			
2221.01.01	进项税额			
2221.01.05	销项税额			
5001	生产成本			
5001.01	材料费			物料
5001.02	工资及福利			物料
5001.03	制造费			物料
5101	制造费用			
5101.01	材料费			
5101.02	工资及福利			
5101.03	折旧费			
6001	主营业务收入			部门、职员、物料
6602	管理费用			
6602.01	工资及福利			
6602.02	折旧费			
6602.03	通信费			部门、职员
6602.04	办公费			
6603	财务费用			
6603.01	利息			
6603.02	汇兑损益			

注：使用的会计科目为 2007 年新会计准则科目，凭证字采用"记"。

表 3-3　计量单位

组　别	代　码	名　称	系　数
重量组	kg	千克	1
	t	吨	1 000

组　别	代　码	名　称	系　数
	Jian	件	1
	Xiang	箱	10
	Tiao	条	1
数量组	Tai	台	1
	Ge	个	1
	Kuai	块	1

表 3-4　增加结算方式

代　码	名　称
JF06	支票结算

表 3-5　公司部门、人员及权限分工

编　号	用户名	部　门	权　限
001.001	李信诚	行政部	管理员，不需授权
002.001	张华	技术部	管理员，不需授权，负责业务处理和账套管理
003.001	李萍	销售部	基础资料查询、销售管理系统
004.001	陈立波	采购部	基础资料查询、采购管理系统
005.001	李呈栋	仓储部	基础资料查询、仓存管理系统、主要负责原料仓
005.002	李明	仓储部	基础资料查询、仓存管理系统、主要负责成品仓
006.001.001	张恒	生产一部	基础资料查询、生产管理系统
006.002.001	何仁杰	生产二部	基础资料查询、生产管理系统、工人
007.001	张林	财务部	基础资料查询、财务管理系统、主管会计
007.002	李丽娟	财务部	基础资料查询、财务管理系统、会计员
007.003	王丽妍	财务部	基础资料查询、财务管理系统、工资管理
007.004	马剑飞	财务部	基础资料查询、财务管理系统、固定资产管理

注：生产一部和生产二部同属于生产部（上级组），部门属性为车间。

表 3-6　客户档案

代　码	名　称
01	天河区（上级组）
01.01	科达公司
01.02	恒利公司
02	荔湾区（上级组）
02.01	宏丰公司
02.02	安迅公司

表 3-7　供应商档案

代　码	名　称
01	海珠区（上级组）
01.01	恒星公司

代　码	名　　　称
01.02	南方公司
02	白云区（上级组）
02.01	王码公司
02.02	强发公司

表 3-8　仓库档案

代　　码	名　　　称
01	原材料仓库
02	半成品仓库
03	产成品仓库

表 3-9　物料资料

代　码	名　　　称	计量单位	计价方法	存货科目	销售收入科目	销售成本科目
001	原材料					
001.001	PHILIPS107 显示器	台	加权平均	1403.01	6051	6402
001.002	三星 T200 显示器	台	加权平均	1403.01	6051	6402
001.003	LGM4210C 显示器	台	先进先出	1403.01	6051	6402
001.004	金士顿 2GB 内存条	根	移动平均	1403.01	6051	6402
001.005	现代 2GB D3 内存条	根	加权平均	1403.01	6051	6402
001.006	华硕 M2A-VM 主板	块	分批认定	1403.01	6051	6402
001.007	七彩虹 CP355 主板	块	加权平均	1403.01	6051	6402
001.008	捷波悍马 H03 机箱	个	加权平均	1403.01	6051	6402
001.009	双飞燕 X7 鼠标	个	加权平均	1403.01	6051	6402
001.010	罗技 V47 激光鼠标	个	加权平均	1403.01	6051	6402
001.011	酷睿 E4500 CPU	个	加权平均	1403.01	6051	6402
001.012	酷睿 E2160 CPU	个	加权平均	1403.01	6051	6402
001.013	三星 X40 1TB 硬盘	块	加权平均	1403.01	6051	6402
001.014	IBM ThinP 1TB 硬盘	块	加权平均	1403.01	6051	6402
001.015	戴尔 SK-8115 键盘	个	加权平均	1403.01	6051	6402
001.016	Raze 黑狼蛛键盘	个	加权平均	1403.01	6051	6402
002	半成品					
002.001	超炫 X1 主机	台	加权平均	1403.02	6051	6402
002.002	欧皇 A 主机	台	加权平均	1403.02	6051	6402
002.003	腾信 C3 主机	台	加权平均	1403.02	6051	6402
003	产成品					
003.001	欧皇 ASDJ3	台	加权平均	1405	6001	6401
003.002	流吴 O8	台	加权平均	1405	6001	6401
003.003	超炫王商用 PCK2	台	加权平均	1405	6001	6401
003.004	炫彩 SDKX8PC	台	加权平均	1405	6001	6401

注：所有物料的税率均为 16%，原材料的属性为外购，半成品和产成品属性为自制。

✅ **任务实施**

一、核算参数设置

1. 登录金蝶 K/3 ERP 系统主控台

账套和系统用户创建完毕以后,可以使用新建的用户账号登录金蝶 K/3 ERP 系统的主控台。具体的操作步骤如下。

Step1:在计算机桌面上,双击"金蝶 K/3 WISE 创新管理平台"图标,打开"金蝶 K/3 系统登录"窗口,如图 3-1 所示。

Step2:在"金蝶 K/3 系统登录"窗口,选择相应的组织机构和当前账套。

Step3:选择"命名用户身份登录"选项,并输入任务二中所创建的系统用户名(如张华)和密码,单击"确定"按钮,即可登录金蝶 K/3 ERP 系统主控台。

在金蝶 K/3 ERP 系统主控台中有"流程图"和"主界面"两种显示方式,可以单击工具栏中"K/3 流程图"或"K/3 主界面"进行切换。本书中,所有的操作均采用"K/3 主界面"显示方式,如图 3-2 所示。

图 3-1 "金蝶 K/3 系统登录"窗口   图 3-2   金蝶 K/3 ERP 系统主控台

在金蝶 K/3 ERP 系统主控台中,从左至右依次显示的是金蝶 K/3 ERP 系统的功能模块、子模块、子功能和明细功能,所有的业务管理都在明细功能中完成。图 3-2 正在显示的是"系统设置"模块、"基础资料"子模块、"公共资料"子功能和"科目"明细功能,双击"科目",即可打开"科目"窗口对会计科目进行设置。另外,公司工作人员可以通过右击经常使用的明细功能,将其设置成为"常用功能",这样就可以在"我的 K/3"模块、"常用功能"子模块中查看。

2. 设置核算参数

核算参数设置的内容包括金蝶 K/3 ERP 系统的启用期间、系统核算方式和库存数据更新控制方式。核算参数设置是使用 ERP 软件系统的前提和基础,只有核算参数设置成功以后,ERP 系统才能进行相应会计期间的业务处理。核算参数设置的具体步骤如下。

Step1:在金蝶 K/3 系统主界面中,依次单击"系统设置"→"初始化"→"生产管理",

双击"核算参数设置",进入"核算参数设置向导"对话框,如图3-3所示。

Step2:在"核算参数设置向导"对话框中选择启用年度为2019,启用期间为9,单击"下一步"按钮,选择系统核算方式为"数量、金额核算",库存更新控制为"单据审核后才更新",如图3-4所示。再依次单击"下一步"→"完成"按钮,即可完成核算参数的设置。

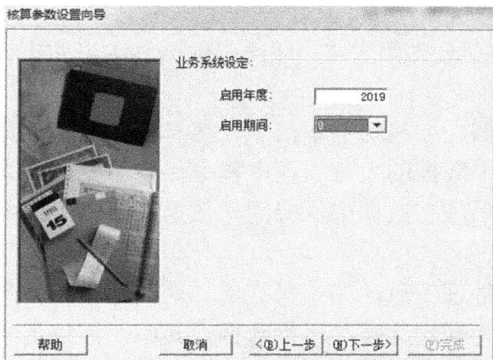

图3-3 "核算参数设置向导"对话框(一)　图3-4 "核算参数设置向导"对话框(二)

3. 设置工厂日历

工厂日历是指用于生产与库存管理的日历,它给工作天数编上连续的序号,以便公司在进行生产制造等业务时只需考虑工作日,而不考虑休息日。在ERP软件系统中,工厂日历一般用于企业生产能力的计算,以便于安排车间生产制造过程的排产。例如,2019-09-01是星期日,则表示当天不安排生产加工任务,企业没有生产能力。设置工厂日历的具体步骤如下所示。

Step1:在金蝶K/3系统主界面中,依次单击"系统设置"→"初始化"→"生产管理",双击"工厂日历",进入"工厂日历"对话框,如图3-5所示。

Step2:在工厂日历起始日的下拉列表中,查看2019-09-01是否是星期六或星期日,若是,则选择9月1日的前一个工作日(2019-08-30)作为工厂日历的起始日,最后单击"保存"按钮即可完成工厂日历的设置。工厂日历保存以后,可以分别在"工厂日历"标签和"休息日"标签中查看企业所有的工作日期和休息日期,如图3-6所示。

图3-5 "工厂日历"对话框　　　　　图3-6 查看开工日期

视频 3-1：金蝶 K/3 核算参数
和工厂日历设置

扫一扫

二、公司基础数据设置

可以简单地将 ERP 系统应用所要准备的数据分为两大类：即静态数据和动态数据，也可称为基础数据和事务数据。

静态数据是指开展业务活动所需的基础数据，如物料基本信息、客户及供应商数据、财务的会计科目等。静态数据的特点是它在整个数据的生命周期中基本保持不变，同时它是动态数据的基础，公司所有业务人员通过调用静态数据来保持同一数据在整个系统中的唯一性。

动态数据是指每笔业务发生时产生的事务处理信息，如销售订单、采购订单、生产任务等。动态数据按照时间点进行划分又可以分为期初数据和日常数据。其中，系统上线时的各项期初数据对 ERP 系统的数据准备尤其重要，它代表了公司 ERP 系统的当前数据状态，被称为期初数据（或初始数据）。

在金蝶 K/3 系统主界面中，依次单击"系统设置"→"基础资料"→"公共资料"，在各个明细功能窗口可以查看企业各项静态基础资料。

1. 币别

币别是金蝶 K/3 基础资料中资金金额的表示方式。

在金蝶 K/3 系统主界面中，依次单击"系统设置"→"基础资料"→"公共资料"，双击"币别"，进入"基础平台-[币别]"窗口，单击工具栏中的"新增"按钮，弹出"币别-新增"对话框，在对话框中依次输入币别代码、币别名称、记账汇率等内容，并选择折算方式，最后单击"确定"按钮，如图 3-7 所示。

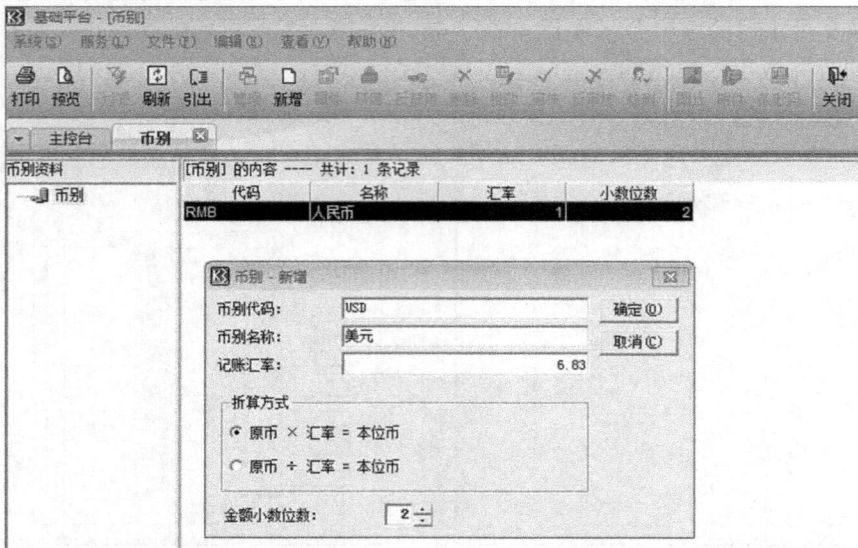

图 3-7　新增币别

视频 3-2：新增币别

扫一扫

注意：金蝶 K/3 的各项静态基础资料，在任何时候都可以新增，但其一旦被使用之后，就不允许删除，只能禁用。

2．会计科目

会计科目是填制会计凭证、登记会计账簿和编制会计报表的基础，是对会计对象具体内容进行分门别类核算所规定的项目。公司的一级会计科目设置必须符合会计制度的规定，而明细会计科目则可以根据公司的实际需要进行设置。会计科目设置的完整性影响着财务系统实施的顺利性，会计科目设置的层次直接影响会计核算的详细、准确程度。会计科目设置的重点是对明细会计科目及其属性的设置，如核算项目等。会计科目的设置步骤如下所示。

1）从模板引入科目

新建账套的会计科目数据为空，需要从模板中引入企业所处行业的会计科目表，具体操作步骤如下。

Step1：在金蝶 K/3 系统主界面中，依次单击"系统设置"→"基础资料"→"公共资料"，双击"科目"，进入"基础平台-[科目]"窗口，单击菜单栏中的"文件"→"从模块中引入科目"，弹出"科目模板"对话框，如图 3-8 所示。

Step2：在行业下拉列表中选择"新会计准则科目"并单击"引入"按钮，弹出"引入科目"对话框，依次单击"全选"→"确定"按钮，即可完成会计科目及编码的引入，如图 3-9 所示。

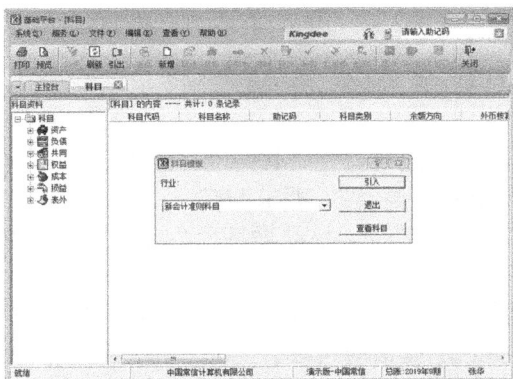

图 3-8　"科目模板"对话框

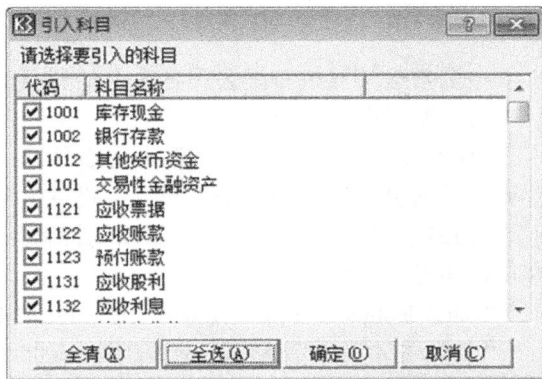

图 3-9　"引入科目"对话框

2）新增和修改会计科目

企业要根据自己的实际需要对会计科目进行新增明细或修改。中国常信计算机有限公司使用的会计科目为 2007 年新会计准则科目，所要用到的明细会计科目参见表 3-2。以"其他应收款——职员"科目为例，新增和修改会计科目的具体步骤如下所示。

Step1：在"基础平台-[科目]"窗口，单击工具栏中的"新增"按钮，弹出"会计科目-新增"对话框，如图 3-10 所示。

Step2：在"会计科目-新增"对话框的"科目设置"标签中，依次填入科目代码、科目名称、科目类别及其他相关属性等内容，如图 3-10 所示。

Step3：单击"核算项目"标签，单击"增加核算项目类别"按钮，打开"核算项目类别"对话框，如图 3-11 所示，从中选择"职员"，最后单击工具栏中的"保存"按钮，即可完成会计科目的增加。

如果要修改已经存在的会计科目，只需要在"基础平台-[科目]"窗口中双击某个会计科目，并输入需要修改的相关内容即可。

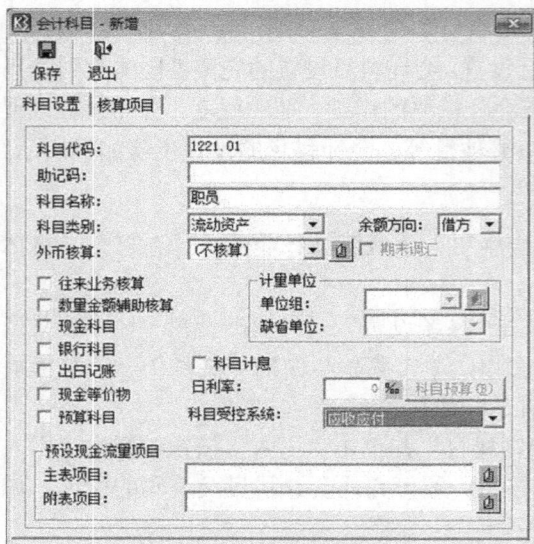

图 3-10 "会计科目-新增"对话框　　　　图 3-11 "核算项目类别"对话框

中国常信计算机有限公司各个会计科目的修改内容如下。

（1）新增会计科目。

"1002 银行存款"科目下新增明细科目：1002.01 建设银行、1002.02 中国银行，并设置为银行科目，"1002.02 中国银行"设置为外币核算"美元"、期末调汇。

"1221 其他应收款"科目下新增明细科目：1221.01 职员，核算项目为"职员"；1221.02 客户，核算项目为"客户"。

"1403 原材料"科目下新增明细科目：1403.01 原材料、1403.02 自制半成品。

"2202 应付账款"科目下新增明细科目：2202.01 暂估应付款、2202.02 应付货款，并将"2202.02 应付货款"的核算项目设置为"供应商"。

"2221 应交税费"科目下新增明细科目：2221.01 应交增值税、2221.01.01 进项税额、2221.01.05 销项税额。

"5001 生产成本"科目下新增明细科目：5001.01 材料费、5001.02 工资及福利、5001.03 制造费，并将明细科目的核算项目均设置为"物料"。

"5101 制造费用"科目下新增明细科目：5101.01 材料费、5101.02 工资及福利、5101.03 折旧费。

"6602 管理费用"科目下新增明细科目：6602.01 工资及福利、6602.02 折旧费、6602.03 通信费、6602.04 办公费，并将"6602.03 通信费"的核算项目设置为"部门"和"职员"。

"6603 财务费用"科目下新增明细科目：6603.01 利息、6603.02 汇兑损益。

（2）修改会计科目。

"1002 银行存款"科目修改为外币核算"所有币别"、期末调汇。

"1122 应收账款"的核算项目设置为"客户"。

"1123 预付账款"的核算项目设置为"供应商"。

"2203 预收账款"的核算项目设置为"客户"。

"6001 主营业务收入"的核算项目设置为"部门""职员""物料"。

> **小提示**
>
> 1．在设置往来科目的核算项目时，要把科目受控系统设置为"应收应付系统"，如应收账款、预收账款、其他应收款——职员、应付账款、预付账款等。
>
> 2．科目受控系统为"应收应付系统"表示这些会计科目的凭证只能由应收应付系统生成，总账系统无权对凭证进行新增或修改。

3）新增凭证字

凭证字是指在录入凭证时使用的用于标记凭证类别的文字，它表示的是凭证的类别，如收、付、转和记等凭证字。新增凭证字的具体操作步骤如下。

在金蝶 K/3 系统主界面中，依次单击"系统设置"→"基础资料"→"公共资料"，双击"凭证字"，进入"基础平台-[凭证字]"窗口，单击工具栏中的"新增"按钮，弹出"凭证字-新增"对话框，在对话框中依次填入凭证字和科目范围等内容，最后单击"确定"按钮，如图 3-12 所示。

图 3-12　新增凭证字

视频 3-3：会计科目的引入与设置

3．计量单位

计量单位是存货和固定资产资料的计量标准。金蝶 K/3 系统中允许存在多种计量单位，为了便于管理，用户可以通过计量单位组对不同计量单位进行分类管理和显示，同时在一个计量单位组中，有且只有一个默认计量单位，同一组中的其他计量单位按设置的换算率与默认计量单位进行换算。

1）计量单位组

在金蝶 K/3 系统主界面中，依次单击"系统设置"→"基础资料"→"公共资料"，双击"计量单位"选项，进入"基础平台-[计量单位]"窗口，先单击左边窗格中的"计量单位"，再单击工具栏中的"新增"按钮，即可弹出"新增计量单位组"对话框，如图 3-13 所示。输入计量单位组的名称（重量组或数量组），再单击"确定"按钮，即可完成计量单位组的添加。

2）新增计量单位

先选中需要添加计量单位的计量单位组（重量组或数量组），再单击右边窗格的空白地方，并单击工具栏中的"新增"按钮，填入计量单位相应的代码和名称后，单击"确定"按钮，即可完成计量单位的添加，如图 3-14 所示。

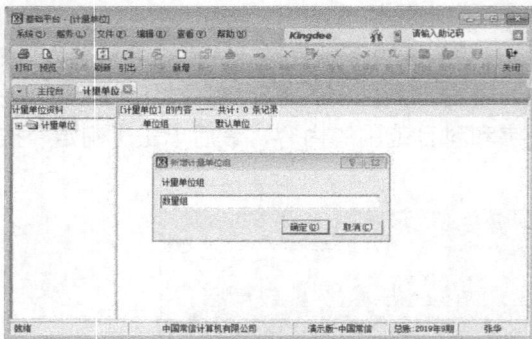

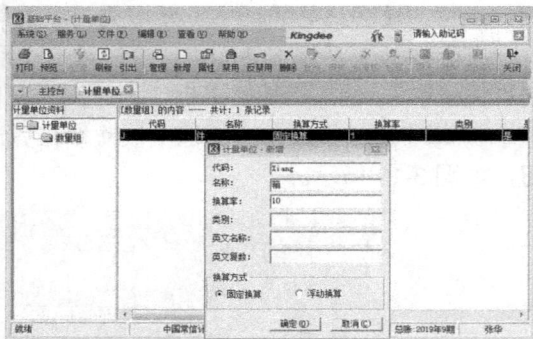

图 3-13　新增计量单位组　　　　图 3-14　新增计量单位

小提示

1．通过给计量单位设置不同的换算方式可以支持多计量单位处理。固定换算方式的计量单位与默认计量单位之间始终维持固定的换算率，而浮动换算计量单位则可在物料、单据使用时根据需要指定其换算率，实现更加灵活的运用。

2．必须把某个计量单位组下所有的计量单位都删除之后，才能删除该计量单位组。

3．计量单位组下默认计量单位有且只有一个，其他计量单位都是通过换算率与之进行换算的。

4．计量单位组下不能再增加子计量单位组。

扫一扫　　　视频 3-4：新增计量单位

4．结算方式

结算方式指的是企业往来业务中的结款方式。

在金蝶 K/3 系统主界面中，依次单击"系统设置"→"基础资料"→"公共资料"，双击"结算方式"，进入"基础平台-[结算方式]"窗口，单击工具栏中的"新增"按钮，弹出"结算方式-新增"对话框，在对话框中依次填入代码、名称和科目代码等内容，最后单击"确定"按钮，即可完成结算方式的添加，如图 3-15 所示。

5．部门资料

部门是企业生产和组织的单元，企业内部的职员以部门为类别进行划分，某些财务成果与费用也以部门为单位进行核算，一般来说，只需将现实中企业的各个部门按类别添加到软件系统中即可，具体的操作步骤如下。

在金蝶 K/3 系统主界面中，依次单击"系统设置"→"基础资料"→"公共资料"，双击"部门"，进入"基础平台-[部门]"窗口，单击工具栏中的"新增"按钮，弹出"部门-新增"窗口，如图 3-16 所示，在对话框中依次填入代码、名称及其他部门属性的内容，最后单击"确定"按钮即可。

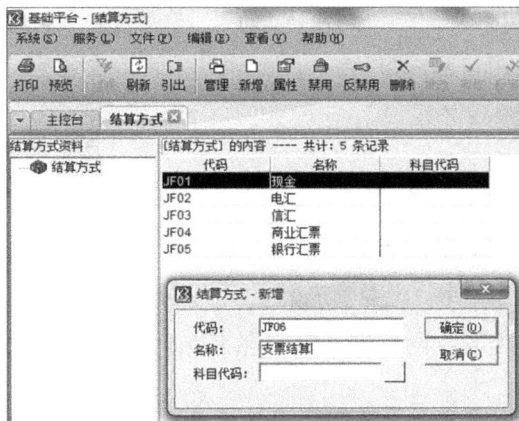

图 3-15　"结算方式-新增"对话框　　　　图 3-16　"部门-新增"窗口

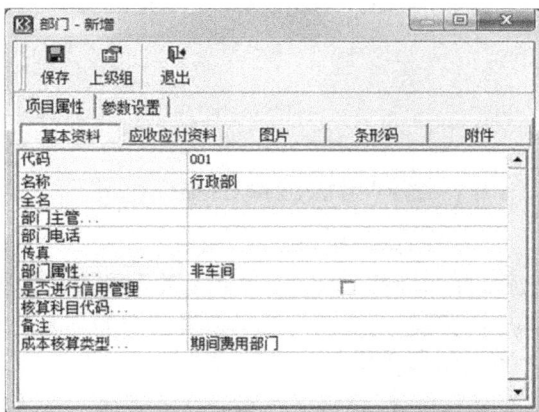

注意：中国常信计算机有限公司的生产部为部门的上级组（类别），而不是一个部门，生产部下面的生产一部和生产二部才是部门。另外，生产一部和生产二部的部门属性为车间，成本核算类型为基本生产部门。

6．职员资料

职员是企业实际业务的操作者，也是进行某些指标统计的依据，它一般按部门不同进行划分。这样部门就是其上级组，职员隶属于部门。所以在新增职员资料之前，先要以部门为名称新建职员的上级组。新增职员资料的具体操作步骤如下。

Step1：新增职员的部门上级组。在金蝶 K/3 系统主界面中，依次单击"系统设置"→"基础资料"→"公共资料"，双击"职员"，进入"基础平台-[职员]"窗口，单击工具栏中的"新增"按钮，打开"职员-新增"窗口。单击工具栏中的"上级组"按钮，并输入上级组的代码和名称，如图 3-17 所示，再单击"保存"按钮。

Step2：在"职员-新增"窗口中，确保没有选中工具栏中的"上级组"按钮，分别输入职员的代码、名称等信息，如图 3-18 所示。最后单击"保存"按钮，即可完成职员的新增。例如，行政部为上级组，代码为 001，那么行政部李信诚的代码为 001.001，第一段 001 表示行政部，第二段 001 是流水号，表示行政部的第一位员工。

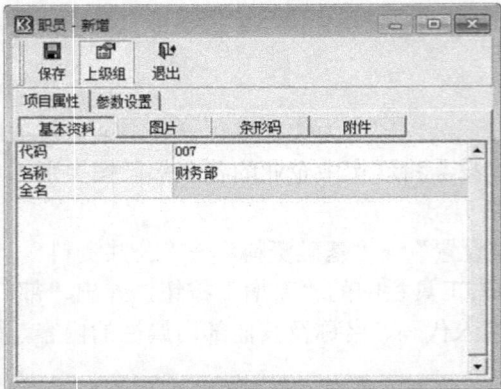

图 3-17　新增职员"上级组"　　　　　　图 3-18　新增职员

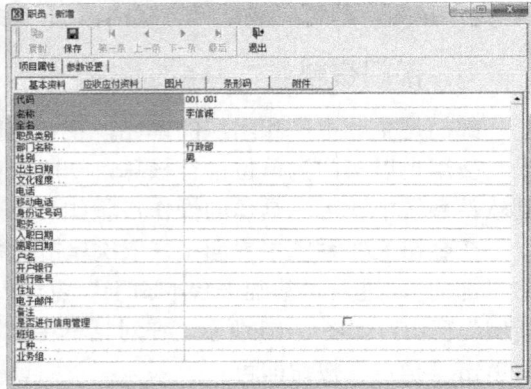

视频 3-5：新增结算方式、部门和职员

7．客户与供应商档案

客户档案是指包括客户代码、名称、地址、电话等内容的客户信息，是对客户进行往来管理的基础。客户档案直接关系到客户数据的统计、汇总和查询的处理（供应商档案同客户档案类似）。录入客户和供应商的档案资料是财务业务核算中一项十分重要的内容，具体的操作步骤如下。

Step1：在金蝶 K/3 系统主界面中，依次单击"系统设置"→"基础资料"→"公共资料"，双击"客户"，进入"基础平台-[客户]"窗口。

Step2：新增客户上级组（客户分类）。单击工具栏中的"新增"按钮，打开"客户-新增"窗口，单击"上级组"按钮，输入客户上级组代码和名称，如图 3-19 所示。最后单击"保存"按钮。

Step3：新增客户档案。在"基础平台-[客户]"窗口中，单击工具栏中的"新增"按钮，打开"客户-新增"窗口，如图 3-20 所示，并确保没有选中工具栏中的"上级组"按钮，依次输入客户的代码、名称等信息即可完成客户的新增。

小提示	1．在"客户-新增"对话框中，可以设置是否对客户进行信用管理。 2．在"客户-新增"对话框的"应收应付资料"标签中，可以设置该客户的应收账款、预收账款等会计科目。

同理，供应商档案管理与客户档案管理类似，在"基础平台-[供应商]"窗口即可管理供应商档案资料。

图 3-19　新增客户上级组

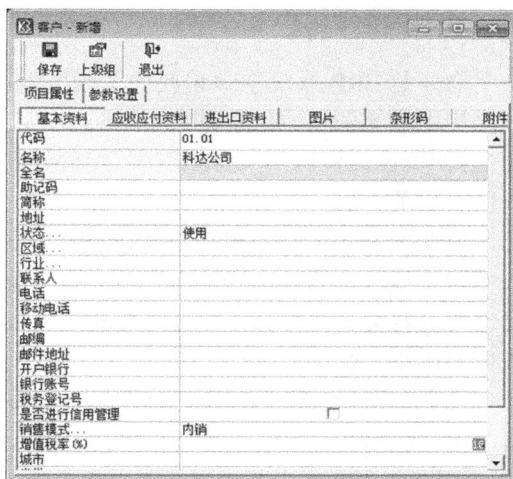

图 3-20　新增客户档案

扫一扫　视频 3-6：新增客户与供应商档案

8. 仓库资料

仓库是企业存放货物的场所，仓库基础资料可以按存放的物品性质进行分类。同时，在金蝶 K/3 系统中，把仓库划分为实仓和虚仓两类。实仓即普通仓，仓库里的存货数据核算既要核算数量又要核算金额。虚仓指的是由于各种原因，导致存放在仓库里的物料只有数量数据，没有金额数据（金额为 0），虚仓又可以分为待检仓、代管仓、赠品仓、受托代销仓等多种类型。中国常信计算机有限公司现有三个仓库：原材料仓库、半成品仓库和产成品仓库。三个仓库均为实仓。新建仓库资料的操作步骤如下。

在金蝶 K/3 系统主界面中，依次单击"系统设置"→"基础资料"→"公共资料"→"仓库"，进入"基础平台-[仓库]"窗口，单击工具栏中的"新增"按钮，打开"仓库-新增"窗口，在对话框中依次填入代码、名称和仓库类型等内容，最后单击"确定"按钮，如图 3-21 所示。

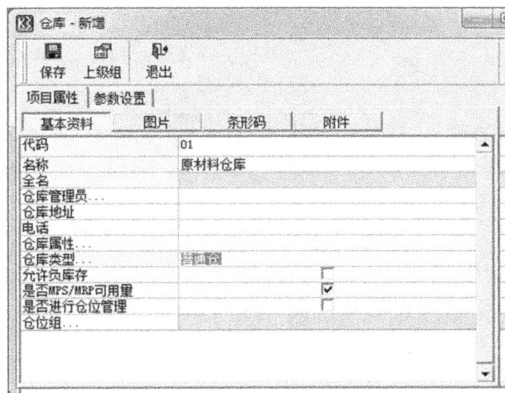

图 3-21　"仓库-新增"窗口

9．物料资料

物料是 ERP 系统中最重要的基础资料，它在生产型企业中处于核心的地位，各种单据都要使用物料资料。在金蝶 K/3 系统中，物料设置窗口中包括"基本资料""物流资料""计划资料""设计资料""标准数据""质量资料""条形码" 7 个标签，每个标签设置某一个主题的相关信息。

物料的准备工作在整个静态基础数据的准备过程中占有较大的比重，即使是一般的中小型企业也有 2 000~8 000 种物料，某些制造型企业的物料种类数多达几万种，因此需要对物料进行分类，以便于查找和管理。以原材料"PHILIPS107 显示器"为例，新增物料的具体操作步骤如下。

Step1：在金蝶 K/3 系统主界面中，依次单击"系统设置"→"基础资料"→"公共资料"→"物料"，进入"基础平台-[物料]"窗口，单击工具栏中的"新增"按钮。

Step2：在"物料-新增"对话框中，单击"上级组"按钮，依次输入上级组代码为 001，名称为原材料，再单击"保存"按钮，即可完成原材料上级组的新增。

Step3：单击工具栏中的"新增"按钮，在"物料-新增"窗口的"基本资料"标签中，输入物料代码为 001.001，物料名称为 PHILIPS107 显示器，物料属性为外购，计量单位组为数量组，基本计量单位为件，采购、销售、生产、库存计量单位均为台，默认仓库设置为原材料仓库，如图 3-22 所示。

Step4：在"物料-新增"窗口的"物流资料"标签中，设置计价方法为加权平均法，存货科目为 1403.01，销售收入科目为 6051，销售成本科目为 6402，税率（%）为 16，如图 3-23 所示。

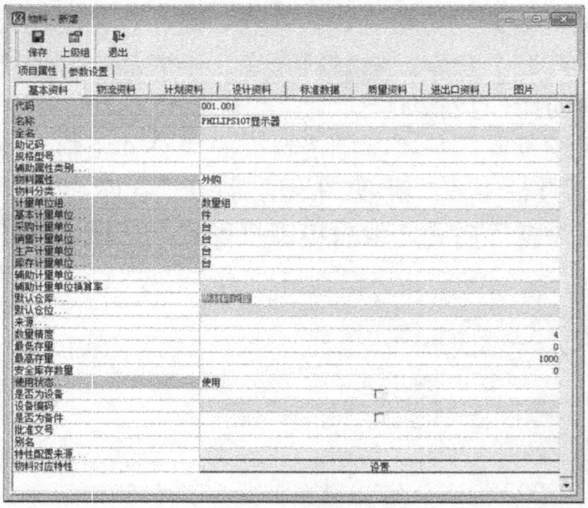

图 3-22　基本资料设置 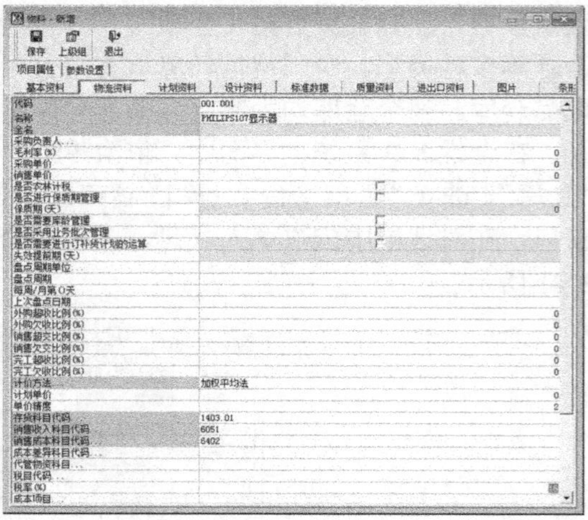　　　　图 3-23　物流资料设置

Step5：在"物料-新增"窗口中，分别设置"计划资料""设计资料""标准数据""质量资料"等标签的数据，分别如图 3-24~图 3-27 所示。

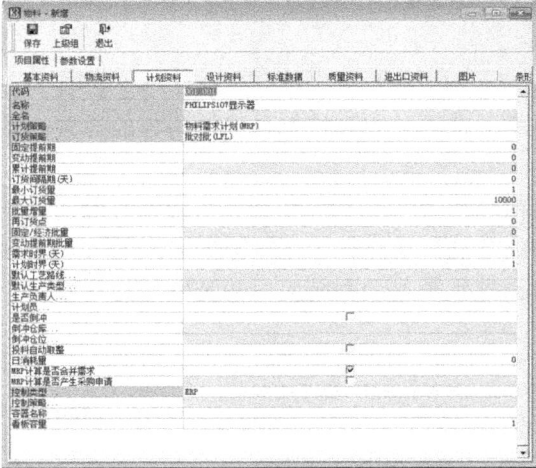

图 3-24　计划资料设置

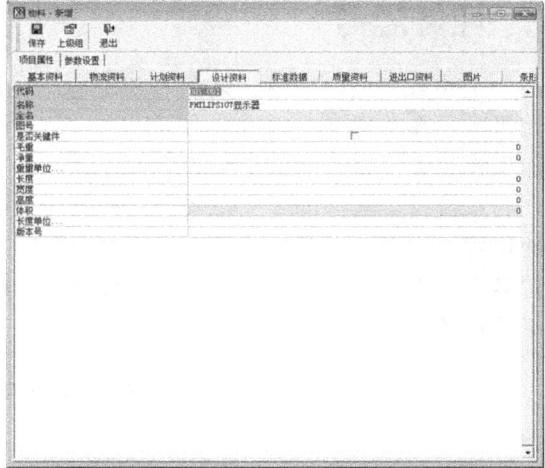

图 3-25　设计资料设置

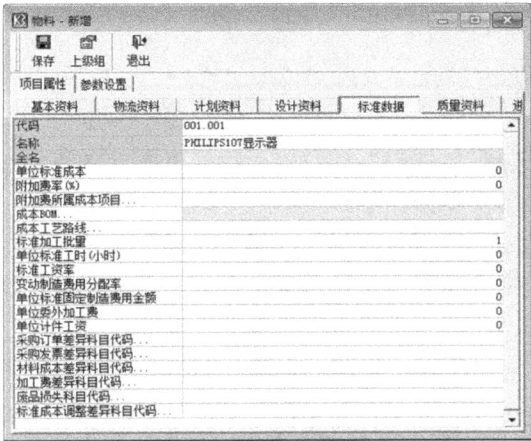

图 3-26　标准数据设置

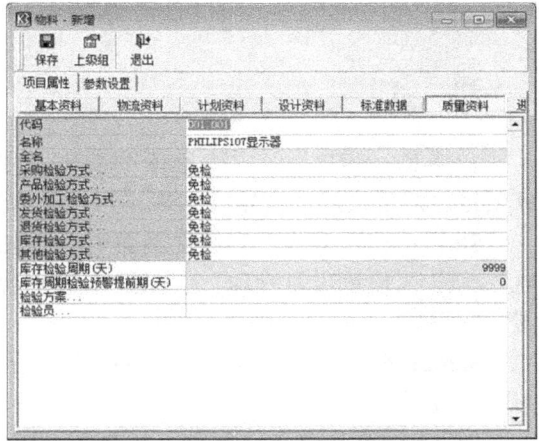

图 3-27　质量资料设置

小提示

　　1. 物料属性一般有外购、自制、委外和虚拟件等，这里的虚拟件是指为了方便物料管理与 BOM 层次划分设置的虚拟物料，它不会产生出入库操作；委外是指委托外部加工单位加工的物料。

　　2. 物料的最高库存、最低库存一般由仓库、财务与采购人员共同协商设置，从而确定物料的采购批量和采购方式。

　　3. 物料的计划资料主要确定的是与采购和生产相关的资料，通过提前期的设定，来确定采购或生产提前期。

扫一扫　　　视频 3-7：新增物料数据

任务思考

金蝶 K/3 系统主控台集合了 ERP 系统的所有功能，为各个子系统提供了一个公共的交流平台。在金蝶 K/3 主控台中可以完成基本信息、基础档案和核算项目等内容的设置，从而保障各个子系统业务工作的顺利开展。

系统基础数据准备工作较为烦琐，其主要内容包括业务系统和财务系统静态期初数据的设置，重点在于基础资料录入、修改和管理的方法，难点在于厘清数据之间的关系及其在各个子系统中的作用。金蝶 K/3 系统基础数据准备是各个系统应用的基础，为后续各个子系统的业务处理提供了共享的基础数据。

想一想

1. 如何在基础资料管理窗口显示所有明细基础资料数据？

2. 在金蝶 K/3 系统中，如果某项物料被使用以后不能删除，如何对其进行禁用/反禁用？

3. 在金蝶 K/3 系统中，静态基础资料除了可以在初始化阶段编辑，还可以在什么时候进行编辑？

举一反三

金蝶 K/3 ERP 系统中除了有"客户""供应商""部门""职员""物料"等基础资料核算项目，还可以添加自定义核算项目。具体的操作步骤如下。

Step1：在金蝶 K/3 系统主界面中，依次单击"系统设置"→"基础资料"→"公共资料"，双击"核算项目管理"，进入"基础平台-[全部核算项目]"窗口，单击工具栏中的"新增"按钮。

Step2：在"核算项目类别-新增"对话框中，分别输入自定义核算项目的代码和名称，如图 3-28 所示。

Step3：在自定义核算项目"属性维护"中，单击"新增"按钮，打开"自定义属性-新增"对话框，设置自定义核算项目的相关属性。例如，"项目负责人"属性关联了基础资料中的"职员"资料，则其只能从职员中选择，不能自己输入文字，如图 3-29 所示。

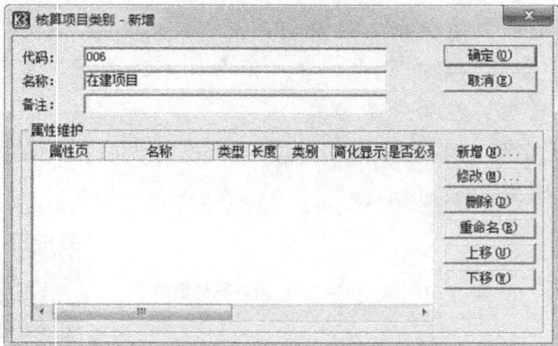

图 3-28　新增核算项目类别　　　　图 3-29　"自定义属性-新增"对话框

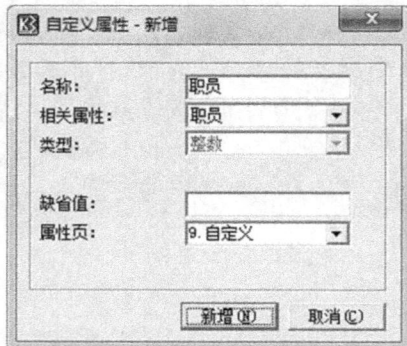

Step4：设置好相关属性以后，单击"确定"按钮，即可完成自定义核算项目类别的增加。

Step5：在"全部核算项目"窗口，先选择要增加基础资料的核算项目类别，单击右边空白地方，再单击工具栏中的"新增"按钮，输入核算项目的相关信息，即可完成自定义核算项目基础资料的新增。自定义核算项目设置成功以后，就可以在会计科目的核算项目中进行使用。

视频 3-8：新增自定义核算项目

扫一扫

课后作业

1. 在中国常信计算机有限公司金蝶 K/3 系统中，增加以下基础资料：

（1）新增外币 HKD，汇率为 0.88；

（2）新增计量单位"打"，换算率为 1 打=12 件；

（3）新增会计科目"2221.01.02 进项税额转出"；

（4）修改"所得税"会计科目名称为"所得税费用"。

2. 在中国常信计算机有限公司金蝶 K/3 系统中录入职员王林，隶属于仓储部。

3. 根据表 3-6 和表 3-7 中的数据，在金蝶 K/3 系统中录入中国常信计算机有限公司的客户和供应商数据。

4. 根据表 3-8 和表 3-9 中的数据，在金蝶 K/3 系统中录入中国常信计算机有限公司的仓库和物料数据。

任务四　系统参数设置与初始化

任务导读

应收款管理系统参数设置与初始化
应付款管理系统参数设置与初始化
固定资产管理系统参数设置与初始化
工资管理系统参数设置
现金管理系统参数设置与初始化
总账系统参数设置与初始化
业务系统参数设置与初始化

✓ 任务重点

为了便于公司员工在使用软件时更好地控制系统运行，需要进行系统参数设置，同时为了保证账套启用后财务业务数据的连贯性、一致性和完整性，必须录入财务系统和业务系统各项期初数据，并结束初始化。中国常信计算机有限公司各个系统的参数和期初数据如下所示。

1．应收款管理系统

1）应收款管理系统参数

基本信息：应收款系统启用会计年度为 2019 年，会计期间为第 9 期，社会统一信用代码为 32040256392123565X，开户银行为中国建设银行常州市武进区花园街支行，银行账号为 9559431141000282816。

坏账计提方法为"备抵法"中的"应收账款百分比法"，计提比例为 5%，坏账损失科目为 6701，坏账准备科目为 1231。

科目设置：销售发票、收款单、退款单的会计科目均为应收账款 1122，预收单的会计科目为预收账款 2203，其他应收单的会计科目为其他应收款——职员 1221.01，应收票据科目为 1121，应交税金科目为 2221.01.05。

单据控制：反审核人与审核人为同一人，只允许修改、删除本人录入的单据，税率来源为"取产品属性的税率"。

期末处理：结账与总账期间同步。

凭证处理：使用凭证模板，预收冲应收需要生成转账凭证。

核销控制：不同订单号、合同号也能核销，审核后不自动核销。

2）应收款管理系统期初数据

中国常信计算机有限公司初始应收款项如表 4-1 所示。

表 4-1　初始应收款项

客户/职员	时　　间	事　　由	价税合计（元）
科达公司	2019-07-06	销售流吴 O8 计算机 20 台，单价为 8 000 元	185 600
恒利公司	2019-08-25	销售欧皇 ASDJ3 计算机 50 台，单价为 9 000 元	522 000
张华	2019-08-26	出差借款	5 000
科达公司	2019-07-12	收到为期 3 个月的商业承兑汇票	50 000
宏丰公司	2019-08-20	期初坏账，原因为企业缺少资金	12 000

2．应付款管理系统

1）应付款管理系统参数

基本信息：应付款系统启用会计年度为 2019 年，会计期间为第 9 期，其他信息同应收款系统相同。

科目设置：采购发票、付款单、退款单的会计科目均为应付账款 2202，预付单的会计科目为预付账款 1123，其他应付单的会计科目为其他应付款 2241，应付票据科目为 2201，应交税金科目为 2221.01.01。

单据控制：反审核人与审核人为同一人，只允许修改、删除本人录入的单据，税率来源为"取产品属性的税率"。

期末处理：结账与总账期间同步。

凭证处理：使用凭证模板，预付冲应付需要生成转账凭证。

核销控制：不同订单号、合同号也能核销，审核后不自动核销。

2）应付款管理系统期初数据

中国常信计算机有限公司初始应付款项如表 4-2 所示。

表 4-2　初始应付款项

供 应 商	时 间	事 由	价税合计（元）
王码公司	2019-08-16	采购 LG M4210C 显示器 20 台，单价为 900 元	20 880
强发公司	2019-08-19	采购金士顿 2GB 内存条 50 根，单价为 160 元	9 280
王码公司	2019-08-25	收到为期 90 天的商业承兑汇票	20 000

3. 固定资产管理系统

1）固定资产管理系统参数

基本设置：与公司基本信息保持一致。

账套启用会计期间为 2019 年第 9 期，与总账系统相连，允许改变基础资料编码，计提折旧。

2）固定资产期初数据

中国常信计算机有限公司固定资产系统期初数据如表 4-3 至表 4-5 所示。

表 4-3　固定资产卡片类别

代 码	名 称	使用年限	净残值率	计量单位	预设折旧方法	固定资产科目	累计折旧科目	卡片编码规则
001	房屋	50	5%	幢	动态平均法	1601	1602	FW-
002	交通工具	10	3%	辆	工作量法	1601	1602	JT-
003	生产设备	10	3%	台	双倍余额递减法	1601	1602	SC-
004	办公设备	5	5%	台	平均年限法	1601	1602	BG-

表 4-4　固定资产存放地点

代 码	名 称
01	车间
02	办公室
03	车库

表 4-5　固定资产初始数据

资产编码	FW-001	JT-001	SC-001
名称	办公楼	小汽车	组装机器人
类别	房屋及建筑物	交通工具	生产设备
计量单位	幢	辆	台
数量	1	1	2
变动日期	2004.8.30	2014.5.7	2012.12.5
存放地点		车库	车间
经济用途	经营用	经营用	经营用
使用状态	正常使用	正常使用	正常使用
变动方式	自建	购入	购入
使用部门	行政部	销售部、行政部（各50%）	生产部
折旧费用科目	管理费用——折旧费	管理费用——折旧费	制造费用——折旧费

资产编码	FW-001	JT-001	SC-001
币别	人民币	人民币	人民币
原币金额	1 000 000	400 000	600 000
购进累计折旧	无	无	无
开始使用日期	2004.9.1	2014.6.1	2013.1.1
已使用期间	180	工作总量：30 万公里，已使用 18 万公里	80
累计折旧金额	280 000	220 000	400 000
折旧方法	平均年限法	工作量法	双倍余额递减法

4．工资系统

工资系统参数中工资类别为全体职工。结账与总账期间同步，结账前必须先审核。

5．现金管理系统

1）现金管理系统参数

结账与总账期间同步。

2）现金管理期初数据

银行存款——建设银行的期初未达账项如表 4-6 所示。

表 4-6　银行存款——建设银行的期初未达账项

未 达 账 项	事　由	金　额（元）
企业银行存款日记账初始金额		1 290 000
银行已收，企业未收	8 月 27 日收到恒利公司的货款转账	7 800
银行已付，企业未付	8 月 23 日代付水电费	2 500
银行对账单初始金额		1 294 000
企业已收，银行未收	8 月 25 日收到科达公司支票	4 500
企业已付，银行未付	8 月 28 日开出支票给王码公司	3 200

库存现金和银行存款的初始数据如表 4-7 所示。

表 4-7　总账系统期初数据

科 目 名 称	外币／数量	汇　率	借方金额（元）	贷方金额（元）
库存现金			36 000	
银行存款——建设银行			1 290 000	
银行存款——中国银行	20 000	6.83	136 600	
原材料——原材料			538 850	
原材料——自制半成品			760 000	
库存商品			1 346 000	
其他应收款——职员			5 000	
应收账款			707 600	
应收票据			50 000	
坏账准备				35 380
固定资产			2 000 000	

科 目 名 称	外币／数量	汇　率	借方金额（元）	贷方金额（元）
累计折旧				900 000
应付账款				30 160
应付票据				20 000
短期借款				800 000
应付职工薪酬				50 000
实收资本				4 000 000
本年利润				1 034 510
合计			6 870 050	6 870 050

6．总账系统

1）总账系统参数

基本信息：本年利润科目为4103，利润分配科目为4104，数量单价位数为2。

凭证：凭证过账前必须审核，不允许修改或删除业务系统凭证，新增凭证检查凭证号，新增凭证自动填补断号。

2）总账系统期初数据

中国常信计算机有限公司总账系统各个会计科目的期初数据如表4-7所示。

7．业务系统

1）业务系统参数

核算系统选项：暂估差额生成方式为"单到冲回"。

供应链整体选项：取消"若应收应付系统未结束初始化，则业务发票不允许保存"，采购系统启用新单多级审核，并设置Administrators组中的所有人均有权审核。

2）业务系统期初数据

中国常信计算机有限公司各个仓库的期初数据如表4-8所示。

表4-8　仓库期初数据

仓　库	物料名称	数　量	单　价（元）	金　额（元）
原材料仓库	三星T200显示器	100台	650	65 000
	LGM4210C显示器	200台	900	180 000
	金士顿2GB内存条	200根	160	32 000
	现代2GB D3内存	100根	170	17 000
	华硕M2A-VM主板	200（批号236）块	600	120 000
	罗技V47激光鼠标	150个	100	15 000
	IBM ThinP 1TB硬盘	50块	400	20 000
	戴尔SK-8115键盘	255个	70	17 850
	酷睿E4500 CPU	120个	600	72 000
半成品仓库	超炫X1主机	50台	5 200	260 000
	欧皇A主机	50台	4 800	240 000
	腾信C3主机	80台	3 250	260 000

仓　库	物　料　名　称	数　　量	单　价（元）	金　额（元）
产成品仓库	欧皇 ASDJ3	100 台	7 200	720 000
	流吴 O8	80 台	6 000	480 000
	超炫王商用 PCK2	20 台	7 300	146 000

启用期前未完成的采购业务（暂估入库单）：2019 年 8 月 14 日收到恒星公司发来的三星 T200 显示器（001.02）50 台，每台暂估价为 620 元，入原材料仓库。

启用期前未完成的销售业务（未核销出库单）：2019 年 8 月 28 日向恒利公司发出商品流吴 O8 计算机（003.002）100 台，每台成本为 6 000 元，从产成品仓发出。

任务实施

一、应收款管理系统参数设置与初始化

1．应收款管理系统参数设置

应收款管理系统的参数设置比较复杂，不仅需要设置各个应收单据的会计科目，还要对单据控制、凭证管理、坏账计提方法进行设置。其参数设置的具体步骤如下。

Step1：在金蝶 K/3 系统主界面中，依次单击"系统设置"→"系统设置"→"应收款管理"，双击"系统参数"，进入应收款管理"系统参数"对话框，如图 4-1 所示。在"基本信息"标签中，分别输入公司名称、公司地址、公司电话、税务登记号（社会统一征信代码）、开户银行及银行账号，同时，设置应收款管理系统启用年份为 2019，启用会计期间为 9。

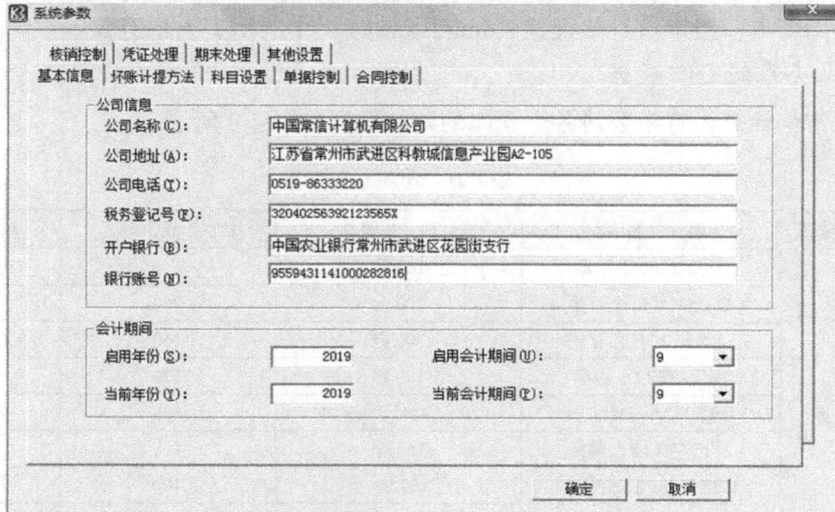

图 4-1　应收款管理"系统参数"对话框

Step2：在"坏账计提方法"标签中，分别设置计提方法为备抵法，坏账损失科目为 6701，坏账准备科目为 1231，在备抵法选项中选择"应收账款百分比法"，在计提坏账科目中双击空格行，从弹出的"会计科目"对话框中选择"应收账款"作为计提坏账科目，计提比率为 5%，如图 4-2 所示。

　　Step3：在"科目设置"标签中，销售发票、收款单、退款单的会计科目均为应收账款 1122，预收单的会计科目为预收账款 2203，其他应收单的会计科目为其他应收款——职员 1221.01，应收票据科目为 1121，应交税金科目为 2221.01.05，如图 4-3 所示。

　　Step4：在"单据控制"标签中，勾选"反审核人与审核人为同一人""只允许修改、删除本人录入的单据"复选框，税率来源为"取产品属性的税率"，同时，不勾选其他的参数设置复选框，如图 4-4 所示。

　　Step5：在"期末处理"标签中，勾选"结账与总账期间同步"复选框，如图 4-5 所示。

　　Step6：在"凭证处理"标签中，勾选"设置使用凭证模板""预收冲应收需要生成转账凭证"复选框，如图 4-6 所示。

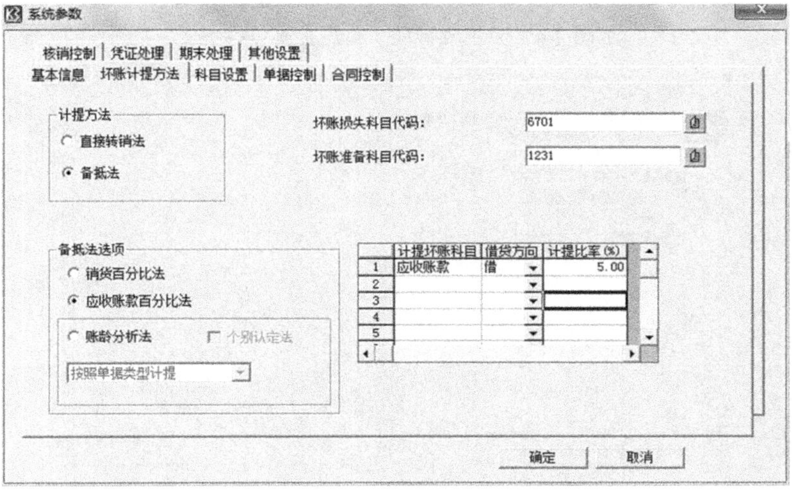

图 4-2　应收款管理"坏账计提方法"标签

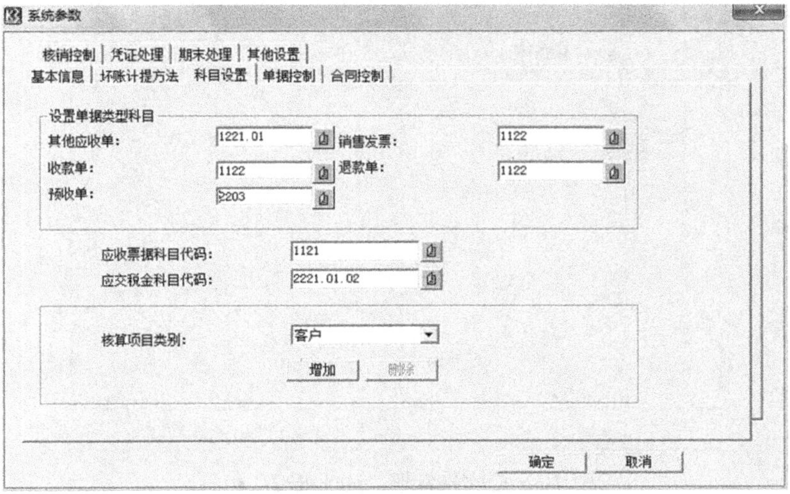

图 4-3　应收款管理"科目设置"标签

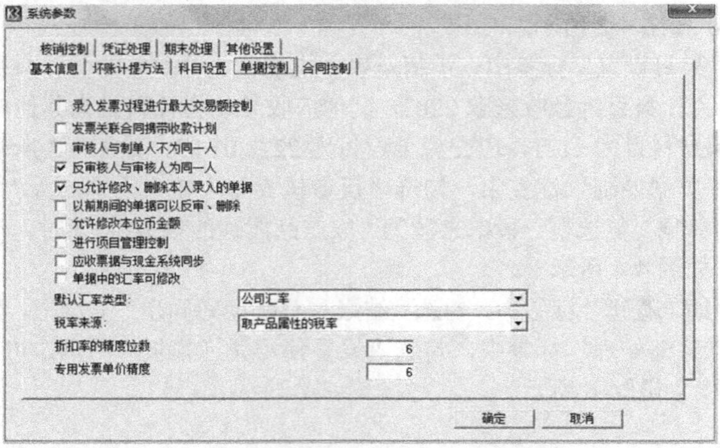

图 4-4　应收款管理"单据控制"标签

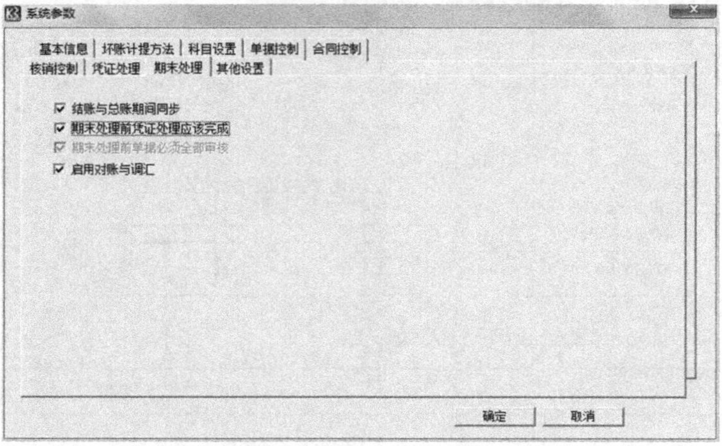

图 4-5　应收款管理"期末处理"标签

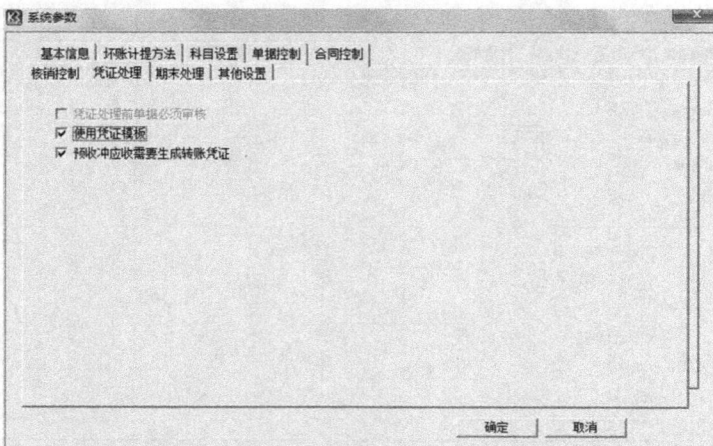

图 4-6　应收款管理"凭证处理"标签

Step7：在"核销控制"标签中，设置不同订单号、合同号也能核销，单据审核后不自动核销，如图 4-7 所示。

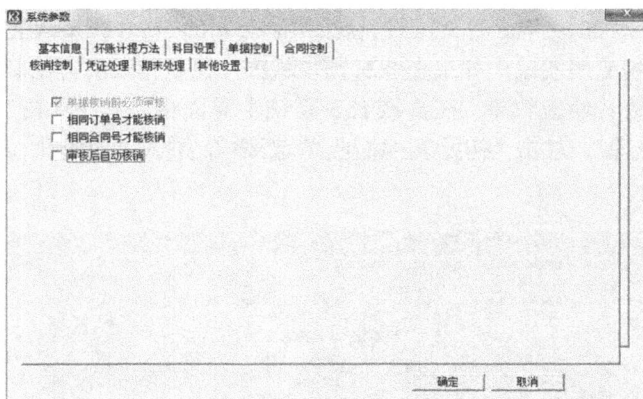

图 4-7　应收款管理"核销控制"标签

Step7：最后单击"确定"按钮，完成应收款管理系统的系统参数设置。

2．应收款管理系统期初数据录入

在应收款管理系统中，初始数据的录入主要包括初始单据（普通发票或增值税专用发票、初始其他应收单、初始预收单等）、初始票据和初始坏账 3 种类型，具体的操作步骤如下。

Step1：新增期初销售发票。在金蝶 K/3 系统主界面中，依次单击"系统设置"→"初始化"→"应收款管理"，双击"初始销售增值税发票-新增"，进入"初始化_销售增值税发票-新增"窗口，勾选"录入产品明细"，选择业务发生时间为2019-07-06，核算项目类别为客户，核算项目为科达公司，在单据体的产品代码中按下 F7 快捷键，从"核算项目-物料"对话框中选择"流吴 O8"，再分别输入数量为 20 台，单价为 8 000 元，最后再选择当前销售业务的发生部门和业务员，单击"保存"按钮即可完成初始销售增值税专用发票的新增，如图4-8 所示。

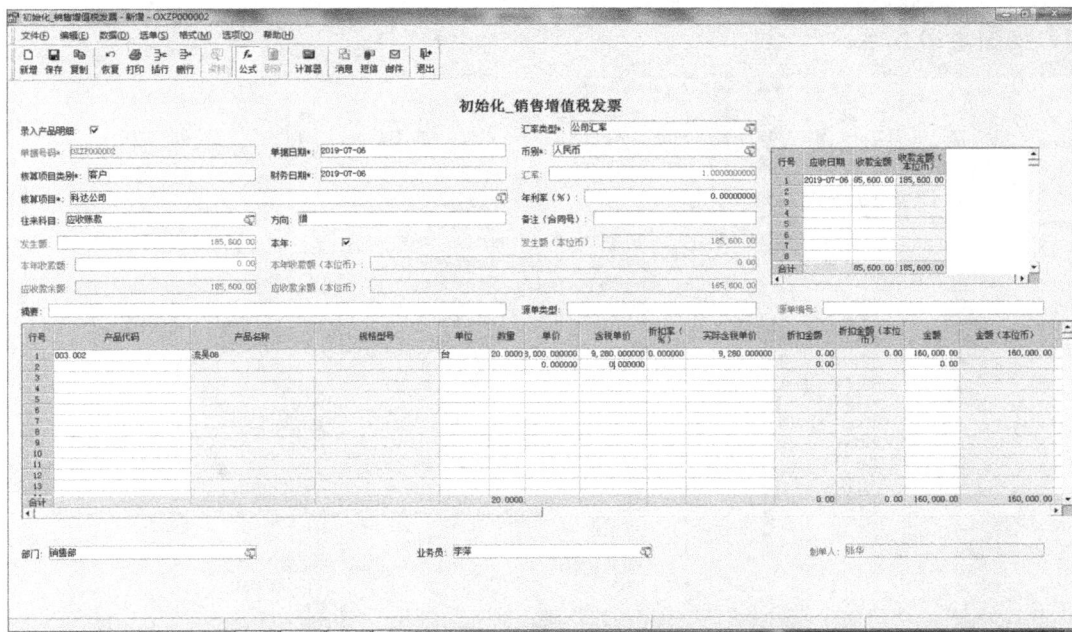

图 4-8　新增初始销售增值税专用发票

同理，还需要录入 2019 年 8 月 25 日销售给恒利公司的 50 台欧皇 ASDJ3 计算机、单价为 9 000 元的销售增值税专用发票。如果企业有预收款项，也用相同的方法新增初始数据。

Step2：新增初始其他应收单。在金蝶 K/3 系统主界面中，依次单击"系统设置"→"初始化"→"应收款管理"，双击"初始其他应收单-新增"，进入"初始化_其他应收单-新增"窗口，如图 4-9 所示。

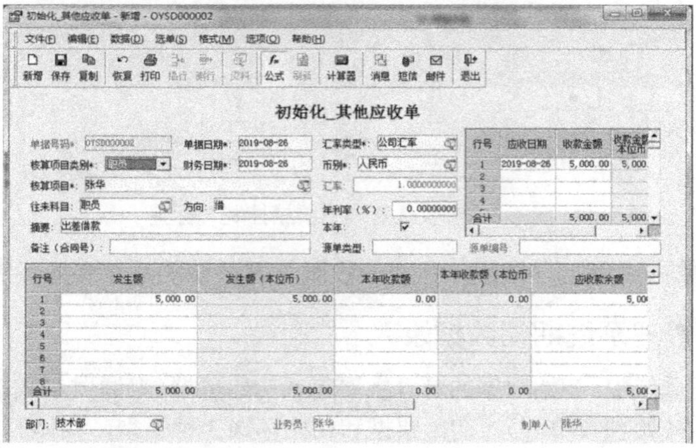

图 4-9　新增初始其他应收单

在图 4-9 中，由于是职工借款，核算项目类别需要选择职员，核算项目为张华。同时，借款的金额为 5 000 元，需要分别输入发生额 5 000 和应收款余额 5 000，确保发生额减去本年收款额等于应收款余额。

Step3：新增期初应收票据。在金蝶 K/3 系统主界面中，依次单击"系统设置"→"初始化"→"应收款管理"，双击"初始应收票据-新增"，进入"初始化_应收票据-新增"窗口，如图 4-10 所示。

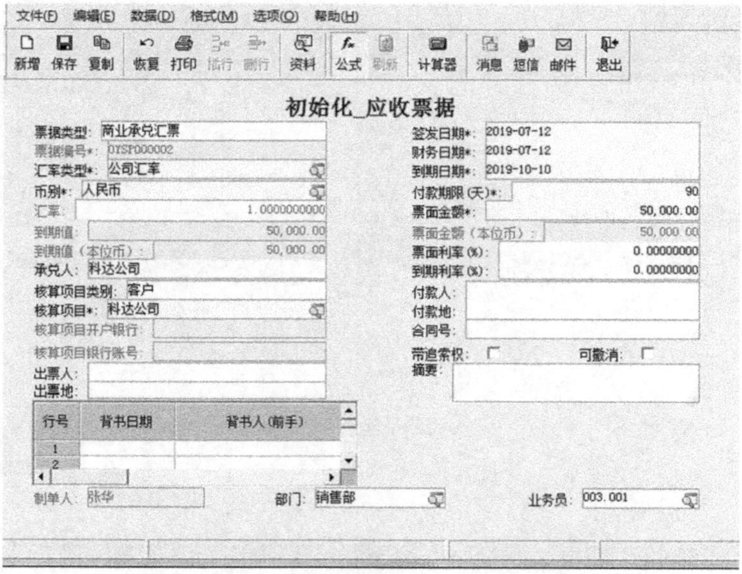

图 4-10　新增初始应收票据

在图 4-10 中，票据类型选择商业承兑汇票，签发日期和财务日期为 2019-07-12，到期日期为 2019-10-10，承兑人和核算项目为科达公司，部门为销售部，业务员为 003.001（李萍）。

Step4：录入期初坏账。在金蝶 K/3 系统主界面中，依次单击"系统设置"→"初始化"→"应收款管理"，双击"初始数据录入-期初坏账"，进入"应收款管理-［期初坏账］"窗口，如图 4-11 所示。在"过滤条件"对话框，直接单击"确定"按钮。

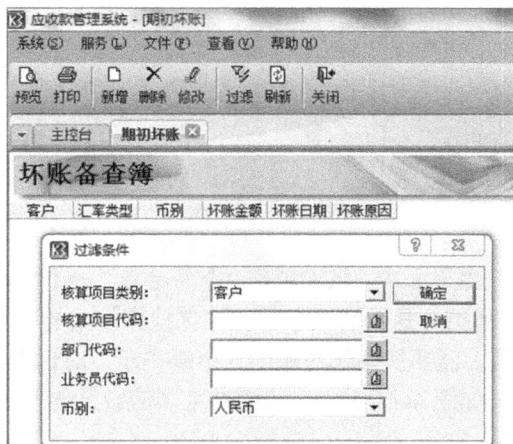

图 4-11 "应收款管理系统-［期初坏账］"对话框

单击工具栏中的"新增"按钮，打开"期初坏账录入"对话框，分别输入核算项目类别、坏账日期、核算项目名称、部门、业务员、坏账原因和金额，再单击"存盘"按钮，即可完成期初坏账的新增，如图 4-12 所示。

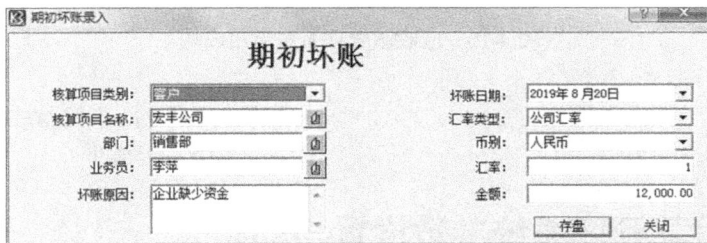

图 4-12 "期初坏账录入"对话框

3．应收款管理系统结束初始化

应收款管理系统的参数设置和初始数据录入之后，就可以进行结束初始化工作，其具体的操作步骤如下。

Step1：在金蝶 K/3 系统主界面中，依次单击"财务会计"→"应收款管理"→"初始化"，双击"初始化检查"，系统会弹出初始化检查结果的对话框，如图 4-13 所示。

Step2：在金蝶 K/3 系统主界面中，依次单击"财务会计"→"应收款管理"→"初始化"，双击"初始化对账"，打开"初始化对账-过滤条件"对话框，如图 4-14 所示。在科目代码中选择要对账的科目（1122 和 1221.01），勾选"显示核算项目明细"复选框，再单击"确定"按钮，即可查看应收款系统和总账系统初始数据的核对结果。

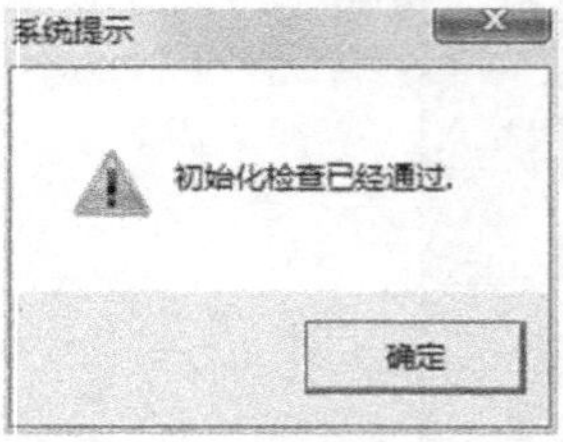

图 4-13　初始化检查结果

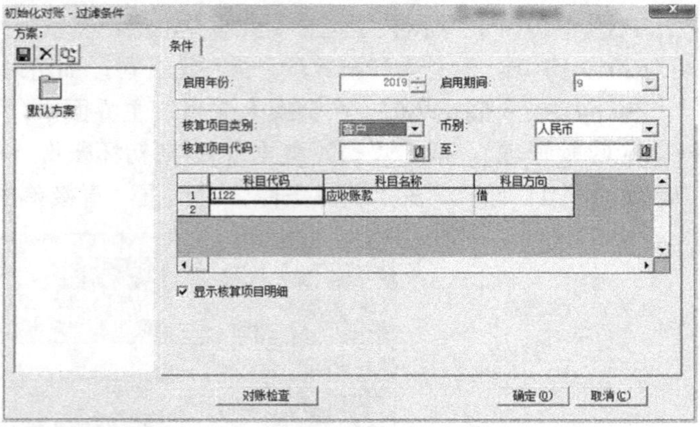

图 4-14　"初始化对账-过滤条件"对话框

Step3：在金蝶 K/3 系统主界面中，依次单击"财务会计"→"应收款管理"→"初始化"，双击"结束初初始化"，在弹出的是否需要查看初始化检查结果的"金蝶提示"对话框中，单击"否"按钮，在弹出的是否需要初始化对账的"金蝶提示"对话框中，单击"否"按钮，则应收款管理系统启用成功，如图 4-15 所示，从而结束了应收款管理系统的初始化工作。

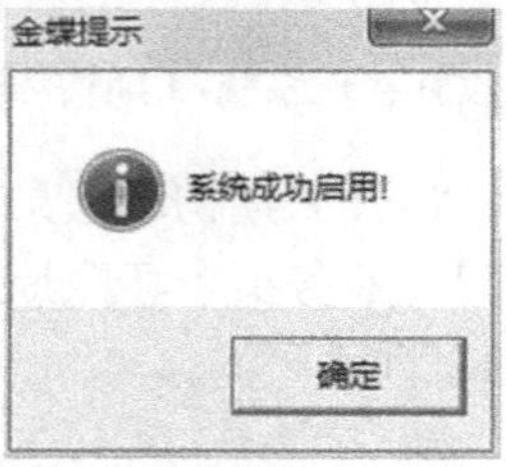

图 4-15　应收款管理系统启用成功

视频 4-1：应收款管理系统参数设置与初始化

二、应付款管理系统参数设置与初始化

1．应付款管理系统参数设置

应付款管理系统参数设置的具体步骤如下。

Step1：在金蝶 K/3 系统主界面中，依次单击"系统设置"→"系统设置"→"应付款管理"，双击"系统参数"，进入应付款管理"系统参数"对话框。在"科目设置"标签中，采购发票、付款单、退款单的会计科目均为 2202.02，其他应付单的会计科目为 2241，预付单的会计科目为 1123，应付票据科目代码为 2201，应交税金科目代码为 2221.01.01，如图 4-16 所示。

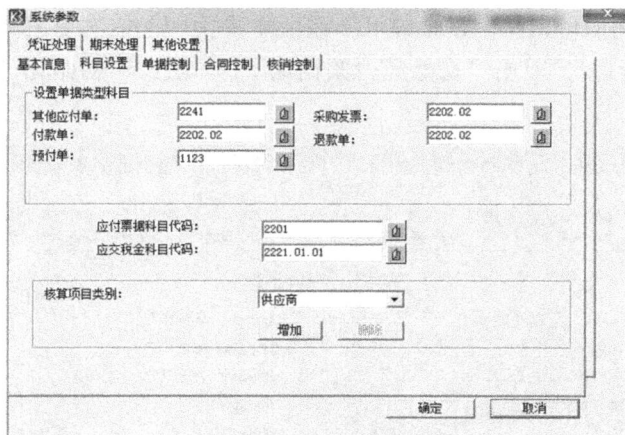

图 4-16　应付款管理"科目设置"标签

Step2："单据控制"、"期末处理"、"凭证处理"和"核销控制"标签中的参数设置内容与应收款管理系统的参数设置内容相同。

2．应付款管理系统期初数据录入

在应付款管理系统中，初始数据的录入主要包括初始单据（普通发票或增值税专用发票、初始其他应付单、初始预付单等）和初始票据，具体的操作步骤如下。

Step1：新增期初采购发票。在金蝶 K/3 系统主界面中，依次单击"系统设置"→"初始化"→"应付款管理"，双击"初始采购增值税发票-新增"，进入"初始化_采购增值税发票-新增"窗口，分别录入单据日期、财务日期、核算项目类别、核算项目、物料、数量、单价、部门和业务员等相关信息，最后单击"确定"按钮，如图 4-17 所示。

Step2：同理，录入 2019 年 8 月 19 日与强发公司发生采购行为的采购增值税专用发票。

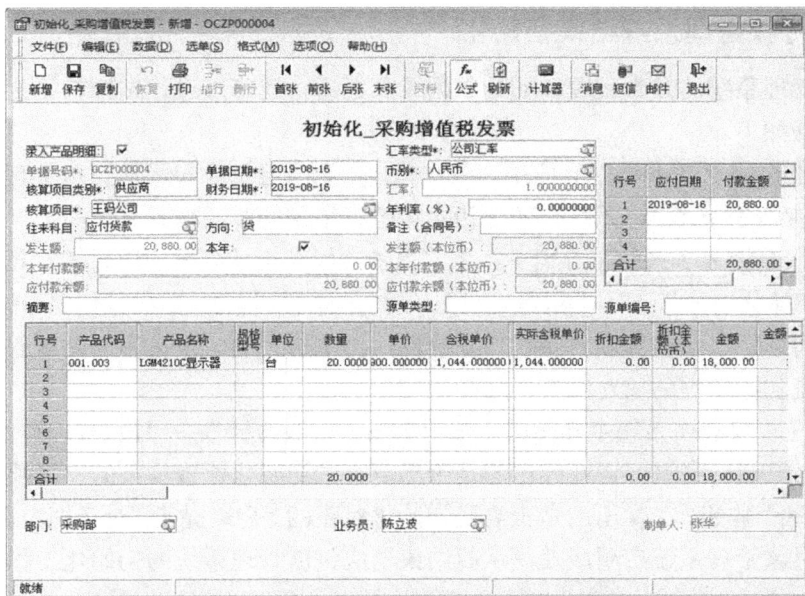

图 4-17　"初始化_采购增值税专用发票-新增"窗口

Step3：新增期初应付票据。在金蝶 K/3 系统主界面中，依次单击"系统设置"→"初始化"→"应付款管理"，双击"初始应付票据-新增"，进入"初始化_应付票据-新增"窗口，如图 4-18 所示。

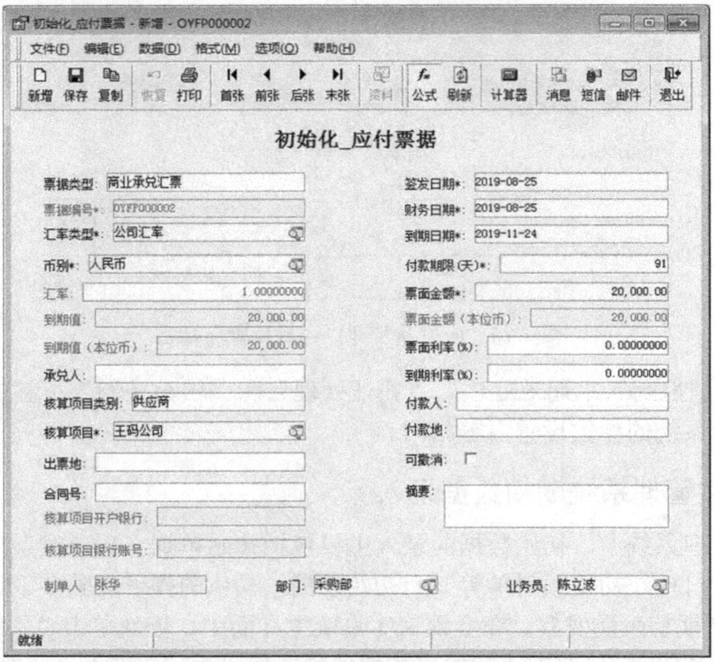

图 4-18　"初始化_应付票据-新增"窗口

在图 4-18 中，票据类型选择商业承兑汇票，签发日期和财务日期均为 2019-08-25，到期日期为 2019-11-24，核算项目为王码公司，部门为采购部，业务员为陈立波。

3．应付款管理系统结束初始化

应付款管理系统的参数设置和初始数据录入之后，就可以进行结束初始化工作，其具体的操作步骤如下。

Step1：在金蝶 K/3 系统主界面中，依次单击"财务会计"→"应付款管理"→"初始化"，双击"初始化检查"，系统会弹出初始化检查结果的对话框。

Step2：在金蝶 K/3 系统主界面中，依次单击"财务会计"→"应付款管理"→"初始化"，双击"初始化对账"，打开"初始化对账-过滤条件"对话框。在科目代码中选择 2202.02 应付货款，勾选"显示核算项目明细"复选框，再单击"确定"按钮，即可查看应付款系统和总账系统初始数据的核对结果，如图 4-19 所示。

Step3：在金蝶 K/3 系统主界面中，依次单击"财务会计"→"应付款管理"→"初始化"，双击"结束初初始化"，在弹出的是否需要查看初始化检查结果的"金蝶提示"对话框中，单击"否"按钮，在弹出的是否需要初始化对账的"金蝶提示"对话框中，单击"否"按钮，则应付款管理系统启用成功，从而结束了应付款管理系统的初始化工作。

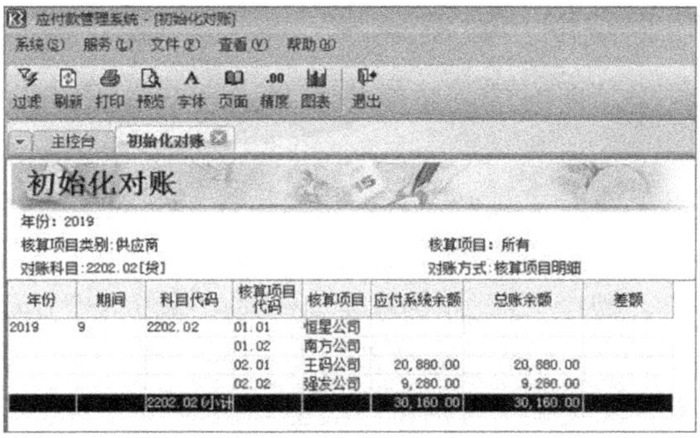

图 4-19　应付款系统和总账系统初始数据的核对结果

视频 4-2：应付款管理系统参数设置与初始化

扫一扫

三、固定资产管理系统参数设置与初始化

1．固定资产管理系统参数设置

固定资产管理系统参数设置是针对固定资产的管理与控制方式，其主要内容包括固定资产卡片类别、折旧计提方法等，其参数设置的具体步骤如下。

Step1：在金蝶 K/3 系统主界面中，依次单击"系统设置"→"系统设置"→"固定资产管理"，双击"系统参数"，进入固定资产管理"系统选项"对话框。在"基本设置"标签中，企业的基本信息在应收款管理系统和应付款管理系统中已经设置了，这里不需要进行修改。

Step2：在"固定资产"标签中，设置账套启用会计期间 2019 年第 9 期，勾选"与总账系统相连""允许改变基础资料编码"复选框，取消勾选"不折旧（对整个系统）"复选框等，如图 4-20 所示。最后，单击"确定"按钮，完成固定资产系统参数的设置。

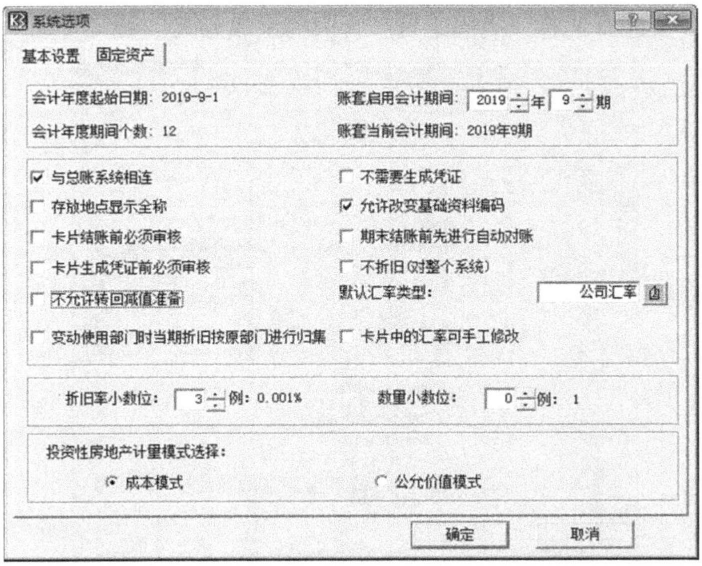

图 4-20　固定资产系统参数设置

2. 固定资产管理系统期初数据录入

在固定资产管理系统中，所有的固定资产都是通过新增固定资产卡片的方式增加的，具体的操作步骤如下。

Step1：新增固定资产变动方式类别。变动方式是设置固定资产的增加方式和减少方式。金蝶 K/3 系统中已经设置了一些基本的固定资产类别，企业可以根据自己的需要对其进行增加或修改，以固定资产"减少"类别中再增加一项"报废"为例。在金蝶 K/3 系统主界面中，依次单击"财务会计"→"固定资产管理"→"基础资料"，双击"变动方式类别"，进入固定资产管理"变动方式类别"对话框，如图 4-21 所示。单击"新增"按钮，打开"变动方式类别-新增"对话框，输入代码、名称，最后单击"新增"按钮，完成对固定资产变动方式类别的新增，如图 4-22 所示。

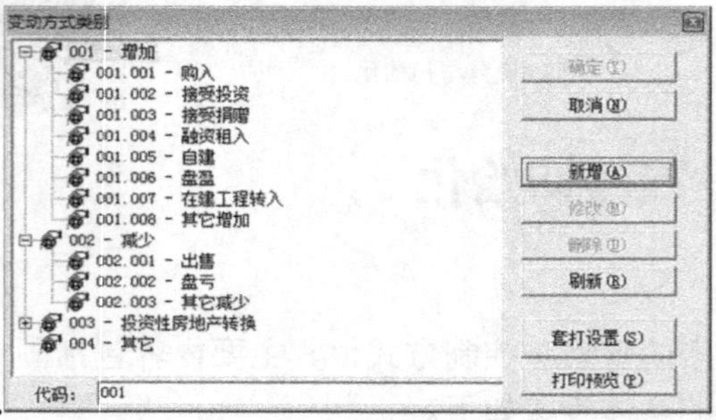

图 4-21 "变动方式类别"对话框

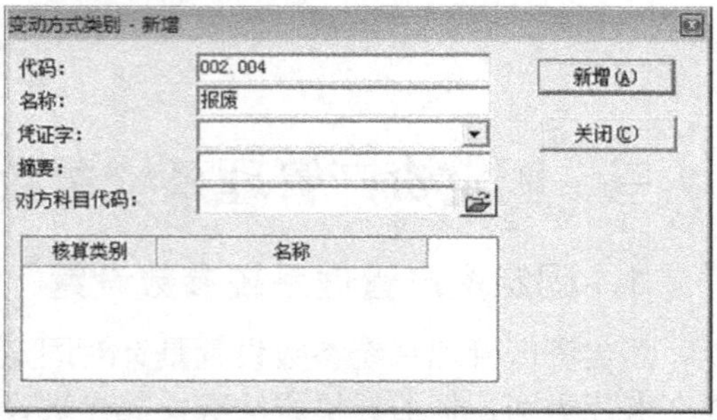

图 4-22 "变动方式类别-新增"对话框

Step2：新增固定资产卡片类别。以"房屋"为例，在"固定资产管理"子模块"基础资料"子功能中，双击"卡片类别管理"，在弹出的"固定资产类别-新增"对话框中，单击"新增"按钮，分别输入代码为 001，名称为房屋，使用年限为 50，预设折旧方法为动态平均法（基于变动后要素），固定资产科目为 1601，累计折旧科目为 1602，卡片编码规则为"FW-"，最后单击"新增"按钮，完成对固定资产类别的新增，如图 4-23 所示。另外，新增类别时需要注意选择该类固定资产折旧的生成方式。

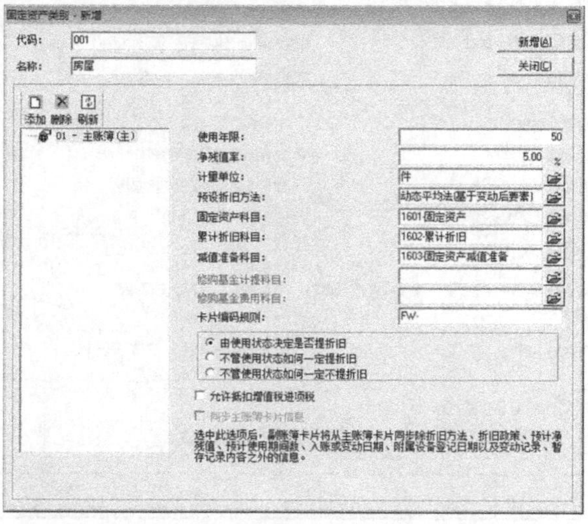

图 4-23 "固定资产类别-新增"对话框

Step3：存放地点维护。在固定资产管理子模块基础资料子功能中，双击"存放地点维护"，弹出"存放地点"对话框，如图4-24所示。单击"新增"按钮，在"存放地点-新增"对话框中，依次输入存放地点的代码和名称，如图4-25所示。最后单击"确定"按钮，完成存放地点的增加。

图4-24　"存放地点"对话框

图4-25　"存放地点-新增"对话框

Step4：录入期初固定资产数据。在"固定资产管理"子模块业务处理子功能中，双击"新增卡片"，弹出"金蝶提示"对话框，如图4-26所示，单击"是"按钮，弹出"卡片及变动-新增"对话框。

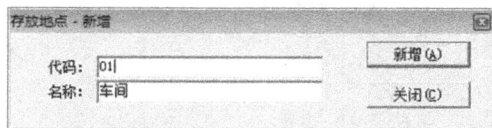

图4-26　"录入卡片后，不可改变启用年期"对话框

在"基本信息"标签中，依次输入资产类别、资产名称、计量单位、入账日期、使用情况等信息，如图4-27所示。

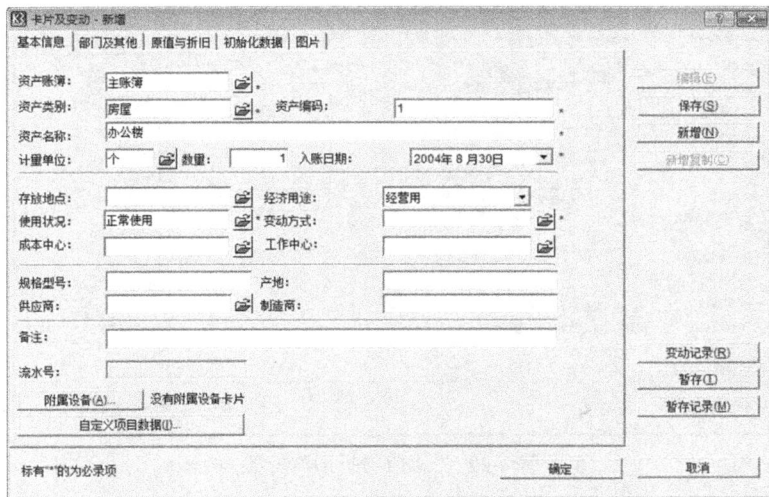

图4-27　"基本信息"标签

在"部门及其他"标签中，依次输入投资性房地产科目、累计折旧科目、使用部门、折旧费用分配等信息，如图 4-28 所示。如果一项固定资产有多个部门共同使用，则要按各个部门的使用比率对折旧费用进行分摊，如行政部使用 40%，生产部使用 60%，那么折旧费用的 40% 放入管理费用——折旧费中，折旧费用的 60% 放入制造费用——折旧费中。

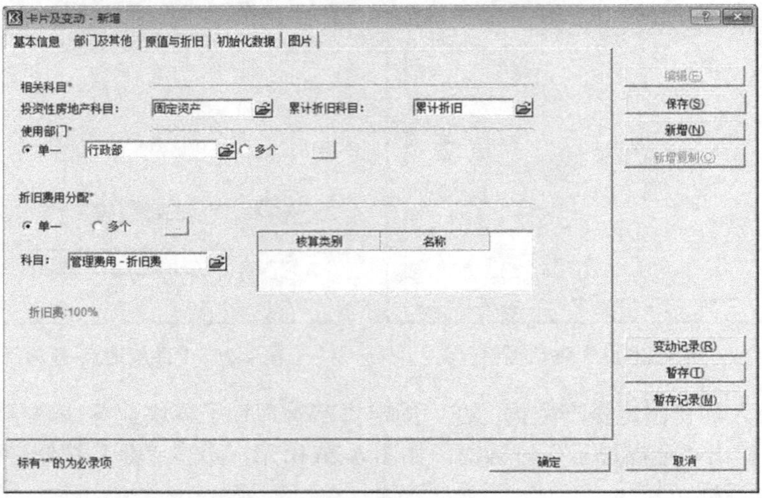

图 4-28 "部门及其他"标签

在"原值及折旧"标签中，依次输入原币金额、开始使用日期、预计使用期间数、已使用期间数、累计折旧等信息，如图 4-29 所示。单击"保存"按钮即可完成固定资产卡片的增加。

小提示

1. 固定资产卡片保存以后，单击对话框左下角"计算折旧"按钮，可以计算出每月的应提折旧额。

2. 每月折旧额与资产原值、折旧方法、净残值率及可使用期间相关。

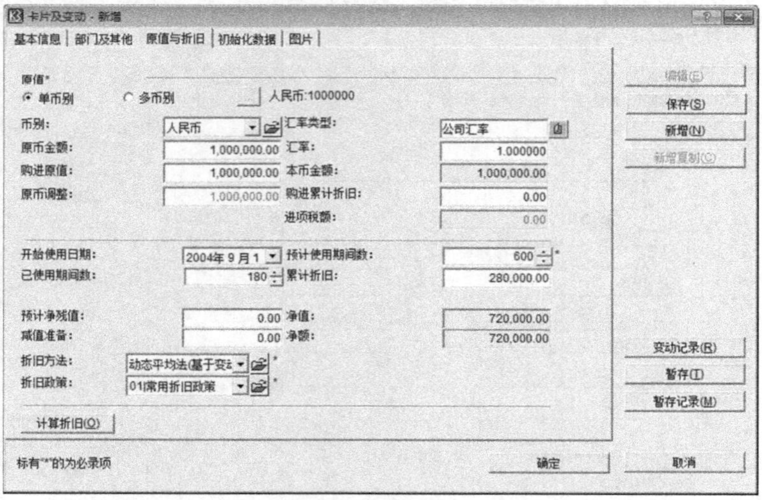

图 4-29 "原值与折旧"标签

同理可完成中国常信计算机有限公司期初其他两项固定资产卡片的新增。

3. 固定资产系统结束初始化

所有期初的固定资产录入结束以后，就可以结束固定资产系统的初始化工作，具体操作步骤如下所示。

Step1：在金蝶 K/3 系统主界面中，依次单击"系统设置"→"初始化"→"固定资产"，双击"结束初始化"，弹出"结束初始化"对话框，如图 4-30 所示。

Step2：单击图 4-30 中的"开始"按钮，即可完成固定资产系统的初始化工作，如图 4-31 所示。

图 4-30　"结束初始化"对话框

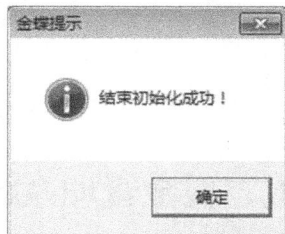

4-31　结束初始化成功

扫一扫

视频 4-3：固定资产系统参数
设置与初始化

四、工资管理系统参数设置

因为工资管理系统没有期初数据，所以只需要对其进行参数设置，而不需要进行结束初始化操作。中国常信计算机有限公司的工资系统参数设置的操作步骤如下所示。

Step1：在金蝶 K/3 系统主界面中，依次单击"系统设置"→"系统设置"→"工资管理"，双击"系统参数"，进入"打开工资类别"对话框，单击"类别向导"按钮，在"新建工资类别"对话框中，输入类别名称为全体职工，币别为人民币，如图 4-32 所示，再单击"下一步"按钮。

Step2：在"打开工资类别"对话框中，选择新建的"全体职工"类别，单击"选择"按钮，如图 4-33 所示。

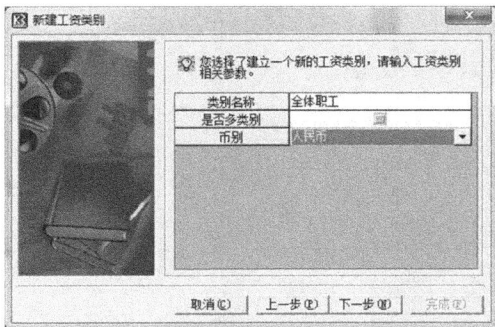

图 4-32　"新建工资类别"对话框

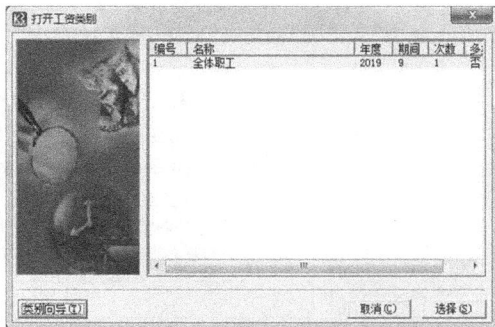

图 4-33　"打开工资类别"对话框

Step3：打开工资管理"系统参数"对话框，选择"结账与总账期间同步"和"结账前必须审核"两个选项，单击"保存"按钮，即可完成工资管理系统的参数设置，如图 4-34 所示。

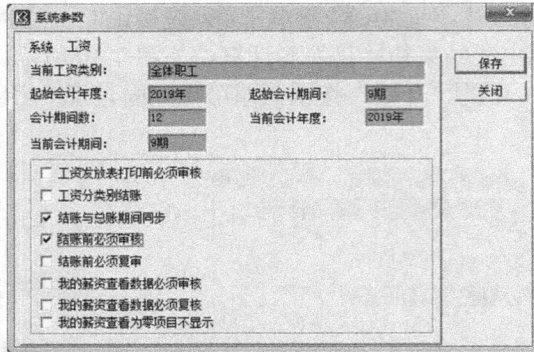

图 4-34　工资管理"系统参数"对话框

五、现金管理系统参数设置与初始化

1．现金管理系统参数设置

中国常信计算机有限公司的现金管理系统参数只需要设置一项，即结账与总账期间同步，操作步骤如下所示。

在金蝶 K/3 系统主界面中，依次单击"系统设置"→"系统设置"→"现金管理"，双击"系统参数"，打开现金管理"系统参数"对话框，在"现金管理"标签中，勾选"结账与总账期间同步"复选框，最后单击"保存"按钮，即可完成现金管理系统的参数设置，如图 4-35 所示。

图 4-35　现金管理"系统参数"对话框

2．现金管理系统初始数据录入

现金管理系统初始数据录入主要包括库存现金及银行存款会计科目金额的引入、企业与银行未达账项的录入、银行存款余额的检查等内容，操作步骤如下所示。

Step1：引入现金科目余额。在金蝶 K/3 系统主界面中，依次单击"系统设置"→"初始化"→"现金管理"，双击"初始数据录入"，进入"现金管理系统-［初始数据录入］"窗口，单击工具栏中的"引入"按钮，并在弹出的"从总账引入科目"对话框中单击"确定"按钮，如图 4-36 所示。

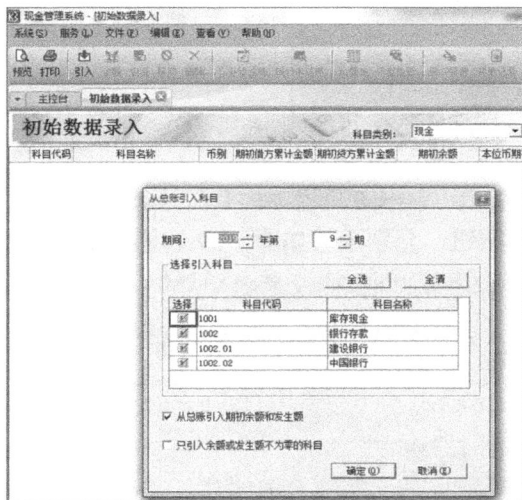

图 4-36　"从总账引入科目"对话框

Step2：在"初始数据录入"窗口，可以选择不同科目类别，分别查看库存现金和银行存款的数额。另外，还可以对引入的银行存款数据补充相关的银行账号和银行对账单期初余额数据。建设银行的开户信息：开户银行为中国建设银行常州市武进区花园街支行，银行账号为 9559431141000282816。中国银行的开户信息为开户银行为中国银行常州市支行，银行账号为 6217856110008283586。

> **小提示**
>
> 1．由于现金管理系统的初始数据录入是在总账的初始化之前发生的，所以暂时不能根据总账录入库存现金和银行存款的数额。解决办法是：单击"引入"按钮后，手动输入表 4-7 中的库存现金与银行存款的数额，从而保证两个系统中数据的一致性。
>
> 2．在引入银行存款科目期初余额时，还要输入银行对账单的期初余额。
>
> 3．银行存款日记账是企业对银行存款收支情况所做的记录，而银行对账单是银行对企业在银行开设的账户所做的收支记录，两者之间会有由于记账时间不一致而导致存在未达账项，所以两者之间也会有数额差异。通过编制银行存款余额表可以查看企业实际可以动用的银行存款数额。

Step3：录入企业和银行未达账项（数据见表 4-6）。在"初始数据录入"窗口，单击工具栏中的"企业未达账"按钮，打开"企业未达账"对话框，再单击"新增"按钮，分别录入如图 4-37 和图 4-38 的企业未达账项。

图 4-37　企业未达账（一）

图 4-38　企业未达账（二）

在"初始数据录入"窗口，单击工具栏中的"银行未达账"按钮，打开"银行未达账"对话框，再单击"新增"按钮，分别录入如图 4-39 和图 4-40 的银行未达账项。

图 4-39　银行未达账（一）

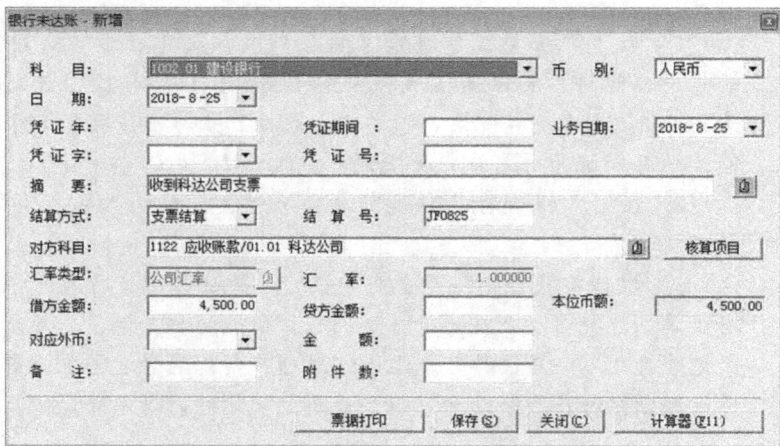

图 4-40　银行未达账（二）

Step4：编制期初银行存款余额调节表。在"初始数据录入"窗口，单击工具栏中的"余额表"按钮，打开"现金管理系统-[余额调节表]"对话框，如图4-41所示。

图4-41　银行存款余额调节表

在存在未达账项的情况下，企业银行存款日记账余额和银行对账单余额是不相等的，这时要通过银行存款余额调节表查看企业实际可以动用的银行存款数额。调整后银行存款日记账和银行对账单的余额必须相等。

3．现金管理系统结束初始化

在"初始数据录入"窗口，单击菜单栏中的"编辑"→"结束初始化"命令，在弹出的"启用会计期间-结束初始化"对话框中单击"确定"按钮，如图4-42所示，并在随后弹出的结束初始化提示和结束初始化完毕对话框中，均单击单击"确定"按钮，如图4-43和图4-44所示，即完成了现金管理系统结束初始化工作。

图4-42　启用会计期间　　　图4-43　结束初始化提示　　　图4-44　结束初始化完毕

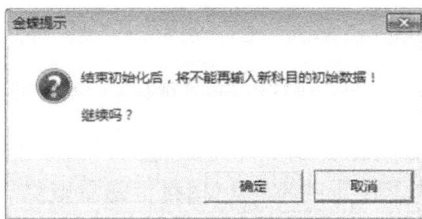

视频4-4：现金管理系统参数设置与初始化

六、总账系统参数设置与初始化

1. 总账系统参数设置

为了便于用户在使用 ERP 软件时更好地控制系统运行，需要进行总账系统的参数设置。同时，也要保证各个系统中的数据一致、连贯和完整。中国常信计算机有限公司总账系统参数设置的操作步骤如下所示。

Step1：在金蝶 K/3 系统主界面中，依次单击"系统设置"→"系统设置"→"总账"，双击"系统参数"，在总账"系统参数"对话框中共有三个标签页："系统""总账"和"会计期间"，单击"总账"标签，如图 4-45 所示。

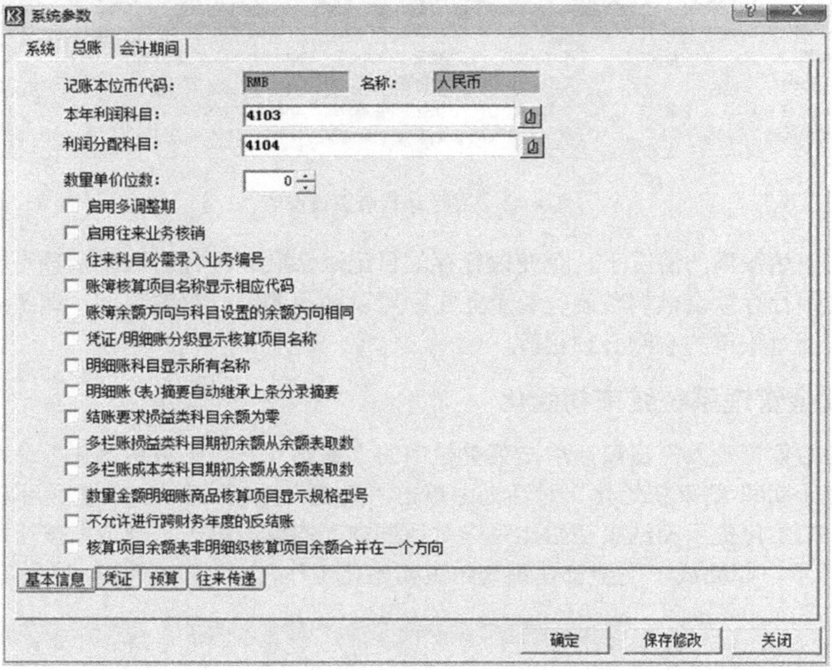

图 4-45 "总账"标签

Step2：在"总账"标签页的"基本信息"选项卡中，分别选择本年利润科目为 4103，利润分配科目为 4104。这里设置的本年利润科目是总账结转损益的前提，各个损益类会计科目将转入该科目中，以便计算企业当期的利润。

Step3：在"总账"标签页的"凭证"选项卡中，勾选"凭证过账前必须审核""不允许修改/删除业务系统凭证""新增凭证检查凭证号""新增凭证自动填补断号"4 个复选框，如图 4-46 所示。

Step4：在"会计期间"标签页，可以查看总账系统的启用会计期间和当前会计期间，如图 4-47 所示。

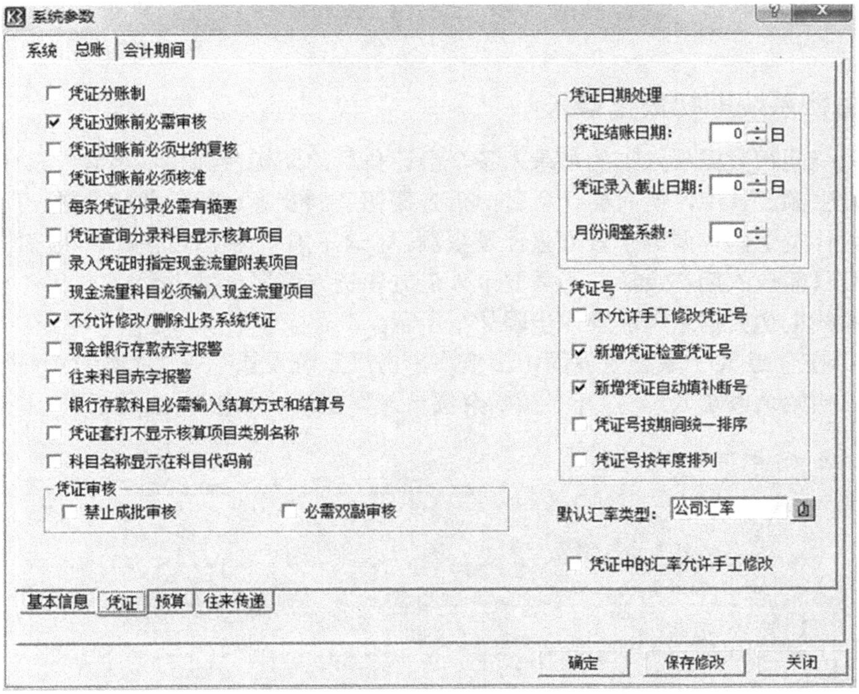

图 4-46 "总账"标签页"凭证"选项卡

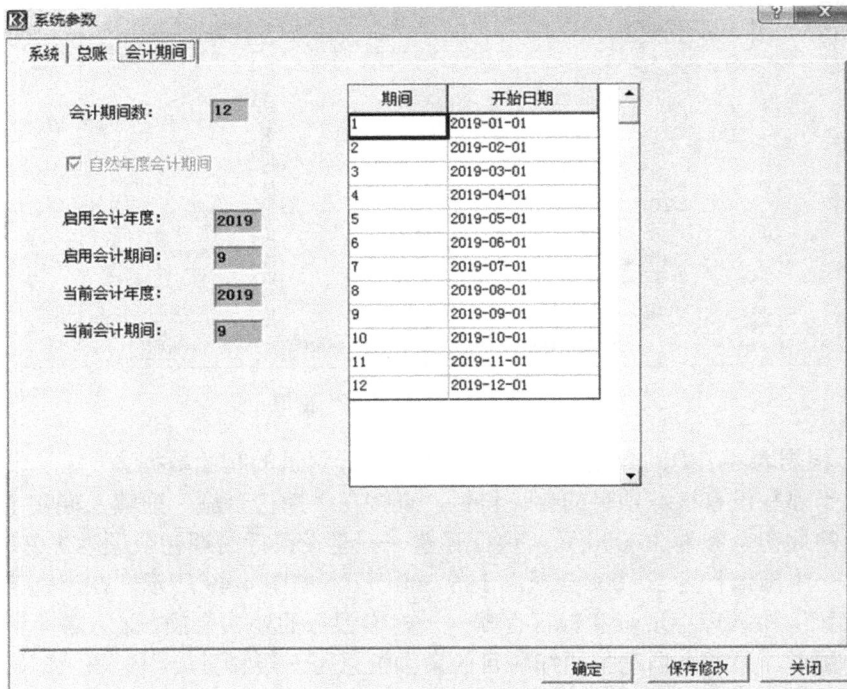

图 4-47 "会计期间"标签

Step4：依次单击"保存修改"和"确定"按钮，即可完成总账系统的系统参数设置。

2．总账系统期初数据录入

总账系统期初数据录入指的是录入各个会计科目的期初余额和本年借方累计发生额和贷方累计发生额。其中，所有会计科目的借方期初余额要等于贷方期初余额，所有会计科目的借方累计发生额也要等于贷方累计发生额。在本例中，中国常信计算机有限公司的各个会计科目只需录入期初余额，不需要录入借方和贷方的累计发生额。

总账系统期初数据录入的操作步骤如下所示。

Step1：在金蝶 K/3 系统主界面中，依次单击"系统设置"→"初始化"→"总账"，双击"科目初始余额录入"，打开"初始余额录入"窗口，如图 4-48 所示。

图 4-48 "初始余额录入"窗口

Step2：根据表 4-7 中的数据，分别录入各个会计科目的初始数据。

（1）对于那些没有核算项目的会计科目，直接在"期初余额"列填入期初余额即可，如库存现金的期初余额为 36 000 元，银行存款——建设银行的期初余额为 1 290 000 元，银行存款——中国银行为 20 000 美元（136 600 元），如图 4-49 所示。在币别下拉列表中选择"人民币"，录入库存现金和银行存款——建设银行的期初余额。录入各个明细会计科目的期初余额后，系统会自动把明细科目的余额汇总至一级科目。

图 4-49　录入期初余额

（2）在币别下拉列表中选择"美元"，录入银行存款——中国银行的期初余额为 20 000 美元，如图 4-50 所示。

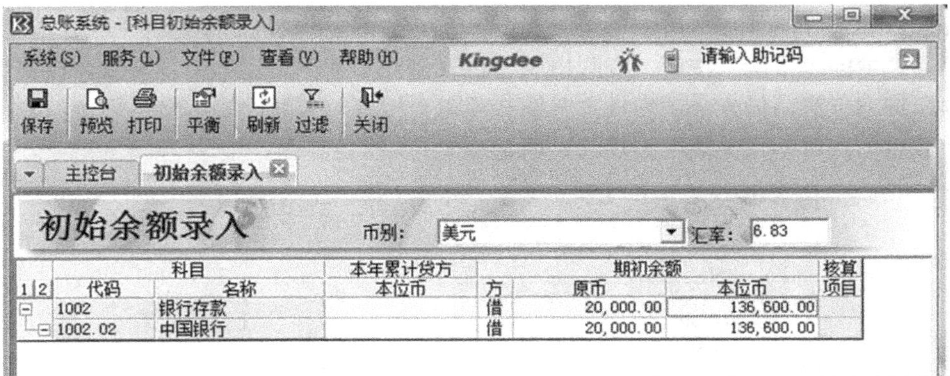

图 4-50　录入核算外币科目

（3）对于设置了核算项目的会计科目，需要单击"核算项目"列的"✓"按钮，打开"核算项目初始余额录入"对话框，要先录入核算项目，才能录入会计科目的初始余额，如表 4-1 中的初始应收款项和表 4-2 中的初始应付款项。

以 2019-07-06 销售给科达公司流吴 O8 计算机 20 台，单价为 8 000 元，价税合计为 185 600 元为例。单击"应收账款"行、"核算项目"列的"✓"按钮，打开"核算项目初始余额录入"窗口，如图 4-51 所示。分别录入客户和期初余额信息，然后依次"保存"和"关闭"
按钮，即可完成科目初始余额的录入。

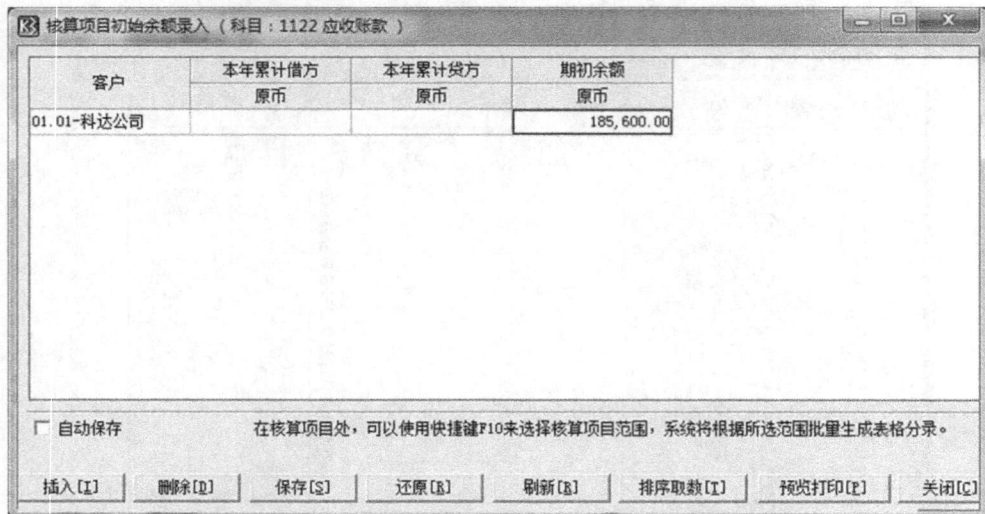

图 4-51 "核算项目初始余额录入"窗口

在图 4-51 中，如果要录入第二个应收账款数据，只需要单击"插入"按钮，在新增的
一个空行里插入新的数据即可。

以此类推，录入表 4-7 中所有会计科目的期初余额，最后单击工具栏中的"保存"按
钮，完成各个科目余额的录入。注意：表 4-7 中往来款项会计科目的核算项目参阅表 4-1
和表 4-2 中的内容。

Step3：试算平衡。在"初始余额录入"窗口，在币别下拉列表中选择"综合本位币"，
单击工具栏中的"平衡"按钮，在弹出的"试算借贷平衡"对话框中，查看会计科目的借
方金额和贷方金额，借方金额和贷方金额必须完全相等，否则计算结果不平衡，如图 4-52
所示。最后依次单击"关闭"按钮，返回金蝶 K3 主控台界面。

图 4-52 "试算借贷平衡"对话框

3. 总账系统结束初始化

总账系统的参数设置和初始数据录入完成之后，就可以进行结束初始化工作，其操作
步骤如下所示。

在金蝶 K/3 系统主界面中，依次单击"系统设置"→"初始化"→"总账"，双击"结束初始化"，弹出"初始化"对话框，如图 4-53 所示。单击"开始"按钮，在弹出的对话框中单击"确定"按钮，如图 4-54 所示，即可完成总账系统的结束初始化。

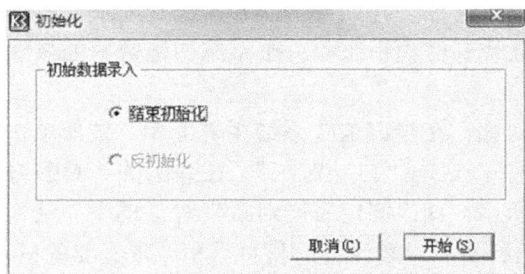

图 4-53　总账系统结束初始化

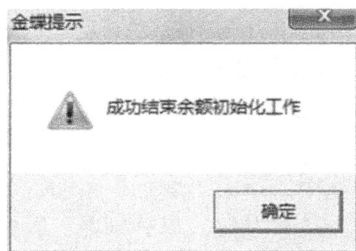

图 4-54　成功结束余额初始化工作

视频 4-5：总账系统参数设置
与初始化

4．总账系统与其他系统初始对账

金蝶 K/3 的财务系统中，主要包括总账系统、报表系统、现金管理系统、固定资产管理系统、工资管理系统、应收款管理系统和应付款管理系统等，这些独立系统的数据最终会传递到总账系统中，同时，业务系统中的存货核算系统也把业务单据生成凭证传递给总账系统。总账系统汇聚了所有财务数据的凭证、账簿和报表，在财务业务一体化过程中占据着十分重要的地位。总账系统与其他系统之间的关系如图 4-55 所示。

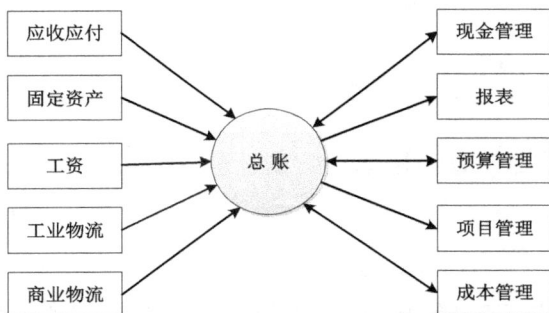

图 4-55　总账系统与其他系统之间的关系

总账系统是反映企业总体经营活动和资金运动状况的系统，所有的业务系统数据最终都要反映在总账系统的各个账户中，为确保企业的所有数据在各个系统中的一致性，必须将总账系统数据与其他系统数据进行对账。

总账系统与其他系统对账的步骤如下所示。

Step1：总账系统与应收款管理系统对账。在金蝶 K/3 系统主界面中，依次单击"财务会计"→"应收款管理"→"初始化"，双击"初始化对账"，在初始化对账"过滤条件"对话框中，选择科目代码为应收账套 1122 和其他应收款——职员 1221.01（核算项目类别为客户和职员），并勾选"显示核算项目明细"复选框，再单击"确定"按钮，即可查看应

收款系统和总账系统初始数据的核对结果（如果预收账款科目有余额，则其也要对账）。

Step2：总账系统与应付款管理系统对账。在金蝶 K/3 系统主界面中，依次单击"财务会计"→"应付款管理"→"初始化"，双击"初始化对账"，在初始化对账"过滤条件"对话框中，选择科目代码为 2202.03（核算项目类别为供应商），并勾选"显示核算项目明细"复选框，再单击"确定"按钮，即可查看应付款系统和总账系统初始数据的核对结果（如果预付账款科目有余额，则其也要对账）。

Step3：总账系统与固定资产管理系统对账。在金蝶 K/3 系统主界面中，依次单击"财务会计"→"固定资产管理"→"期末处理"，双击"自动对账"，在弹出的"对账方案"对话框中，单击"增加"按钮，如图 4-56 所示。在"固定资产对账"对话框中，录入方案名称为总账对账，再分别在"固定资产原值科目"、"累计折旧科目"和"减值准备科目"3个标签下，单击"增加"按钮，分别设置会计科目为 1601、1602 和 1603，如图 4-57 所示。最后依次单击"确定"按钮，打开"固定资产系统-[自动对账]"窗口，从中可以查看固定资产管理系统与总账系统的固定资产数据，如图 4-58 所示。

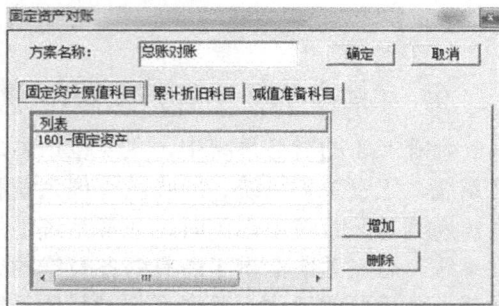

图 4-56 "对账方案"对话框　　　　　图 4-57 "固定资产对账"对话框

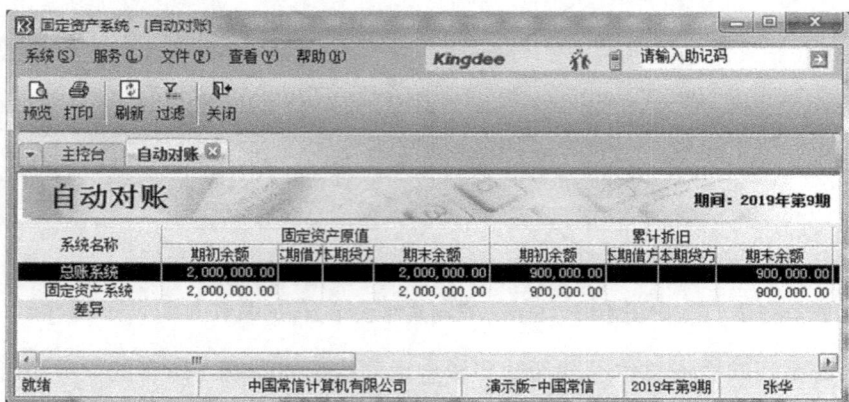

图 4-58 "固定资产系统[自动对账]"窗口

Step4：总账系统与现金管理系统对账。在金蝶 K/3 系统主界面中，依次单击"财务会计"→"现金管理"→"现金"，双击"现金对账"，在弹出的"现金对账"对话框中，单击"确定"按钮，如图 4-59 所示，即可打开"现金管理系统-[现金对账]"窗口，从中可以查看库存现金在现金管理系统和总账系统中的数额，如图 4-60 所示。

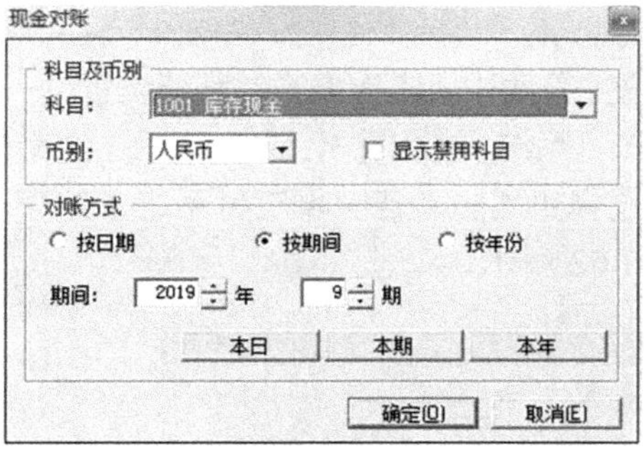

图 4-59　"现金对账"对话框

图 4-60　查看现金对账结果

在金蝶 K/3 系统主界面中，依次单击"财务会计"→"现金管理"→"银行存款"，双击"余额调节表"，进入"现金管理系统-[余额调节表]"窗口，直接单击"确定"按钮，即可查看银行存款日记账和银行对账单的余额调节表数据，如图 4-61 所示。

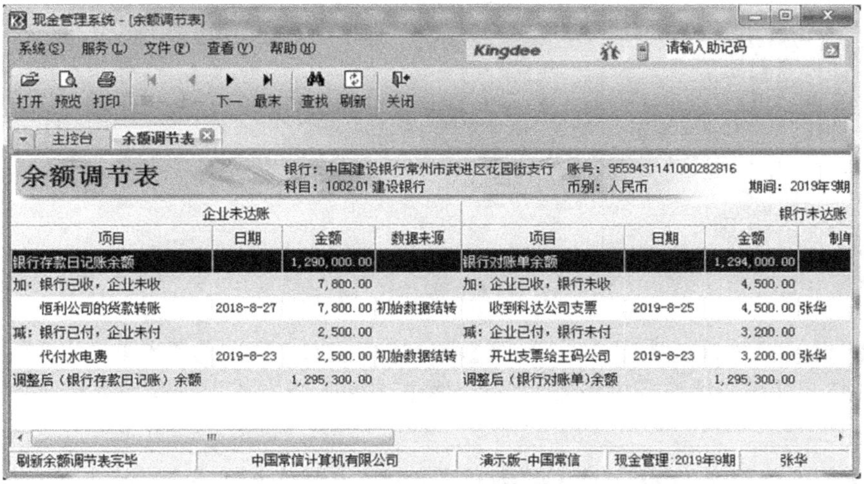

图 4-61　银行存款余额调节表

在总账系统中，进行了系统参数设置，录入了各个会计科目的初始余额，并与其他系统核对无误之后，总账系统就完成了初始化工作，然后就可以进行财务业务的处理。

扫一扫　　视频 4-6：总账系统与其他系统的对账

七、业务系统参数设置与初始化

1. 业务系统参数设置

业务系统参数设置包括供应链整体选项、采购系统选项、销售系统选项、仓存系统选项和核算系统选项等的参数设置。中国常信计算机有限公司的业务系统参数设置如下所示。

设置供应链整体选项：取消"若应收应付系统未结束初始化，则业务票不允许保存"选项。

设置核算系统选项：暂估差额生成方式为"单到冲回"。

采购系统启用新单多级审核管理，并设置 Administrators 组中的所有人均有权审核。

具体操作步骤如下。

Step1：设置供应链整体选项。在金蝶 K/3 系统主界面中，依次单击"系统设置"→"系统设置"→"采购管理"，双击"系统参数"，进入"系统参数维护"窗口。在左边系统参数设置中选择"供应链整体选项"，再在右边取消选择第 6 行"若应收应付系统未结束初始化，则业务系统发票不允许保存"复选框，如图 4-62 所示。

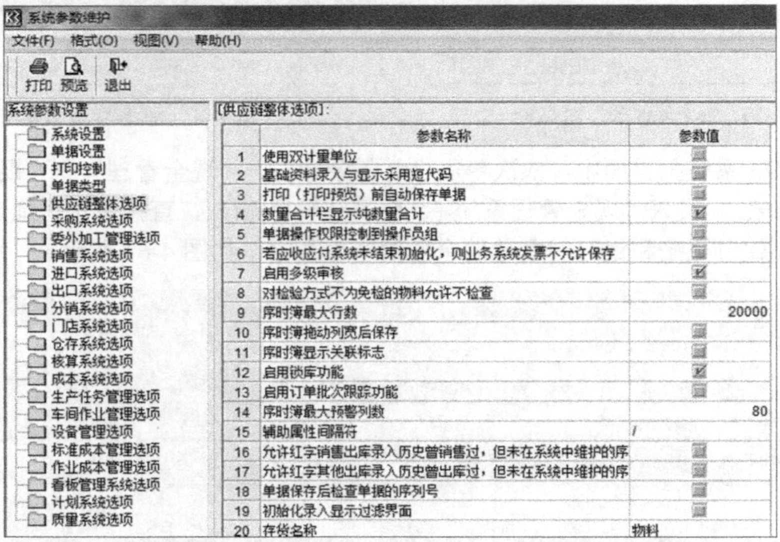

图 4-62　供应链整体选项参数设置

Step2：设置核算系统选项。在"系统参数维护"窗口，在左边系统参数设置中选择"核算系统选项"，再在右边选项中将第 20 行"暂估差额生成方式"设置为"单到冲回"，如图 4-63 所示。

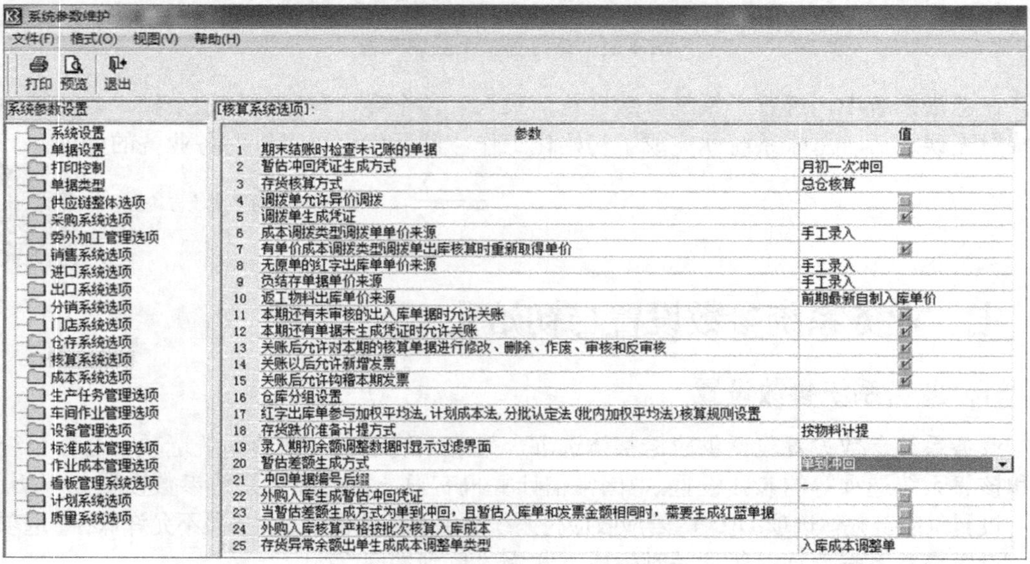

图 4-63　核算系统选项参数设置

Step3：采购管理系统启用新单多级审核管理。在金蝶 K/3 系统主界面中，依次单击"系统设置"→"系统设置"→"采购管理"，双击"新单多级审核管理"，进入"委外订单_多级审核工作流"窗口。单击"用户设置"标签，双击"Administrators"把其增加到可审核的用户姓名中，再单击工具栏中的"保存"按钮，即可完成采购系统启用新单多级审核管理，如图 4-64 所示。

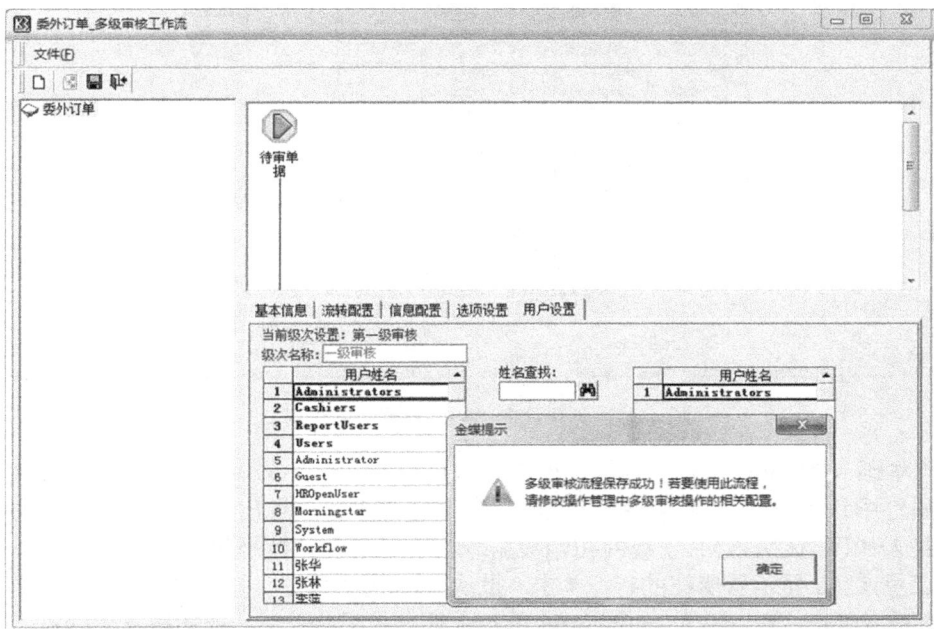

图 4-64　采购系统采用新单多级审核管理

2. 业务系统初始数据录入

业务系统初始数据主要包括启用期前未完成的销售、采购、委外、生产业务数据，以及仓存的期初初始数量和金额，具体操作步骤如下所示。

Step1：录入仓存系统初始数据。在金蝶 K/3 系统主界面中，依次单击"系统设置"→"初始化"→"仓存管理"，双击"初始数据录入"，打开"初始数据录入"窗口，如图 4-65 所示。左边窗格显示的是当前企业的仓库资料，右边窗格显示该仓库存放的物料信息。如果在新增物料基础资料时，设置了物料的默认仓库，则只要选择某一仓库，右边窗格就会自动显示这些设置了默认仓库的物料。

以"三星 T200 显示器"为例，在表 4-8 中，其数量为 100 台，金额为 65 000 元。先单击左边窗格中原材料仓库，在右边的物料窗格中找到三星 T200 显示器所在的行（如果没有设置物料的默认仓库，则要在空白行中按 F7 快捷键调出物料的基础资料，并从中选择相应物料），分别在期初数量和期初金额列输入 100 和 65 000，再单击工具栏中的"保存"按钮即可。

图 4-65   仓存管理"初始数据录入"窗口

以"华硕 M2A-VM 主板"为例，数量为 200 块（批号 236），期初金额为 120 000 元，其物料属性中计价方法设置为分批认定法，所以仓库中每一批出入库业务都要记录批号信息。在录入华硕 M2A-VM 主板的初始数据时，也要录入其批号信息。在右边的物料窗格中找到三星 T200 显示器所在的行，单击"批次/顺序号"按钮，打开华硕 M2A-VM 主板的"批号/数量/金额"录入窗口，如图 4-66 所示，输入批号为 236，期初数量为 200，期初金额为 120 000，最后依次单击"保存"和"退出"按钮。

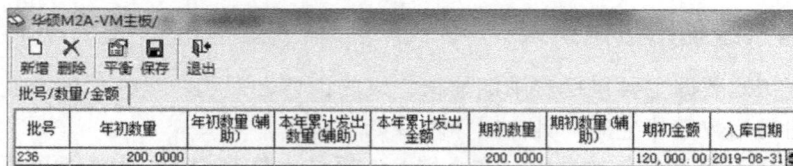

图 4-66   批号/数量/金额录入窗口

以此类推，分别输入表 4-8 中所有期初物料的初始数据，最后依次单击"保存"和"退出"按钮。

Step2：录入启用期前的暂估入库单。启用期前的暂估入库单指的是未完成的采购业务，企业只收到供应商发来的货物，在启用期间之前没有收到供应商的发票，所以采购成本无法核算，只能暂估其入库成本。

中国常信计算机有限公司 2019 年 8 月 14 日收到恒星公司发来的三星 T200 显示器（001.02）50 台，每台暂估价为 620 元，货物已入原材料仓库。该笔业务的启用期前暂估入库单录入的操作步骤如下所示。

在金蝶 K/3 系统主界面中，依次单击"系统设置"→"初始化"→"仓存管理"，双击"录入启用期前的暂估入库单"，在弹出的"过滤条件"对话框中，直接单击"确定"按钮，打开"仓库管理（供应链）系统-[启用期前的暂估入库单序时簿]"窗口，如图 4-67 所示。

图 4-67　"仓库管理（供应链）系统-[启用期前的暂估入库单序时簿]"窗口

在"启用期前的暂估入库单序时簿"窗口的工具栏中单击"新增"按钮，在弹出的"外购入库单-新增"窗口中，分别录入供应商为恒星公司，日期为 2019-08-14，收料仓库为原材料仓库，物料编码为 001.002，实收数量为 50，单价为 620，保管为李呈栋，部门为仓储部，验收为李明，业务员为陈立波。最后单击工具栏中的"保存"按钮，完成期初暂估入库单的新增，如图 4-68 所示。

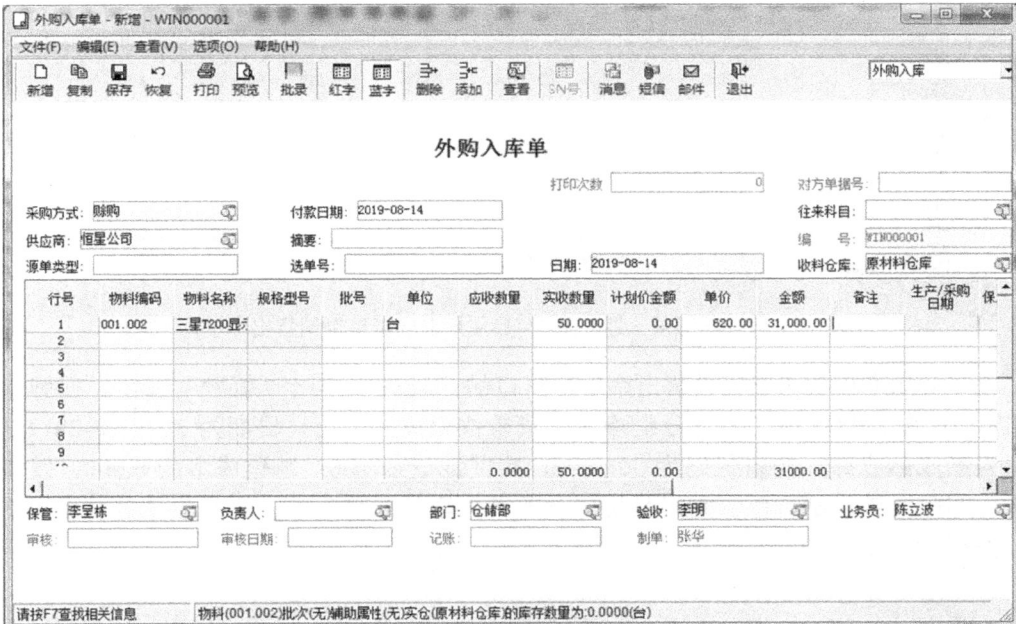

图 4-68　"外购入库单-新增"窗口

小提示	1．录入供应商、物料名称、职员、部门、仓库等基础资料时，可以使用 F7 快捷键调出各项基础资料。 2．在外购入库单中，保管、验收为必录项。

Step3：录入启用期前的未核销销售出库单。启用期前的未核销销售出库单指的是未完成的销售业务，企业已经将货物发给客户，但尚未给客户开销售发票，所以该笔销售业务的成本和收入无法进行正常核算。

中国常信计算机有限公司 2019 年 8 月 28 日向恒利公司销售商品流吴 O8 计算机（003.002）100 台，每台成本为 6 000 元，货物已从产成品仓库发出。该笔业务的启用期前未核销销售出库单录入的操作步骤如下所示。

在金蝶 K/3 系统主界面中，依次单击"系统设置"→"初始化"→"仓存管理"，双击"录入启用期前的未核销销售出库单"，在弹出的"过滤条件"对话框中，直接单击"确定"按钮，打开"仓库管理（供应链）系统-[启用期前的未核销销售出库单]"窗口，如图 4-69 所示。

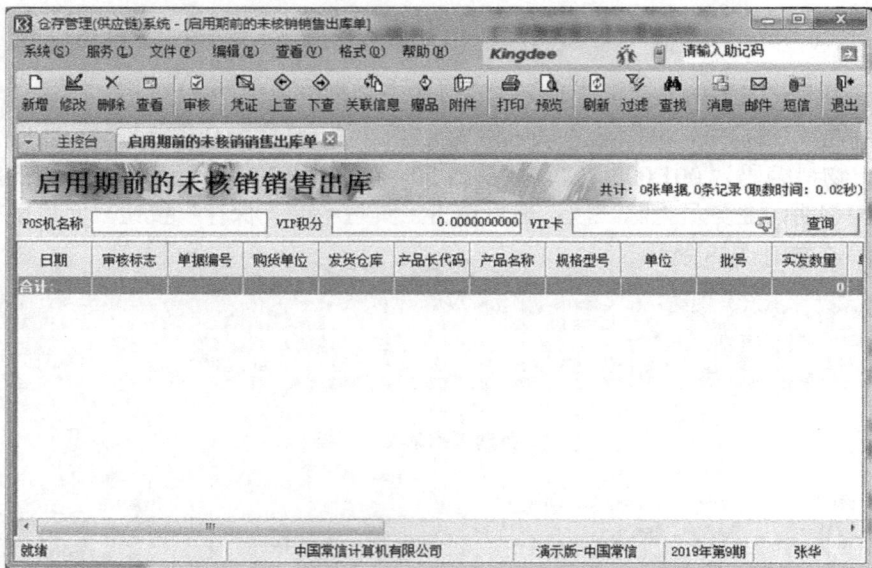

图 4-69 "仓库管理（供应链）系统-[启用期前的未核销销售出库单]"窗口

在"启用期前的未核销销售出库单"窗口的工具栏中单击"新增"按钮，在弹出的"销售出库单-新增"窗口中，分别录入购货单位为恒利公司，日期为 2019-08-28，发料仓库为产成品仓库，物料代码为 003.002，实发数量为 100，单位成本为 6 000，发货为李明，部门为销售部，保管为李呈栋，业务员为李萍。最后单击工具栏中的"保存"按钮，完成期初未核销销售出库单的新增，如图 4-70 所示。

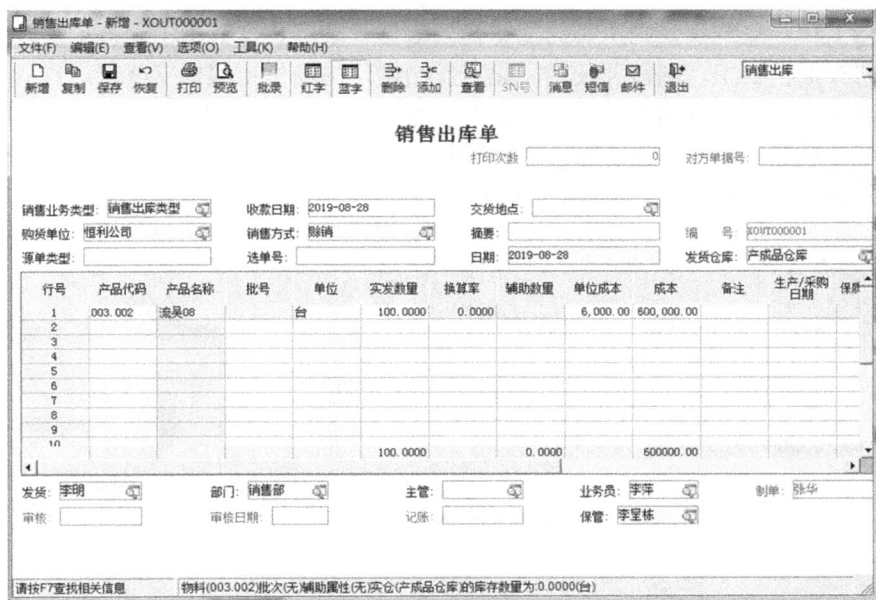

图 4-70　"销售出库单-新增"窗口

3. 业务系统结束初始化

在中国常信计算机有限公司的业务系统初始数据中，只有以上三项数据，至此该公司业务系统的初始数据录入已经全部结束，可以对业务系统进行结束初始化操作，其具体操作步骤如下所示。

在金蝶 K/3 系统主界面中，依次单击"系统设置"→"初始化"→"仓存管理"，双击"启用业务系统"，弹出"金蝶提示"对话框，如图 4-71 所示。单击"是"按钮，即可完成业务系统的结束初始化工作。

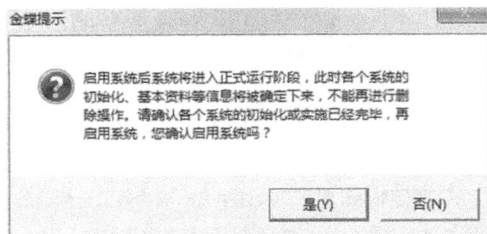

图 4-71　"金蝶提示"对话框

初始化工作一旦结束，则所有的期初初始数据（动态数据）将不能被增加、修改或删除，若想修改期初数据，则需要反初始化。反初始化的操作步骤如下所示。

在金蝶 K/3 系统主界面中，依次单击"系统设置"→"初始化"→"仓存管理"，双击"反初始化"，系统会弹出"金蝶提示"对话框，如图 4-72 所示。单击"确定"按钮，即可完成业务系统的反初始化，如图 4-73 所示。

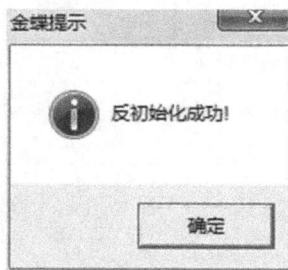

图 4-72　反初始化"金蝶提示"对话框　　　　图 4-73　业务系统反初始化

视频 4-7：业务系统参数设置与初始化

任务思考

总账系统是财务业务一体化系统中最核心的系统，它以凭证处理为中心，进行账簿、报表的管理，可与各个子系统进行无缝连接，实现多个系统之间的数据共享，企业中所有的核算数据最终都在总账系统中体现。在进行公司的财务业务一体化时，需要对总账系统、各个子系统和业务系统进行参数设置，从而更加高效地使用各个系统、控制系统的运行方式和业务处理方式。另外，在进行系统初始化时，还要录入各个系统的期初数据，以反映系统启用时间节点的企业资金和财务信息。最后，对总账系统与现金管理、应收款管理、应付款管理、固定资产管理、业务系统等各个子系统进行数据对账，核对无误后，确保所有数据在不同系统间的准确性和一致性。

1. 在教学视频中，可以把应付款的初始数据通过"转余额"的方法传递给总账期初数据，但如果应收款管理系统已经初始化了，怎么转余额给总账系统？

2. 如果初始化结束以后，发现某个系统的期初数据填错了，怎么办？

3. 固定资产管理系统中，除了系统默认的折旧方法，如何定义新的折旧方法？

4. 如何在现金管理系统中，删除库存现金和银行存款科目的初始数据？

5. 各个系统如何反初始化？

6. 存货类会计科目的属性中有一项为数量金额辅助核算，为什么中国常信计算机有限公司的存货科目没有选中该属性？

举一反三

除了要进行总账系统与其他各个子系统之间的对账，还要进行总账系统与业务系统之间的对账。业务系统中仓存管理的数据必须与总账系统中存货科目保持一致，做到同一数据在不同系统中的一贯性、连续性和一致性。

业务系统与总账系统对账的具体操作步骤如下所示。

Step1：在金蝶 K/3 系统主界面中，依次单击"供应链"→"存货核算"→"期末处理"，双击"期末关账"，系统会弹出"期末关账"对话框，如图 4-74 所示

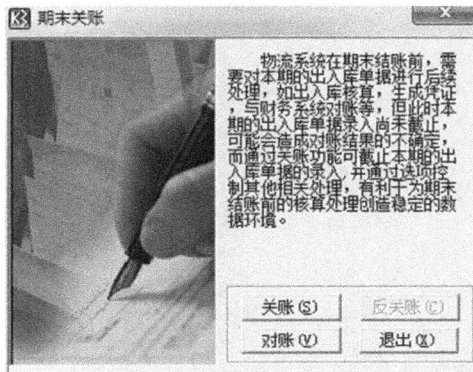

图 4-74 "期末关账"对话框

Step2：单击"对账"按钮，打开"过滤"对话框，如图 4-75 所示。

图 4-75 "过滤"对话框

Step3：单击"确定"按钮，即可查看公司当前所有物料在仓存系统中的金额以及总账系统中相应会计科目的期初余额，这两个数据必须完全一致。

视频 4-8：业务系统与总账系统对账

扫一扫

课后作业

1. 根据表 4-1 和表 4-2 中的数据，完成应收应付往来账项的系统参数设置和初始化。
2. 根据表 4-3 至表 4-5 中的数据，完成固定资产系统的参数设置和初始化。

3．根据表 4-6 和表 4-7 中的数据，完成现金管理系统和总账系统的参数设置和初始化。

4．根据表 4-8 和未完成的业务数据，完成业务系统的参数设置和初始化。

5．完成总账系统与应收款管理系统、应付款管理系统、现金管理系统、固定资产管理系统之间的对账。

6．完成总账系统与业务系统之间的对账。

项目二　总账系统信息化

📥 项目导入

2019 年 9 月，中国常信计算机有限公司以金蝶 K/3 ERP 软件系统为平台进行财务和业务处理，同时，在前期基础资料的收集与整理过程中，已经在金蝶 K/3 ERP 软件系统中录入了各项静态数据和动态期初初始数据。另外，在金蝶 K/3 ERP 软件系统中，分别完成了应收款管理系统、应付款管理系统、固定资产管理系统、工资管理系统、现金管理系统、总账管理系统和业务系统的参数设置和结束初始化工作，同时也进行了业务操作人员与管理人员的权限分工。中国常信计算机有限公司可以应用 ERP 软件系统中的各个功能模块对公司发生的各项业务进行处理，从而实现从手工业务处理到 ERP 业务与财务一体化处理的过渡。

总账系统以手工录入（或其他系统转入）的方式对记账凭证、账簿和报表进行分门别类的管理，从而达到快速生成管理报表的要求，及时、准确地为企业的管理活动服务。在中国常信计算机有限公司，总账系统通过凭证录入、审核和过账自动生成总分类账和明细分类账等账簿供企业管理者查询使用，同时也与其他系统进行对接和集成，自动接收其他系统生成的各类凭证，最后登记账簿并进行期末处理并形成各类财务报告和报表。

🔍 项目分析

总账系统日常业务处理工作繁杂，内容较多，主要包括填制凭证、审核凭证、修改凭证、凭证汇总、过账和查询，同时还查询和打印输出各种日记账、明细分类账和总分类账，对部门、项目、个人和往来账项进行管理。各类企业、行政事业单位可以通过总账系统进行凭证处理、账簿查询、账务结转、损益调整、往来管理和系统维护等各种操作。

金蝶 K/3 ERP 总账系统的业务处理流程为凭证录入→凭证审核（复核、修改、删除）→凭证过账→凭证汇总→期末处理→期末结账，如图 5-1 所示。

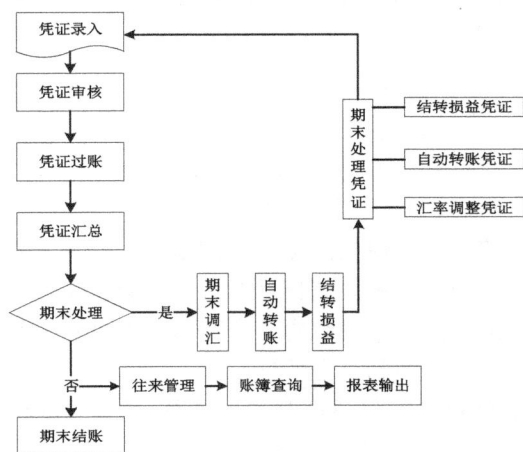

图 5-1　总账系统的业务处理流程

任务五　凭证处理

任务导读

记账凭证的新增、修改、审核和查询
模式凭证的使用
凭证复核、审核和出纳签字
凭证过账
错账更正

任务重点

会计核算处理系统是以证、账、表为核心的企业财务信息处理系统。会计凭证是整个会计核算系统的主要数据来源，是整个核算系统的基础，会计凭证的正确性将直接影响整个会计信息系统的真实性、可靠性，因此必须保证会计凭证录入数据的正确性。金蝶 K/3 ERP 总账系统提供了十分安全、可靠、准确、快捷的会计凭证处理功能。

2019 年 9 月，中国常信计算机有限公司正式启用了 ERP 系统，可以对公司总账系统的业务进行处理，公司总账系统发生的经济业务如下所示。

（1）9 月 1 日，收到江川股份有限公司投入资金 100 000 美元，已存入中国银行。

（2）9 月 2 日，以银行存款——建设银行支付广告费 3 800 元。

（3）9 月 3 日，计提本月短期借款利息 500 元。

（4）9 月 4 日，从银行存款——建设银行提取现金 10 000 元（使用模式凭证）。

（5）9 月 5 日，以现金支付采购部陈立波通信费 1 200 元。

（6）9 月 6 日，收到宏丰公司交来的违约罚款 85 500 元，存入建设银行。

（7）9 月 7 日，计提本月行政人员工资 42 000 元，车间管理人员工资 12 000 元，生产流吴 O8 计算机的车间工人工资 6 800 元。

（8）9 月 8 日，对所有凭证进行复核、审核和过账。

（9）9 月 9 日，发现 9 月 4 日所做的记账凭证有错误，当日实际提取的现金为 1 000 元。

任务实施

一、填制凭证

记账凭证是账务处理的起点，也是登记账簿的依据，是总账系统数据处理的唯一数据来源，中国常信计算机有限公司总账系统日常业务处理首先从填制凭证开始。填制凭证是账务处理过程中最基础的工作，ERP 系统中各个账簿的准确性与完整性完全依赖于记账凭证，因此必须确保准确、完整地填制记账凭证。

2019 年 9 月中国常信计算机有限公司总账系统发生的经济业务处理步骤如下所示。

（1）9 月 1 日，收到江川股份有限公司投入资金 100 000 美元，已存入中国银行。

会计分录：

借：银行存款——中国银行　　　　　　683 000

　　贷：实收资本　　　　　　　　　　683 000

Step1：在金蝶 K/3 系统主界面中，依次单击"财务会计"→"总账"→"凭证处理"，双击"凭证录入"，打开"总账系统-[记账凭证-新增]"窗口。

Step2：在"总账系统-[记账凭证-新增]"窗口中，录入业务日期和财务日期均为 2019 年 9 月 1 日，同时在凭证字下拉列表中，选择凭证字"记"，并输入该笔业务的附件数 1，如图 5-2 所示。

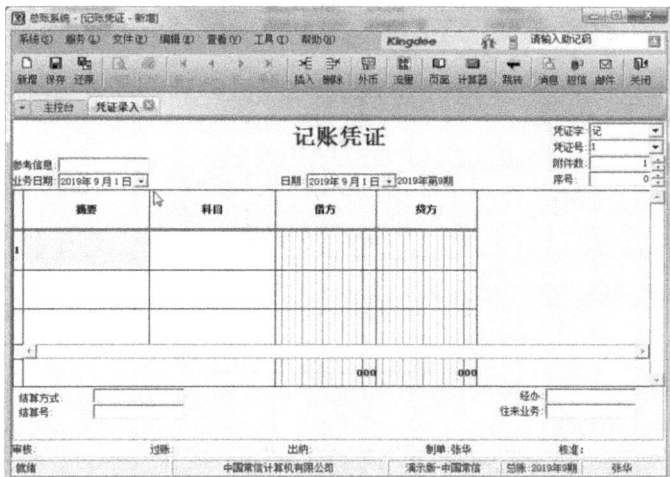

图 5-2　"总账系统-[记账凭证-新增]"窗口

Step3：在单据体表格第一条分录的摘要列录入"收到江川股份有限公司投入资金"；在科目列按 F7 快捷键，调出"会计科目"对话框，如图 5-3 所示，从中选择"1002.02 中国银行"并单击"确定"按钮。

图 5-3　"会计科目"对话框

Step4：在"总账系统-[记账凭证-新增]"窗口中的 1002.02 所在行，录入外币美元的数量为 100 000，系统会自动根据换算汇率把美元换算成人民币 683 000 元。

Step5：以此类推，在单据体表格的第二条分录中，分别录入摘要、科目和贷方金额，最后单击工具栏中的"保存"按钮，即可完成记账凭证的新增，如图 5-4 所示。

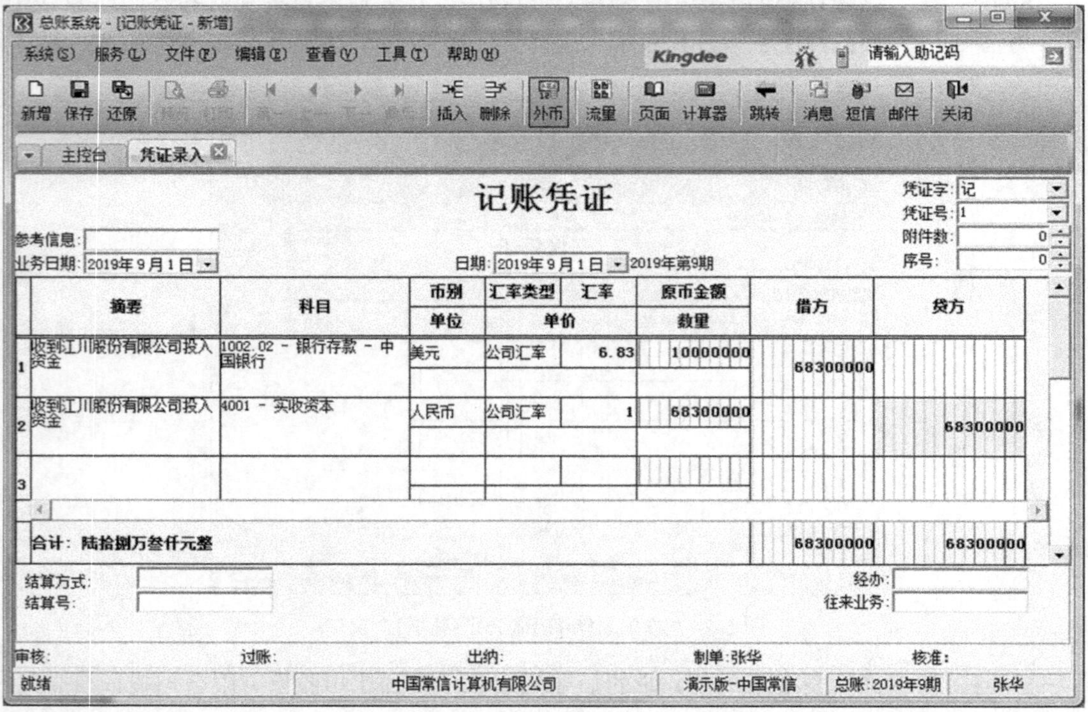

图 5-4　凭证录入（一）

小提示

1．每笔记账凭证只需要第一行有摘要即可。

2．可以单击菜单栏中的"查看"→"选项"命令，在"凭证录入选项"对话框中勾选"自动携带上条分录信息-摘要"和"新增分录-借贷自动平衡"复选框，如图 5-5 所示。

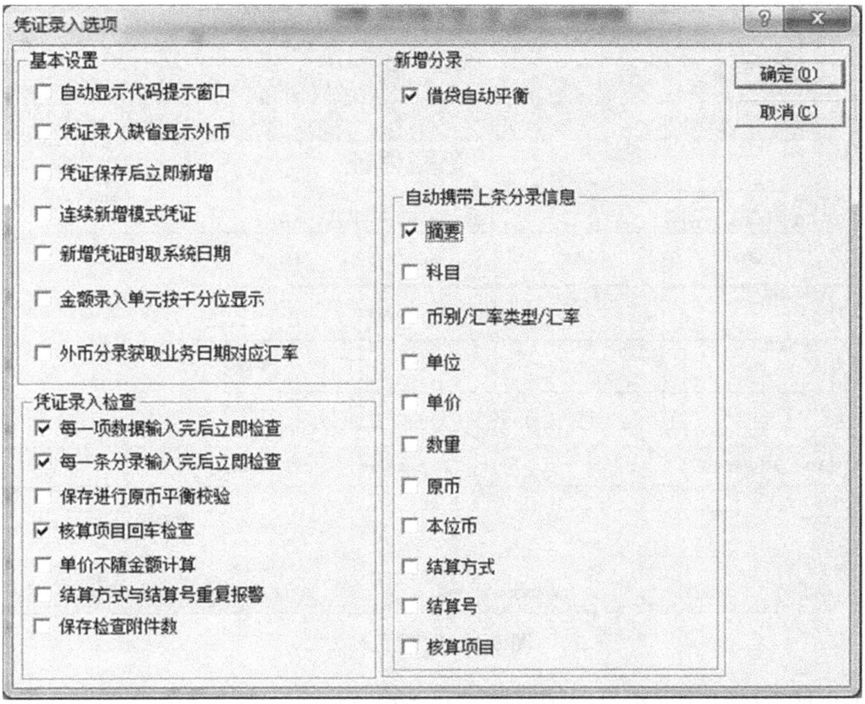

图 5-5　"凭证录入选项"对话框

（2）9月2日，以银行存款——建设银行支付广告费3 800元。

会计分录：

借：销售费用　　　　　　　　　　　3 800
　　贷：银行存款——建设银行　　　　3 800

Step1：打开"总账系统-[记账凭证-新增]"窗口，录入财务日期与业务日期均为2019-09-02，并选择凭证字为"记"，附件数为1。

Step2：在单据体表格第一条分录的摘要列录入"支付广告费"；在科目列按F7快捷键，调出"会计科目"对话框，从中选择"6601 销售费用"并单击"确定"按钮；在借方金额列录入金额3 800。

Step3：在单据体表格第二条分录的摘要列录入"支付广告费"；在科目列按F7快捷键，调出"会计科目"对话框，从中选择"1002.01 银行存款——建设银行"并单击"确定"按钮；在贷方金额列录入金额3 800。

Step4：最后单击工具栏中的"保存"按钮，如图5-6所示。

財務業務一体化——基于金蝶 K/3 ERP 软件平台

图 5-6　凭证录入（二）

（3）9 月 3 日，计提本月短期借款利息 500 元。

会计分录：

借：财务费用——利息　　　　500

　　贷：应付利息　　　　　　　　500

根据前面新增凭证的操作步骤，在"总账系统-[记账凭证-新增]"窗口中分别录入如图 5-7 所示的相关信息，最后单击"保存"按钮。

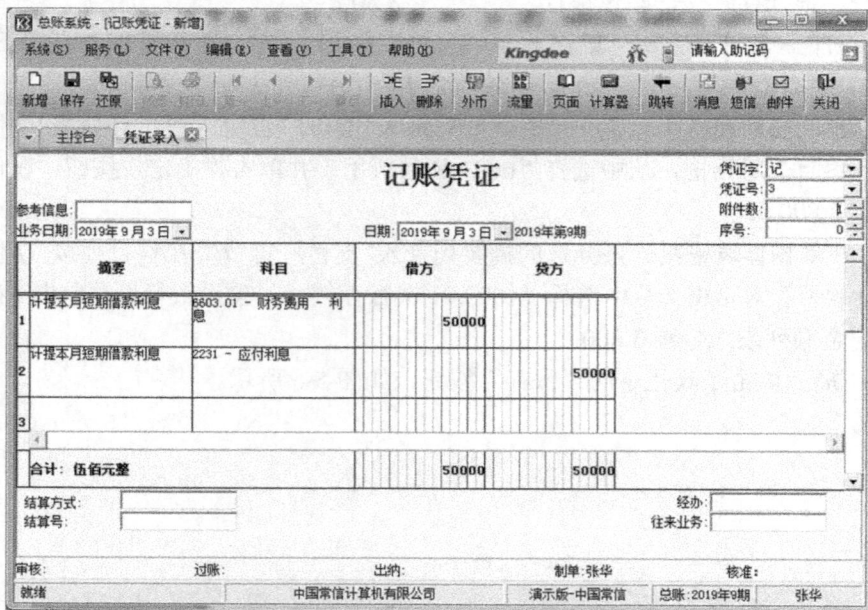

图 5-7　凭证录入（三）

· 104 ·

（4）9月4日，从银行存款——建设银行提取现金 10 000 元（使用模式凭证）。

模式凭证又叫凭证模板，包含了记账凭证的摘要、借贷方科目等相关信息，使用时直接调入模式凭证，可以快速完成凭证的新增。

会计分录：

借：库存现金　　　　　　　　　10 000

　　贷：银行存款——建设银行　　　10 000

Step1：打开"总账系统-[记账凭证-新增]"窗口，单击菜单栏中的"文件"→"调入模式凭证"，打开"模式凭证"对话框。

Step2：在"模式凭证"对话框中，单击"编辑"标签，再单击"新增"按钮，输入名称为提现，单击"类别"后的浏览图标，打开"模式凭证类别"对话框，如图 5-8 所示。

Step3：在"模式凭证类别"对话框中，单击"编辑"标签，再单击"新增"按钮，输入模式凭证类别名称为现金，最后单击"确定"按钮返回"模式凭证"对话框，即完成了模式凭证类别的新增。

Step4：在"模式凭证"对话框中，选择类别为现金，凭证字为"记"，附件数为 1，第一条会计分录凭证摘要为提现，科目为 1001-库存现金；第二条会计分录凭证摘要为提现，科目为 1002.01-建设银行。最后单击"保存"按钮，如图 5-9 所示。

Step5：在"模式凭证"对话框中，单击"浏览"标签，选择"提现"，再单击"确定"按钮，即可在"总账系统-[记账凭证-新增]"窗口中调入模式凭证的相关信息，最后输入提现的金额 10 000 元即可，如图 5-10 所示。

图 5-8　"模式凭证类别"对话框

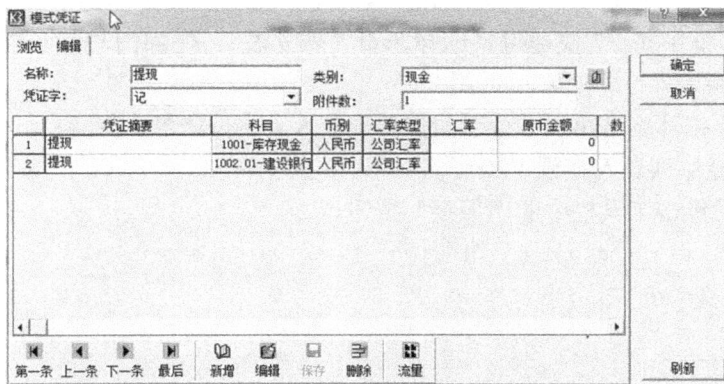

图 5-9　"模式凭证"对话框

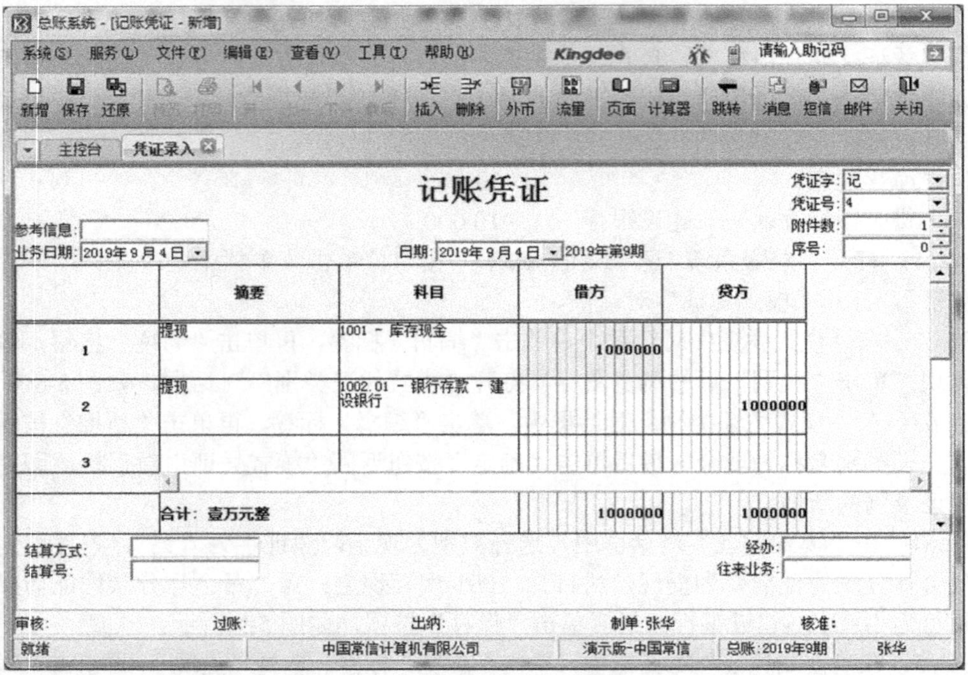

图 5-10   凭证录入（四）

（5）9 月 5 日，以现金支付采购部陈立波通信费 1 200 元。

会计分录：

借：管理费用——通信费/采购部/陈立波　　　　　1 200

　　贷：库存现金　　　　　　　　　　　　　　　　1 200

Step1：打开"总账系统-[记账凭证-新增]"窗口，录入财务日期与业务日期均为 2019-09-05，并选择凭证字为"记"，附件数为 1。

Step2：在单据体表格第一条分录的摘要列录入"支付通信费"；科目为"6602.03 管理费用——通信费"，借方金额列录入金额 1 200。由于"6602.03 管理费用——通信费"设置了核算项目为部门和职员，该科目既要记录金额数据，又要记录部门和职员数据，所以此条会计分录需要在窗口下方"部门"文本框中按 F7 快捷键，选择部门"采购部"，在"职员"文本框中按 F7 快捷键，选择职员"陈立波"，使部门与职员信息反映在科目中，如图 5-11 所示。

Step3：在单据体表格第二条分录的摘要列录入"支付广告费"；科目选择"1001 库存现金"；在贷方金额列录入金额 1 200。

Step4：最后单击工具栏中的"保存"按钮。

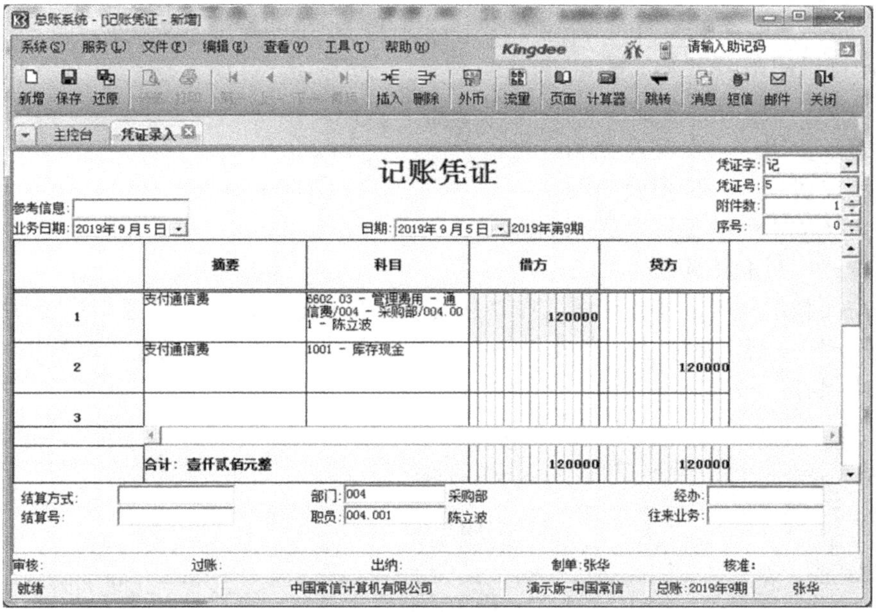

图 5-11 凭证录入（五）

（6）9 月 6 日，收到宏丰公司交来的违约罚款 85 500 元，存入建设银行。

会计分录：

借：银行存款——建设银行　　　85 500

　　贷：营业外收入　　　　　　　　　85 500

根据前面新增凭证的操作步骤，在"总账系统-[记账凭证-新增]"窗口中分别录入如图 5-12 所示的相关信息，最后单击"保存"按钮。

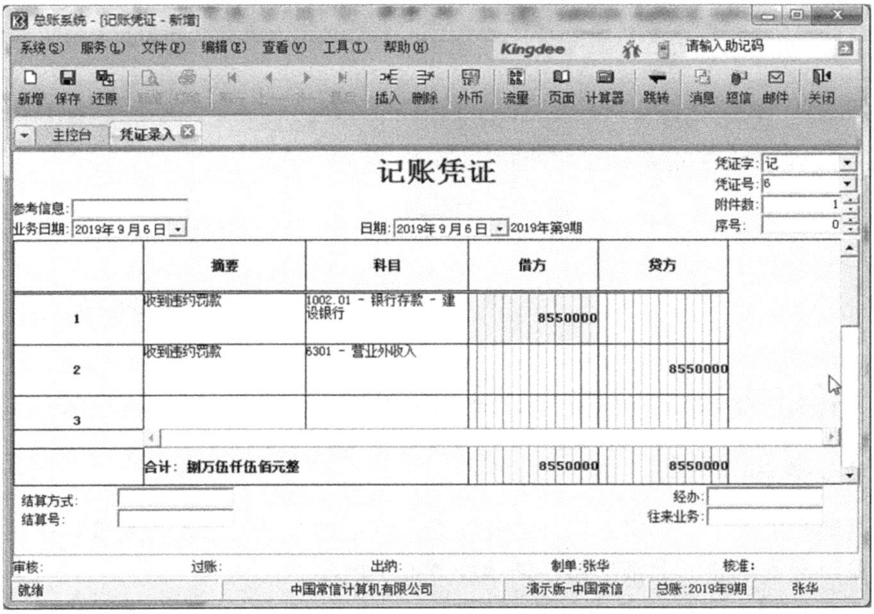

图 5-12 凭证录入（六）

（7）9 月 7 日，计提本月行政人员工资 42 000 元，车间管理人员工资 12 000 元，生产流吴 O8 计算机的车间工人工资 6 800 元。

会计分录：

借：管理费用——工资及福利   42 000

      制造费用——工资及福利   12 000

      生产成本——工资及福利/流吴 O8   6 800

    贷：应付职工薪酬   60 800

根据前面新增凭证的操作步骤，在"总账系统-[记账凭证-新增]"窗口中分别录入如图 5-13 所示的相关信息（要注意生产成本——工资及福利科目下是否设置了物料核算项目），最后单击"保存"按钮。

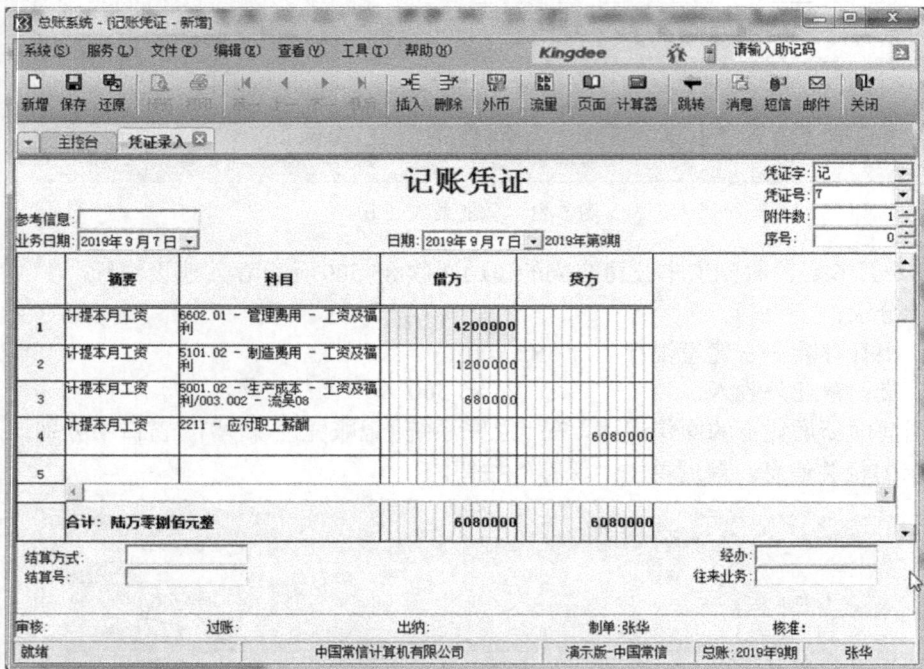

图 5-13   凭证录入（七）

扫一扫   视频 5-1：新增记账凭证

二、凭证查询、复核、审核和过账

1. 凭证查询

凭证查询提供了十分丰富的凭证处理功能，凭证的查看、修改、复核和审核都可以在凭证查询窗口进行。凭证查询的具体操作步骤如下所示。

Step1：在金蝶 K/3 系统主界面中，依次单击"财务会计"→"总账"→"凭证处理"，双击"凭证查询"，打开"会计分录序时簿 过滤"窗口。

Step2：在"会计分录序时簿 过滤"窗口（有"条件"、"排序"和"方式"3个标签），可以设置过滤条件，可以选择对方科目、核算项目类别、核算项目代码、核算项目名称等字段进行组合查询。在审核组合框中选中"全部"，在过账组合框中选中"全部"，再单击"确定"按钮，如图5-14所示。

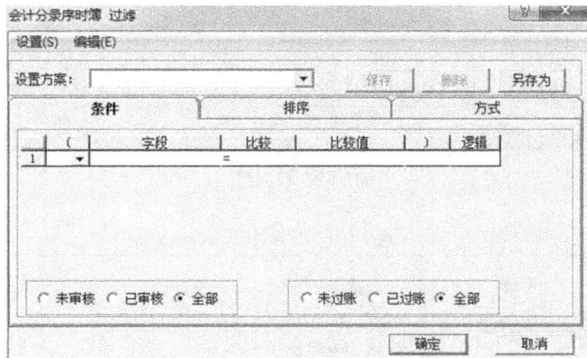

图5-14 "会计分录序时簿 过滤"窗口

Step3：在"总账系统-[凭证查询]"窗口，双击某个记账凭证即可打开"记账凭证-查看"窗口，查看该笔业务的详细信息，如图5-15所示。

图5-15 "凭证查询"窗口

2. 凭证复核

凭证复核指的是出纳对现金类凭证的复核和签字。针对现金与银行存款科目，每一笔收支业务都要经过出纳复核，确保业务记账凭证的真实有效。凭证复核的具体操作步骤如下所示。

Step1：在"总账系统-[凭证查询]"窗口，选择某一包含库存现金或银行存款的记账凭证，再单击工具栏中的"复核"按钮，打开"总账系统-[记账凭证-复核（1/7）]"窗口，如图 5-16 所示。

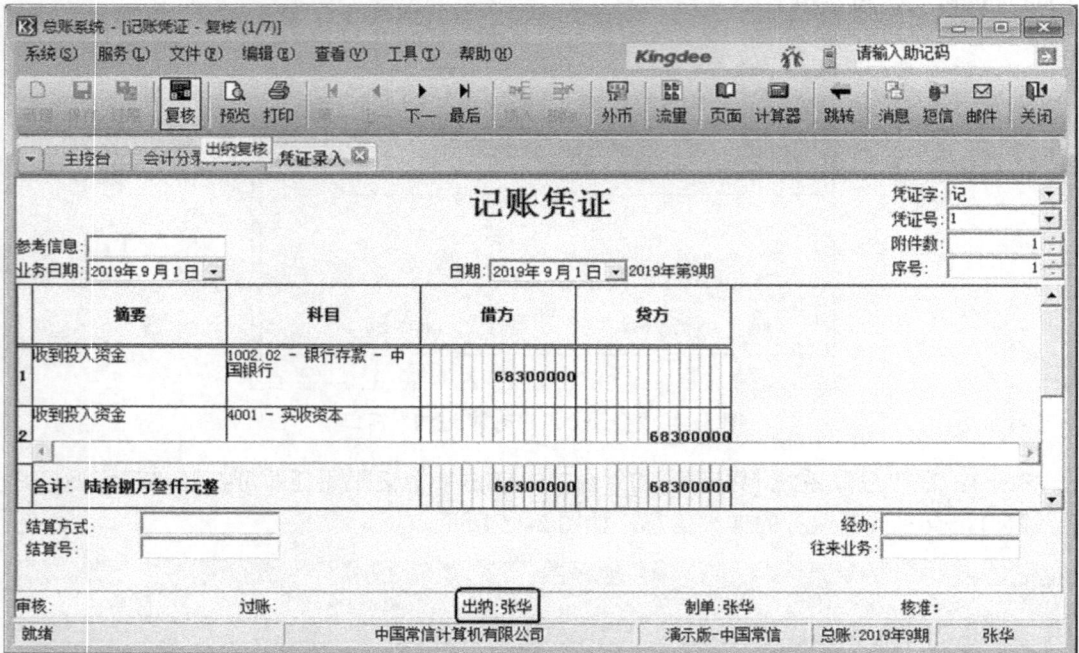

图 5-16 "总账系统-[记账凭证-复核（1/7）]"窗口

Step2：单击工具栏中的"复核"按钮，这时记账凭证的"出纳"后面就会出现出纳的签字，凭证复核完成（如果再次单击工具栏中的"复核"按钮，"出纳"后面出纳的签字就会取消，凭证复核也随即取消）。

Step3：单击工具栏中的"下一"按钮，依次完成所有记账凭证的出纳复核。

3．凭证审核

凭证审核是对录入凭证正确性的审查，经过审核人员的签章后记账凭证才能登记入账并正式生效。凭证审核员和制单员必须是两个不同的用户，这是系统内部控制规则所体现的强制要求。凭证审核的操作方法有两种：一种是对单张凭证审核；另一种是凭证成批审核（在"凭证查询"窗口，选择"编辑"菜单中"成批审核"选项，选择"审核未审核的凭证"，则将会计序时簿中所有凭证成批审核）。单张凭证审核的具体操作步骤如下所示。

Step1：在金蝶 K/3 主控台，单击工具栏中的"更换操作员"按钮，并以财务部张林的账号登录金蝶 K/3 系统。

Step2：在"凭证查询"窗口，选择某一记账凭证，再单击工具栏中的"审核"按钮，打开"总账系统-[记账凭证-审核（1/7）]"窗口，如图 5-17 所示。

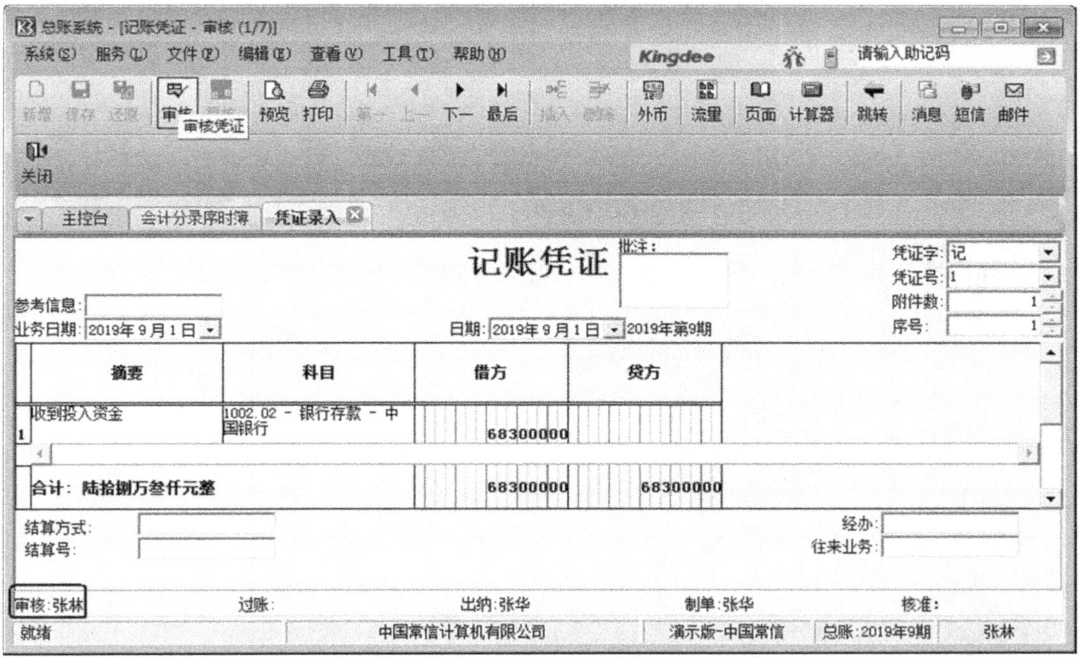

图 5-17 "总账系统-[记账凭证-审核（1/7）]"窗口

Step3：单击工具栏中的"审核"按钮，这时记账凭证的"审核"后面就会出现审核员的签字，凭证审核完成（如果再次单击工具栏中的"审核"按钮，"审核"后面审核员的签字就会取消，凭证审核也随即取消）。

Step4：单击工具栏中的"下一"按钮，依次完成所有记账凭证的审核。

记账凭证审核之后，在"总账系统-[凭证查询]"窗口的审核列，将会出现审核员的姓名，表示这些记账凭证已经经过了该审核员的审核。

4．凭证过账

凭证过账指的是系统将已录入的记账凭证根据其会计科目登记到相关的明细账簿中的过程。凭证经过记账以后不允许再修改，只能采取补充登记凭证或红字冲销凭证的方式进行更正。因此，在过账前应该仔细审核记账凭证的内容，系统只能检验记账凭证中数据关系的对错，而无法检查业务逻辑关系。

凭证过账也有两种方法：一是在"总账系统-[凭证查询]"窗口，选择"编辑"菜单中"全部过账"选项，即可把所有未过账的记账凭证进行过账；二是使用"凭证处理"子功能中的"凭证过账"明细功能。凭证过账的具体步骤如下所示。

（1）在"总账系统-[凭证查询]"窗口过账。在"总账系统-[凭证查询]"窗口过账，选择"编辑"菜单中"全部过账"选项，系统会弹出"金蝶提示"对话框，如图 5-18 所示，单击"是"按钮。

图 5-18 "金蝶提示"对话框

在弹出的"凭证过账结果"对话框中，可以看到所有过账的结果，如图 5-19 所示。

图 5-19 "凭证过账结果"对话框

（2）使用"凭证处理"子功能中的"凭证过账"明细功能过账。在金蝶 K/3 系统主界面中，依次单击"财务会计"→"总账"→"凭证处理"，双击"凭证过账"，打开"凭证过账"对话框，分别选择过账模式、凭证号不连续时、过账发生错误时和凭证范围的相关选项，单击"开始过账"按钮，如图 5-20 所示。系统将会弹出"凭证过账结果"对话框，从中可以看到过账的结果。

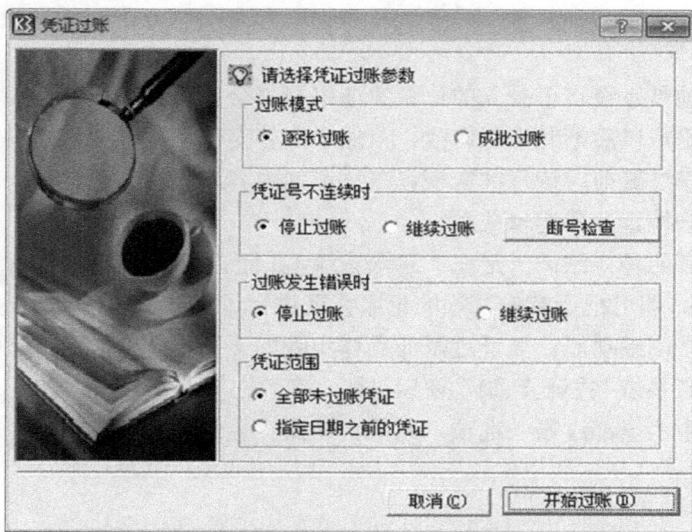

图 5-20 "凭证过账"对话框

视频 5-2：凭证查询、复核、审核和过账

扫一扫

三、错账更正

与手工业务处理不同，在金蝶 K/3 ERP 系统中错账更正只有三种方法，分别为直接修改凭证法、红字更正法和补充登记法。红字更正法（红字冲销法）是指，由于记账凭证科目错误，账簿记录发生错误，从而用红字冲销原记账凭证，以更正账簿记录的一种方法。补充登记法是指，由于记账凭证金额错误，账簿记录发生错误，从而采用编制补充凭证，以更正账簿记录的一种方法。

红字冲销法一般适用于两种情况：①记账以后，发现账簿记录错误是由记账凭证中的应借、应贷会计科目或记账方向有错误而引起的。②记账以后，发现记账凭证和账簿记录的金额中所记金额大于应记的正确金额，而应借、应贷的会计科目及方向均没有差错。

补充登记法的适用于记账凭证中科目名称、记账方向正确，但所记金额小于应记金额，导致账簿记录出现错误的情况。

中国常信计算机有限公司于 9 月 9 日发现 9 月 4 日所做的记账凭证有错误，当日实际提取的现金为 1 000 元。具体的错账更正步骤如下所示。

1. 红字更正法（红字冲销法）

Step1：在“总账系统-[凭证查询]”窗口，选择“记-4”号记账凭证，如图 5-21 所示。

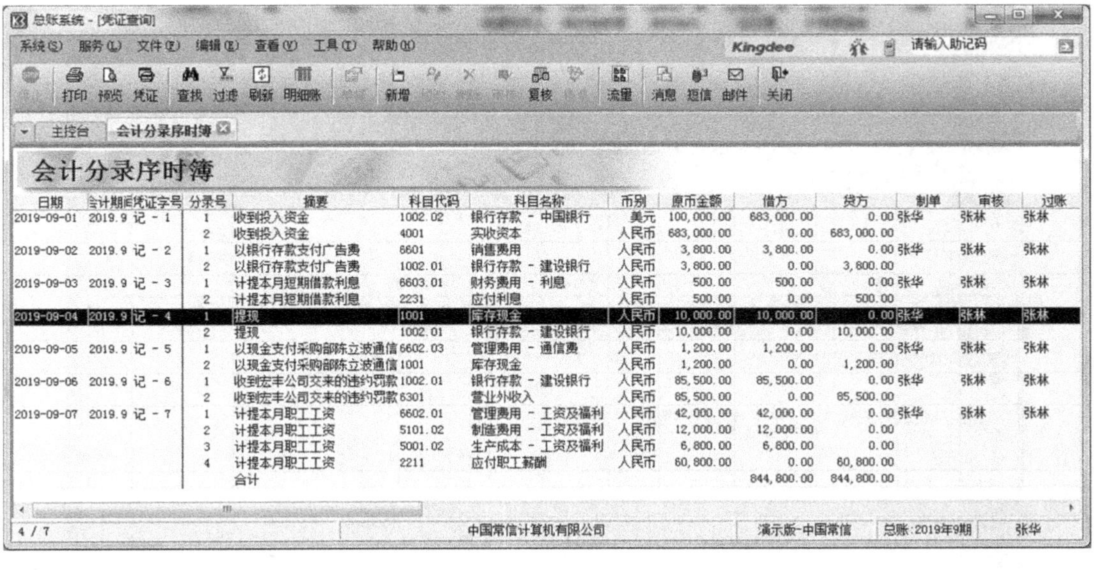

日期	会计期间	凭证字号	分录号	摘要	科目代码	科目名称	币别	原币金额	借方	贷方	制单	审核	过账
2019-09-01	2019.9	记 - 1	1	收到投入资金	1002.02	银行存款 - 中国银行	美元	100,000.00	683,000.00	0.00	张华	张林	张林
			2	收到投入资金	4001	实收资本	人民币	683,000.00	0.00	683,000.00			
2019-09-02	2019.9	记 - 2	1	以银行存款支付广告费	6601	销售费用	人民币	3,800.00	3,800.00	0.00	张华	张林	张林
			2	以银行存款支付广告费	1002.01	银行存款 - 建设银行	人民币	3,800.00	0.00	3,800.00			
2019-09-03	2019.9	记 - 3	1	计提本月短期借款利息	6603.01	财务费用 - 利息	人民币	500.00	500.00	0.00	张华	张林	张林
			2	计提本月短期借款利息	2231	应付利息	人民币	500.00	0.00	500.00			
2019-09-04	2019.9	记 - 4	1	提现	1001	库存现金	人民币	10,000.00	10,000.00	0.00	张华	张林	张林
			2	提现	1002.01	银行存款 - 建设银行	人民币	10,000.00	0.00	10,000.00			
2019-09-05	2019.9	记 - 5	1	以现金支付采购部陈立波通信	6602.03	管理费用 - 通信费	人民币	1,200.00	1,200.00	0.00	张华	张林	张林
			2	以现金支付采购部陈立波通信	1001	库存现金	人民币	1,200.00	0.00	1,200.00			
2019-09-06	2019.9	记 - 6	1	收到宏丰公司交来的违约罚款	1002.01	银行存款 - 建设银行	人民币	85,500.00	85,500.00	0.00	张华	张林	张林
			2	收到宏丰公司交来的违约罚款	6301	营业外收入	人民币	85,500.00	0.00	85,500.00			
2019-09-07	2019.9	记 - 7	1	计提本月职工工资	6602.01	管理费用 - 工资及福利	人民币	42,000.00	42,000.00	0.00	张华	张林	张林
			2	计提本月职工工资	5101.02	制造费用 - 工资及福利	人民币	12,000.00	12,000.00	0.00			
			3	计提本月职工工资	5001.02	生产成本 - 工资及福利	人民币	6,800.00	6,800.00	0.00			
			4	计提本月职工工资	2211	应付职工薪酬	人民币	60,800.00	0.00	60,800.00			
				合计					844,800.00	844,800.00			

图 5-21“总账系统-[凭证查询]”窗口

Step2：单击菜单栏中的“编辑”→“冲销”，系统会自动弹出“总账系统-[记账凭证-新增]”窗口，修改业务日期和财务日期均为 2019-09-09，再单击“保存”按钮即可，如图 5-22 所示。图 5-22 中所有的会计科目与原 2019 年 9 月 4 日的凭证科目完全相同，但金额

为红字（负数），与原凭证一正一负，刚好相反，相互冲销。

Step3：新增正确的记账凭证。在"总账系统-[凭证查询]"窗口，单击工具栏中的"新增"按钮，录入新的记账凭证，如图 5-23 所示。

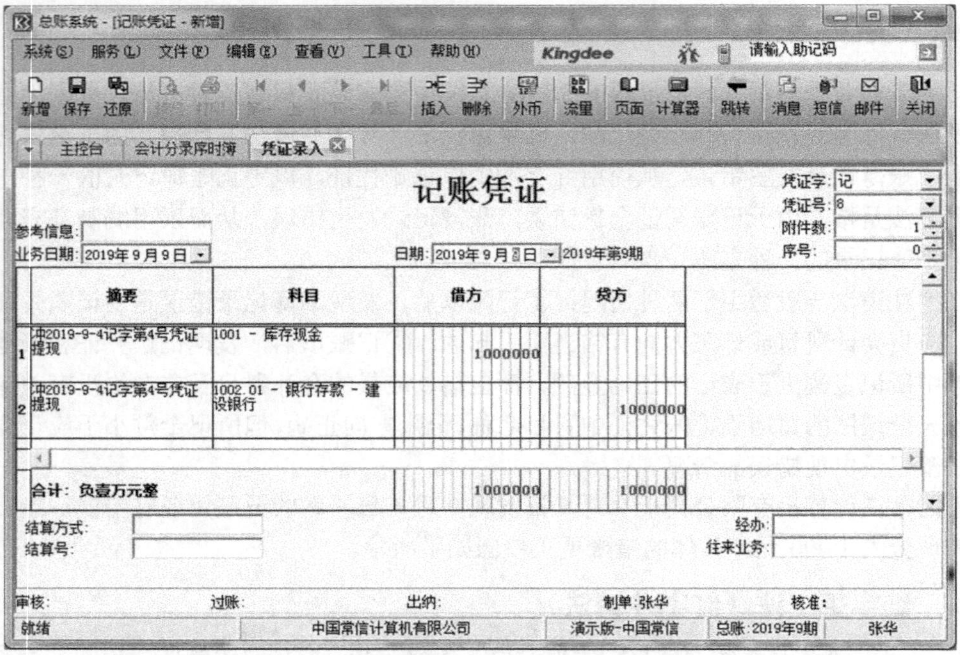

图 5-22 "总账系统-[记账凭证-新增]"窗口

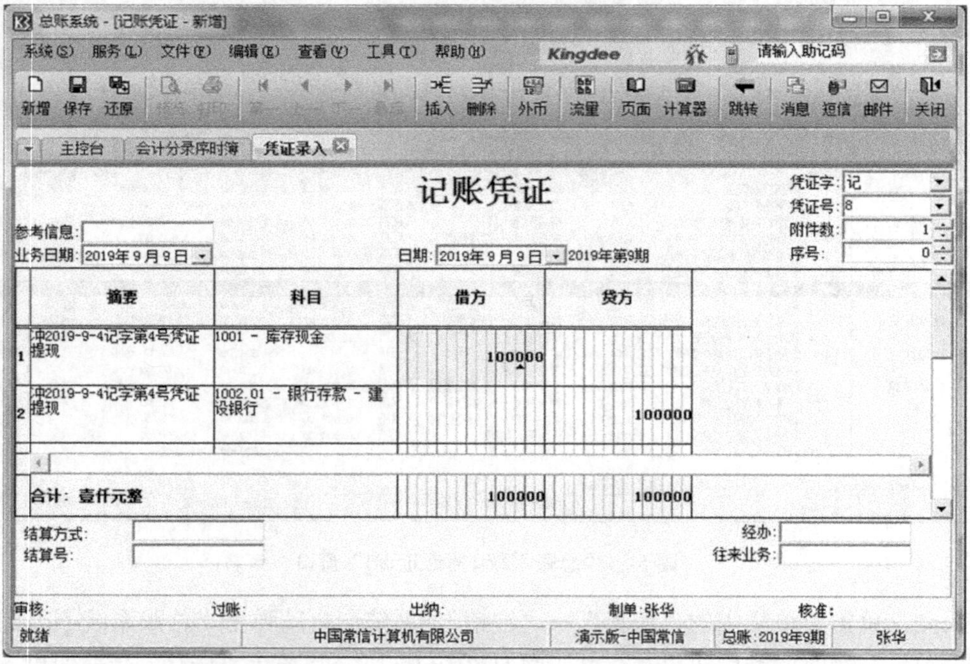

图 5-23 新增正确的记账凭证

2. 补充登记法

在"总账系统-[凭证查询]"窗口，单击工具栏中的"新增"按钮，录入新的记账凭证，如图 5-24 所示。

原记账凭证中的金额为 10 000 元，而补充登记法新增的红字记账凭证为-9 000 元（红字 9 000 元），两张凭证中的金额相加，得到正确的金额 1 000 元。

同理，如果原记账凭证中的金额小于正确的金额，只需要在补充登记的凭证中填入蓝字的差额即可，从而使两者相加得到正确的金额。

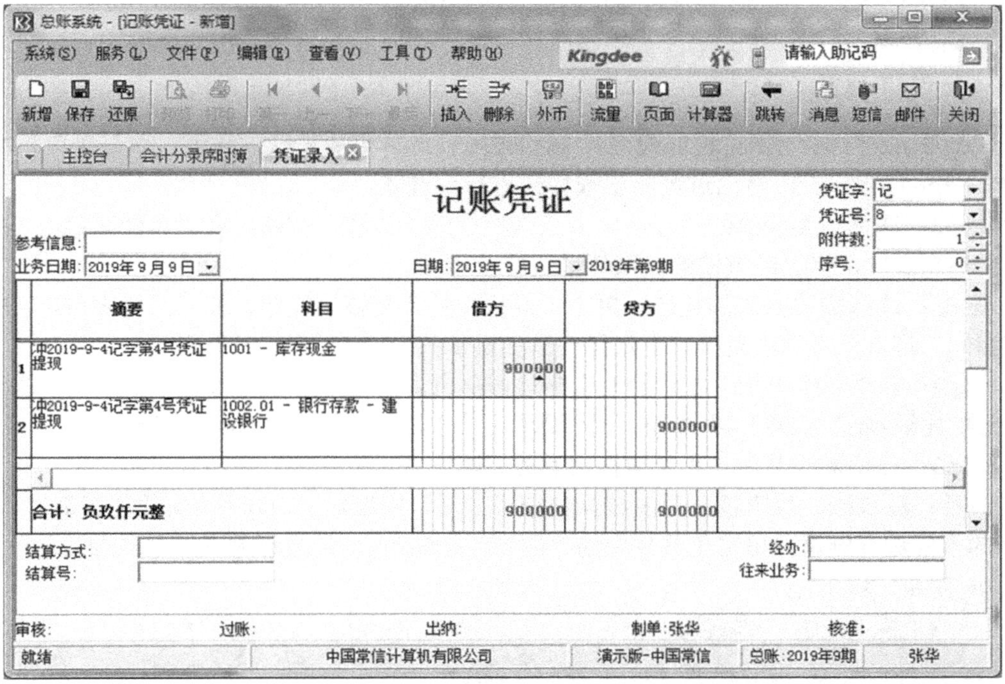

图 5-24　补充登记法录入的凭证

视频 5-3：错账更正

扫一扫

任务思考

记账凭证又称记账凭单，或分录凭证，是会计人员对审核无误的原始凭证按照经济业务事项的内容加以归类，并据以确定会计分录后所填制的会计凭证。它是登记账簿的直接依据。金蝶 K/3 ERP 系统中总账模块凭证处理的基本内容有填制凭证、出纳签字、审核凭证、凭证过账等，在对记账凭证的处理过程中体现了会计人员的权限分工和企业财务的内部控制制度，如制单人与审核人不能为同一人等。同时，在"凭证查询"子功能中，金蝶 K/3 ERP 系统设置了多种查询方式的组合，以满足企业各种查询条件的要求。

1. 如何对已经审核的凭证再取消审核？
2. 在金蝶 K/3 总账系统中，对于错账更正有哪几种方法？
3. 如何把记账凭证反过账？
4. 记账凭证各个会计分录中的红、蓝色金额分别表示什么含义？

想一想

举一反三

在金蝶 K/3 ERP 软件系统的"总账系统-[凭证查询]"窗口中，除了可以进行凭证新增、凭证查询、凭证复核、凭证审核和凭证过账，还可以对记账凭证进行修改和删除。凭证修改和凭证删除的具体操作步骤如下所示。

1．凭证修改

Step1：在"总账系统-[凭证查询]"窗口过账，选择需要修改的凭证，单击菜单栏中的"编辑"→"反过账"，将已过账的记账凭证进行反过账。

Step2：选择需要修改的凭证，单击工具栏中的"审核"按钮，在"总账系统-[记账凭证-审核]"窗口，将已经审核的记账凭证进行反审核。

Step3：选择需要修改的凭证，单击工具栏中的"复核"按钮，在"总账系统-[记账凭证-复核]"窗口，将已经复核的记账凭证进行反复核。

Step4：在"总账系统-[凭证查询]"窗口，单击工具栏中的"修改"按钮，在"总账系统-[记账凭证-修改（2/7）]"窗口，对记账凭证的内容进行修改，如图 5-25 所示。

Step5：更换操作员后，重新对修改后的记账凭证进行复核、审核和过账。

注意：反过账、反审核、反复核操作结束之后，需要对"总账系统-[凭证查询]"窗口显示的内容进行刷新（单击工具栏中的"刷新"按钮），才能显示修改后的结果。

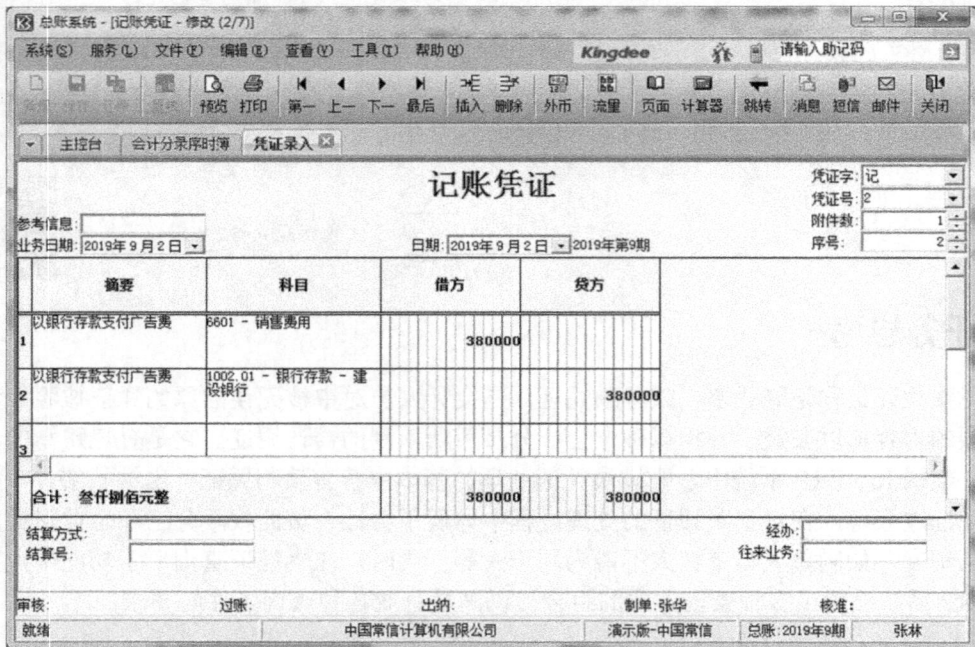

图 5-25 "总账系统-[记账凭证-修改（2/7）]"窗口

2．凭证删除

在"总账系统-[凭证查询]"窗口，选择需要删除的记账凭证，对其进行反过账、反审核、反复核操作后，单击工具栏中的"删除"按钮，即可完成凭证的删除。

课后作业

1．根据中国常信计算机有限公司总账系统的经济业务，分别在总账系统中填制相应的记账凭证。

2．对所有凭证进行复核、审核和过账。

3．分别运用红字冲销法、补充登记法和直接修改凭证法对 9 月 4 日发生的提现业务进行更正。

任务六　总账期末业务处理

任务导读

总分类账和明细分类账查看
核算项目总分类账与明细分类账查看
科目余额表与试算平衡表
自动转账
期末调汇
结转损益
期末结账

☑ 任务重点

总账系统在提供一般会计核算的基础上，提供了基本核算与辅助核算账簿管理功能，基本核算账簿管理主要包括总账、发生额和余额表、明细账、日记账、多栏账、日报表等；辅助核算账簿管理主要包括个人往来、客户往来、供应商往来、部门核算、项目核算账簿的总账和明细账，以及部门收支分析表、项目统计表的查询与打印输出等。

总账期末业务处理主要包括费用的计提及分摊、成本结转、各类账户试算平衡、对账和结账等内容，这些业务数据主要来源于账簿记录。各会计期间的期末处理数据较为复杂，适合使用 ERP 软件系统进行处理。

中国常信计算机有限公司有关各类账簿、自动转账、期末调汇和结转损益的业务如下所示（业务编号接任务五中的业务编号）。

（1）9 月 10 日，使用自动转账，结转制造费用至生产成本——制造费账户，其中制造费用的分配比例为：流吴 O8 计算机占 60%，欧皇 ASDJ3 计算机占 40%。

（2）9 月 30 日，对中国银行存放的美元账户进行期末调汇，汇率从 6.83 调整为 6.88。

（3）9 月 30 日，对所有损益类账户进行结转损益。

（4）9 月 30 日，对所有凭证进行复核、审核、过账，查看各个总分类账、明细分类账、科目余额表和试算平衡表。

任务实施

一、科目账管理

1. 总分类账

总分类账查询不但可以查询各总账科目的期初余额、本月发生额合计和期末余额，还可以查询所有子分类账户和明细分类账户的期初余额、本月发生额合计和月末余额。查询总账时，双击某一行即可打开其明细分类账。

以中国常信计算机有限公司"银行存款"总分类账为例，查询总分类账的具体操作步骤如下所示。

Step1：在金蝶 K/3 系统主界面中，依次单击"财务会计"→"总账"→"账簿"，双击"总分类账"，进入总分类账"过滤条件"对话框，如图 6-1 所示。选择会计期间为2019 年第 9 期至 2019 年第 9 期，科目级别设置为 1 至 2，科目代码为 1002 至 1002，币别选择综合本位币，同时勾选"包括未过账凭证"和"显示核算项目明细"复选框，最后单击"确定"按钮。

同时，在设置完"过滤条件"对话框中的各个内容后，单击左边窗格中"另存为"按钮，在"保存方案"输入框中，输入"银行存款总分类账"，再单击"确定"按钮，即可保存过滤条件方案，如图 6-2 所示。下次在"过滤条件"对话框中可以直接选择已保存的方案，即可快速打开预设的过滤条件。

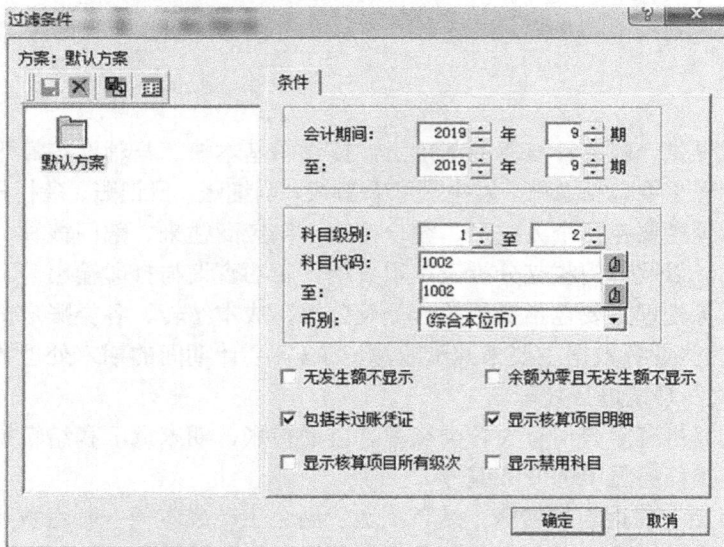

图 6-1 "过滤条件"对话框

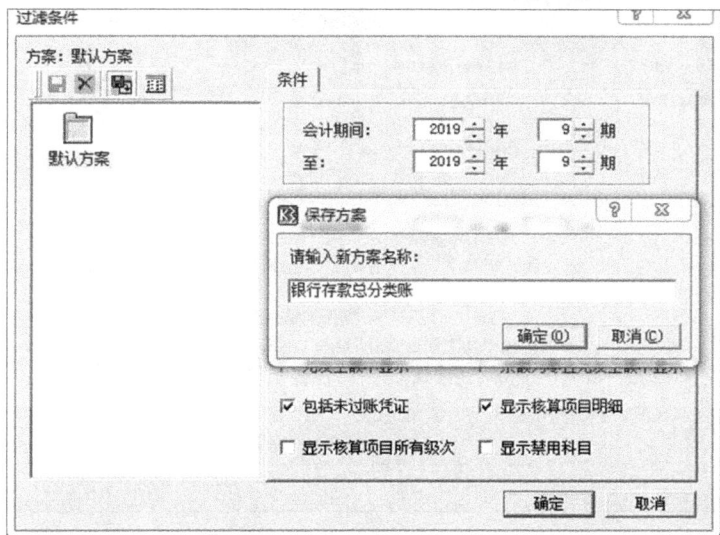

图 6-2　保存过滤条件

Step2：在打开的"总账系统-[总分类账]"窗口中，即可查看各账户的期初余额、借贷方发生额和期末余额，如图 6-3 所示。

图 6-3　"总账系统-[总分类账]"窗口

2．明细分类账

明细分类账用于平时查询各账户的明细发生情况，以及按任意条件组合查询的明细账。以"银行存款"明细分类账为例，查询其明细分类账户的具体操作步骤如下所示。

Step1：在金蝶 K/3 系统主界面中，依次单击"财务会计"→"总账"→"账簿"，双击"明细分类账"，在"过滤条件"窗口中填入如图 6-4 所示的过滤条件。

图 6-4 明细分类账"过滤条件"对话框

Step2：在明细分类账"过滤条件"对话框中，单击"确定"按钮即可打开明细分类账。如图 6-5 所示。

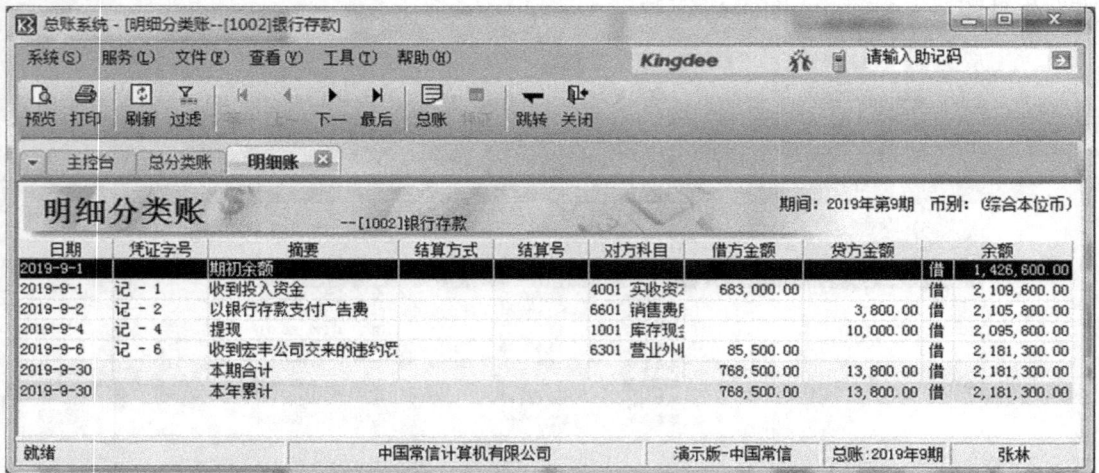

图 6-5 明细分类账

	小提示	1. 在图 6-3 中银行存款科目的所在行中，双击鼠标也可打开明细分类账。 2. 总分类账与明细分类账的区别在于：总分类账中显示期初余额、借方发生总额、贷方发生总额和期末余额等总括信息，而明细分类账中则显示该科目借方或贷方发生的每一笔记账凭证信息。 3. 除总分类账和明细分类账以外，有的企业还要查看存货科目的数量金额账，但中国常信计算机有限公司启用了业务系统，所以没有数量金额账户。

3．核算项目总分类账与明细分类账

核算项目总分类账与明细分类账用于查询某个核算项目所在科目的总分类账和明细分类账情况。以应收账款账户为例，其核算项目为客户，查询其总分类账和明细分类账的具体操作步骤如下所示。

Step1：在金蝶 K/3 系统主界面中，依次单击"财务会计"→"总账"→"账簿"，双击"核算项目分类总账"，在"过滤条件"窗口中填入如图 6-6 所示的过滤条件，项目类别设置为"客户"。

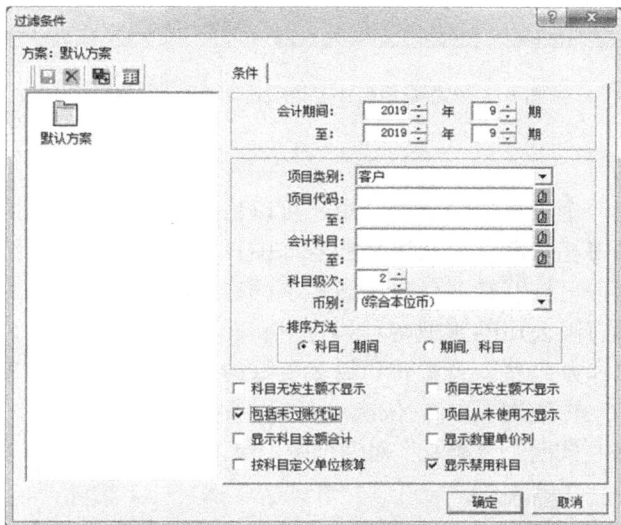

图 6-6 核算项目分类总账过滤条件

Step2：在"过滤条件"对话框中，单击"确定"按钮即可打开"总账系统-[核算项目分类总账]"窗口，如图 6-7 所示。单击工具栏中的"上一""下一"等按钮，可以查看不同客户的应收账款信息。

图 6-7 "总账系统-[核算项目分类总账]"窗口

Step3：与一般会计科目的明细分类账类似，在"账簿"子功能"核算项目明细账"明细功能中，输入相应的过滤条件也可打开"总账系统-[核算项目明细账]"窗口，如图 6-8 所示。同时，在核算项目分类总账中双击会计科目的所在行，也可打开"总账系统-[核算项目明细账]"窗口。

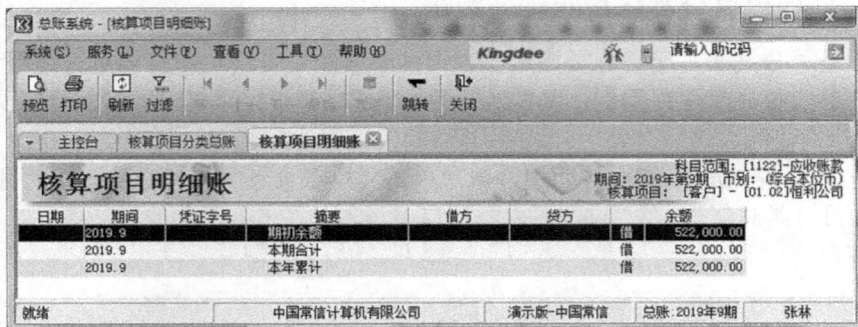

图 6-8 "总账系统-[核算项目明细账]"窗口

4．多栏账

多栏账是总账中一个很重要的功能，用户可以自己设计企业所需的多栏明细账，按明细科目保存为不同的多栏账名称，在以后的查询中只需要选择多栏明细账直接查询即可，方便快捷，自由灵活，可按明细科目自由设置不同样式的多栏账。

中国常信计算机有限公司的管理费用科目下有四个明细会计科目，分别为：工资及福利、折旧费、通信费和办公费，查看该科目多栏账的具体操作步骤如下所示。

Step1：在金蝶 K/3 系统主界面中，依次单击"财务会计"→"总账"→"账簿"，双击"多栏账"，在打开的"多栏式明细分类账"对话框中，单击"设计"按钮，如图 6-9 所示。

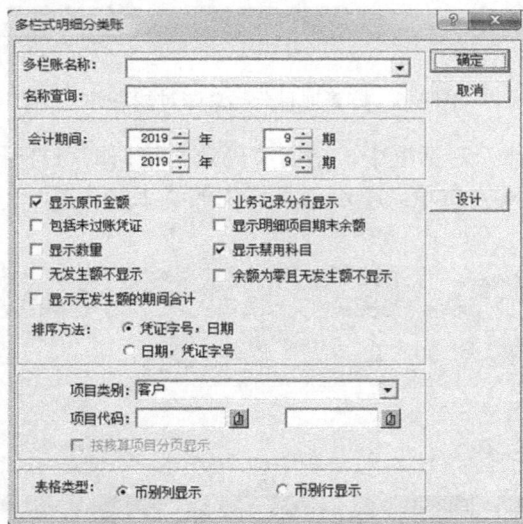

图 6-9 "多栏式明细分类账"对话框

Step2：在"多栏式明细账定义"对话框中，单击"编辑"标签，再单击"新增"按钮，输入会计科目 6602，再依次单击"自动编排"按钮和"保存"按钮，保存多栏账的设计内容，如图 6-10 所示。

Step3：在"多栏式明细账定义"对话框中，单击"浏览"标签，选择上一步中设计的"管理费用多栏明细账"，再单击"确定"按钮，返回"多栏式明细分类账"对话框。

Step4：单击"确定"按钮，即可查看管理费用多栏明细账，如图 6-11 所示。

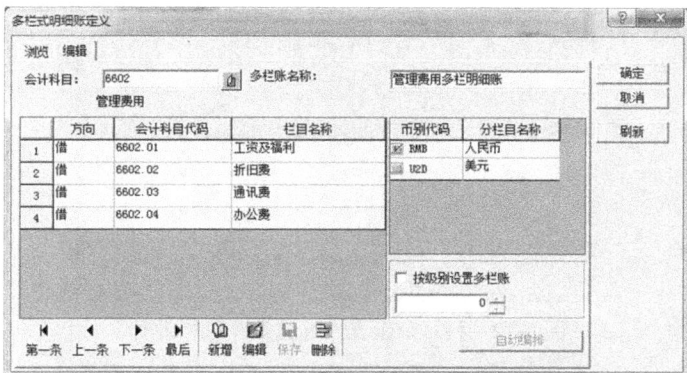

图 6-10　"多栏式明细账定义"对话框

图 6-11　查看管理费用多栏明细账

视频 6-1：查看总分类账和明
细分类账

二、科目余额表和试算平衡表

1. 科目余额表

科目余额表用于查询、统计各级科目的本期发生额、累计发生额和余额等。传统的总账是以总账科目分页设账，而余额表则可输出某月或某几个月的所有总账科目或明细分类科目的期初余额、本期发生额、累计发生额和期末余额，在多数的财务信息系统中使用科目余额表代替总分类账。

科目余额表的查看步骤如下所示。

Step1：在金蝶 K/3 系统主界面中，依次单击"财务会计"→"总账"→"财务报表"，双击"科目余额表"，在打开的"过滤条件"对话框中，将币别设置为综合本位币，并且勾选"包括未过账凭证"复选框，单击"确定"按钮，如图 6-12 所示。

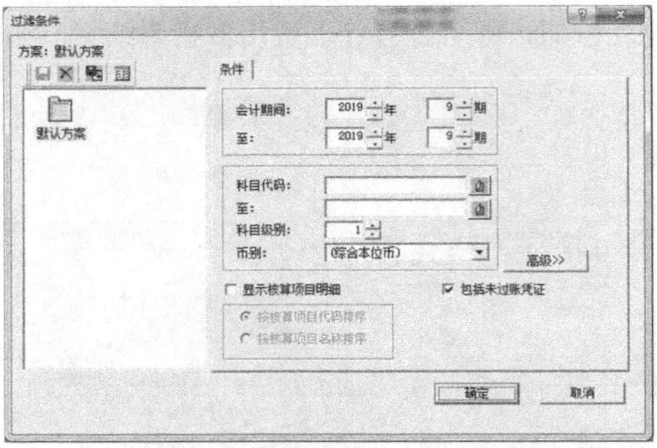

图 6-12　科目余额表“过滤条件”对话框

Step2：在“总账系统-[科目余额表]”窗口中，可查看各个会计科目的数据信息，如图 6-13 所示。

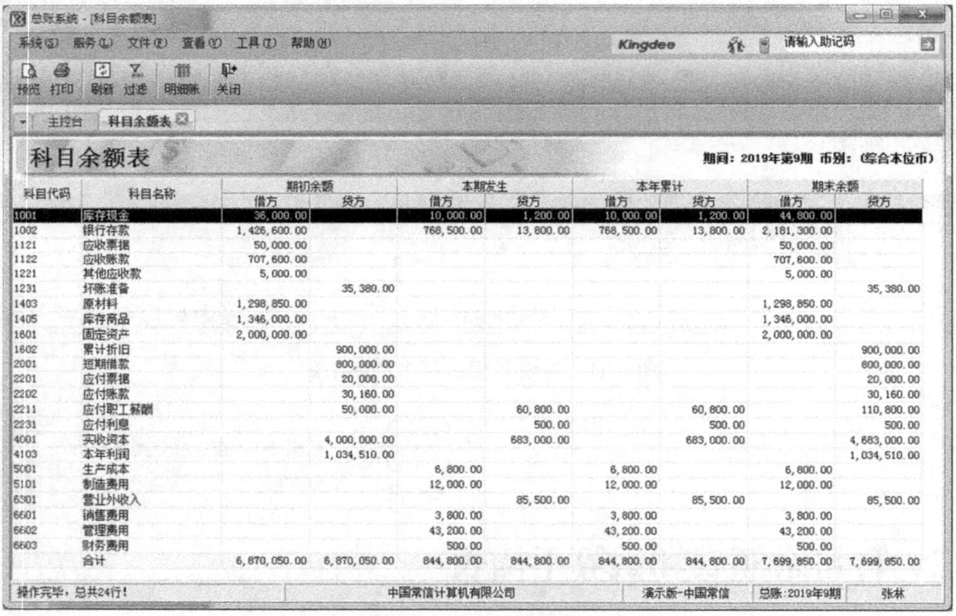

科目代码	科目名称	期初余额		本期发生		本年累计		期末余额	
		借方	贷方	借方	贷方	借方	贷方	借方	贷方
1001	库存现金	36,000.00		10,000.00	1,200.00	10,000.00	1,200.00	44,800.00	
1002	银行存款	1,426,600.00		768,500.00	13,800.00	768,500.00	13,800.00	2,181,300.00	
1121	应收票据	50,000.00						50,000.00	
1122	应收账款	707,600.00						707,600.00	
1221	其他应收款	5,000.00						5,000.00	
1231	坏账准备		35,380.00						35,380.00
1403	原材料	1,298,850.00						1,298,850.00	
1405	库存商品	1,346,000.00						1,346,000.00	
1601	固定资产	2,000,000.00						2,000,000.00	
1602	累计折旧		900,000.00						900,000.00
2001	短期借款		800,000.00						800,000.00
2201	应付票据		20,000.00						20,000.00
2202	应付账款		30,160.00						30,160.00
2211	应付职工薪酬		50,000.00		60,800.00		60,800.00		110,800.00
2231	应付利息				500.00		500.00		500.00
4001	实收资本		4,000,000.00		683,000.00		683,000.00		4,683,000.00
4103	本年利润		1,034,510.00						1,034,510.00
5001	生产成本			6,800.00		6,800.00		6,800.00	
5101	制造费用			12,000.00		12,000.00		12,000.00	
6301	营业外收入				85,500.00		85,500.00		85,500.00
6601	销售费用			3,800.00		3,800.00		3,800.00	
6602	管理费用			43,200.00		43,200.00		43,200.00	
6603	财务费用			500.00		500.00		500.00	
	合计	6,870,050.00	6,870,050.00	844,800.00	844,800.00	844,800.00	844,800.00	7,699,850.00	7,699,850.00

图 6-13　“总账系统-[科目余额表]”窗口

Step3：在“总账系统-[科目余额表]”窗口中，双击某个会计科目的所在行，即可查看该会计科目的明细分类账。

小提示

1．通常使用查看科目余额表代替查看总分类账。

2．即使某个记账凭证没有过账，也可以通过勾选“过滤条件”对话框中的“包括未过账凭证”复选框来查看科目余额表。

3．查看科目余额表时，币别可以选择“人民币”或“综合本位币”。

4．查看科目余额表时，如果要查看明细科目的数据，可以在过滤条件中设置科目级别为 2 或 3。

2．试算平衡表

试算平衡表是指某一时点上的各个账户及其余额的列表。各个账户的余额都会反映在试算平衡表相应的借方或贷方栏中。试算平衡表是定期总计分类账各账户的借贷方发生额及余额的合计数，用以检查借贷方是否平衡及账户记录有无错误的一种账表。

试算平衡表的查看步骤如下所示。

Step1：在金蝶 K/3 系统主界面中，依次单击“财务会计”→“总账”→“财务报表”，双击“试算平衡表”，在打开的“试算平衡表”对话框中，将币别设置为综合本位币，勾选“包括未过账凭证”复选框，单击“确定”按钮，如图 6-14 所示。

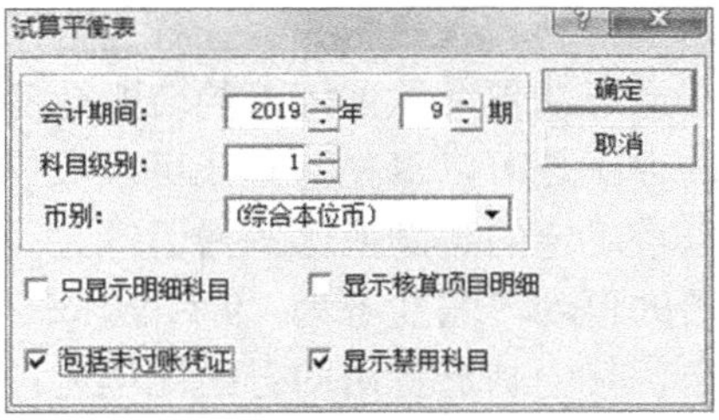

图 6-14　“试算平衡表”对话框

Step2：在“总账系统-[试算平衡表]”窗口，即可查看所有会计科目借方和贷方的期初余额、期末余额、本期发生额数据，如图 6-15 所示。

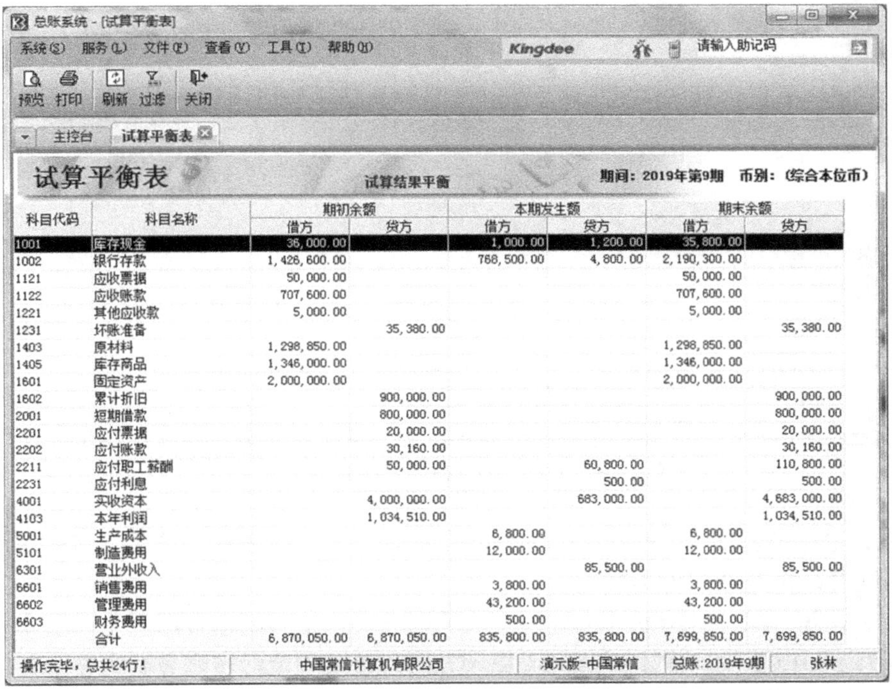

科目代码	科目名称	期初余额		本期发生额		期末余额	
		借方	贷方	借方	贷方	借方	贷方
1001	库存现金	36,000.00		1,000.00	1,200.00	35,800.00	
1002	银行存款	1,426,600.00		768,500.00	4,800.00	2,190,300.00	
1121	应收票据	50,000.00				50,000.00	
1122	应收账款	707,600.00				707,600.00	
1221	其他应收款	5,000.00				5,000.00	
1231	坏账准备		35,380.00				35,380.00
1403	原材料	1,298,850.00				1,298,850.00	
1405	库存商品	1,346,000.00				1,346,000.00	
1601	固定资产	2,000,000.00				2,000,000.00	
1602	累计折旧		900,000.00				900,000.00
2001	短期借款		800,000.00				800,000.00
2201	应付票据		20,000.00				20,000.00
2202	应付账款		30,160.00				30,160.00
2211	应付职工薪酬		50,000.00		60,800.00		110,800.00
2231	应付利息				500.00		500.00
4001	实收资本		4,000,000.00		683,000.00		4,683,000.00
4103	本年利润		1,034,510.00				1,034,510.00
5001	生产成本			6,800.00		6,800.00	
5101	制造费用			12,000.00		12,000.00	
6301	营业外收入				85,500.00		85,500.00
6601	销售费用			3,800.00		3,800.00	
6602	管理费用			43,200.00		43,200.00	
6603	财务费用			500.00		500.00	
	合计	6,870,050.00	6,870,050.00	835,800.00	835,800.00	7,699,850.00	7,699,850.00

图 6-15　“总账系统-[试算平衡表]”窗口

只有期初借方余额等于期初贷方余额，期末借方余额等于期末贷方余额，本期借方发生额等于本期贷方发生额，才表示当前各个会计账户的试算结果平衡。

三、期末业务处理

凭证录入是财务系统的日常操作,当所有当期凭证全部录入、复核、审核和过账结束后,就要进行期末的账务处理和结账,其工作主要有自动转账、期末调汇、转结损益和期末结账 4 个方面的工作。

1．自动转账

自动转账凭证是指将某一项转账业务所涉及的摘要、借贷方科目、金额计算方法等预先存入软件环境,即建立一项业务转账模型的过程。根据自定义转账凭证模型生成实际记账凭证的过程称为自动转账。由自动转账产生的凭证称为自动转账凭证。

自动转账业务的特点:一是每期都会发生规范的转账业务,如计提税金、结转成本、结转损益等;二是业务发生的金额是可以事先预知或可以被描述的,如折旧额可以按综合折旧公式计算,无形资产可以按确定的数额或比例摊销等。

中国常信计算机有限公司的自动转账业务为:9 月 10 日,使用自动转账,结转制造费用至生产成本——制造费账户,其中制造费用的分配比例为:流吴 O8 计算机占 60%,欧皇 ASDJ3 占 40%,其自动转账的具体操作步骤如下所示。

Step1:在金蝶 K/3 系统主界面中,依次单击"财务会计"→"总账"→"结账",双击"自动转账",在打开的"自动转账凭证"窗口中,单击"编辑"标签,如图 6-16 所示。

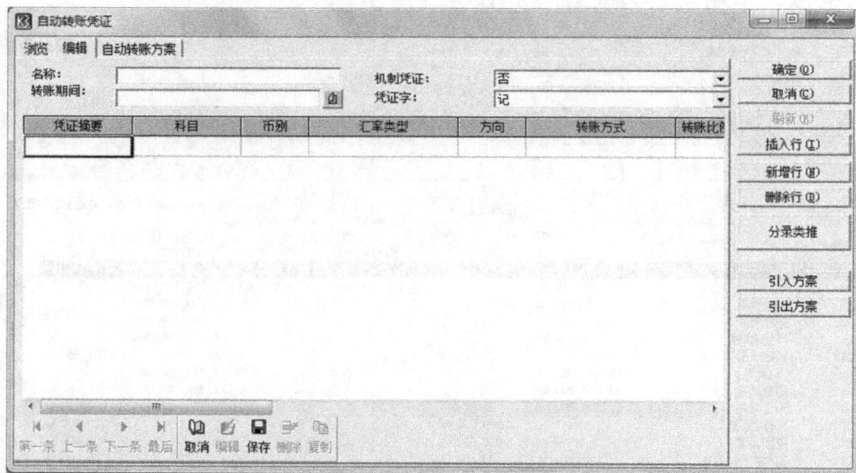

图 6-16 "自动转账凭证"窗口

Step2:单击"新增行"按钮,分别输入自动转账方案的名称为结转制造费用至生产成本——制造费,转账期间为 1-12。

Step3:在第一条会计分录中,分别录入凭证摘要为结转制造费用至生产成本——制造费,科目为 5001.03 生产成本——制造费,方向为自动判定,转账方式为转入,转账比例为 40%,在核算项目中单击"下设"按钮,打开"转入分录项目信息"窗口,从中选择 003.001,如图 6-17 所示,再单击"保存"按钮,返回"自动转账凭证"对话框。

Step4:在第二条会计分录中,录入科目为 5001.03 生产成本——制造费,转账比例为 60%,在核算项目中单击"下设"按钮,选择 003.002 作为核算项目。

Step5：在第三条会计分录中，录入科目为 5101.01 材料费，方向为自动判定，转账方式为按比例转出余额，转账比例为 100%。

图 6-17　"转入分录项目信息"窗口

Step6：在第四条会计分录中，录入科目为 5101.02 工资及福利，方向为自动判定，转账方式为按比例转出余额，转账比例为 100%。

Step7：在第五条会计分录中，录入科目为 5101.03 折旧费，方向为自动判定，转账方式为按公式转出，在公式定义中单击"下设"按钮，弹出如图 6-18 所示的"公式定义"对话框。

图 6-18　"公式定义"对话框

单击右边选择公式函数的按钮，弹出"报表函数"对话框，如图 6-19 所示，分别选择函数类别为全部函数，函数名为 ACCT，单击"确定"按钮。

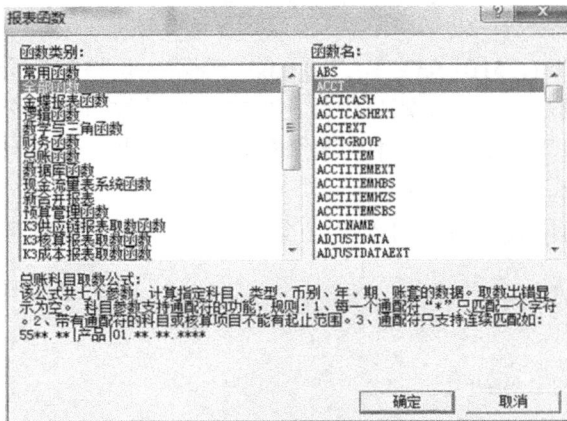

图 6-19　"报表函数"对话框

打开"科目取数"对话框，如图 6-20 所示，在科目文本框中按 F7 快捷键，调出"取数科目向导"对话框，在科目代码中选择 5101.03，如图 6-21 所示，再单击"确定"按钮。

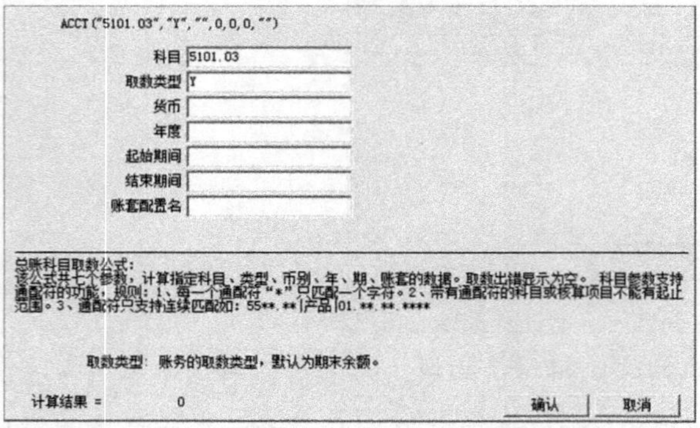

图 6-20 "科目取数"对话框

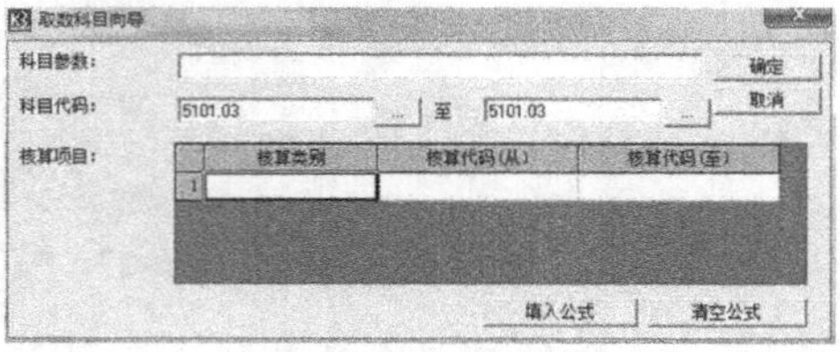

图 6-21 "取数科目向导"对话框

在"科目取数"对话框中选择取数类型为 Y，即取 5101.03 科目的期末余额。单击"确定"按钮。从 5101.03 科目中取期末余额的公式设置完成，如图 6-22 所示。单击"确定"按钮，返回"自动转账凭证"窗口。

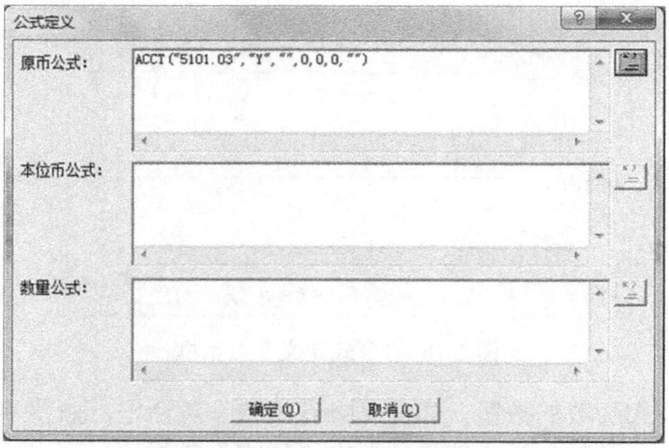

图 6-22 "公式定义"对话框

在图 6-22 中，ACCT("5101.03","Y","",0,0,0,"")表示的是按默认会计年度、默认起讫会计期间、默认公司账套从 5101.03 账户中取出期末余额数据。使用公式进行账户取数的方法也适用于编制会计报表，会计报表中的某个单元格的数值也是使用 ACCT 函数从账户从取得的。

中国常信计算机有限公司结转制造费用的自动转账方案定义的各条会计分录信息，如图 6-23 所示。

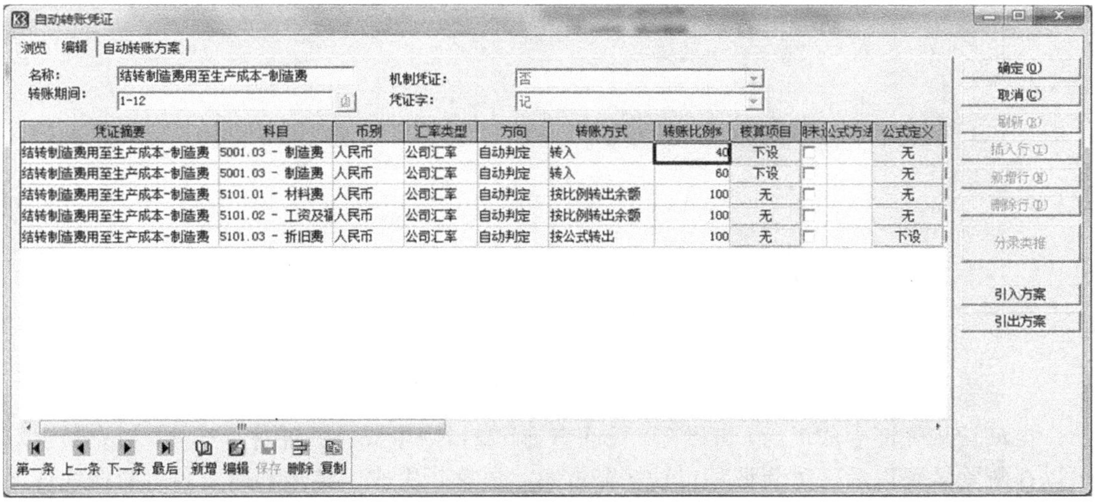

图 6-23　会计分录信息

单击"保存"按钮，完成对自动转账方案的定义。

Step8：在"自动转账凭证"窗口，单击"浏览"标签，选择新增的自动转账方案，如图 6-24 所示。再单击"生成凭证"按钮，即可生成自动转账凭证，如图 6-25 所示。

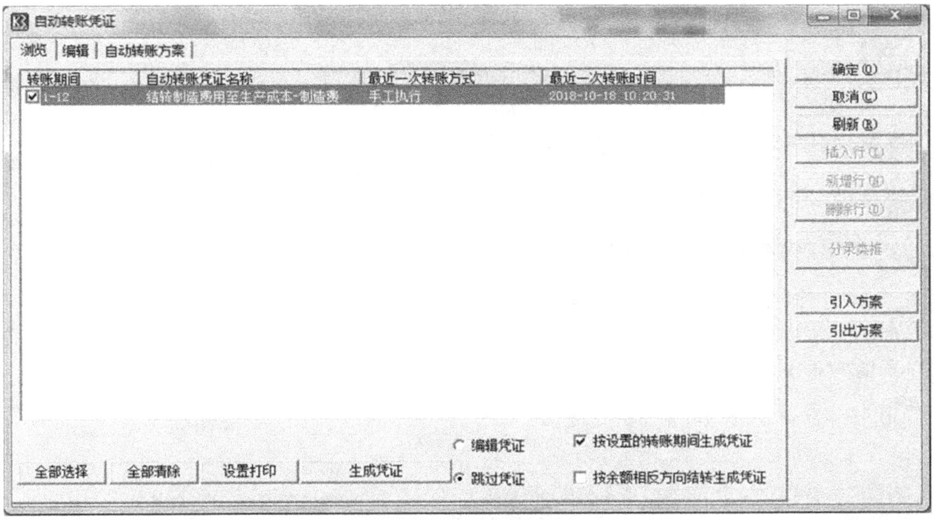

图 6-24　"自动转账凭证"窗口

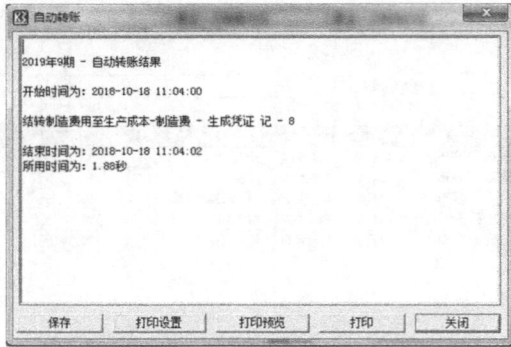

图 6-25　自动转账生成凭证结果

自动转账凭证生成以后,可以在"凭证查询"窗口对生成的凭证进行查看,如有错误,可以在删除凭证以后,重新调整自动转账方案,再重新生成。结转制造费用生成的凭证如图 6-26 所示。

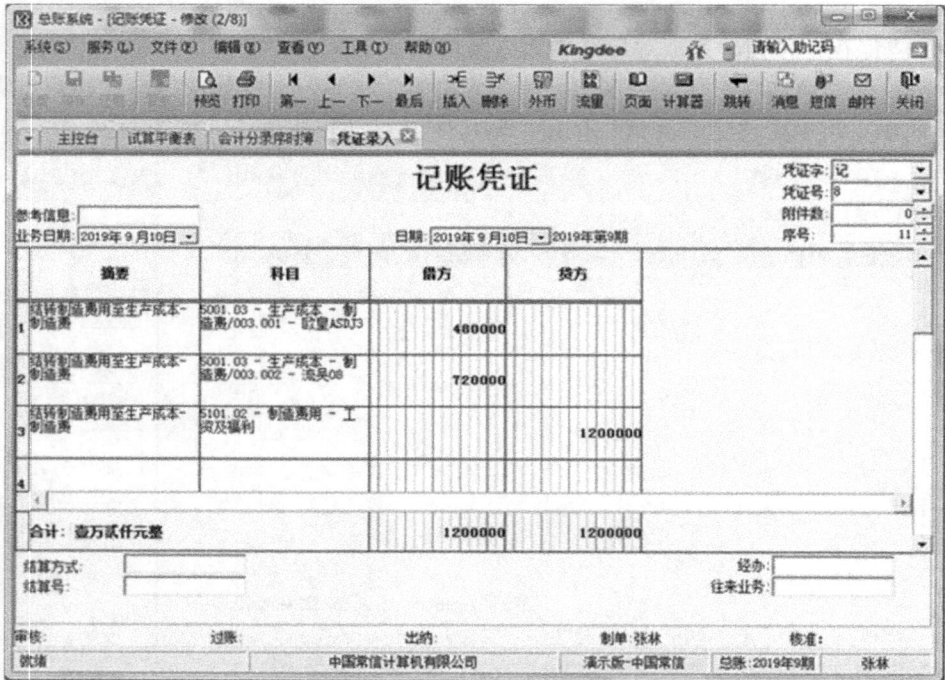

图 6-26　结转制造费用生成的凭证

扫一扫　　视频 6-2:自动转账

2. 期末调汇

期末调汇主要用于在期末对外币核算的账户自动计算汇兑损益,并生成汇兑损益转账凭证及期末汇率调整表。只有在会计科目中设定了"期末调汇"的科目才会进行期末调汇处理。

中国常信计算机有限公司期末调汇的业务为：9 月 30 日，对中国银行存放的美元账户进行期末调汇，汇率从 6.83 调整为 6.88。其具体操作步骤如下所示。

Step1：在金蝶 K/3 系统主界面中，依次单击"财务会计"→"总账"→"结账"，双击"期末调汇"，在打开的"期末调汇"对话框中，单击"下一步"按钮，如图 6-27 所示。

图 6-27　"期末调汇"对话框（一）

Step2：修改汇率。单击汇率类型后面的浏览图标，弹出的"汇率类型"窗口，如图 6-28 所示。再单击工具栏中的"汇率体系"按钮，打开"汇率体系"窗口，如图 6-29 所示。

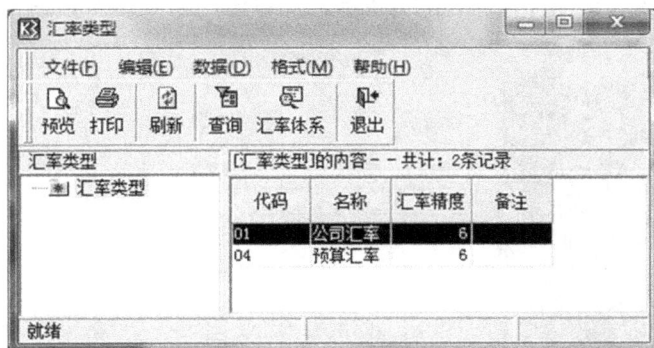

图 6-28　"汇率类型"窗口

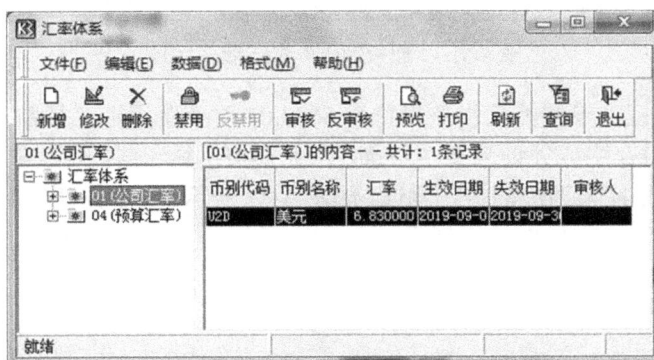

图 6-29　"汇率体系"窗口

选择币别名称为美元，单击工具栏中的"修改"按钮，打开"汇率-修改"对话框，从中把美元的汇率从 6.83 修改为 6.88，再单击"保存"按钮，如图 6-30 所示。

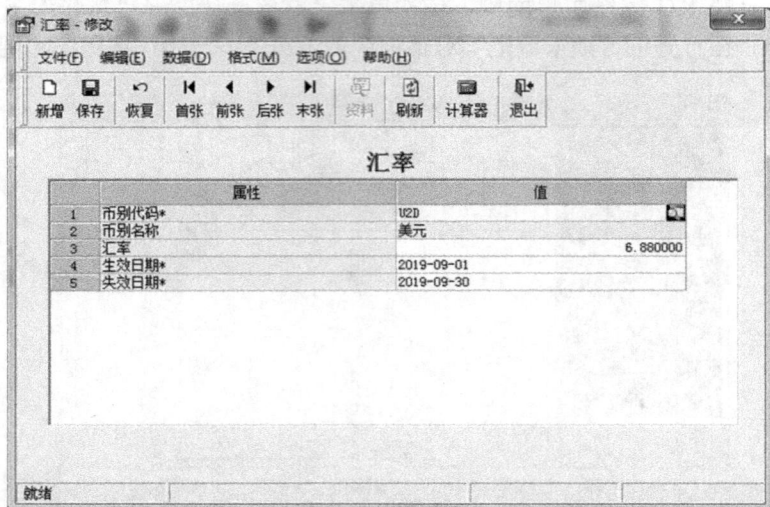

图 6-30　修改美元汇率

依次单击"退出"按钮，回到金蝶 K/3 主控台，重新打开"期末调汇"对话框，这时美元的汇率就修改为 6.88 了，如图 6-31 所示，再单击"下一步"按钮。

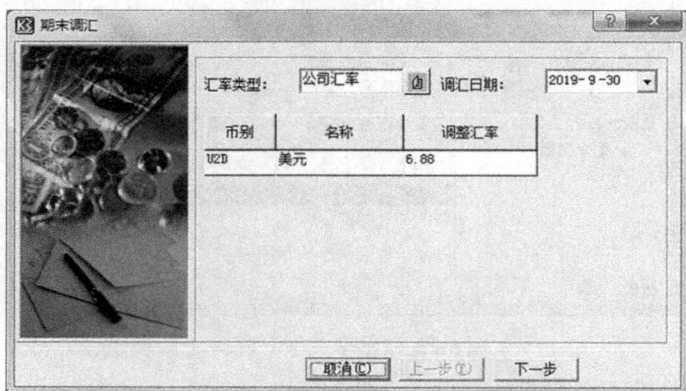

图 6-31　"期末调汇"对话框（二）

Step3：生成凭证。设置汇兑损益科目为 6603.02 财务费用汇兑损益，勾选"生成转账凭证"复选框，同时在生成凭证分类中勾选"汇兑损益"复选框，最后单击"完成"按钮，系统会自动生成一张期末调汇的转账凭证，如图 6-32 所示。生成凭证后，可在"凭证查询"窗口进行查看。

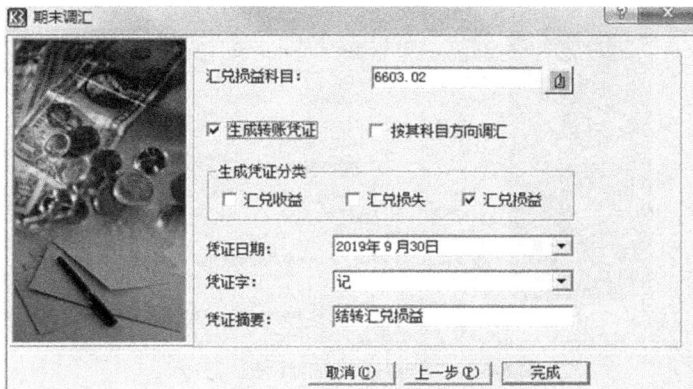

图 6-32 "期末调汇"对话框（三）

3．结转损益

期间损益账户反映了企业在某一会计期间的收入与费用情况，一个会计期间结束以后，要将损益类会计科目的余额结转至本年利润科目中，从而及时反映企业利润的盈亏情况。结转损益主要是对管理费用、销售费用、财务费用、销售收入、营业外收支等科目向本年利润的结转。

结转损益时，损益类科目可按收入和支出分别结转，生成两张记账凭证，也可以合并在一起只生成一张记账凭证。当期末业务集中于一张凭证时，一般由系统根据各收入项目和支出项目的余额情况自动安排本年利润科目的方向。若收入总额大于支出总额，本年利润科目在贷方，表示盈利；本年利润科目在借方，表示亏损。

中国常信计算机有限公司 9 月 30 日对所有损益类账户进行结转损益，具体的操作步骤如下所示。

Step1：在金蝶 K/3 系统主界面中，依次单击"财务会计"→"总账"→"结账"，双击"结转损益"，在打开的"结转损益"对话框（一）中，单击"下一步"按钮，如图 6-33 所示。

Step2：在打开的"结转损益"对话框（二）中，查看所有要结转至本年利润科目的损益类会计科目，单击"下一步"按钮，如图 6-34 所示。

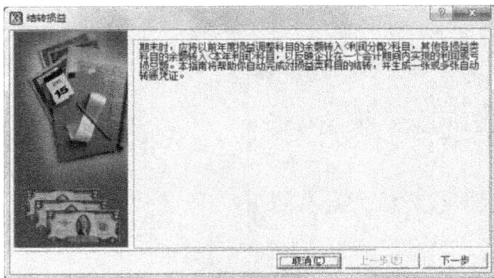

图 6-33 "结转损益"对话框（一）

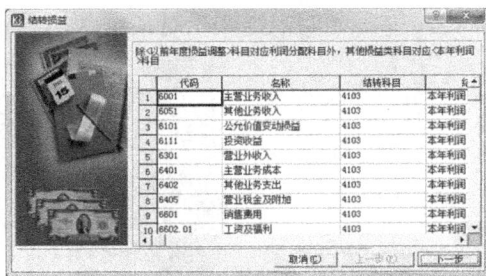

图 6-34 "结转损益"对话框（二）

Step3：在打开的"结转损益"对话框（三）中，凭证字选择"记"，凭证日期为 2019 年 9 月 30 日，凭证类型为损益，凭证生成方式为按普通方式结转，如图 6-35 所示。最后，单击"完成"按钮，即可生成结转损益的转账凭证结果提示框，如图 6-36 所示。

图 6-35 "结转损益"对话框（三）

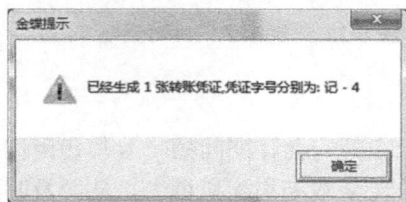

图 6-36 结转损益金蝶提示

小提示　　1. 在图 6-35 中，勾选"损益"复选框与同时勾选"收益"和"损失"两个复选框的含义相同。

2. 凭证生成后，可在"总账系统-[凭证查询]"窗口进行查看。

结转损益后生成的凭证需要在"总账系统-[凭证查询]"窗口进行复核、审核和过账后，才能生效。

4．期末结账

在本期所有的会计业务全部处理完毕之后，就可以进行期末结账。系统的数据处理都是针对本期的，必须将本期的账务全部完成并进行结账处理之后，系统才能进入下一期。

在金蝶 K/3 系统主界面中，依次单击"财务会计"→"总账"→"结账"，双击"期末结账"，弹出"期末结账"对话框，如图 6-37 所示。

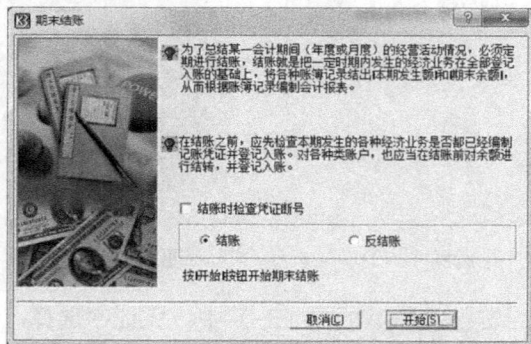

图 6-37 "期末结账"对话框

系统在结账之前要对账务处理进行常规性检查，必须将本期间的所有会计凭证及业务资料全部输入系统并且过账之后，才能结账。如果系统发现本期内还有未过账的记账凭证，会发出警告，并中断结账。

小提示	1. 结账之前，所有凭证必须过账，同时所有损益类会计科目没有余额，制造费用等集合分配类账户也已结转。 2. 结账之后，如果想返回上一个会计期间，可以进行反结账操作。 3. 结账功能主要完成以下几项工作：检查并停止本期各科目的各项数据处理工作；计算各科目的本期发生额和累计发生额；计算本期各科目期末余额并将余额结转至下期初。

扫一扫　　视频6-3：期末调汇与结转损益

任务思考

总账系统在金蝶 K/3 ERP 系统中占有绝对重要的地位，它是财务管理系统中的一部分，而财务系统与其他系统是并行关系，总账系统既可以独立运行，也可以与其他系统协同运作。在财务业务一体化系统中，总账系统的功能主要包括填制凭证、审核凭证、修改凭证、过账，账簿查看中的内容包括总分类账、明细分类账、多栏账、核算项目总分类账和明细账、科目余额表、试算平衡表，期末业务处理内容包括自动转账、期末调汇、结转损益和期末结账等。

想一想

1. 当其他财务子系统没有结账时，总账能不能结账？
2. 为什么中国常信计算机有限公司没有设置存货类会计科目为数量金额辅助核算？
3. 多栏账与普通总分类账有什么区别？
4. 如何查看所有核算项目总分类账和明细分类账？

举一反三

金蝶 K/3 总账系统中自动转账功能不仅能对制造费用进行结转，还能对每期具有规律性的会计业务设置转账方案。例如，对中国常信计算机有限公司 800 000 元短期借款按年利率 6%计提每月利息，具体的操作步骤如下。

在"自动转账凭证"对话框中，新增计提短期借款利息的转账方案，自动转账方案设置如图 6-38 所示。

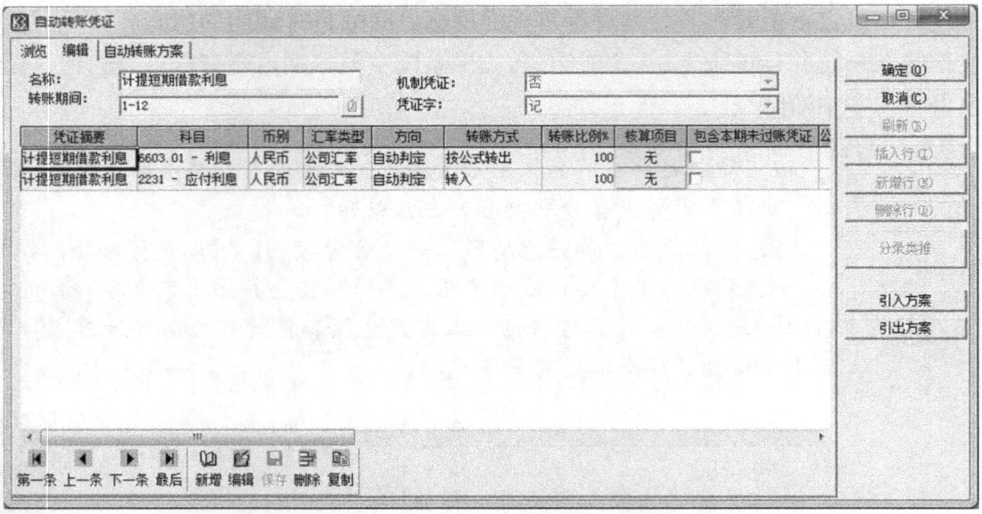

图 6-38　计提每期利息转账方案

其中，借方科目为 6603.01-利息，方向为自动判定，转账方式为按公式转出，取数公式定义为 ACCT("2001","Y","",0,0,0,"")*0.06/12。贷方科目为 2231-应付利息，方向为自动判定，转账方式为转入。公式中的 ACCT("2001","Y","",0,0,0,"")指的是取短期借款账户的期末余额，0.06 指的是年利率 6%，12 表示一年有 12 个月。

课后作业

1. 根据中国常信计算机有限公司企业实践案例中总账系统（1）至（3）中的期末业务，分别进行自动转账、期末调汇和结转损益。

2. 查看期末余额表和试算平衡表。

3. 查看会计科目总分类账和银行存款明细分类账。

4. 编制生产成本、制造费用和财务费用多栏账。

5. 对中国常信计算机有限公司所有损益类会计科目进行结转损益。

任务七　财务报表设计与制作

任务导读

编制自定义科目财务报表
设计货币资金表
编制资产负债表
编制利润表
编制现金流量表

☑ 任务重点

报表系统通过驱动程序与其他数据源相接，可以方便地从总账中提取各种数据，以编制各种报表。除资产负债表、损益表等常用报表以外，报表系统还可以按照用户的需求制作其他各类管理报表，并且有集团报表的制作功能。

财务报表是对企业财务状况、经营成果和现金流量的结构性表述。编制财务报表可以定期总括地反映企业经营活动的情况，是专门考核计划执行结果的一种方法。财务报表主要是对账簿记录进行加工、整理而产生的一整套完整的指标体系。财务报表提供的各项指标，不仅是考核、分析财务成果的重要依据，也是会计检查的重要依据。财务报表是会计主体对外提供的反映会计主体财务状况和经营成果的会计报表，包括资产负债表、损益表（利润表）、现金流量表、财务状况变动表、附表和附注。同时，财务报表是财务报告的主要组成部分，它包括业绩报告、管理分析及财务情况说明书等，同时也是列入财务报告或年度报告的重要资料。

根据中国常信计算机有限公司的财务系统数据，编制自定义科目简表、货币资金表、资产负债表、利润表和现金流量表，各个财务报表的设计与要求如下所示。

（1）编制 2019 年 9 月中国常信计算机有限公司自定义科目简表，简表的格式与内容如表 7-1 所示。

表 7-1　中国常信计算机有限公司自定义科目简表

简　　表

单位名称：中国常信计算机有限公司　　　　　　　2019-09-30　　　　　　　　　　单位：元

	资　产　资　料		损　益　资　料	
	期初数	期末数	本期借方发生额	本年借方累计发生额
库存现金				
货币资金				
应收账款——科达公司				
管理费用				
合　　计				

单位负责人：　　　　　　　　　　会计主管：　　　　　　　　　　制表人：

（2）编制 2019 年 9 月中国常信计算机有限公司货币资金表，表格的格式与内容如表 7-2 所示。

表 7-2　中国常信计算机有限公司货币资金表

货币资金表

单位名称：中国常信计算机有限公司　　　　　　　2019-09-30　　　　　　　　　　单位：元

项　　目	期 初 余 额	借方发生额	贷方发生额	期 末 余 额
库存现金				
银行存款——建设银行				
银行存款——中国银行				
其他货币资金				
合　　计				

单位负责人：　　　　　　　　　　会计主管：　　　　　　　　　　制表人：

（3）编制 2019 年 9 月中国常信计算机有限公司资产负债表。

（4）编制 2019 年 9 月中国常信计算机有限公司利润表。

（5）编制 2019 年 9 月中国常信计算机有限公司现金流量表。

✅ **任务实施**

一、编制自定义科目简表

金蝶 K/3 ERP 软件系统的各个模块可以为企业提供丰富的通用报表，同时还提供报表子系统以快速、准确地编制各种个性化的报表。金蝶 K/3 报表系统主要处理资产负债表、利润表等常用的财务报表，并可以根据管理需要编制自定义报表。

金蝶 K/3 ERP 软件的自定义报表是一个独立的系统，与 Excel 的操作窗口与操作方法相似。2019 年 9 月中国常信计算机有限公司自定义科目简表的详细格式如表 7-1 所示，编制的具体过程和步骤如下所示。

Step1：新建报表文件。在金蝶 K/3 系统主界面中，依次单击"财务会计"→"报表"→"新建报表"，双击"新建报表文件"，打开"报表系统-[新报表：报表_1]"窗口，如图 7-1 所示。

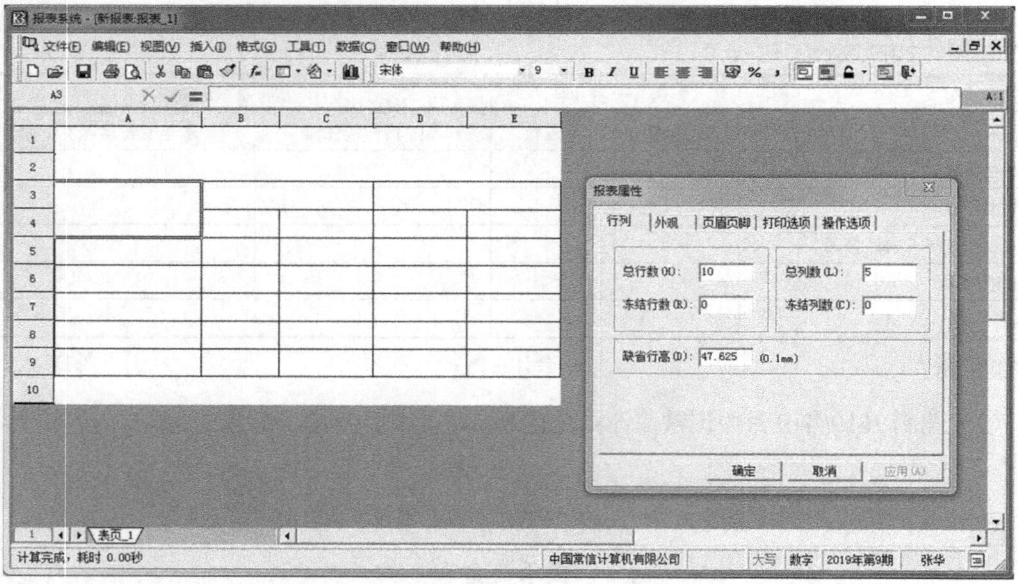

图 7-1 "报表系统-[新报表：报表_1]"窗口

单击菜单栏中的"格式"→"表属性"命令，设置总行数为 10，总列数为 5，单击"确定"按钮。在"报表系统-[新报表：报表_1]"窗口中，分别选择"格式"菜单中的"行属性"和"列属性"，设置合适的行高和列宽。

Step2：设置表格格式。选中第一行的 5 个单元格，单击菜单栏中的"格式"→"单元融合"命令，把 5 个单元格合并为 1 个单元格，并输入表格标题"简表"。同理，按表 7-1 所示的格式，再分别设置表头行和表尾行。

Step3：定义单元格斜线。选中第三行第一列，单击菜单栏中的"格式"→"单元融合"

命令，在"斜线类型"标签中，选择斜线类型为二分，在名称 1 中输入文字"项目"，在名称 3 中输入文字"金额"，最后单击"确定"按钮，如图 7-2 所示。

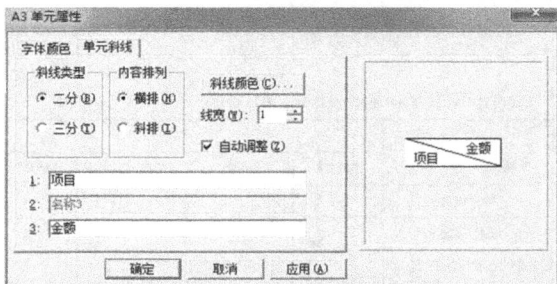

图 7-2 定义单元格斜线

Step4：设置单元格边框。选择要设置边框的单元格，单击菜单栏中的"格式"→"单元属性"命令，在"边框"标签中，分别通过选择边框和线形，设置单元格的上、下、左、右等边框线型，如图 7-3 所示。

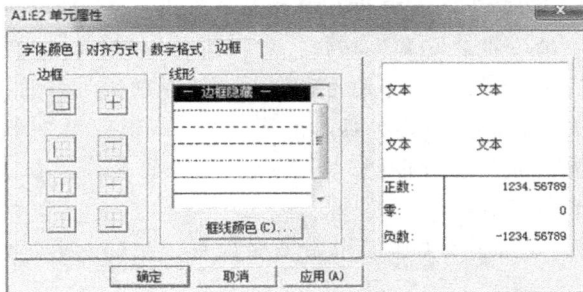

图 7-3 设置单元格边框

Step5：输入报表中需要取数的会计科目名称和取数类型。根据表 7-1，分别在表格行中输入要取数的会计科目名称，在列中分别输入要取数的类型，如图 7-4 所示。在单元格中输入文字后，可以通过工具栏中文字格式的编辑按钮来设置单元格文字的大小、颜色、对齐方式等。

Step6：选中 B5 单元格，单击工具栏中的"f_x"按钮，调出"报表函数"对话框，在"全部函数"中选择 ACCT 函数，同自动转账中从账户取数一样，分别设置取数会计科目为 1001 库存现金，取数类型为期初余额"C"，最后单击"确定"按钮。

同理，分别输入其他各个单元格的取数公式，从各个会计账户中取出数据填入简表中。

Step6：编辑合计行公式。在 B9 单元格，单击工具栏中的"="按钮，在公式编辑的文本框中输入公式："=B5+B6+B7+B8"（或"=SUM(B5:B8)"），再单击"确定"按钮。

以此类推，分别设置 C9、D9 和 E9 三个合计单元格的公式。

注意：金蝶 K/3 报表系统的公式有两种显示方式：数据视图和公式视图。对公式的编辑只能在"公式"视图下进行，两种视图的切换可以通过单击"视图"菜单中"显示数据"或"显示公式"实现。

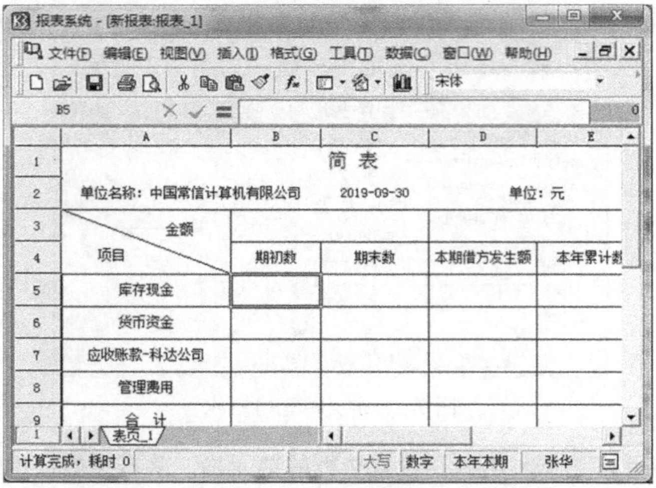

图 7-4　输入表格文字

小提示	1. 自定义报表中所有格式与公式设置成功以后，可以单击"数据"菜单中的"报表重算"按钮，对报表的数据进行重新计算。 2. 在报表中，公式的取数期间一般默认为当前年度当前期间，如果想取某一特定月份的数据时，可以在"工具"菜单中的"公式取数参数"中设置公式的取数期间，再单击"报表重算"按钮，即可以取出任意期间段的科目数据。 3. ACCT 函数取应收账款金额时，要输入客户核算项目科达公司。

Step7：保存简表。最后，对编辑好的简表，单击菜单栏中的"文件"→"另存为"命令，在弹出的文件保存对话框中输入文件名"简表"，即可完成报表文件的保存。

扫一扫　　视频 7-1：编制会计科目简表

二、编制货币资金表

2019 年 9 月中国常信计算机有限公司货币资金表的编制方法与自定义科目简表的编制方法基本类似，可以通过分别设置每个单元格的取数公式来进行取数，也可以通过更快捷的批量填充公式的方法进行取数。具体的操作步骤如下所示。

Step1：新建报表文件。在金蝶 K/3 ERP 软件系统中新建一个报表文件，并设置表格为 9 行 5 列。

Step2：设置报表格式。根据如表 7-2 中所示的报表格式，分别设置报表的标题、表头、表尾，以及表体部分的文字、边框、文字大小和文字对齐方式，如图 7-5 所示。

Step3：批量填充公式。选中 B3 单元格，单击"工具"菜单中的"批量填充"命令，在弹出的"批量填充"对话框中，选择库存现金、建设银行、中国银行和其他货币资金 4 个会计科目，单击"增加"按钮，添加到"生成项目"中，如图 7-6 所示。

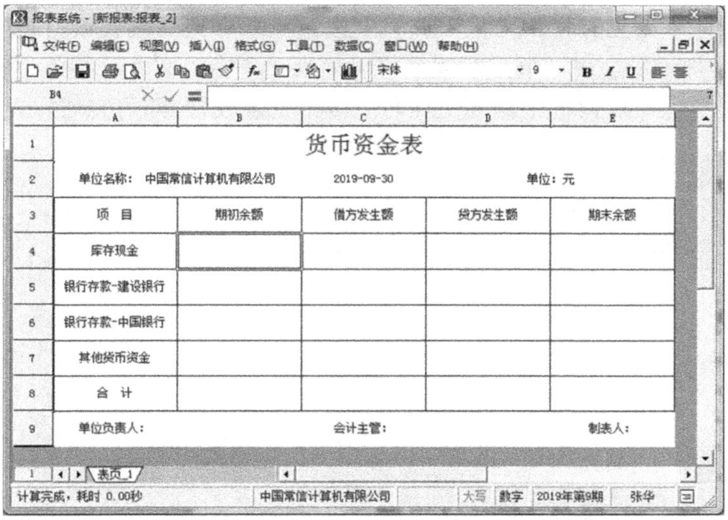

图 7-5　货币资金表格式

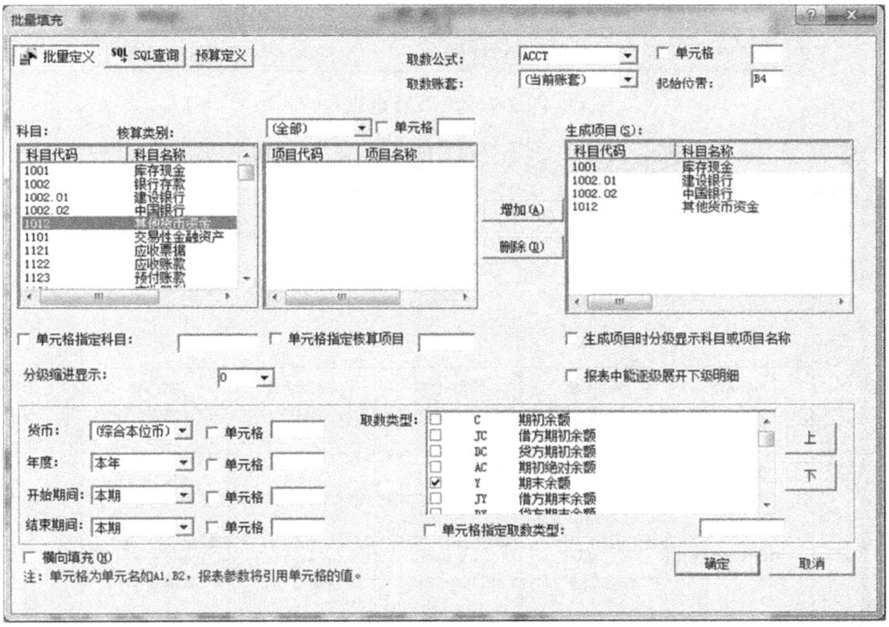

图 7-6　"批量填充"窗口

Step4：设置批量填充公式取数类型。在图 7-6 的取数类型中，分别选择期初余额、借方发生额、贷方发生额和期末余额 4 种取数类型，并依次调整取数类型的上下顺序。

Step5：单击"确定"按钮，即可把各个会计科目按设置的取数类型，从账户中取出数据批量填充至以 B3 为起始单元格的表格中，再删除填充后表格中不需要的单元格，如图 7-7 所示。

Step6：如果要修改货币资金表中某个单元格的公式，可以单击"视图"菜单中的"显示公式"命令，将页面切换至公式视图，即可重新修改表格中的公式，如图 7-8 所示。

修改公式后，单击工具栏中"报表重算"按钮，即可完成报表数据的重新计算。

Step7：保存货币资金表。最后对编辑好的简表，单击"文件"菜单中的"另存为"命令，在弹出的文件保存对话框中输入文件名"货币资金表"，即可完成报表文件的保存。

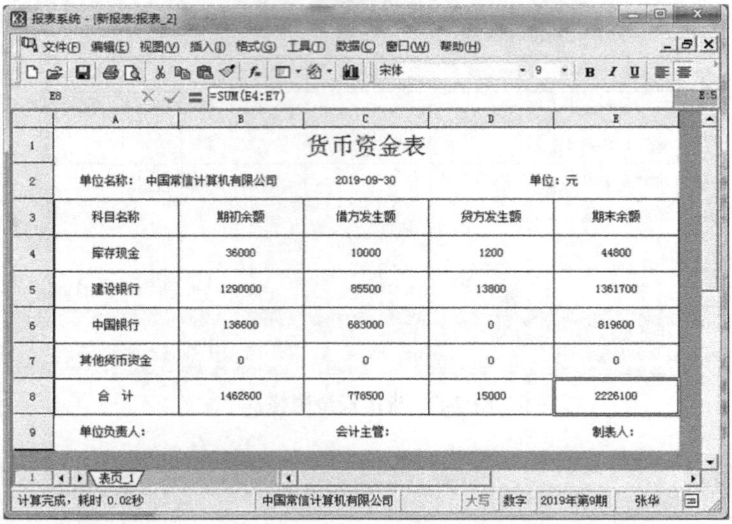

图 7-7 货币资金表

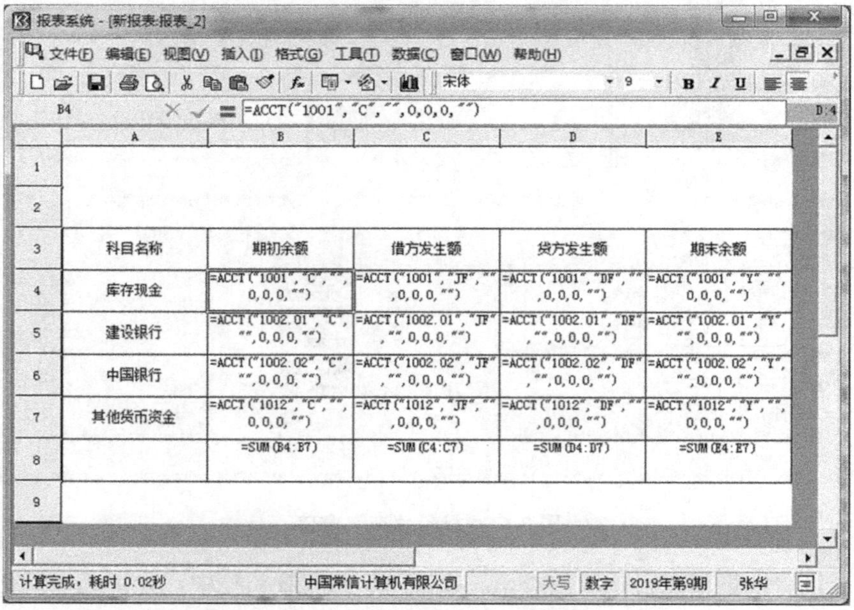

图 7-8 货币资金表公式视图

在保存报表文件时，要注意文件保存的位置。一般将报表文件保存在报表文件夹中（当然，也可以保存在其他文件夹中），报表文件保存成功后，可以依次单击"财务会计"→"报表"→"报表"，在"报表"的各个明细功能中，可以查看以前保存的报表文件。另外，对于编辑好的报表，可以通过"文件"→"另存为"功能，将金蝶报表导出为 Excel 表格。

视频 7-2：编制货币资金表

扫一扫

三、编制资产负债表

资产负债表是指反映企业在某一特定日期财务状况的报表。资产负债表主要反映资产、负债和所有者权益三方面的内容，基本公式为：资产＝负债＋所有者权益。

我国企业的资产负债表采用账户式结构。账户式资产负债表分左、右两方，左方为资产项目，一般按资产的流动性大小排列，流动性大的资产，如"货币资金""交易性金融资产"等排在前面；流动性小的资产，如"长期股权投资""固定资产"等排在后面。右方为负债及所有者权益项目，一般按要求清偿时间的先后顺序排列，"短期借款""应付票据""应付账款"等需要在一年以内或者长于一年的一个正常营业周期内偿还的流动负债排在前面，"长期借款"等在一年以后才需偿还的非流动负债排在中间，在企业清算之前不需要偿还的所有者权益项目排在后面。

账户式资产负债表中各资产项目的合计等于负债和所有者权益的合计，即资产负债表左方和右方平衡。因此，账户式资产负债表可以反映资产、负债、所有者权益之间的内在联系，即资产＝负债＋所有者权益。

从上述具体项目的填列方法分析，资产负债表的编制方法可归纳为以下 4 种。

（1）根据总账科目余额直接填列。例如，"短期借款""应收股利""交易性金融资产""可供出售金融资产""交易性金融负债"等项目都可以根据总账科目的期末余额直接填列。

（2）根据总账科目余额计算填列。例如，"货币资金"项目需要根据"库存现金""银行存款""其他货币资金"科目的期末余额合计数计算填列。

（3）根据明细科目余额计算填列。例如，"应付账款"项目需要根据"应付账款""预付账款"科目所属相关明细科目的期末贷方余额计算填列。

（4）根据总账科目和明细科目余额分析计算填列。例如，"长期借款"项目需要根据"长期借款"总账科目期末余额，扣除"长期借款"科目所属明细科目中反映的将于一年内到期的长期借款部分，分析计算填列；"固定资产"项目需要根据"固定资产"总账科目的期末余额，减去"累计折旧""固定资产减值准备"等科目期末余额，分析计算填列；"持有至到期投资"项目需要根据"持有至到期投资"总账科目的期末余额，减去"持有至到期投资减值准备"科目期末余额，分析计算填列。

2019 年 9 月中国常信计算机有限公司资产负债表的编制步骤如下所示。

Step1：打开系统资产负债表模板。在金蝶 K/3 系统主界面中，依次单击"财务会计"→"报表"→"新企业会计准则"，双击"新会计准则资产负债表"，打开"报表系统-[新会计准则资产负债表]"窗口，如图 7-9 所示。在默认条件下，资产负债表中各个单元格是以公式视图的形式来显示。

Step2：修改资产负债表中部分错误的公式。单击"视图"菜单中的"显示数据"命令，再单击工具栏中的"报表重算"按钮，完成报表数据的重新计算，计算完成以后着重查看期初资产是否等于期初负债加期初所有者权益，期末资产是否等于期末负债加期末所有者权益。

通过核对资产负债表和科目余额表的年初数据，发现应收账款年初金额 C6 单元格中的数值没有减去坏账准备的金额，需要调整 C6 单元格的取数公式。选中 C6 单元格，单击工具栏中的"="按钮，修改 C6 单元格中的公式为："=ACCT("1122","JC","",0,1,1,"")+ACCT("2203","JC","",0,1,1,"")-ACCT("1231","C","",0,1,1,"")"。在对公式进行修改时，可以使用函数向导，也可以直接在公式编辑栏中输入公式文本，最后单击公式编辑的"√"按钮，保存对公式所做的修改。

同理，在核对资产负债表和科目余额表的期末数据时，发现两处错误：一是应收账款的期末数额没有减去坏账准备的数额；二是存货项目的数据没有包括车间在制品。所以修改 B6 单元格中的公式为："=ACCT("1122","JY","",0,0,0,"")+ACCT("2203","JY","",0,0,0,"")-ACCT("1231","Y","",0,1,1,"")"，修改 B11 单元格中的公式为："=ACCT("1401:1408","Y","",0,0,0,"")-ACCT("1471","Y","",0,0,0,"")+ACCT("5001","Y","",0,0,0,"")"。

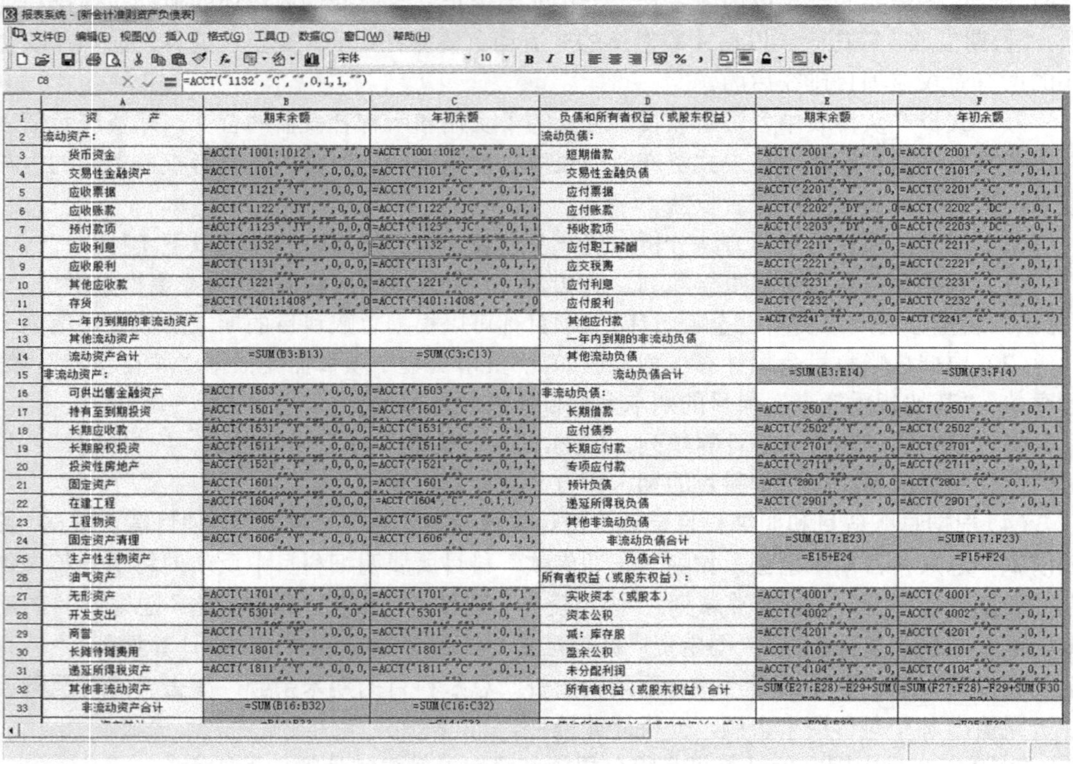

图 7-9 "报表系统-[新会计准则资产负债表]"窗口

Step3：单击工具栏中的"报表重算"按钮，完成资产负债表公式数据的重新计算，最后单击"视图"菜单中的"显示数据"按钮，显示每个报表项目的数值，如图 7-10 所示。

报表系统 - [新会计准则资产负债表]

文件(F) 编辑(E) 视图(V) 插入(I) 格式(G) 工具(T) 数据(C) 窗口(W) 帮助(H)

B11 =ACCT("1401:1408","Y","",0,0,0,"")-ACCT("1471","Y","",0,0,0,"")+ACCT("5001","Y","",0,0,0,"")

	A	B	C	D	E	F
1	资　　产	期末余额	年初余额	负债和所有者权益（或股东权益）	期末余额	年初余额
2	流动资产：			流动负债：		
3	货币资金	2228500	1462600	短期借款	800000	800000
4	交易性金融资产	0	0	交易性金融负债	0	0
5	应收票据	50000	50000	应付票据	20000	20000
6	应收账款	672220	672220	应付账款	30160	30160
7	预付款项	0	0	预收款项	0	0
8	应收利息	0	0	应付职工薪酬	110800	50000
9	应收股利	0	0	应交税费	0	0
10	其他应收款	5000	5000	应付利息	500	0
11	存货	2663650	2644850	应付股利	0	0
12	一年内到期的非流动资产			其他应付款	0	0
13	其他流动资产			一年内到期的非流动负债		
14	流动资产合计	5619370	4834670	其他流动负债		
15	非流动资产：			流动负债合计	961460	900160
16	可供出售金融资产	0	0	非流动负债：		
17	持有至到期投资	0	0	长期借款	0	0
18	长期应收款	0	0	应付债券	0	0
19	长期股权投资	0	0	长期应付款	0	0
20	投资性房地产	0	0	专项应付款	0	0
21	固定资产	1100000	1100000	预计负债	0	0
22	在建工程	0	0	递延所得税负债	0	0
23	工程物资	0	0	其他非流动负债		
24	固定资产清理	0	0	非流动负债合计	0	0
25	生产性生物资产			负债合计	961460	900160
26	油气资产			所有者权益（或股东权益）：		
27	无形资产	0	0	实收资本（或股本）	4683000	4000000
28	开发支出	0	0	资本公积	0	0
29	商誉	0	0	减：库存股	0	0
30	长摊待摊费用	0	0	盈余公积	0	0
31	递延所得税资产	0	0	未分配利润	1074910	1034510
32	其他非流动资产			所有者权益（或股东权益）合计	5757910	5034510
33	非流动资产合计	1100000	1100000			
34	资产总计	6719370	5934670	负债和所有者权益（或股东权益）总计	6719370	5934670

图 7-10　资产负债表

小提示

1．中国常信计算机有限公司只发生了 2019 年 9 月的经济业务，这里的年初余额用期初余额代替。

2．编制资产负债表时，一定要结转损益并且确保所有凭证都已过账，把科目余额表中的数据与报表数据进行核对，确保所有报表项目数据的准确性。

3．编辑公式时，可以使用公式编辑按钮，编辑结束后再单击“√”按钮保存对公式所做的修改。

4．资产负债表编制结束以后，可以导出为 Excel 表格。

扫一扫　视频 7-3：编制资产负债表

四、编制利润表

利润表是指反映企业在一定会计期间内经营成果的报表。编制利润表的基本公式：利润＝收入-费用。利润表可以反映企业在一定会计期间的收入、费用、利润（或亏损）的数额和构成情况，帮助财务报表使用者全面了解企业的经营成果，分析企业的获利能力及盈利增长趋势，从而为其做出经济决策提供依据。

利润表一般包括表首、正表两部分。其中，表首概括说明报表名称、编制单位、编制日期、报表编号、货币名称、计量单位；正表是利润表的主体，反映形成经营成果的各个项目和计算过程。正表的格式一般有两种：单步式利润表和多步式利润表。单步式利润表是将当期所有的收入列在一起，然后将所有的费用列在一起，两者相减得出当期净损益。多步式利润表是通过对当期的收入、费用、支出项目按性质归类，按利润形成的主要环节列出一些中间环节的利润指标，如营业利润、利润总额、净利润等，分步计算当期净损益。

利润计算的相关公式如下。

营业利润＝营业收入-营业成本-税金及附加-销售费用-管理费用-财务费用-
  资产减值损失＋公允价值变动收益（或-公允价值变动损失）
  ＋投资收益（或-投资损失）

其中，营业收入＝主营业务收入＋其他业务收入；营业成本＝主营业务成本＋其他业务成本。

利润总额＝营业利润＋营业外收入-营业外支出
净利润＝利润总额-所得税费用

我国企业利润表的主要编制步骤和内容如下：第一步，以营业收入为基础，减去营业成本、税金及附加、销售费用、管理费用、财务费用、资产减值损失，加上公允价值变动收益（或减去公允价值变动损失）和投资收益（或减去投资损失），计算出营业利润；第二步，以营业利润为基础，加上营业外收入，减去营业外支出，计算出利润总额；第三步，以利润总额为基础，减去所得税费用，计算出净利润（或亏损）。

利润表中的各个项目，都是根据有关会计科目记录的本期实际发生数和累计发生数分别填列的。

2019 年 9 月中国常信计算机有限公司利润表的编制步骤如下所示。

Step1：打开系统资产负债表模板。在金蝶 K/3 系统主界面中，依次单击"财务会计"→"报表"→"新企业会计准则"，双击"新会计准则利润表"，打开"报表系统-[新会计准则利润表]"窗口，如图 7-11 所示。

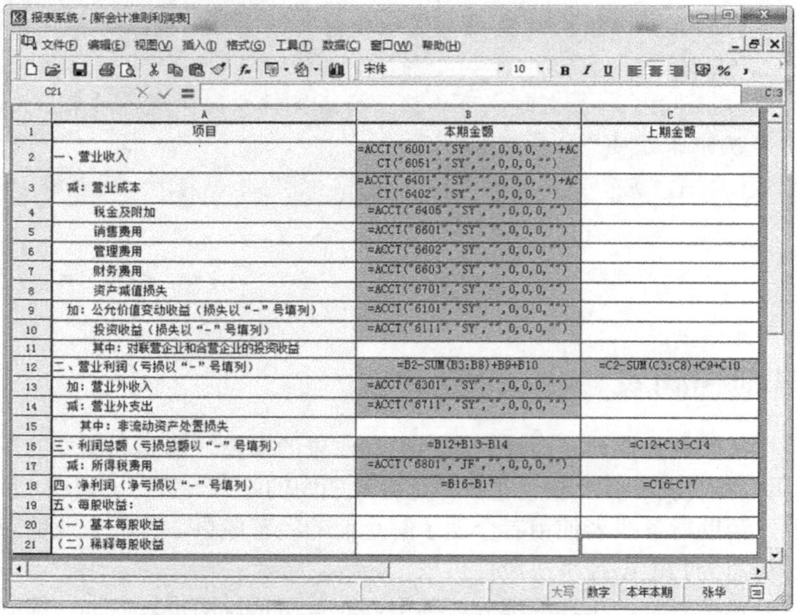

图 7-11 "报表系统-[新会计准则利润表]"窗口

Step2：单击工具栏中的"显示数据"按钮，再单击工具栏中的"自动计算"按钮，金蝶报表会自动计算各个单元格的数值，如图 7-12 所示。

图 7-12　利润表

Step3：最后，单击"保存"按钮，完成对利润表的修改。

> **小提示**
>
> 1. 图 7-12 中的净利润为税前利润，即没有计算所得税费用（若计算并结转所得税费用后，表中的净利润会相应减少）。
>
> 2. 资产负债表中取数的类型为期初余额 C 和期末余额 Y，而利润表中的取数类型一般为损益表本期实际发生额 SY。

扫一扫　　视频 7-4：编制利润表

五、编制现金流量表

1. 现金流量表概述

现金流量表是反映在一定会计期间内企业现金和现金等价物流入和流出的报表。

现金流量是指在一定会计期间内企业现金和现金等价物的流入和流出。企业从银行提取现金、用现金购买短期到期的国库券等现金和现金等价物之间的转换不属于现金流量。

现金是指企业库存现金及可以随时用于支付的存款，包括库存现金、银行存款和其他货币资金（如外埠存款、银行汇票存款、银行本票存款）等。不能随时用于支付的存款不属于现金。

现金等价物是指企业持有的期限短、流动性强、易于转换为已知金额现金、价值变动风险很小的投资。期限短，一般是指从购买日起三个月内到期。现金等价物通常包括三个月内到期的债券投资等，权益性投资变现的金额通常不确定，因而不属于现金等价物。企业应当根据具体情况，确定现金等价物的范围，一经确定不得随意变更。

企业的现金流量共划分为三大类。

（1）经营活动产生的现金流量。

经营活动是指企业投资活动和筹资活动以外的所有交易事项。经营活动产生的现金流量主要包括销售商品或提供劳务、购买商品、接受劳务、支付工资和缴纳税款等产生流入和流出的现金和现金等价物。

（2）投资活动产生的现金流量。

投资活动是指企业长期资产的构建和不包括在现金等价物范围内的投资及其处置活动。投资活动产生的现金流量主要包括构建固定资产、处置子公司及其他营业单位等产生流入和流出的现金和现金等价物。

（3）筹资活动产生的现金流量。

筹资活动是指导致企业资本及负债规模或构成发生变化的活动。筹资活动产生的现金流量主要包括吸收投资、发行股票、分配利润、发行债券、偿还债务等产生流入和流出的现金和现金等价物。偿还应付账款、应付票据等应付款项属于经营活动，不属于筹资活动。

2．现金流量表的结构

我国企业现金流量表采用报告式结构，分类反映经营活动产生的现金流量、投资活动产生的现金流量和筹资活动产生的现金流量，最后汇总反映企业某一期间现金及现金等价物的净增加额。

3．现金流量表的编制

企业应当采用直接法列示经营活动产生的现金流量。直接法是指通过现金收入和现金支出的主要类别列示经营活动的现金流量。采用直接法编制经营活动的现金流流量时，一般以利润表中的营业收入为起算点，调整与经营活动有关项目的增减变动，然后计算出经营活动的现金流量。采用直接法具体编制现金流量表时，可以采用工作底稿法或 T 型账户法，也可以根据有关科目记录分析填列。本书中采用 T 型账户法编制现金流量表。

2019 年 9 月中国常信计算机有限公司现金流量表的编制步骤如下所示。

Step1：设置 T 型账户。

打开 T 型账户。在金蝶 K/3 系统主界面中，依次单击"财务会计"→"现金流量表"→"现金流量表"，双击"T 型账户"，打开"过滤条件"对话框，如图 7-13 所示。

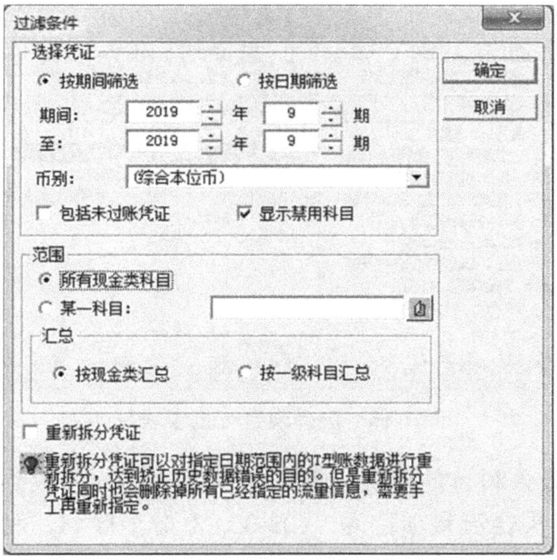

图 7-13　"过滤条件"对话框

选择币别为综合本位币，范围为所有现金类科目，单击"确定"按钮。

在"现金流量表-[T 型账户]"窗口，双击借方非现金类和贷方非现金类，显示所有引起现金类账户借贷方数额发生变化的会计科目，如图 7-14 所示。右击某个会计科目（如实收资本），在弹出的菜单中选择"选择现金项目"，如图 7-15 所示。

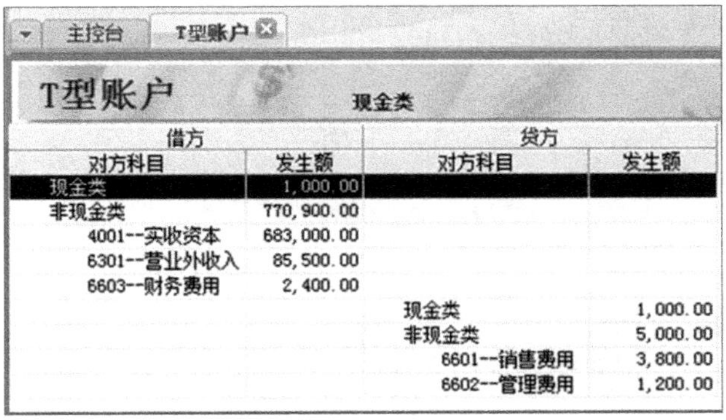

图 7-14　"现金流量表-[T 型账户]"窗口

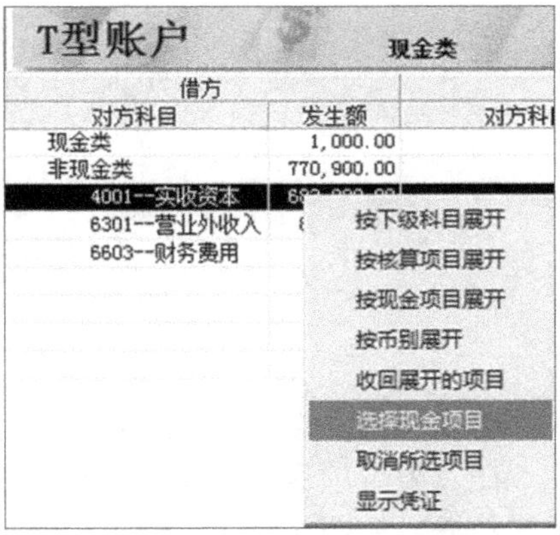

图 7-15　选择现金项目

指定"实收资本"科目的现金流量项目。打开"核算项目-现金流量表项目"窗口，在左边窗格中选择现金流量的分类"CI3.01 现金流入"，在右边窗格中双击选择"CI3.01.01 吸收投资收到的现金"，如图 7-16 所示。

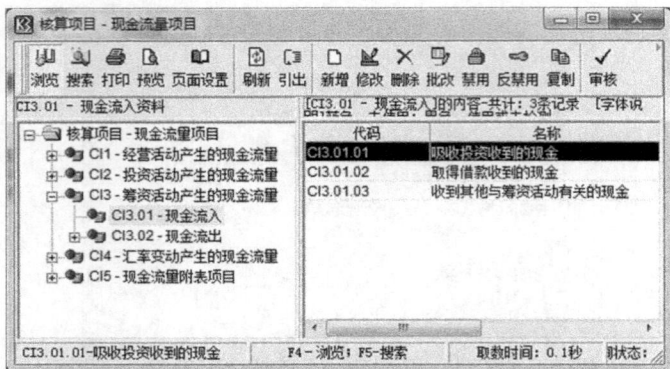

图 7-16 选择现金流量表项目

同理，指定营业外收入科目的现金流量项目为"CI3.01.03 收到其他与筹资活动有关的现金"，财务费用科目的现金流量项目为"CI3.02.02 分配股利、利润或偿付利息支付的现金"，销售费用科目的现金流量项目为"CI1.02.01 购买商品、接受劳务支付的现金"，管理费用科目的现金流量项目为"CI1.02.04 支付其他与经营活动有关的现金"。

Step2：设置附表项目。

在金蝶 K/3 系统主界面中，依次单击"财务会计"→"现金流量表"→"现金流量表"，双击"附表项目"，打开"过滤条件"对话框，如图 7-17 所示。

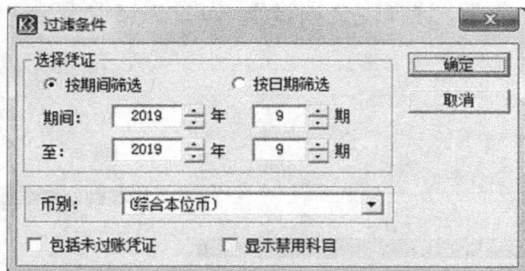

图 7-17 "过滤条件"对话框

选择币别为综合本位币，单击"确定"按钮。

在"附表项目"窗口，双击所有科目，再双击相应的会计科目，显示各个会计科目的明细数据，如图 7-18 所示。

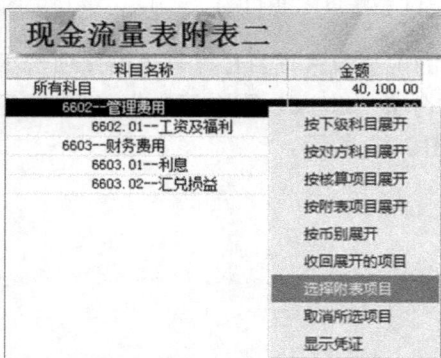

图 7-18 "附表项目"窗口

右击"管理费用"，在弹出的菜单中选择"选择附表项目"，在弹出的"核算项目-现金流量项目"窗口中，选择"CI5.01.15 经营性应付项目的增加"，如图 7-19 所示。

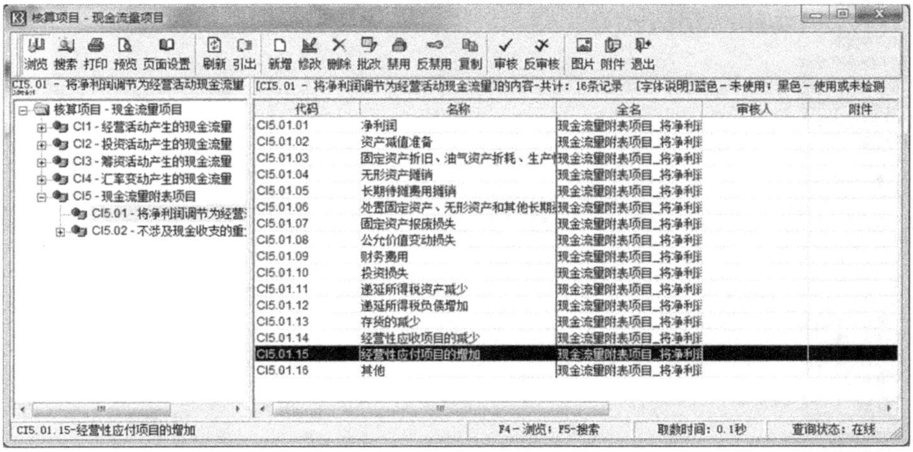

图 7-19　"核算项目-现金流量项目"窗口

同理，将财务费用科目的附表项目设置为"CI5.01.09 财务费用"。

Step3：编制现金流量表。

在金蝶 K/3 系统主界面中，依次单击"财务会计"→"现金流量表"→"现金流量表"，双击"现金流量表"，在"过滤条件"对话框中，选择币别为综合本位币，单击"确定"按钮，即可根据前面设置的 T 型账户和附表项目，查看编制的现金流量表，如图 7-20 和图 7-21 所示。

现金流量表			
项目	行次	金额	比重
一、经营活动产生的现金流量			
销售商品、提供劳务收到的现金	1		
收到的税费返还	2		
收到其他与经营活动有关的现金	3	85,500.00	100.00%
现金流入小计	4	85,500.00	
购买商品、接受劳务支付的现金	5	3,800.00	76.00%
支付给职工以及为职工支付的现金	6		
支付的各项税费	7		
支付其他与经营活动有关的现金	8	1,200.00	24.00%
现金流出小计	9	5,000.00	
经营活动产生的现金流量净额	10	80,500.00	10.51%
二、投资活动产生的现金流量			
收回投资收到的现金	11		
取得投资收益收到的现金	12		
处置固定资产、无形资产和其他长期资产收回的现金净额	13		
处置子公司及其他营业单位收到的现金净额	14		
收到其他与投资活动有关的现金	15		
现金流入小计	16		
购建固定资产、无形资产和其他长期资产支付的现金	17		
投资支付的现金	18		
取得子公司及其他营业单位支付的现金净额	19		
支付其他与投资活动有关的现金	20		
现金流出小计	21		
投资活动产生的现金流量净额	22		
三、筹资活动产生的现金流量			
吸收投资收到的现金	23	683,000.00	100.00%
取得借款收到的现金	24		
收到其他与筹资活动有关的现金	25		
现金流入小计	26	683,000.00	
偿还债务支付的现金	27		
分配股利、利润或偿付利息支付的现金	28	-2,400.00	100.00%
支付其他与筹资活动有关的现金	29		
现金流出小计	30	-2,400.00	
筹资活动产生的现金流量净额	31	685,400.00	89.49%
四、汇率变动对现金及现金等价物的影响	34		
五、现金及现金等价物净增加额	35	765,900.00	100.00%
加：期初现金及现金等价物余额	36	1,462,600.00	
六、期末现金及现金等价物余额	37	2,228,500.00	

图 7-20　现金流量表（一）

补充资料:		
现金流量表附表项目		
1、将净利润调节为经营活动现金流量		
净利润	38	40,400.00
资产减值准备	39	
固定资产折旧、油气资产折耗、生产性生物资产折旧	40	
无形资产摊销	41	
长期待摊费用摊销	42	
处置固定资产、无形资产和其他长期资产的损失	43	
固定资产报废损失	44	
公允价值变动损失	45	
财务费用	46	-1,900.00
投资损失	47	
递延所得税资产减少	48	
递延所得税负债增加	49	
存货的减少	50	
经营性应收项目的减少	51	
经营性应付项目的增加	52	42,000.00
其他	53	
经营活动产生的现金流量净额	54	80,500.00
2、不涉及现金收支的重大投资和筹资活动		
债务转为资本	55	
一年内到期的可转换公司债券	56	
融资租入固定资产	57	
3、现金及现金等价物净变动情况		
现金的期末余额	58	2,228,500.00
减：现金的期初余额	59	1,462,600.00
加：现金等价物的期末余额	60	
减：现金等价物的期初余额	61	
现金及现金等价物的净增加额	62	765,900.00

图 7-21　现金流量表（二）

Step4：最后，打开科目余额表查看现金类会计科目的期末余额和期初余额，验证期末余额减去期初余额是否等于现金流量表中的现金及现金等价物的净增加额。如果相等，说明现金流量表的数据正确，否则就要重新调整会计科目对应的 T 型账户和附表项目中的现金流量项目。

扫一扫　　视频 7-5：编制现金流量表

任务思考

金蝶 K/3 报表系统必须和科目余额表进行验证，以确保报表中各个项目数据的准确性。编制报表时，ACCT 函数的取数类型除了常用的期初余额 C、期末余额 Y、借方发生额 JF、贷方发生额 DF，还有借方本年累计发生额 JL、贷方本年累计发生额 DL、损益表本期实际发生额 SY、损益表本年累计发生额 SL 等，只有厘清各个会计科目之间的内在关系，才能运用不同的取数类型从账户中提取数据。

编制资产负债表时，要特别注意报表中债权债务类和存货类报表项目，这些报表项目都要通过多个其他账户的混合运算后，才能得出这些科目的真实数据。

想一想

1. 在编制利润表时，ACCT 函数的取数类型主要有哪些？
2. 如何保证资产负债表中数据的正确性？
3. 编制静态报表与动态报表时，ACCT 函数的取数类型有什么不同？

举一反三

1. 表间取数

金蝶 K/3 报表系统中不但可以从账户中取出各项静态数据和动态数据，还可以实现报表之间的取数，报表间取数的公式为"REF_F"。例如，在编制利润分配表时，本期净利润可以使用公式"=REF_F("利润表","D17","","")"取出利润表 D17 单元格中的数值；使用公式"=REF_F("资产负债表","G38","","")"取出资产负债表 G38 单元格中的数值。但需要注意的是，在使用 REF_F 函数时，正在编辑的报表文件必须要和被引用的报表文件保存在同一个文件夹下，否则 REF_F 函数将不能正确地取数。

2. 删除不需要的报表文件

金蝶 K/3 报表系统在编辑完报表文件之后，可以使用"另存为"功能保存报表文件，但如果新建的报表过多，会直接影响金蝶 K/3 系统主控台的界面美观和查找效率。因此，可以删除那些不需要的报表文件。

删除不需要的报表文件的具体操作步骤如下所示。

在金蝶 K/3 报表系统窗口，单击工具栏中的"打开"按钮，在弹出的对话框中的左边窗格中选择某个文件夹，在右边窗格中选择需要删除的报表文件，单击工具栏中的"删除"按钮，并在"金蝶提示"对话框中单击"是"按钮，即可完成报表文件的删除，如图 7-22 所示。

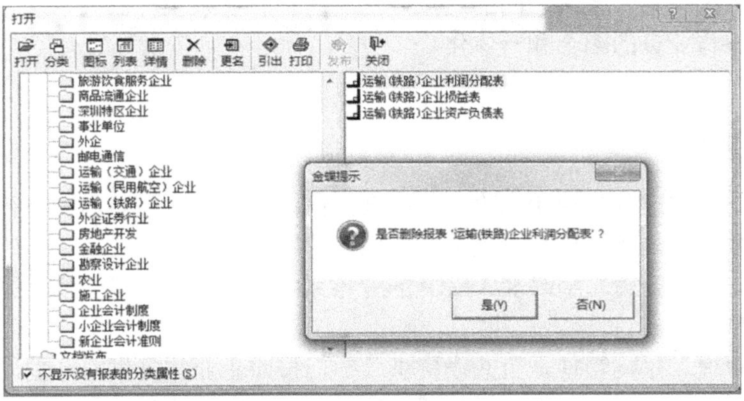

图 7-22　删除报表文件

课后作业

1. 根据任务五和任务六中的经济业务数据，编制中国常信计算机有限公司 2019 年第 9 期资产负债表。

2. 编制中国常信计算机有限公司 2019 年第 9 期利润表。

3. 运用直接法中的 T 型账户和指定附表项目，编制中国常信计算机有限公司 2019 年第 9 期现金流量表。

4. 对编制的资产负债表、利润表和现金流量表与总账系统科目余额表进行核对，以判断报表数据的正确性。

项目三　　业务系统信息化

项目导入

中国常信计算机有限公司通过实施金蝶 K/3 ERP 软件系统实现企业业务系统的信息化。金蝶 K/3 ERP 的业务处理主要包括采购管理、销售管理、仓存管理和存货核算管理。在 ERP 销售管理系统中体现了关系营销的理念，对内强调部门间的相互协作、协同，销售部门与生产部门、仓存部门、财务部门及相关部门密切配合、紧密协作；对外强调与客户的双向沟通、合作互赢。在 ERP 生产与计划管理系统中，通过 MPS 和 MRP 编制产品生产计划、委外计划和采购计划，实现按需生产，协调销售、生产和采购部门之间的信息沟通与业务协同。在采购管理系统中，对供应商进行比价、议价和评价，强调与供应商之间的沟通，跟踪采购的物资，保证所缺物料的及时采购到货。在 ERP 仓存系统中，以零库存为管理目标，在实现对物资管理的基础上，既保证对生产的物料供应，又保证销售流动的顺利进行。

业务系统进行企业各项业务的处理，而财务系统是对业务系统处理结果的反映。通过 ERP 存货核算系统，实现采购系统与应付款系统之间的连接、销售系统与应收款系统之间的连接、仓存系统与总账系统之间的连接，从而达到财务系统与业务系统之间数据的实时传递，实现财务与业务的融合和一体化。

项目分析

在系统基础数据准备与初始化阶段，中国常信计算机有限公司已经进行了各项静态基础数据和动态数据的准备工作，设置了各个系统的系统参数并且结束了初始化工作，可以直接进行企业业务的处理。金蝶 K/3 ERP 的业务系统主要包括采购管理、销售管理、仓存管理和存货核算管理。

（1）采购管理。采购管理是企业物资供应部门按照企业物资供应计划，通过采购、委外、定制等渠道，实现对企业生产经营活动所需各种资料的管理。无论是工业企业还是商业企业，采购业务都会影响企业的整体运营状况，采购业务管理需要避免生产缺料或物料过剩的现象。

（2）销售管理。销售是企业生产经营成果实现的过程，是企业经营活动的中心。销售管理系统通过销售订货、发货、开票，处理销售发货和销售退货业务，同时进行在发货处理时可以对客户信用额度、货物现存量、最低售价等进行检查和控制。

（3）仓存管理。库存管理系统的主要任务是对企业存货进行管理，正确计算存货购入成本，降低企业的库存成本，反映和监督存货的收发、领退和保管情况，反映和监督存货资金的占用情况，促进企业提高资金的使用效果。

（4）存货核算管理。存货核算系统主要包括三个功能：一是进行入库成本计算，确认各项入库业务的存货成本；二是进行出库成本计算，确定各项领料发货业务的发出成本；

三是对各项引起库存资金变动的出入库业务生成记账凭证并传递给总账系统，实现业务单据自动生成记账凭证，实现财务系统与业务系统数据的一致。

任务八　业务系统处理

任务导读

采购业务处理
销售业务处理
仓存业务处理
入库业务成本核算
出库业务成本核算

☑ 任务重点

　　ERP 软件系统已经成为企业进行信息化管理的主要工具和平台，通过 ERP 系统对各种经济业务进行处理，既可以实现企业内部部门之间的信息实时沟通，又可以实现多个系统之间的信息共享。本任务对采购、销售、仓存、生产与计划、存货核算业务进行了介绍，使读者可以了解业务系统在 ERP 软件系统中的主要功能，并能够进行企业日常经济业务的处理。

　　中国常信计算机有限公司 2019 年 9 月发生的经济业务如下所示。

1．采购业务

　　（1）2019 年 9 月 12 日，仓储部保管员李明向采购部申请采购捷波悍马 H03 机箱 100 个，当日，采购部业务员陈立波与王码公司进行协商，双方约定机箱的不含税单价为 120 元，并签订采购订单。9 月 14 日，向王码公司采购的货物到达公司，采购部业务员陈立波向仓储部保管员发出收料通知单，同日，李明做收货和入库处理。9 月 15 日，陈立波收到王码公司发来的采购增值税发票和 200 元人工装卸费发票，并转交财务部入账。

　　（2）2019 年 9 月 16 日，仓储部保管员李明发现 12 日采购的捷波悍马 H03 机箱中有 2 个损坏，陈立波与王码公司协商后，对方同意退货。

　　（3）2019 年 9 月 17 日，陈立波收到 2019 年 8 月 14 日向恒星公司采购 50 台三星 T200 显示器的增值税发票，显示器的不含税单价为 650 元，发票已转交财务部入账，并对期初的暂估入库单进行调整。

2．销售业务

　　（1）2019 年 9 月 12 日，销售部业务员李萍与宏丰公司签订向其销售 10 台流吴 O8 计算机的销售订单台词，对方要求 14 日交货。14 日，李萍通知仓库保管员李明向宏丰公司发货，同日，李明做出库处理，同时将财务部开出的销售增值税发票连同货物一起送往客户。

　　（2）2019 年 9 月 15 日，宏丰公司向中国常信计算机有限公司退货 2 台流吴 O8 计算机，退回的计算机入产成品仓库，财务部开出红字增值税发票进行红冲处理。

　　（3）查看本月销售订单执行情况明细表。

3．仓存业务

（1）2019 年 9 月 13 日，生产一部张恒从仓库领了 5 台欧皇 A 主机、5 台 PHILIPS107 显示器、5 个戴尔 SK-8115 键盘和 5 个罗技 V47 激光鼠标用于生产欧皇 ASDJ3 计算机，物料的发货人和保管人均为李明。

（2）2019 年 9 月 14 日，生产一部张恒将生产完工的 5 台欧皇 ASDJ3 计算机交给仓库。

（3）2019 年 9 月 16 日，行政部从仓库领了 2 个罗技 V47 激光鼠标用于行政办公。

（4）2019 年 9 月 17 日，中国常信计算机有限公司收到恒星公司发来的产品样本：3 个罗技 V47 激光鼠标和 3 个戴尔 SK-8115 键盘，入原材料仓库。

（5）2019 年 9 月 18 日，原材料仓库盘盈现代 2GB D3 内存条 20 根，盘亏 LGM4210C 显示器 1 台。

（6）2019 年 9 月 15 日，中国常信计算机有限公司向恒星公司发出委外订单，要加工 10 台超炫 X1 主机，每台委外加工费为 200 元（不含税），税率为 16%。16 日，发出委外加工的原材料（10 个捷波悍马 H03 机箱，10 根金士顿 2GB 内存条，10 个华硕 M2A-VM 主板，10 块 IBM ThinP 1TB 硬盘）。17 日，10 台超炫 X1 主机委外加工完成，李明填制委外加工入库单，入半成品仓库，委外加工费发票送至财务部入账。

（7）查看现有库存量和物料收发存汇总表。

4．生产与计划业务

（1）新建超炫王商用 PCK2 计算机 BOM。超炫王商用 PCK2 计算机分别由超炫 X1 主机、三星 T200 显示器、罗技 V47 激光鼠标和戴尔 SK-8115 键盘组成，构成的数量都是为 1。

（2）2019 年 9 月 12 日，销售部业务员李萍接到安迅公司的销售订单，对方订购 450 台超炫王商用 PCK2 计算机，不含税单价为 7 850 元，要求 9 月 20 日交货。生产计划员何仁杰，根据销售订单运算 MRP。

（3）2019 年 9 月 13 日，采购部李萍根据 MRP 运算的结果，与南方公司签订采购订单，三星 T200 显示器的采购单价为 650 元，罗技 V47 激光鼠标的采购单价为 100 元，戴尔 SK-8115 键盘的采购单价为 75 元，捷波悍马 H03 机箱的采购单价为 120 元，金士顿 2GB 内存条的采购单价为 160 元，华硕 M2A-VM 主板的采购单价为 600 元，IBM ThinP 1TB 硬盘的采购单价为 420 元，以上均为不含税单价。9 月 14 日，货到，仓库保管员做入库处理，同时采购增值税发票送达财务部入账。

（4）2019 年 9 月 14 日，下达半成品超炫 X1 主机的生产任务给生产一部，生产工人张恒进行生产领料，9 月 15 日将生产完工的超炫 X1 主机送至半成品仓库存放。9 月 16 日，下达产成品超炫王商用 PCK2 计算机的生产任务给生产一部，生产工人何仁杰进行生产领料，9 月 19 日，把生产完工的超炫王商用 PCK2 计算机送至产成品仓库存放。

（5）2019 年 9 月 20 日，李萍通知仓储部发货，将销售发票与货物一起送至安迅公司。

5．存货核算业务

2019 年 9 月 30 日，系统管理员张华进行存货成本核算处理，具体业务如下所示。

（1）核算本期外购入库业务成本。

（2）按期初加权平均价，分别核算本期其他入库成本和盘盈入库成本。

（3）经过测算，本期超炫 X1 主机、超炫王商用 PCK2 计算机和欧皇 ASDJ3 计算机的生产成本分别为 5 000 元、16 600 元和 6 500 元，对其进行产品入库成本核算。

（4）核算超炫 X1 主机的委外加工入库成本。

（5）核算本期材料发出成本。

（6）核算本期产品发出成本。

（7）查看 2019 年第 9 期的存货收发汇总表。

✅ 任务实施

一、采购业务处理

采购管理的目标是保障供给、降低采购成本，维持企业与供应商之间的关系。采购管理的主要任务是在采购管理系统中处理采购入库和采购发票，并根据采购发票确定采购入库成本。采购管理系统是综合运用采购订货、仓库收料、采购退货、购货发票处理、供应商管理、价格及供货信息资料等功能的管理系统，对采购物流和资金流的全过程进行有效的双向控制和跟踪，实现完善的企业物资供应信息管理。

在企业的采购业务中，采购类型一般分为现销和赊销两种类型，因为质量或其他原因有时也会发生退货。不同业务类型其业务的处理过程及财务收支核算的过程有所差异，但是基本流程是一致的，都是从采购订单到入库单，再到采购发票，发票与入库单钩稽后再进行入库核算。因为企业的实际业务比较复杂，处理的过程也各不相同，可以根据实际情况进行相应的调整。

采购订单是企业采购部门交给供应商作为订货依据的单据，也是采购订货业务工作中非常重要的一个管理单据，通过采购订单可以直接向供应商订货并查询订单的收料情况和执行情况。

采购入库单是仓库管理人员收货入库的凭证，也是证明库存管理业务的重要单据。采购入库单是货币资金转为储备资金的标志，也是财务人员据以记账、核算成本的重要原始凭证。

采购发票是由供应商出具给购货单位，据以付款、记账、纳税的依据。开具采购发票是采购管理的关键操作，涉及采购成本的正确计量和核算，是采购管理与应付款管理之间的接口。采购发票是供应链管理的重要信息之一，也是联系财务系统和业务系统的重要桥梁纽带。

发票与入库单钩稽。钩稽的实际意义是采购发票（包括采购费用发票）与外购入库单之间的关联、核对，钩稽的主要作用是进行物料实际采购成本的匹配确认，最后通过外购入库核算，使外购入库单的成本与发票金额一致。在日常业务处理完毕之后，可以通过账簿报表查询已录入的单据或分析采购业务的实际执行情况。

中国常信计算机有限公司 2019 年 9 月发生的经济业务的处理操作步骤如下所示。

（1）2019 年 9 月 12 日，捷波悍马 H03 机箱采购业务的处理。

Step1：新增采购申请单。

在金蝶 K/3 系统主界面，依次单击"供应链"→"采购管理"→"采购申请"，双击"采购申请单-新增",打开"采购申请单-新增"窗口,如图 8-1 所示。

图 8-1 采购申请单

填入使用部门、日期、物料代码、数量和申请人等信息,最后依次单击"保存"和"审核"按钮,完成采购申请单的填制。

Step2:填制采购订单。

根据采购申请单生成采购订单。在"采购管理"子模块"采购订单"子功能中,双击"采购订单-新增"明细功能,打开"采购订单-新增"窗口。

在源单类型列表中选择"采购申请",在选单号文本框中按 F7 快捷键,在弹出的"采购申请单序时簿"窗口中选择新增的采购申请单(双击或选中后再单击工具栏中的"返回"按钮)。这样,系统会根据采购申请单中的内容自动生成采购订单。输入机箱的不含税单价为 120 元,供应商中为王码公司,部门为采购部,业务员为陈立波,如图 8-2 所示。

最后依次单击"保存"和"审核"按钮,完成采购订单的填制。

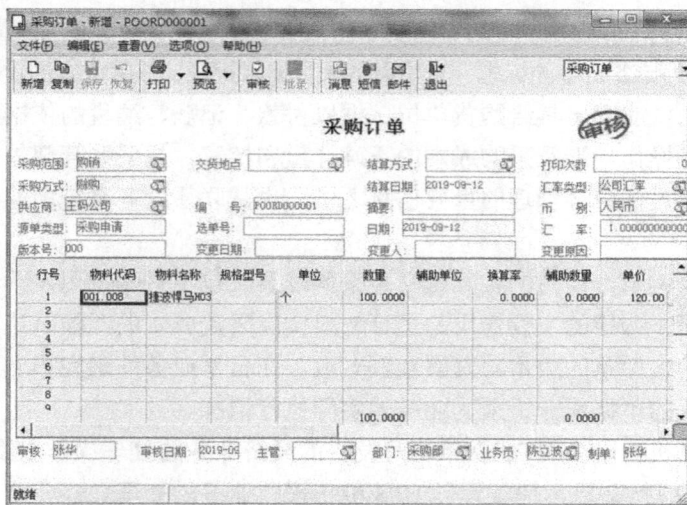

图 8-2 采购订单

Step3：填制收料通知单。

根据已有的采购订单生成收料通知单。在"采购管理"子模块"收料通知"子功能中，双击"收料通知单-新增"明细功能，打开"收料通知单-新增"窗口。

在源单类型列表中选择"采购订单"，在选单号文本框中按 F7 快捷键，在弹出的"采购订单序时簿"窗口中选择新增的采购订单（双击或选中后再单击工具栏中的"返回"按钮）。这样，系统会根据采购订单中的内容自动生成收料通知单，如图 8-3 所示。将日期修改为 2019-09-14，同时，由于各项物料设置了默认仓库，表头部分的收料仓库可以不用录入，收料仓库显示在物料的每一行中。

最后依次单击"保存"和"审核"按钮，完成收料通知单的填制。

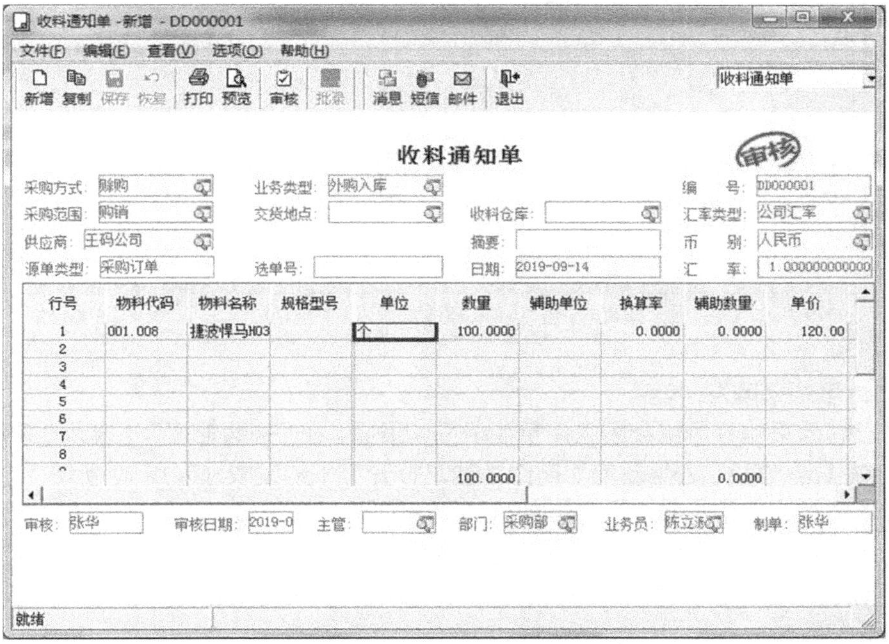

图 8-3 收料通知单

Step4：填制外购入库单。

根据已有的收料通知单生成外购入库单。在"采购管理"子模块"外购入库"子功能中，双击"外购入库单-新增"明细功能，打开"外购入库-新增"窗口。

在源单类型列表中选择"收料通知单"，在选单号文本框中按 F7 快捷键，在弹出的"采购订单序时簿"窗口中选择新增的收料通知单（双击或选中后再单击工具栏中的"返回"按钮）。这样，系统会根据收料通知单中的内容自动生成外购入库单。将日期修改为 2019-09-14，输入保管为 005.002 李明，验收为 005.002 李明，如图 8-4 所示。

最后依次单击"保存"和"审核"按钮，完成外购入库单的填制。

图 8-4　外购入库单

Step5：填制采购发票。

根据已有的采购订单或外购入库单生成采购发票。在"采购管理"子模块"采购发票"子功能中，双击"采购发票-新增"明细功能，打开"采购发票（专用）-新增"窗口。

在源单类型列表中选择"外购入库"（或采购订单），在选单号文本框中按 F7 快捷键，在弹出的"外购入库单序时簿"窗口中选择新增的外购入库单。系统会根据外购入库单中的内容自动生成采购发票。将日期修改为 2019-09-15，录入往来科目为 2202.02 应付货款，如图 8-5 所示。

最后依次单击"保存"和"审核"按钮，完成采购发票的填制。

Step6：填制费用发票。

在"采购管理"子模块"费用发票"子功能中，双击"费用发票-新增"明细功能，打开"费用发票-新增"窗口。

将日期修改为 2019-09-15，在采购发票单号文本框中按 F7 快捷键，选择采购业务的采购发票号，再录入供货单位为 02.01 王码公司，往来科目为 2202.02 应付货款。在费用发票单据体第 1 行费用代码文本框中按 F7 快捷键，从弹出的"费用-修改"窗口中新增"人工装卸费"，如图 8-6 所示，双击该费用代码并返回"费用发票-新增"窗口。在数量列输入 1，单价列输入 200，税率(%)列输入 7，如图 8-7 所示。

最后依次单击"保存"和"审核"按钮，完成费用发票的填制。

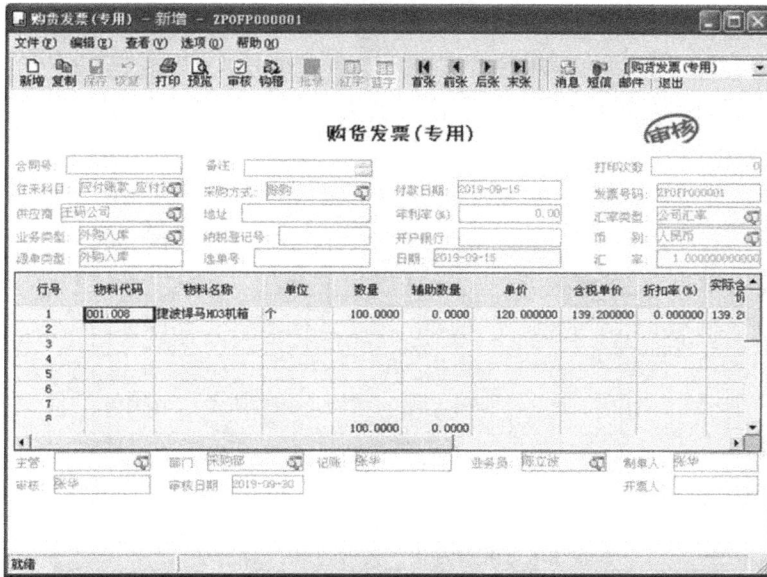

图 8-5　采购发票

图 8-6　"费用-新增"窗口

图 8-7　费用发票

Step7：采购发票钩稽。

在"采购管理"子模块"采购发票"子功能中，双击"采购发票-维护"明细功能，弹出"条件过滤"窗口，如图 8-8 所示。设置钩稽状态为全部，红蓝标志为全部，再单击"确定"按钮。

图 8-8　采购发票"条件过滤"对话框

打开"采购发票序时簿"窗口，选择刚刚填制的采购发票，单击工具栏中的"钩稽"按钮，弹出如图 8-9 所示的"采购发票钩稽"窗口。在"发票"和"费用发票"两个标签中，选择相应的采购发票和费用发票，在下面的外购入库单窗格中选择需要钩稽的外购入库，再单击工具栏中的"钩稽"按钮，即可完成采购发票与外购入库单之间的钩稽。

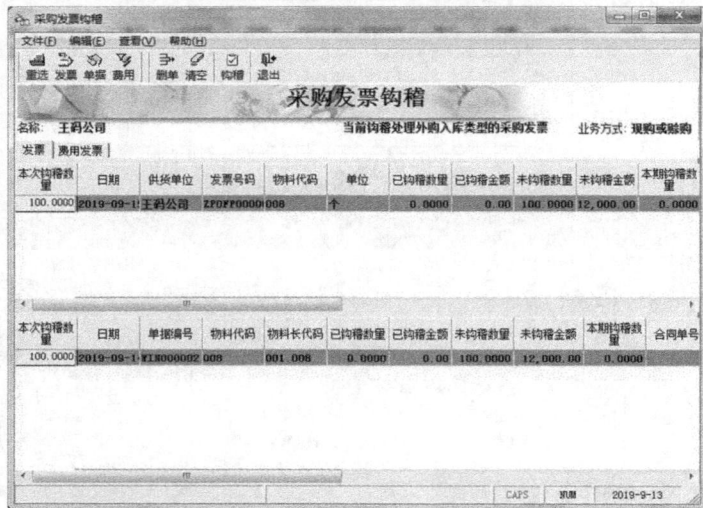

图 8-9　"采购发票-钩稽"窗口

> **小提示**
>
> 1. 在"采购发票序时簿"窗口中，可以对单据进行反审核、修改和删除等操作。
> 2. 采购发票钩稽指的是根据采购发票加上费用发票的金额共同确定外购入库单的成本，外购入库单上物料的单位成本等于发票（采购发票加上费用发票）钩稽总金额除以入库单中物料的数量。

　　3．通过"采购订单"子功能中的"采购订单执行情况明细表"明细功能，可以快速查看本期所有未完成的采购业务。

　　4．如果单据中有多行数据，可以按住 Ctrl 或 Shift 键选择所有行，再单击工具栏中的"返回"按钮。

　　5．暂估业务是指采购物料已验收入库，但未收到供应商开具的采购发票，物料的采购成本只能暂时估计，等以后收到发票时再以发票上记载的金额来确定采购入库业务的成本。

视频 8-1：一般采购业务处理

扫一扫

（2）2019 年 9 月 16 日，发生 2 个捷波悍马 H03 机箱的退货业务。

具体操作步骤如下所示。

Step1：根据 9 月 14 日的外购入库单生成外购入库退回单（红字外购入库单）。在"采购管理"子模块"外购入库"子功能中，双击"外购入库单-新增"明细功能，打开"外购入库-新增"窗口，单击工具栏中的"红字"按钮。在源单类型列表中选择"外购入库"（或采购订单），在选单号文本框中按 F7 快捷键，在弹出的"外购入库单序时簿"窗口中选择以前录入的外购入库单，系统会根据外购入库单中的内容自动生成红字外购入库单。将日期修改为 2019-09-16，修改数量为-2（即红色数字 2）。最后依次单击"保存"和"审核"按钮，完成外购入库退回单的填制，如图 8-10 所示。

图 8-10　红字外购入库单

Step2：填制红字采购增值税发票。在"采购管理"子模块"采购发票"子功能中，双击"采购发票-新增"明细功能，打开"采购发票（专用）-新增"窗口，单击工具栏中的"红字"按钮。

在源单类型列表中选择"外购入库"，在选单号文本框中按 F7 快捷键，在弹出的"外购入库单序时簿"窗口中选择以前录入的红字外购入库单。系统会根据外购入库单中的内容自动生成红字采购发票，将日期修改为 2019-09-16，录入往来科目为 2202.02 应付货款，如图 8-11 所示。

最后依次单击"保存"和"审核"按钮，完成红字采购增值税发票的填制。

Step3：红字外购入库与红字采购增值税发票的钩稽。钩稽的方法同一般蓝字的钩稽方法相同，这里不再赘述。

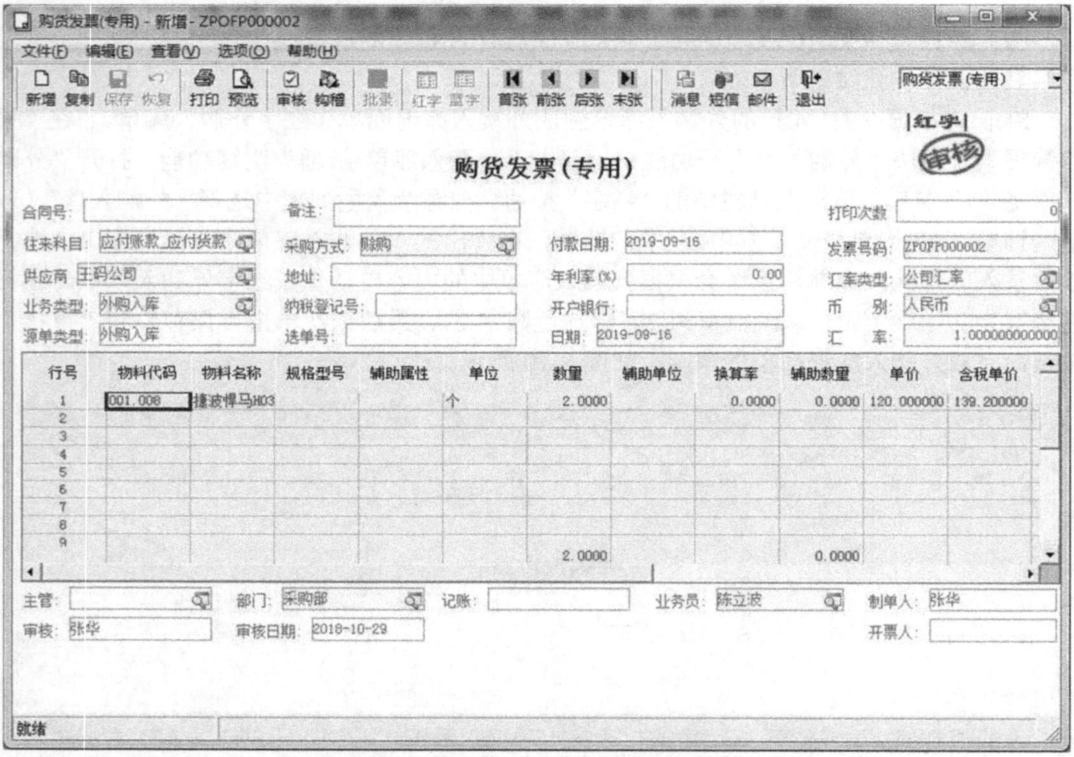

图 8-11　红字采购增值税发票

Step4：关闭采购订单。9 月 12 日向王码公司采购捷波悍马 H03 机箱的订单已经执行结束，对方不再供货，需要手动关闭订单。在"采购订单序时簿"窗口中选择该笔采购订单，单击"编辑"菜单中的"关闭"命令，即可关闭该订单。订单关闭后，将不再有未入库数量（在途量）。

（3）2019 年 9 月 17 日，陈立波收到 2019 年 8 月 14 日向恒星公司采购 50 台三星 T200 显示器的增值税发票，显示器的不含税单价为 650 元，发票已转交财务部入账，并对期初的暂估入库单的采购成本进行调整。

具体的操作步骤如下所示。

Step1：根据 8 月 14 日的外购入库单填制采购增值税专用发票，将其日期修改为 2019-09-17，往来单位设置为 2202.02 应付货款，物料的采购单价修改为 650。

Step2：对 8 月 14 日的外购入库单与 9 月 17 日的采购发票进行钩稽。

由于期初暂估入库成本与采购发票金额之间存在误差，需要在存货核算系统中，按单到冲回方法，对原暂估金额进行更正。

视频 8-2：采购退货业务处理

扫一扫

二、销售业务处理

销售是企业生产经营成果实现的过程，是企业经营活动的中心，销售管理系统通过销售订货、发货、开票，处理销售发货和销售退货业务，同时在进行发货处理时可以对客户信用额度、货物现存量、最低售价等进行检查和控制。已审核的发货单可以自动生成销售出库单，冲减库存的现存量；可以根据销售发票和销售出库单进行销售量增长分析、货物流向分析、销售结构分析、销售市场分析和周转率分析等。

销售管理系统是综合运用销售报价、销售订货、发货通知、销售出库、销售退货、销售发票、客户管理、销售价格资料、订单管理等功能的管理系统，对销售全过程进行有效的控制和跟踪，实现完善的企业销售信息管理。企业的销售业务一般分为现销、赊销、委托代销、分期收款销售等。不同业务类型其业务的处理过程及财务收支核算的过程有所差异，所以在销售管理系统中也会有不同的业务处理流程。

销售价格调整是企业重要的销售政策之一，灵活的价格调整体系可以满足快速多变的市场需求，严密的价格控制手段可以保证企业销售政策的有效执行。价格政策是对销售价格进行综合维护的一种方案。

销售订单是客户交给企业销售部门作为订货依据的单据，也是销售订货业务工作中非常重要的一个管理单据，通过销售订单可以查询销售订单的发货情况和执行状况。

销售出库单是仓库管理人员发货出库的凭证，是确认产品出库的书面证明，也是处理包括日常销售、委托代销、分期收款销售等各种形式销售出库业务的单据。而对于退货业务则采用红字销售出库单处理。

销售发票是企业销售产品时出具给购货单位的收款依据，开具销售发票是销售管理的关键操作，涉及销售收入的确认，是销售管理与存货核算的接口。销售发票与出库单的钩稽是销售发票与销售出库单的核对，钩稽的主要作用是进行收入和成本的匹配确认，建立销售出库单与销售发票之间的关联。

销售发票的钩稽有两种含义：一种是指单据之间紧密的关联关系，即通过源单类型或下推等关联关系生成目标单据，除了必要资料的补充外，不进行任何数据（如数量、金额等）改变的关联，被称为单据钩稽；二是指销售发票在审核后，直接与出库单执行钩稽（核销），钩稽是确定销售成本和销售收入关联的标志。

（1）2019 年 9 月 12 日，向宏丰公司销售 10 台流吴 O8 计算机业务的具体操作步骤如下所示。

Step1：新增销售订单。

在金蝶 K/3 系统主界面，依次单击"供应链"→"销售管理"→"销售订单"，双击"销售订单-新增"，打开"销售订单-新增"窗口，分别录入购货单位、日期、产品代码、产品名称、数量、单价等，如图 8-12 所示。

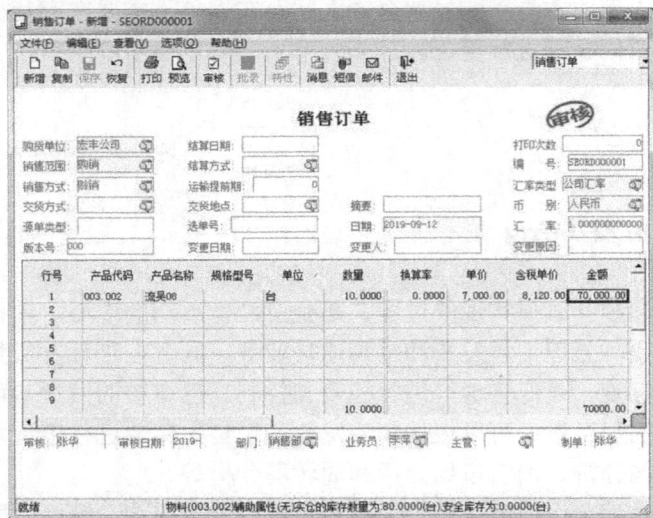

图 8-12 销售订单

最后依次单击"保存"和"审核"按钮，完成销售订单的新增。

Step2：新增发货通知单。

在"销售管理"子模块"发货通知"子功能中，双击"发货通知单-新增"明细功能，打开"发货通知单-新增"窗口，将日期修改为 2019-09-14，在源单类型下拉列表中选择销售订单，在选单号文本框中按 F7 快捷键，在弹出的销售订单列表中选择新增的销售订单，系统会自动代入销售订单中的所有信息，如图 8-13 所示。

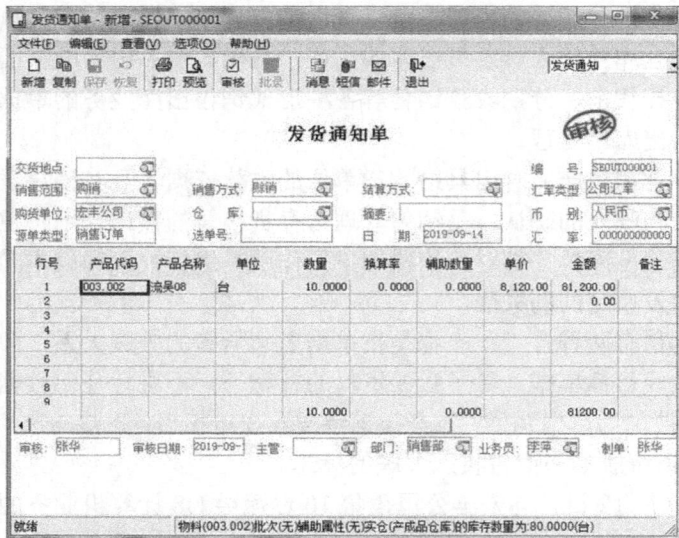

图 8-13 发货通知单

最后依次单击"保存"和"审核"按钮，完成发货通知单的新增。

Step3：新增销售出库单。

在"销售管理"子模块"销售出库"子功能中，双击"销售出库单-新增"明细功能，打开"销售出库单-新增"窗口，将日期修改为2019-09-14，在源单类型下拉列表中选择发货通知，在选单号文本框中按 F7 快捷键，在弹出的发货通知单列表中选择新增的发货通知单，系统会自动代入发货通知单中的所有信息，最后录入发货为李明，保管为李明，如图 8-14 所示。

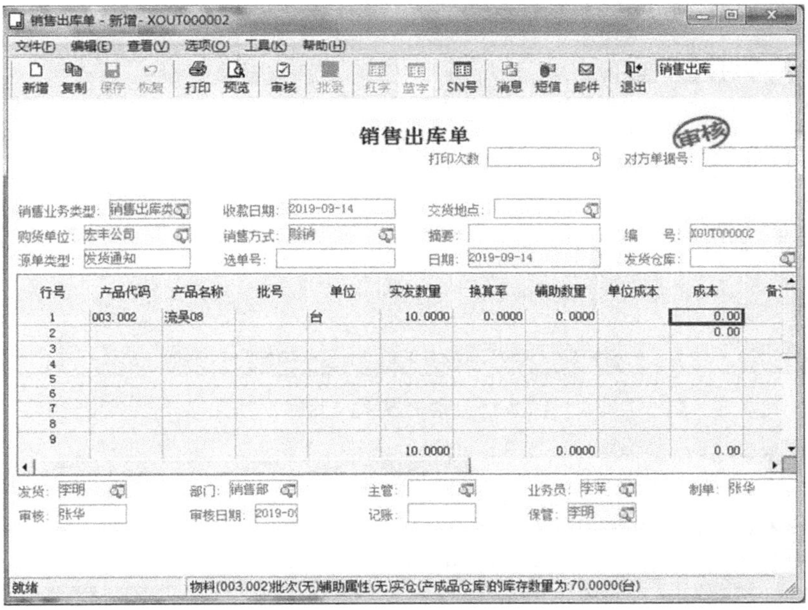

图 8-14 销售出库单

最后依次单击"保存"和"审核"按钮，完成销售出库单的新增。

Step4：新增销售发票。

在"销售管理"子模块"销售发票"子功能中，双击"销售发票-新增"明细功能，打开"销售发票（专用）-新增"窗口，将日期修改为 2019-09-14，在源单类型下拉列表中选择销售出库，在选单号文本框中按 F7 快捷键，在弹出的销售出库单列表中选择新增的销售出库单，系统会自动代入销售出库中的所有信息，再录入往来科目为应收账款，如图 8-15 所示。

最后依次单击"保存"和"审核"按钮，完成销售发票（专用）的新增。

Step5：销售发票钩稽。

在"销售管理"子模块"销售发票"子功能中，双击"销售发票-维护"明细功能，在"条件过滤"窗口，设置钩稽状态为全部，红蓝标志为全部，再单击"确定"按钮。

打开"销售发票序时簿"窗口，选择刚刚填制的销售发票，单击工具栏中的"钩稽"按钮（也可以在图 8-15 中单击工具栏中的"钩稽"按钮），弹出如图 8-16 所示的"销售发票钩稽"窗口。在"发票"标签中，选择相应的销售发票，在下面的销售出库单窗格中选择需要钩稽的销售出库，再单击工具栏中的"钩稽"按钮，即可完成销售发票与销售出库单之间的钩稽。

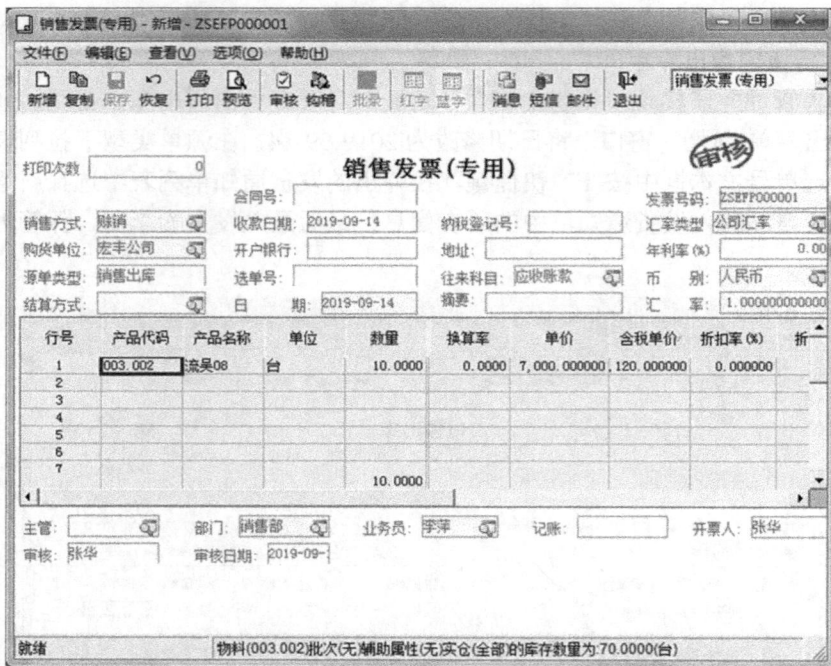

图 8-15　销售发票（专用）

图 8-16　"销售发票-钩稽"

（2）2019 年 9 月 15 日，宏丰公司向中国常信计算机有限公司退货 2 台流吴 O8 计算机业务的具体操作步骤如下所示。

Step1：新增红字销售出库单。

在"销售管理"子模块"销售出库"子功能中，双击"销售出库单-新增"明细功能，打开"销售出库单-新增"窗口，单击工具栏中的"红字"按钮，将日期修改为 2019-09-15，在源单类型下拉列表中选择销售出库，在选单号中选择 2019-09-14 的销售出库单，最后录入发货为李明，保管为李明，如图 8-17 所示。

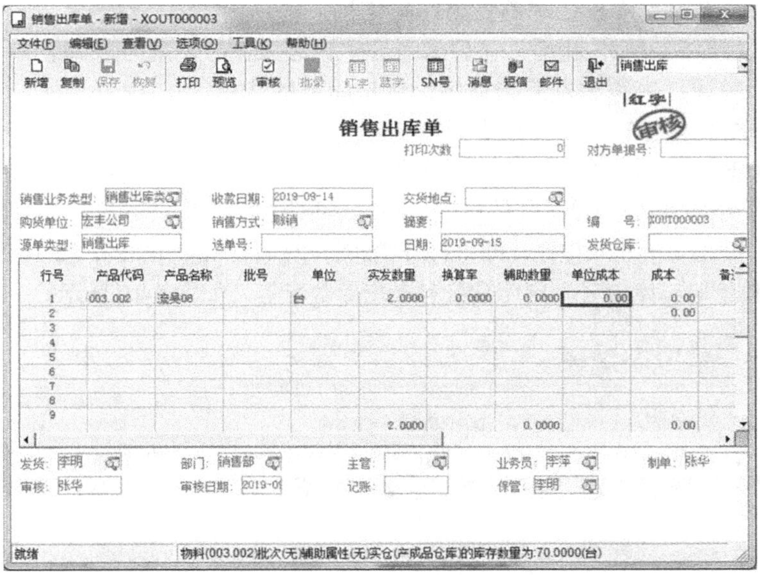

图 8-17　红字销售出库单

最后依次单击"保存"和"审核"按钮。

Step2：新增红字销售发票。

在"销售管理"子模块"销售发票"子功能，双击"销售发票-新增"明细功能，打开"销售发票（专用）-新增"窗口，单击工具栏中的"红字"按钮，将日期修改为 2019-09-15，在源单类型下拉列表中选择销售出库，在选单号文本框中选择刚才的红字销售出库单，系统会自动代入销售出库中的所有信息，再录入往来科目为应收账款，如图 8-18 所示。

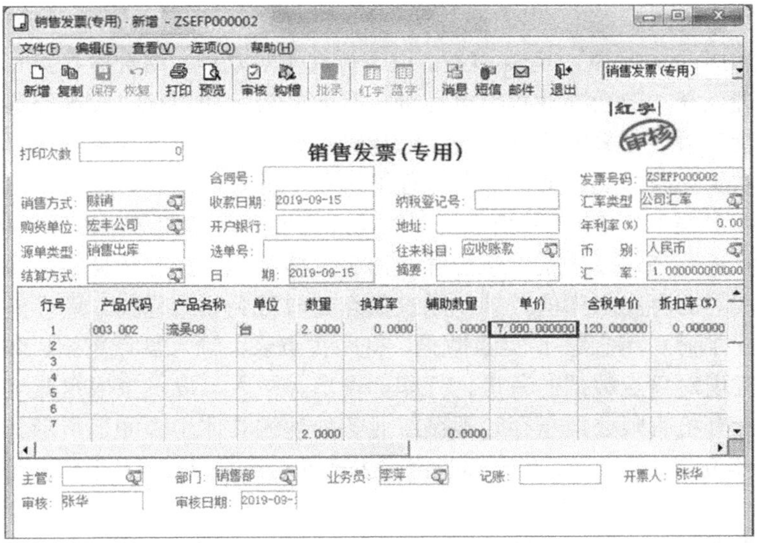

图 8-18　红字销售发票

最后依次单击"保存"和"审核"按钮，完成销售发票（专用）的新增。

Step3：红字销售发票和红字销售出库单钩稽。

在"销售发票（专用）-新增"窗口或者在"销售发票序时簿"窗口，单击工具栏中的"钩稽"按钮，完成红字销售发票与红字销售出库单的钩稽。

（3）查看本月销售订单执行情况明细表。

在"销售管理"子模块"销售订单"子功能中，双击"销售订单执行情况明细表"明细功能，在"过滤"对话框中，分别设置起始日期、截止日期、交货日期，建议交货日期为20019-09-01至2019-09-30，单击"确定"按钮，即可打开销售订单执行情况明细表，其中可以查看每个销售订单的签订数量、出库单号、出库数量和未出库数量等，如图8-19所示。

图 8-19 销售订单执行情况明细表

视频 8-3：一般销售业务处理

三、仓存业务处理

仓存管理系统是综合运用入库业务（包括外购入库、产品入库、盘盈入库、其他入库、委外加工入库和虚仓入库等）、出库业务（包括销售出库、领料单、盘亏毁损、其他出库、委外加工出库和虚仓出库等）、仓存调拨、组装拆卸单等功能，结合库存盘点和即时库存管理等功能的管理系统，对仓存业务全过程进行有效的控制和跟踪，实现完善的企业仓储信息管理。仓存管理系统与采购管理系统、销售管理系统、存货核算系统的单据和凭证等结合使用，能提供更完整、更全面的业务流程管理和业务管理信息。

仓存管理在金蝶 K/3 ERP 系统中实现的功能主要有入库业务、出库业务、仓存调拨、盘点等。仓存管理系统通过采购价格管理、销售价格管理、基础数据定义等多方面的内部控制手段，实现对仓存出入库的控制；通过盘点完成对企业原材料、库存商品等账实的核对工作（实地盘存制），包括备份盘点数据、打印盘点表、输入盘点数据、编制盘点报告表等处理功能，实现对盘点数据的备份、打印、输出、录入，以及生成盘盈/盘亏单据等。

中国常信计算机有限公司仓存管理系统业务处理的具体步骤如下所示。

（1）2019 年 9 月 13 日，生产一部张恒为生产 5 台欧皇 ASDJ3 计算机而发生的生产领料业务。

在"仓存管理"子模块"领料发货"子功能中，双击"生产领料-新增"明细功能，打开"领料单-新增"窗口，如图 8-20 所示，分别录入领料部门为生产一部、对方科目为生产成本_材料费、日期为 2019-09-13，物料分别为 5 台欧皇 A 主机、5 台三星 T200 显示器、

5 个戴尔 SK-8115 键盘和 5 个罗技 V47 激光鼠标（每一行物料的成本对象均设置为欧皇 ASDJ3），领料为张恒，发料为李明。

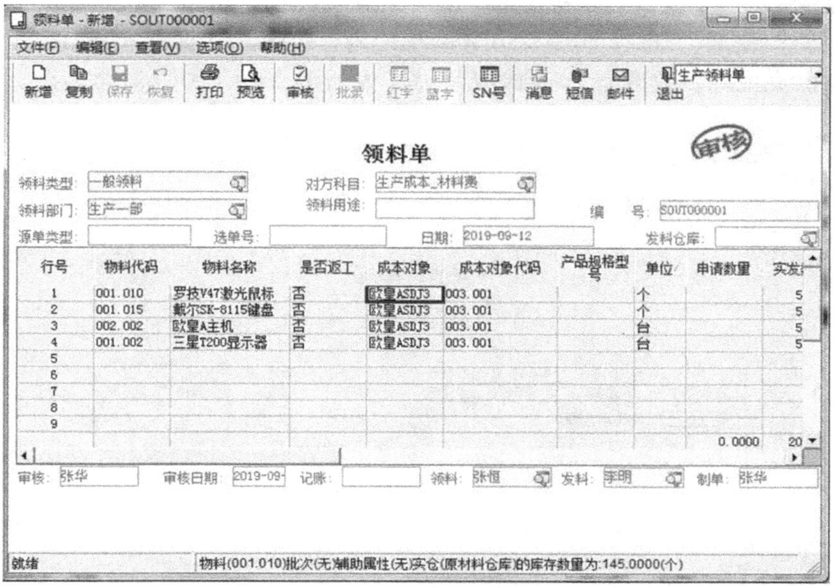

图 8-20　"领料单-新增"窗口

最后依次单击"保存"和"审核"按钮，完成生产领料单的新增。

（2）2019 年 9 月 14 日，5 台欧皇 ASDJ3 计算机的产品生产完工业务。

在"仓存管理"子模块"验收入库"子功能中，双击"产品入库-新增"明细功能，打开"产品入库单-新增"窗口，分别录入交货单位为生产一部，日期为 2019-09-14，物料名称为欧皇 ASDJ3，实收数量为 5，验收和保管均为李明，如图 8-21 所示。

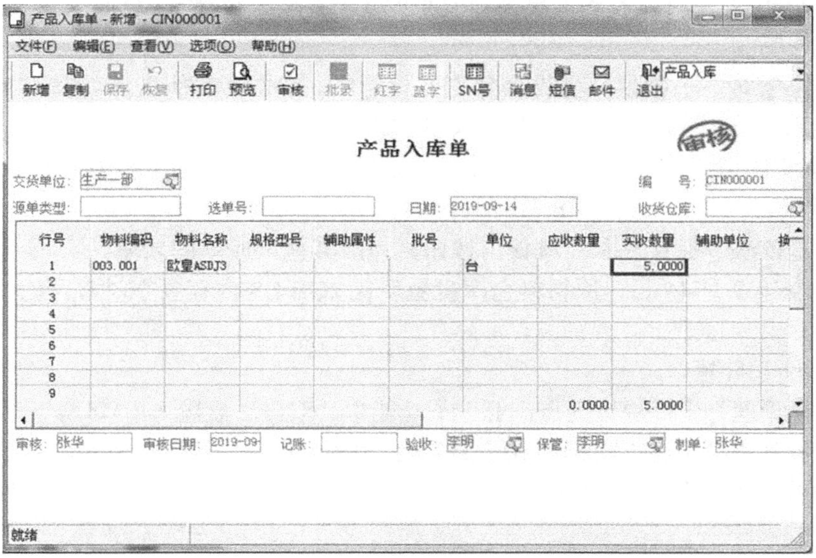

图 8-21　产品入库单

最后依次单击"保存"和"审核"按钮，完成产品入库单的新增。

（3）2019 年 9 月 16 日，行政部从仓库领用 2 个罗技 V47 激光鼠标的其他出库业务。

在"仓存管理"子模块"领料发货"子功能中，双击"其他出库-新增"明细功能，打开"其他出库单-新增"窗口，分别录入领料部门为行政部，日期为 2019-09-16，物料名称为罗技 V47 激光鼠标，数量为 2，领料为张华，发货为李明，如图 8-22 所示。

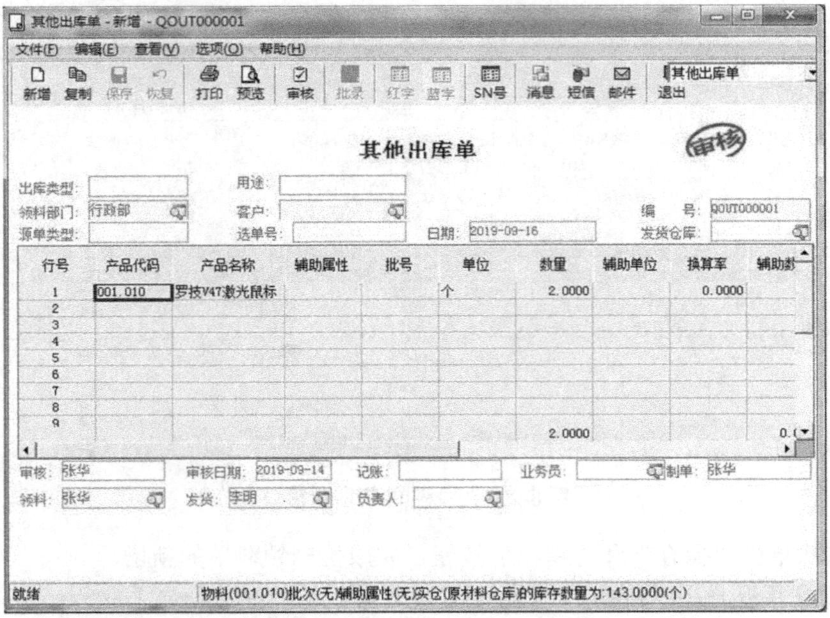

图 8-22　其他出库单

最后依次单击"保存"和"审核"按钮，完成其他出库单的新增。

（4）2019 年 9 月 17 日，收到恒星公司发来的 3 个罗技 V47 激光鼠标和 3 个戴尔 SK-8115 键盘的其他入库业务。

在"仓存管理"子模块"验收入库"子功能中，双击"其他入库-新增"明细功能，打开"其他入库-新增"窗口，分别录入供应商为恒星公司，日期为 2019-09-17，物料名称为罗技 V47 激光鼠标和戴尔 SK-8115 键盘，数量均为 3，验收和保管均为李明，如图 8-23 所示。

最后单击依次"保存"和"审核"按钮，完成其他入库单的新增。

（5）2019 年 9 月 18 日，原材料仓库盘盈现代 2GB D3 内存条 20 根，盘亏 LGM4210C 显示器 1 台。

Step1：录入盘盈单。

在"仓存管理"子模块"盘点作业"子功能中，双击"盘盈入库-新增"明细功能，打开"盘点报告单-新增"窗口，分别录入日期为 2019-09-18，仓库名称为原材料仓库，物料为现代 2GB D3 内存条，实存数量比账存数据多 20 根，保管为李明，经办人为李呈栋，如图 8-24 所示。

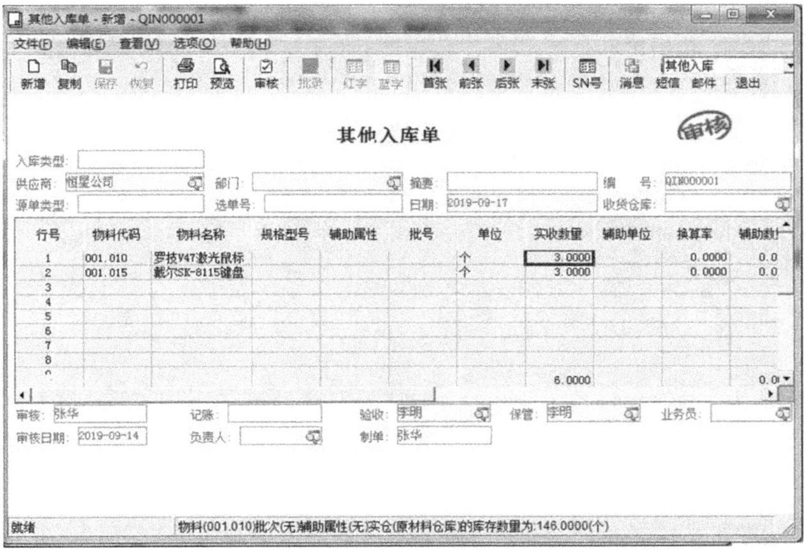

图 8-23　其他入库单

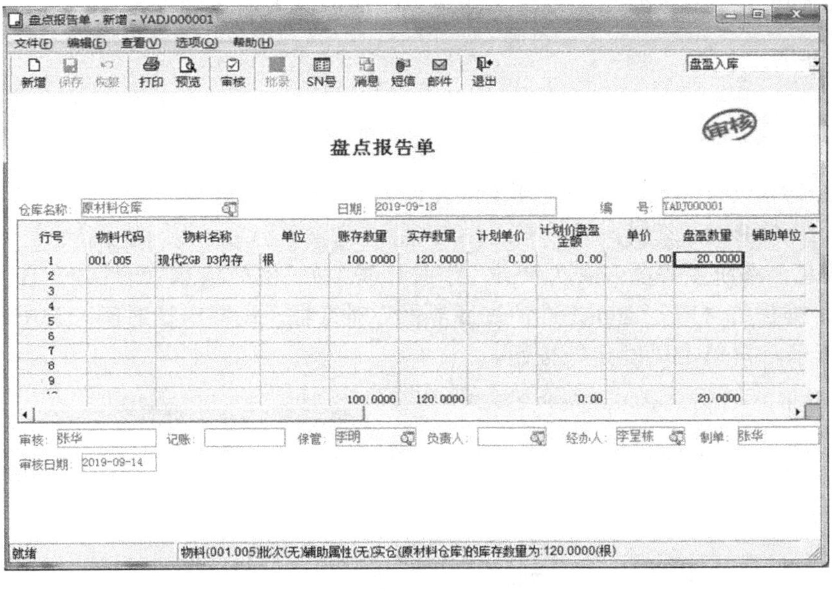

图 8-24　盘盈单

最后依次单击"保存"和"审核"按钮，完成产品入库单的新增。

Step2：录入盘亏单。

在"仓存管理"子模块"盘点作业"子功能中，双击"盘亏毁损-新增"明细功能，打开"盘点报告单-新增"窗口，分别录入日期为 2019-09-18，仓库名称为原材料仓库，物料为 LGM4210C 显示器，实存数量比账存数据少 1 台，保管为李明，经办人为李呈栋，如图8-25 所示。

图 8-25　盘亏单

最后依次单击"保存"和"审核"按钮，完成产品入库单的新增。

扫一扫　视频 8-4：仓存系统业务处理

（6）2019 年 9 月 15 日，10 台超炫 X1 主机的委外加工业务。

Step1：新增 BOM 资料。

在金蝶 K/3 系统主界面，依次单击"计划管理"→"生产数据管理"→"BOM 维护"，双击"BOM-维护"，打开"BOM 维护过滤界面"对话框，设置审核时间和建立时间范围，如图 8-26 所示，再单击"确定"按钮。

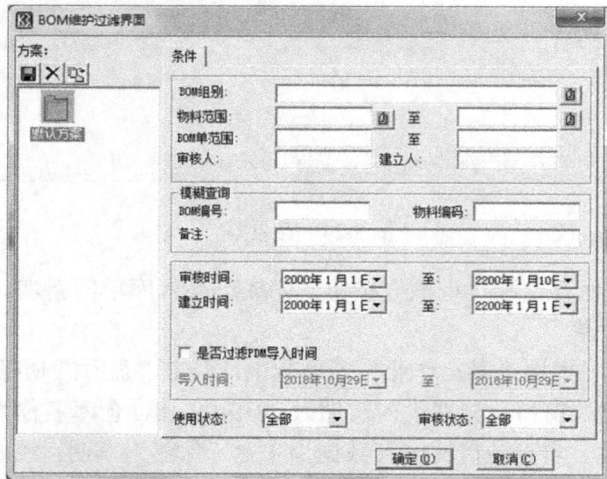

图 8-26　"BOM 维护过滤界面"对话框

在"BOM 资料维护"窗口，单击"编辑"菜单中的"新增组别"命令，分别输入 BOM 组别的代码和名称，如图 8-27 所示，单击"确定"按钮。

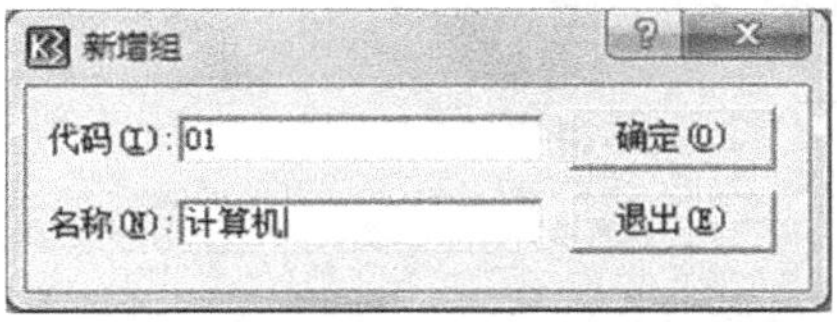

图 8-27　新增 BOM 组别

在"BOM 资料维护"窗口，选择左边窗格的组别，单击工具栏中的"新增"按钮，打开"BOM 单-新增"对话框，在 BOM 单据头中，分别录入物料代码为 002.001，物料名称为超炫 X1 主机。在子项物料表格中，分别录入物料名称为捷波悍马 H03 机箱、金士顿 2GB 内存条、华硕 M2A-VM 主板和 IBM ThinP 1TB 硬盘，各行子项物料的用量均为 1，如图 8-28 所示。再单击"保存"按钮，返回"BOM 资料维护"窗口。

在"BOM 资料维护"窗口，选择刚才新建的 BOM，分别单击工具栏中的"审核"和"使用"按钮，如图 8-29 所示，新增的超炫 X1 主机 BOM 正式生效。

Step2：新增委外订单。

在金蝶 K/3 系统主界面，依次单击"供应链"→"委外加工"→"委外订单"，双击"委外订单-新增"，打开"委外订单-新增"窗口，如图 8-30 所示。输入供应商为恒星公司，日期为 2019-09-15，物料代码为 002.001，物料名称为超炫 X1 主机，数量为 10 台，单价为 200 元，再依次单击"保存"和"审核"按钮。

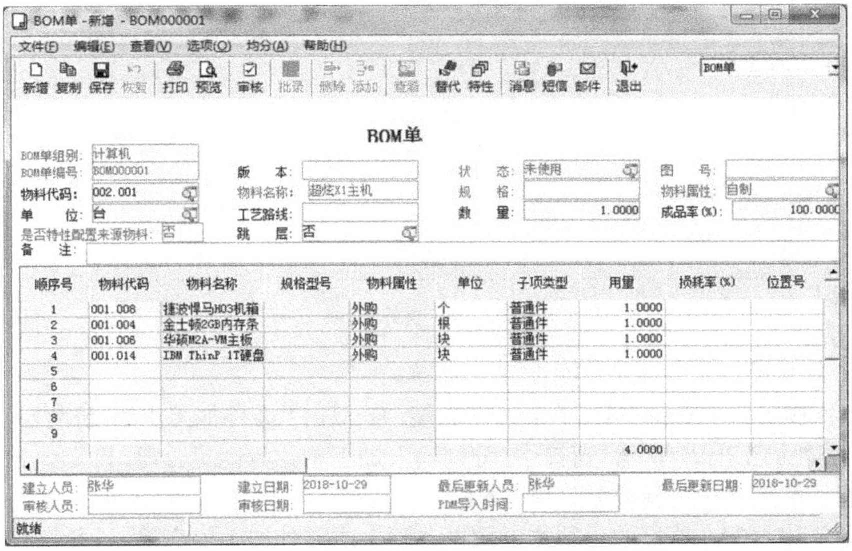

图 8-28　新增 BOM

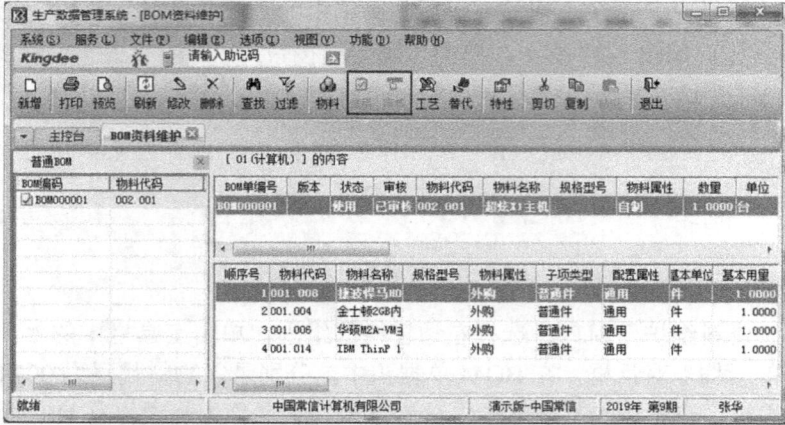

图 8-29　审核和使用 BOM

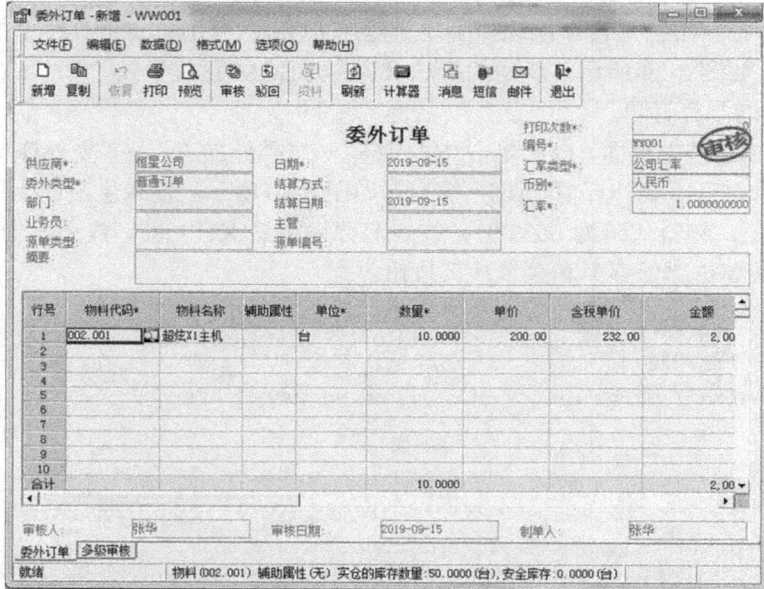

图 8-30　委外订单

Step3：根据委外订单生成委外加工出库单。

在"委外加工"子模块"委外发出"子功能中，双击"委外加工出库-新增"明细功能，在打开的"委外加工出库-新增"窗口中，分别输入加工单位为恒星公司，日期为 2019-09-16，在源单类型下拉列表中选择委外订单，选单号中选择 15 日新建委外订单的投料单，系统会根据委外订单和 BOM 单上的子项物料数据自动生成委外加工出库单，领料为李萍，发料为李明，如图 8-31 所示。最后依次单击"保存"和"审核"按钮。

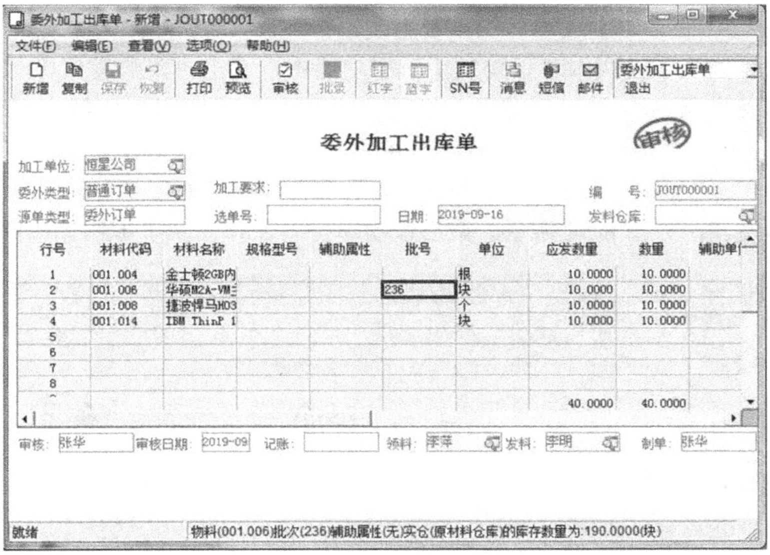

图 8-31 委外加工出库单

小提示

1. 委外加工出库单中 001.006 华硕 M2A-VM 主板的计价方法是分批认定法，所以出库单中必须录入它的批号。

2. 委外加工出库单中的物料及数量是根据委外订单及 BOM 数据计算得出的。

Step4：根据委外订单生成委外加工入库单。

在"委外加工"子模块"委外入库"子功能中，双击"委外加工入库-新增"明细功能，在打开的"委外加工入库-新增"窗口中，分别输入加工单位为恒星公司，日期为 2019-09-17，在源单类型下拉列表中选择委外订单，选单号中选择 15 日新建的委外订单，系统会根据委外订单上信息自动生成委外加工入库单，如图 8-32 所示。最后依次单击"保存"和"审核"按钮。

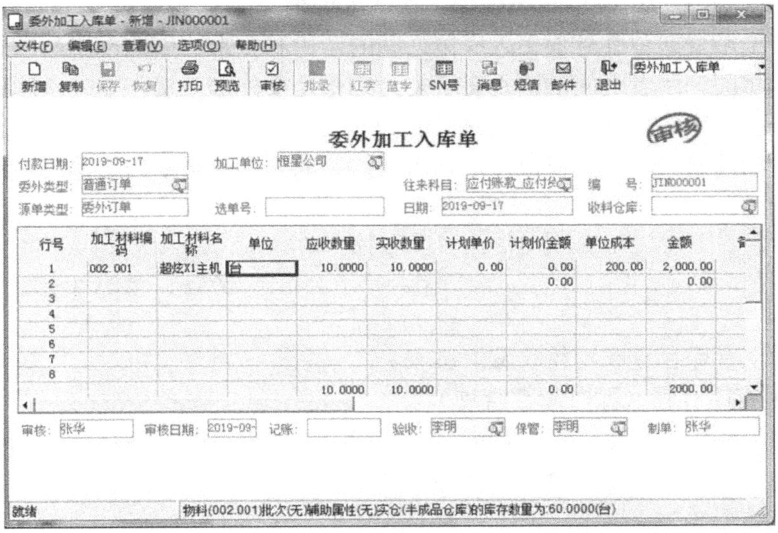

图 8-32 委外加工入库单

Step5：根据委外订单生成委外加工费用发票。

在"采购管理"子模块中"采购发票"子功能中，双击"采购发票-新增"明细功能，在打开的"购货发票（专用）-新增"窗口中，分别输入供应商为恒星公司，付款日期为2019-09-17，在业务类型下拉列表中选择订单委外，在源单类型下拉列表中选择委外加工入库单，选单号中选择 15 日新建的委外订单，系统会根据委外订单上的信息自动生成委外加工费的采购发票，如图 8-33 所示。最后依次单击"保存"和"审核"按钮。

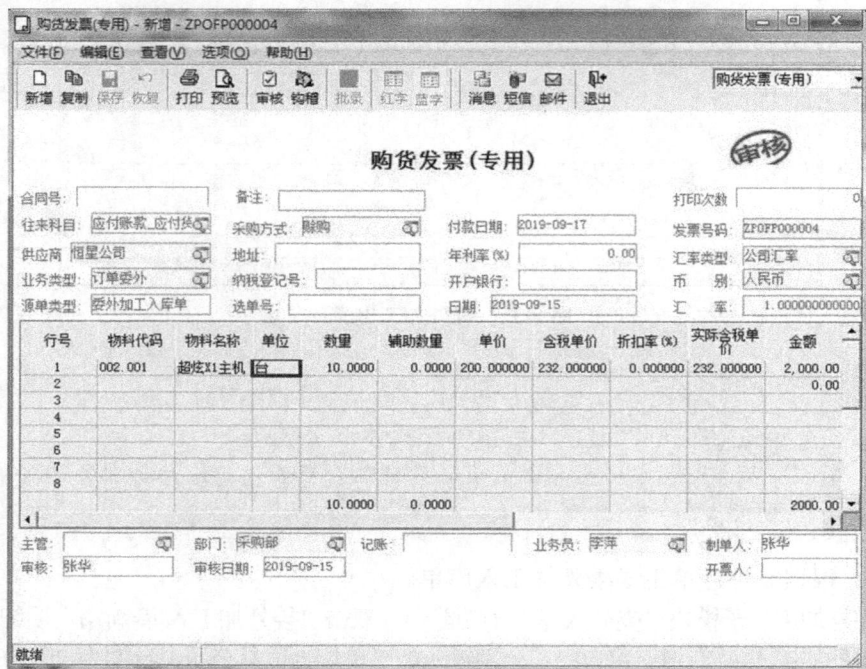

图 8-33　委外加工费用发票

Step6：委外加工费用发票与委外加工入库单钩稽。

委外加工费用发票与委外加工入库单之间的钩稽和正常的采购发票与外购入库之间的钩稽方法基本相同。两者之间的区别在于委外钩稽是委外加工费与委外入库的钩稽，委外加工费只是委外入库成本的一部分（委外加工入库的另一部分成本为委外加工的材料成本）。在打开的"采购发票序时簿"窗口，选择需要钩稽的发票，再单击工具栏中的"钩稽"按钮即可完成钩稽。

扫一扫　　视频 8-5：委外加工业务处理

（7）查看现有库存量和物料收发汇总表。

Step1：现有库存量（即时库存查询）。

在"仓存管理"子模块"库存查询"子功能中，双击"即时库存查询"明细功能，打开"库存查询"窗口，在左边窗格选择相应的仓库后，右边窗格中就会显示当前仓库的现有库存数量，如图 8-34 所示。

Step2：物料收发汇总表。

在"仓存管理"子模块"报表分析"子功能中，双击"物料收发汇总表"明细功能，在"过滤"对话框中，取消选中"分级汇总"和"仅显示汇总行"两个选项，单击"确定"按钮，即可打开"仓存管理（供应链）系统-[物料收发汇总表]"窗口，如图 8-35 所示。在物料收发汇总表中可以查看仓库中每个物料的期初结存数量、本期收入数量、本期发出数量和期末结存数量。双击某一行物料，即可打开该项物料的物料收发明细表，可以查看每一笔引起该项物料库存增加或减少的业务单据。

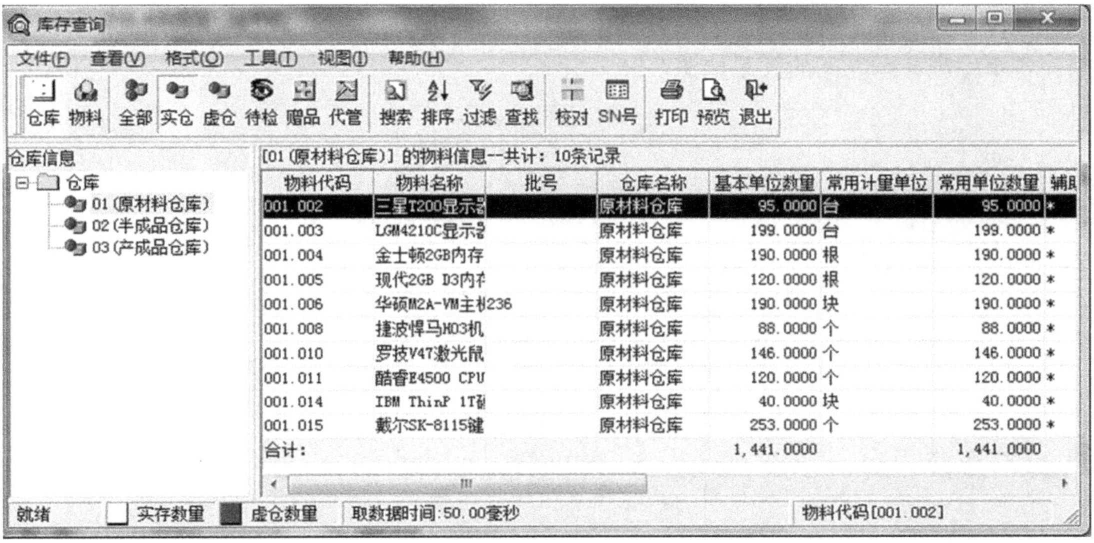

图 8-34　即时库存查询

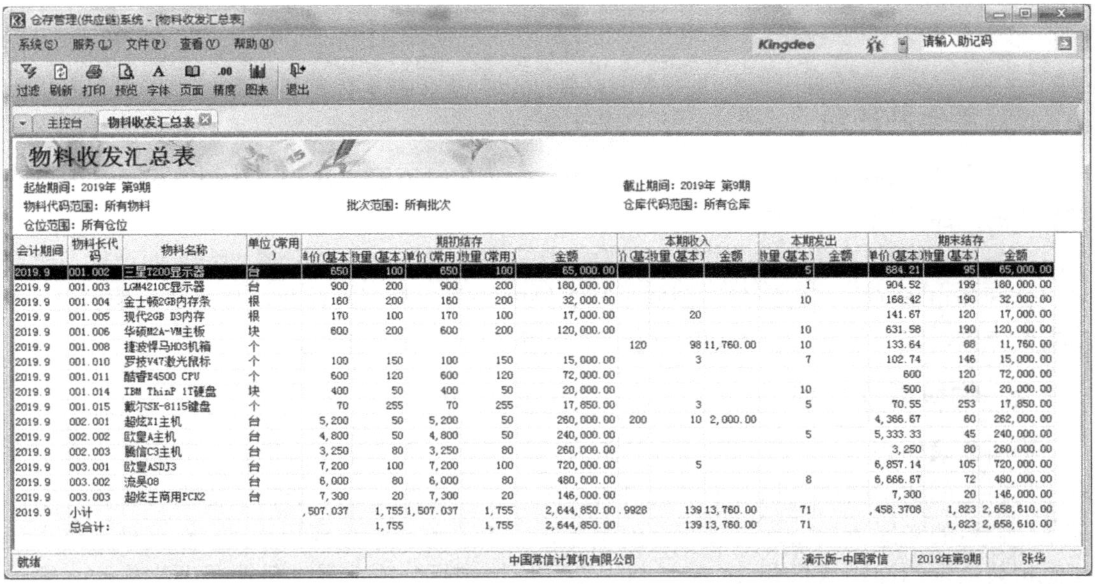

图 8-35　物料收发汇总表

四、生产业务处理

供需矛盾是企业的基本矛盾，ERP 系统正是抓住供需关系，用模拟的手段进行生产经营活动的计划和管理，以实现供需平衡的。ERP 系统中的计划管理主要包括两个方面的计划，一个是需求计划，另一个是供给计划，通过需求和供给计划的相互配合，实现企业对生产经营活动的计划、管理和控制。基于企业生产计划系统的层次结构，ERP 系统中的计划层次根据时限的长短划分为三级，其中长期宏观计划为经营规划、销售规划和生产规划，中期过渡计划为主生产计划，短期微观计划为物料需求计划、采购作业计划和车间作业计划。各个生产计划之间的关系如图 8-36 所示。

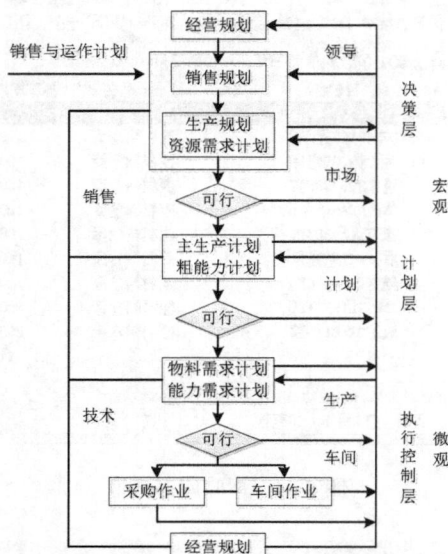

图 8-36　ERP 计划层次之间的关系

1. 主生产计划

主生产计划是确定每一个具体产品在每一个具体时间段的计划，计划的对象一般是最终销售的产品或独立需求物料。

主生产计划是 ERP 计划层次的重要内容，MPS 以产品的独立需求为计划对象，根据客户合同和市场预测，把经营计划或生产大纲中的产品系列具体化，使之成为展开 MRP 的主要依据，起到了从综合计划向具体计划过渡的承上启下作用。

2. 物料需求计划

物料需求计划与传统的物料库存管理方法的区别主要有三个方面：一是通过 BOM 来确定物料之间的构成关系和上下级物料的用量关系；二是区分了非相关需求与相关需求；三是对物料的需要数量划分了时间分段的概念。MRP 理论的主要思想是：根据独立需求和其他相关需求的净需求量和 BOM，从上至下逐层进行分解，得到每层子项物料的毛需求量，再用每层子项物料的毛需求量减去现有库存量，从而得出子项物料的净需求量，通过 BOM 依次对构成独立需求的所有子项物料进行运算，最后得出所有物料的需求时间和需求数量。

MRP 系统业务逻辑如图 8-37 所示。

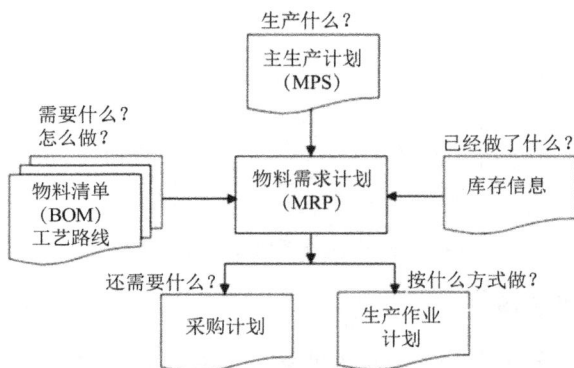

图 8-37　MRP 系统业务逻辑

MRP 运算以后，最终得到各项物料的净需求量。各项物料的净需求量以公式表示如下：

物料的净需求量＝毛需求量+已分配量-计划接收量-现有库存量

小提示	1．独立需求是指该需求不依赖于其他物料，如某物料的销售订单，该销售订单对这个物料产生的需求并不受其他物料的影响。 2．相关需求是指由于其他的独立需求而产生的需求。例如，客户需要的最终产品是独立需求，而由最终产品的需求导致的零部件需求就是相关需求。

BOM 又称产品结构清单，一般有两种表现形式：BOM 表和 BOM 图。它表明了物料的构成关系和上下级物料的用量关系，即从原材料到中间件、半成品，直到最终产成品的层次隶属和数量关系。在 ERP 环境下，BOM 是 MRP 系统计算物料需求的控制文件，它说明了物料的上下级层次关系和用量关系，主要包括子项物料的类型、用量、损耗率等，一般 BOM 的准确率应达到 98%以上。

工艺路线说明了各项自制件的加工顺序和标准工时定额（生产能力定额），只有自制件才有工艺路线，外购件与委外件则不需要。库存记录指的是各种物料在仓库里的存储数量。

3．生产任务管理

根据 ERP 的计划层次，MPS 生成了最终产品的生产计划，MRP 生成了半成品和零部件的作业计划和采购计划，所有自制件的计划生产任务订单都是通过生产任务管理来控制的。生产任务管理是指根据 MPS 和 MRP 生成的结果，对生产计划订单进行的管理与控制。

在企业生产任务的管理过程中，主要包括以下几个内容：生产任务的计划、确认、下达，生产投料，生产领料，生产完工和生产任务结案。在生产任务的计划阶段，根据 MPS 和 MRP 的运算结果，确定生产的产品及数量、开工日期、完工日期、生产的车间等信息。生产任务的确认指的是审批过程，而只有下达至生产车间的生产任务才是正在进行制造加工的生产任务。生产任务结束以后由 ERP 系统自动结案或由手工结案。生产任务管理的业务流程如图 8-38 所示。

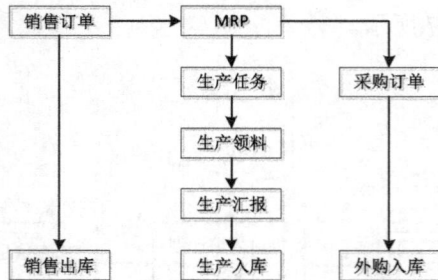

图 8-38 生产任务管理的业务流程

4．生产计划管理实例

中国常信计算机有限公司生产计划管理业务处理的具体步骤如下所示。

（1）新建超炫王商用 PCK2 计算机 BOM。超炫王商用 PCK2 计算机分别由超炫 X1 主机、三星 T200 显示器、罗技 V47 激光鼠标和戴尔 SK-8115 键盘组成，构成的数量均为 1。

在"生产数据管理系统-[BOM 资料维护]"窗口，新增超炫王商用 PCK2 计算机的 BOM，并且审核和使用。超炫王商用 PCK2 计算机的 BOM 如图 8-39 所示。

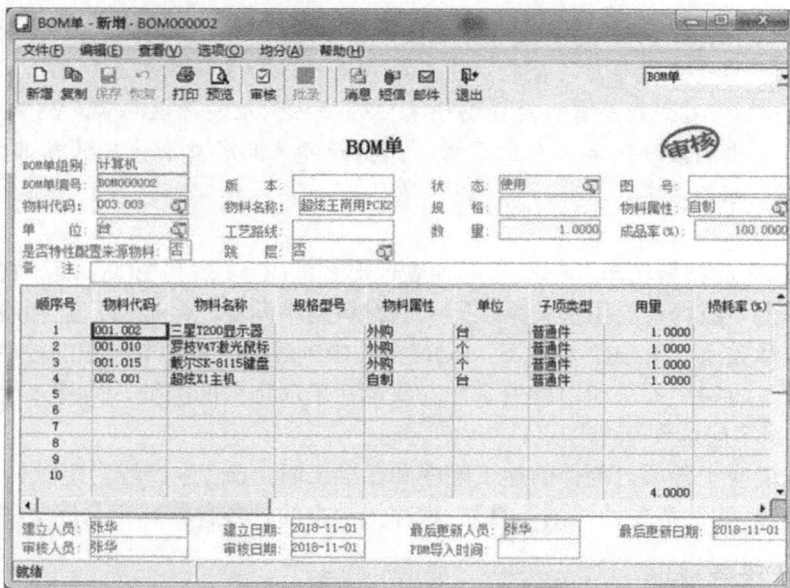

图 8-39 超炫王商用 PCK2 计算机的 BOM

（2）2019 年 9 月 12 日，销售部业务员李萍接到安迅公司的销售订单，对方订购 450 台超炫王商用 PCK2 计算机，不含税单价为 7 850 元，要求 9 月 20 日交货。生产计划员何仁杰根据销售订单运算 MRP。

Step1：新增销售订单。超炫王商用 PCK2 计算机销售订单如图 8-40 所示。

图 8-40 超炫王商用 PCK2 计算机销售订单

Step2：设置 MRP 计划展望期。

在金蝶 K/3 系统主界面，依次单击"计划管理"→"物料需求计划"→"系统设置"，双击"计划展望期维护"，打开"计划展望期维护"对话框，在工具栏中单击"插入"按钮，分别录入如图 8-41 所示的计划展望期。

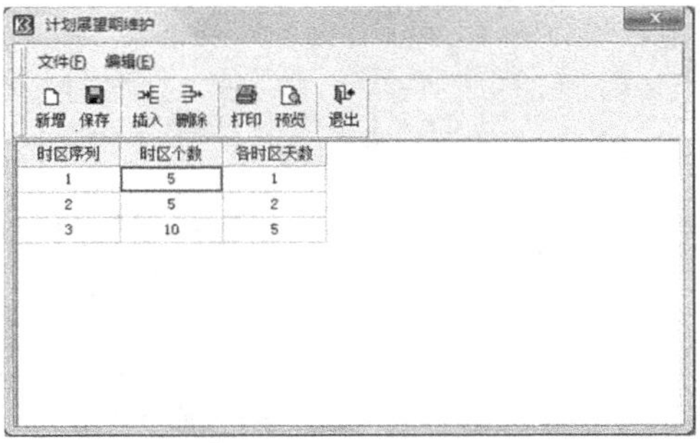

图 8-41 "计划展望期维护"对话框

Step3：设置 MRP 计划方案。

在金蝶 K/3 系统主界面，依次单击"计划管理"→"物料需求计划"→"系统设置"，双击"MRP 计划方案维护"，打开"计划方案维护"窗口，在左边窗格单击 MTO(SYS)，在右边的"投放参数"标签中，分别勾选"运算完成直接投放计划订单"和"统一按方案指定采购负责人"选项，采购申请人默认值为陈立波，采购部门默认值为采购部，自制件默认生产类型为普通订单，自制件默认生产部门为生产一部，具体内容如图 8-42 所示。最后单击工具栏中的"保存"按钮。

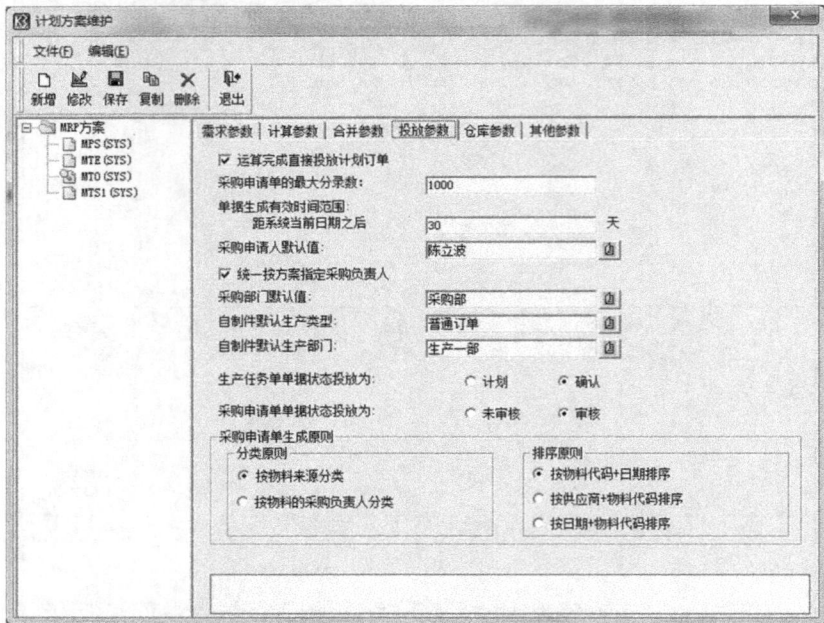

图 8-42 "计划方案维护"窗口

Step4：运算 MRP。

在金蝶 K/3 系统主界面，依次单击"计划管理"→"物料需求计划"→"MRP 计算"，双击"MRP 计算"，打开"MRP 运算向导-开始"对话框，如图 8-43 所示。单击"下一步"按钮。打开"MRP 运算向导-预检查辅助工具"对话框，如图 8-44 所示。分别单击"BOM 单嵌套检查"和"低位码维护"按钮，对企业产品的 BOM 单进行检查。

图 8-43 "MRP 运算向导-开始"对话框　　图 8-44 "MRP 运算向导-预检查辅助工具"对话框

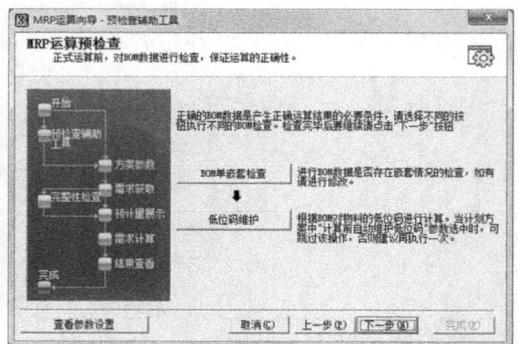

单击"下一步"按钮，打开"MRP 运算向导-方案参数"对话框，如图 8-45 所示，在运算方案中选择"MTO(SYS)"方案，再单击"下一步"按钮，打开"MRP 运算向导-需求获取"对话框，如图 8-46 所示，单击"下一步"按钮，打开"MRP 运算向导-预计量展示"对话框，如图 8-47 所示，单击"显示预计量单据"按钮，可以从"过滤"对话框中选择参与本次 MRP 计算的计划单据，如图 8-48 所示。

单击图 8-47 中的"下一步"按钮，打开"MRP 运算向导-需求计算"对话框，如图 8-49

所示。可以看到当前 MRP 计算所处的阶段。MRP 计算结束以后，即打开"MRP 运算向导-结果查看"对话框，如图 8-50 所示。单击"查看结果"按钮，即可看到本次 MRP 运算的结果，如图 8-51 所示。结果显示了 BOM 中每项物料的期初库存、毛需求、已分配量、预计入库和净需求。净需求量是企业需要采购、委外、生产的实际数量。

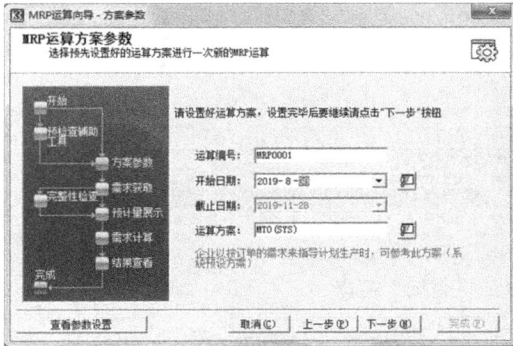

图 8-45　"MRP 运算向导-方案参数"对话框

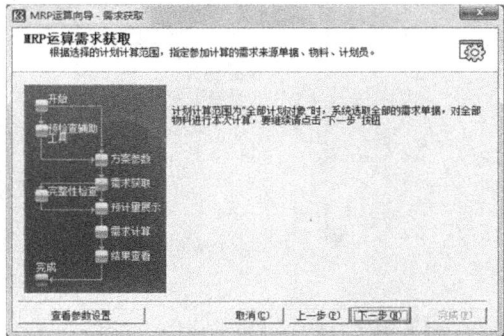

图 8-46　"MRP 运算向导-需求获取"对话框

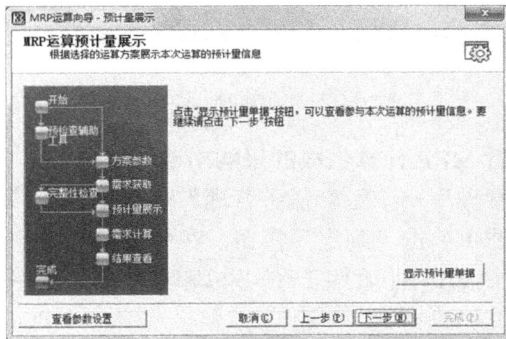

图 8-47　"MRP 运算向导-预计量展示"对话框

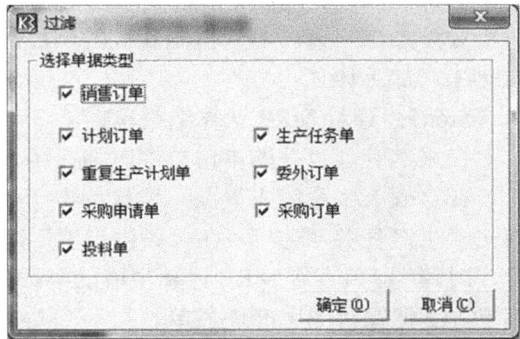

图 8-48　"过滤"对话框

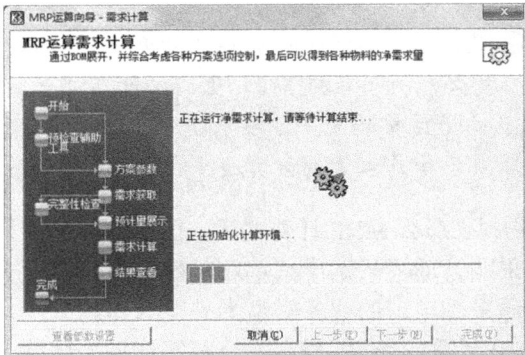

图 8-49　"MRP 运算向导-需求运算"对话框

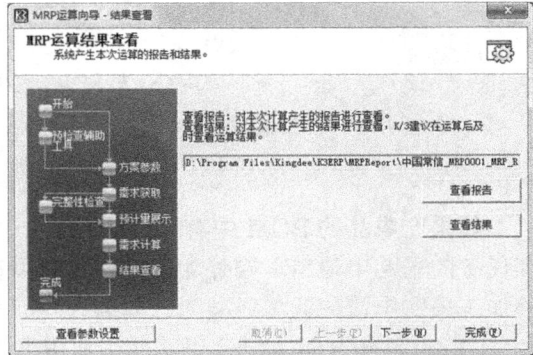

图 8-50　"MRP 运算向导-结果查看"对话框

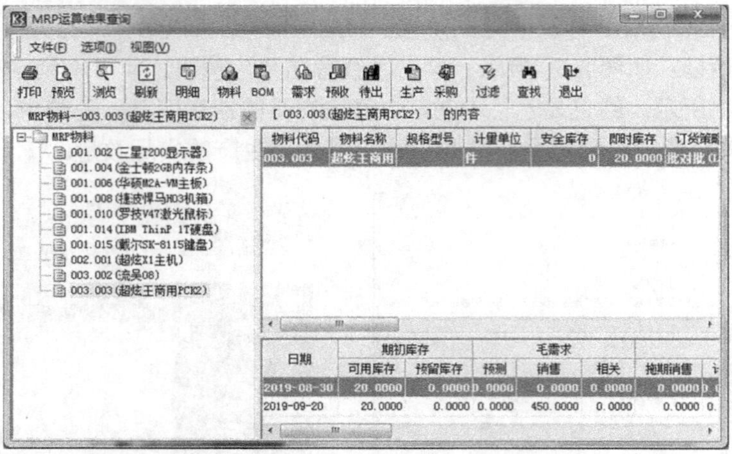

图 8-51 "MRP 运算结果查询"窗口

MRP 的计算结果一般分为 3 类：采购作业计划、委外作业计划和生产作业计划。采购作业计划对需要采购的外购件由生产计划部门以采购申请单的形式提出采购请求，并提交给采购部门。对于委外加工属性的物料，以采购申请单（订单委外）的形式交给采购部门，进行委外加工申请。对于自制属性的半成品和产成品，以生产任务单的形式交给生产部门安排生产加工计划。

Step5：查看 MRP 计算结果单据。

在采购管理"采购申请单序时簿"中，查看 MRP 计算生成的采购申请。

在金蝶 K/3 系统主界面，依次单击"生产管理"→"生产任务管理"→"生产任务"，双击"生产任务-维护"，在"条件过滤"对话框中单击"确定"按钮，在弹出的"生产任务序时簿"窗口查看 MRP 计算生成的半成品超炫 X1 主机的生产任务单和产成品超炫王商用 PCK2 计算机的生产任务单。

小提示	1. 如果在设置 MRP 计划方案时，没有勾选"运算完成直接投放计划订单"选项，则 MRP 计算的结果不会把采购申请单、生产任务单和委外申请投放给采购部和生产部，此时需要在 MRP 模块中打开"MRP 维护"→"MRP 计划订单-维护"窗口，手动审核 MRP 生成的计划订单，再投放至采购部和生产部生成采购申请单和生产任务单。 2. MRP 计算结果的数量取决于净需求量的计算公式。

如果产成品的 BOM 中有委外属性的子项物料，那么 MRP 计算之后，也会生成委外加工任务的采购申请单。委外加工申请也可以在采购管理"采购申请单序时簿"中查看，委外加工采购申请的业务类型为订单委外，而普通采购申请的业务类型为外购入库。

（3）2019 年 9 月 13 日，采购部李萍根据 MRP 运算的结果，与南方公司签订采购订单，三星 T200 显示器的采购单价为 650 元，罗技 V47 激光鼠标的采购单价为 100 元，戴尔 SK-8115 键盘的采购单价为 75 元，捷波悍马 H03 机箱的采购单价为 120 元，金士顿 2GB 内存条的采购单价为 160 元，华硕 M2A-VM 主板的采购单价为 600 元，IBM ThinP 1TB 硬盘的采购单价为 420 元，以上均为不含税单价。9 月 14 日，货到，仓库保管员做入库处理，同时采购增值税发票送达财务部入账。

Step1：根据 MRP 运算生成的采购申请，生成采购订单。在"采购订单-新增"窗口中，选择源单类型为采购申请，在选单号中选择 MRP 生成的采购申请单，生成与南方公司签订的采购订单，如图 8-52 所示。

图 8-52　采购订单

Step2：根据采购订单生成收料通知单，如图 8-53 所示。

图 8-53　收料通知单

Step3：根据收料通知单生成外购入库单，如图 8-54 所示。由于华硕 M2A-VM 主板的计价方法为分批认定法，在外购入库单中需要录入本次采购的批号 20190914。

图 8-54　外购入库单

Step4：根据外购入库单生成采购发票并钩稽，如图 8-55 所示。

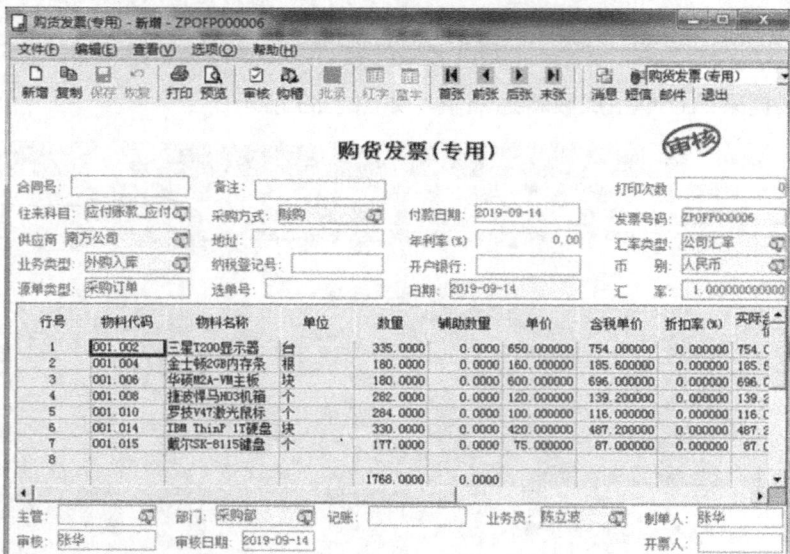

图 8-55　采购发票（专用）

（4）2019 年 9 月 14 日，下达半成品超炫 X1 主机的生产任务给生产一部，生产工人张恒进行生产领料，9 月 15 日将生产完工的超炫 X1 主机送至半成品仓库存放。9 月 16 日，下达产成品超炫王商用 PCK2 计算机的生产任务给生产一部，生产工人何仁杰进行生产领料，9 月 19 日，把生产完工的超炫王商用 PCK2 计算机送至产成品仓库存放。

Step1：下达半成品生产任务单。在"生产任务管理系统-[生产任务序时簿]"窗口，选择半成品超炫 X1 主机的生产任务单，再单击工具栏中的"下达"按钮，把生产任务单下达至车间进行生产，如图 8-56 所示。

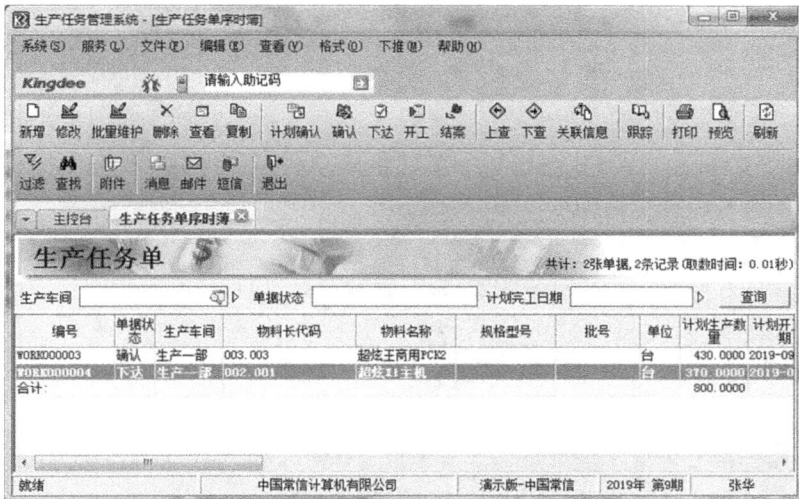

图 8-56　下达生产任务单

Step2：根据半成品超炫 X1 主机生产任务单生成的生产领料单。

生产领料单的生成有两种方式：一是在"仓存管理"子模块"领料发货"子功能中，双击"生产领料-新增"明细功能，打开"生产领料-新增"窗口，从源单类型中选择生产领料单，选择相应的生产任务单号即可生成生产领料单；二是在"生产任务序时簿"窗口，选择相应的生产任务单后，单击"下推"菜单中的"生成生产领料单"命令，在"生产任务单生成生产领料单"对话框中，单击"生成"按钮，即可打开生产领料单的录入窗口。

在本次的生产领料业务中，华硕 M2A-VM 主板的计价方法为分批认定法，所以在生产领料时需要输入它的批号。华硕 M2A-VM 主板的库存数据有两个批号，所以在领料时要录入两张生产领料单。根据半成品超炫 X1 主机生产任务单生成的生产领料单，如图 8-57 和 8-58 所示。

图 8-57　生产领料单（一）

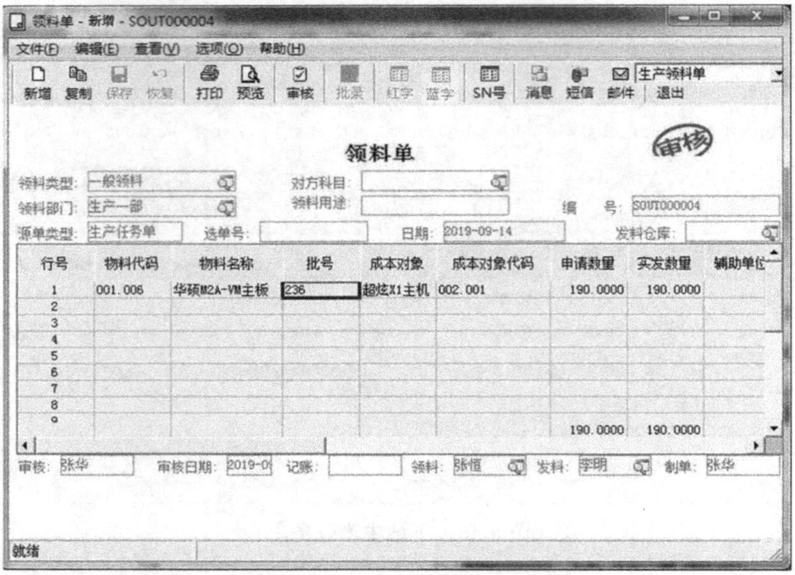

图 8-58   生产领料单（二）

Step3：根据半成品超炫 X1 主机的生产任务单生成产品入库单。

产品入库单的生成方式与生产领料单的生成方式相同，也有两种方法：一是在"仓存管理"子模块新增产品入库单；二是在"生产任务序时簿"窗口，通过"下推"菜单中的"生成产品入库"命令生成。超炫 X1 主机的产品入库单如图 8-59 所示。所有的材料全部领用并且所有产品均已完工入库之后，超炫 X1 主机的生产任务单会自动结案，表示该生产任务已经结束。

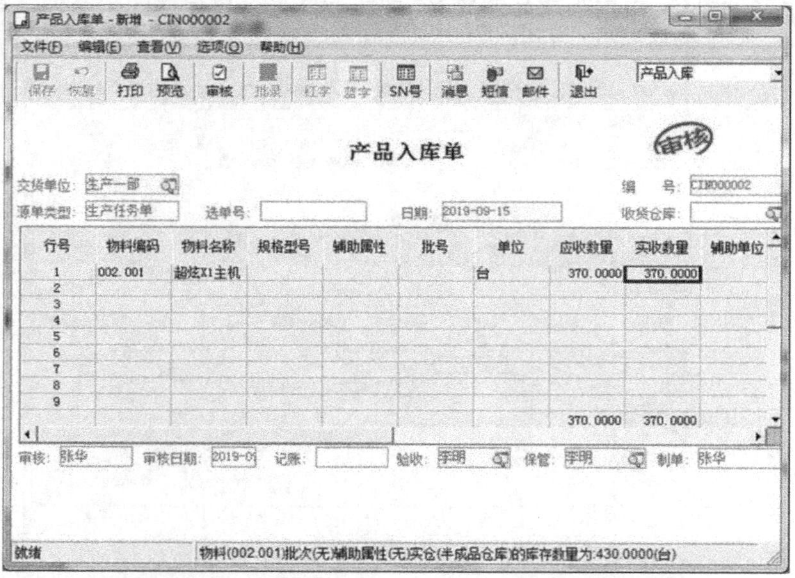

图 8-59   产品入库单（一）

小提示
1．在"领料单-新增"窗口中，录入含有批号的物料时，可以按F12快捷键，打开库存查询的对话框，从中可以选择相应批号的库存数量。
2．当跟生产任务单相关的领料业务和产品完工入库业务均已完成后，生产任务单的状态自动变为结案状态。

Step4：同理，在半成品超炫X1主机的生产任务单执行结束以后，需要下达产成品超炫王商用PCK2的生产任务，填制生产领料单和产品入库单，分别如图8-60和图8-61所示。产成品超炫王商用PCK2的生产领料和产品入库结束后，其生产任务单也会自动结案。

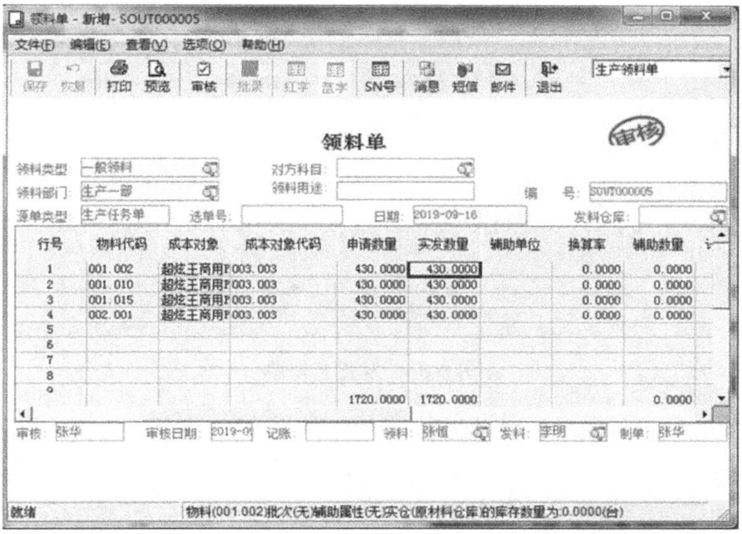

图 8-60　生产领料单（三）

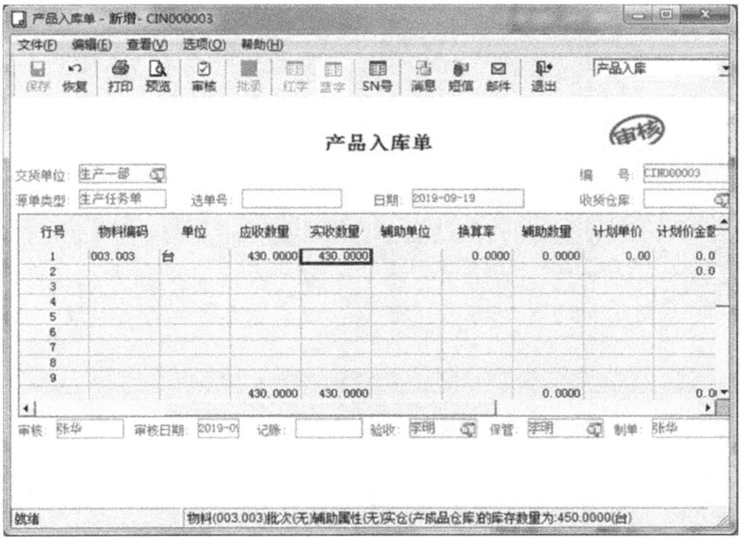

图 8-61　产品入库单

（5）2019 年 9 月 20 日，李萍通知仓储部发货，将销售发票与货物一起送往安迅公司。

Step1：生产完工之后，根据 9 月 12 日与安迅公司签订的销售订单，生成发货通知单，如图 8-62 所示。

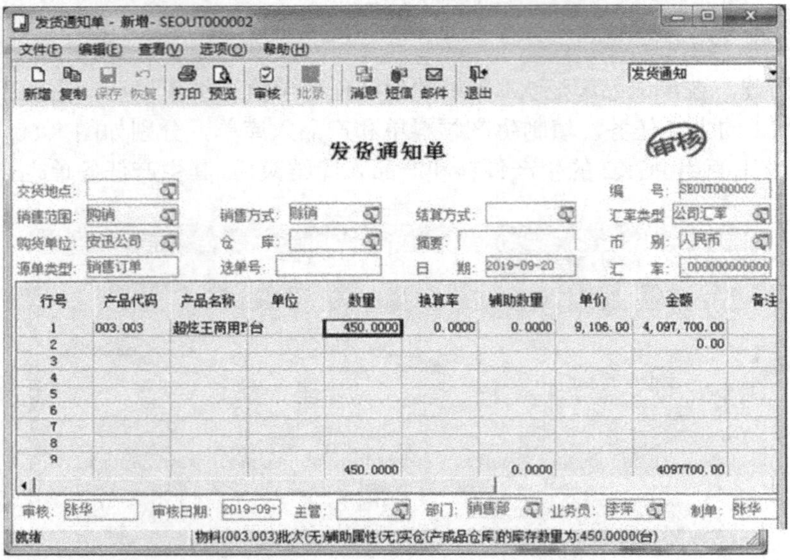

图 8-62　发货通知单

Step2：根据发货通知单，生成销售出库单，如图 8-63 所示。

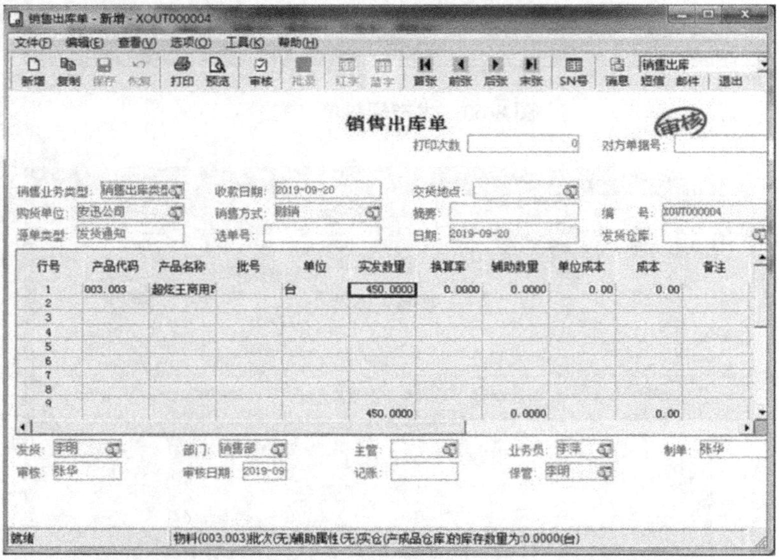

图 8-63　销售出库单

Step3：根据销售订单或销售出库单，生成销售发票并钩稽，如图 8-64 所示。

图 8-64 销售发票（专用）

扫一扫

视频 8-6：生产计划业务处理

五、存货核算业务处理

存货核算是指对企业存货的价值进行计量，用于工商业企业存货出入库成本核算、存货出入库凭证处理、核算报表查询、期末业务处理及相关资料维护。存货核算是企业会计核算的一项重要内容，用于正确计算存货购入成本，反映和监督存货的收发、领退和保管情况，促进企业提高资金的使用效果。ERP 系统中的存货核算功能主要包括入库成本核算、出库成本核算和财务凭证的生成。

1．入库成本核算

企业会计制度规定，存货在取得时，按照实际成本入账。

1）外购入库存本核算

外购入库的实际成本包括下列各项。

（1）买价，即进货发票注明的货款金额。

（2）运输费、装卸费、保险费、包装费、仓储费等费用。

（3）运输途中的合理损耗。有些物资在运输途中会发生一定的短缺和损耗，除合理的途中损耗应当计入物资的采购成本以外，能确定由过失人负责的，应向责任单位或过失人索取赔偿，不计入进货成本。由自然灾害导致的意外损失，减去保险赔偿款和可以收回的残值计价后的净损失，应作为营业外支出处理，不得计入进货成本。属于无法收回的其他损失，计入管理费用，也不得计入进货成本。

（4）其他费用，如大宗物资的市内运杂费、市内零星运杂费、采购人员的差旅费和采购机构的经费，以及企业供应部门和仓储部门的经费等，一般都不包括在存货的实际成本中。

在外购入库成本核算中，不同的业务类型，核算的方法也不尽相同。例如，对于已取得采购发票并已钩稽的外购入库，按钩稽的金额计算外购入库的成本；对于已入库但未取得发票的入库单，只能进行成本暂估处理，可以对物料估计一个价格暂时代替它的入库成本，等收到供应商的发票以后再予以调整。

2）自制件成本核算

自制件的物料主要有自制原材料、包装物、低值易耗品、在产品、半成品、产成品等。它们的实际成本包括制造过程中耗用的原材料、工资和有关费用等实际支出。

自制件的产品完工入库成本主要由三部分构成：材料费、人工费和分摊的制造费用。材料费是由根据生产任务单与 BOM 中对应的发出材料成本组成，体现为生产领料单据中的成本。人工费由自制件的单位人工费率计算得出。而分摊的制造费用则要到月底按一定的方法予以归集，再分摊到产品的生产数量当中。ERP 系统中的自制件成本核算通过成本管理模块进行，把所有生产费用归集后，计算每一批产品的生产成本。

3）委外加工完成的存货成本核算

委外加工的物料有加工后的原材料、包装物、低值易耗品、半成品、产成品等。它们的实际成本应包括实际耗用的原材料或半成品，加工费、运输费、装卸费和保险费等费用，以及按规定应计入成本的税金。

委外加工业务是从订单委外开始，到委外加工入库并收到加工费发票结束。常用的方法是，首先计算加工费的委外入库成本，其次计算委外发出材料的成本，最后累加形成委外加工入库的总成本。

2．出库成本核算

企业对于各项存货的日常收、发，必须根据有关的收、发凭证，在既有数量又有金额的明细账内，逐项、逐笔进行登记。企业进行存货的日常核算有两种方法：一种是采用实际成本进行核算；另一种是采用计划成本进行核算。

采用实际成本进行核算一般适用于规模较小、存货品种简单、采购业务不多的企业（主要指未采用计算机处理日常业务核算的企业）。由于各种存货是分次购入或分批生产形成的，所以同一项目的存货，其单价或单位成本往往不同。要核算领用、发出存货的价值，就要选择一定的计量方法，只有正确地计算领用、发出存货的价值，才能真实地反映企业的生产成本和销售成本，进而正确地确定企业的净利润。企业会计制度规定，企业领用或发出存货，若按照实际成本进行核算，可以根据实际情况选择采用先进先出法、加权平均法、移动平均法、个别计价法或后进先出法等方法确定其实际成本。这五种方法都有自身的特点，企业应根据具体情况选用。

3．财务凭证的生成

在确定了物料的入库成本和出库成本以后，通过存货核算中的凭证管理把业务系统的出入库单据转换为财务系统的凭证。针对不同的业务类型，设置不同的凭证模板，对每一笔资金运动都生成财务的凭证，实现业务系统与财务系统数据的统一。

存货核算系统是各个业务系统之间的接口，也是业务系统与财务系统之间的接口。大多数外购入库业务数据来源于采购系统，销售出库业务来源于销售系统，库存资金的增加、减少来源于仓存系统，最后把业务生成凭证传递给财务的总账系统、应收款系统、应付款系统和成本管理系统。存货核算与其他系统之间的关系如图 8-65 所示。

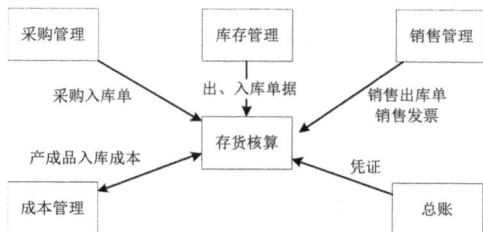

图 8-65 存货核算系统与其他系统之间的关系

存货核算的最终结果主要有两个方面：一是存货的收发存汇总表（或明细表）；二是库存单据生成的记账凭证。通过物料收发存汇总表（或明细表），掌握企业本期内所有物料的期初结存数量和金额、本期入库数量和金额、本期发出的数量和金额，以及期末结存的数量和金额。存货收发存汇总表（或明细表），为企业物料库存保管水平的评价提供了详细的数据，反映了企业库存水平和库存资金的占用情况。

存货核算是在其他所有业务系统都关账的情况下进行的，一旦进行存货核算，意味着本期内所有的出、入库单据不允许再做改变。否则，只要更改了一个物料的入库成本，所有的入库成本核算、出库成本核算及生成的财务凭证都要重新核算、重新生成。

存货核算结束以后，对业务系统进行结账，业务系统将正式进入下一期，再在系统中进行的业务处理就是下一期间的经济业务了。

4．存货核算业务处理实例

中国常信计算机有限公司存货核算系统业务处理的具体步骤如下所示。

（1）核算本期外购入库业务成本。

Step1：打开"存货核算（供应链）系统-[外购入库核算]"窗口。

在金蝶 K/3 系统主界面，依次单击"供应链"→"存货核算"→"入库核算"，双击"外购入库核算"，打开"条件过滤"窗口，如图 8-66 所示，其中红蓝字选择全部，记账标志选择全部，单击"确定"按钮，打开"存货核算（供应链）系统-[外购入库核算]"窗口。

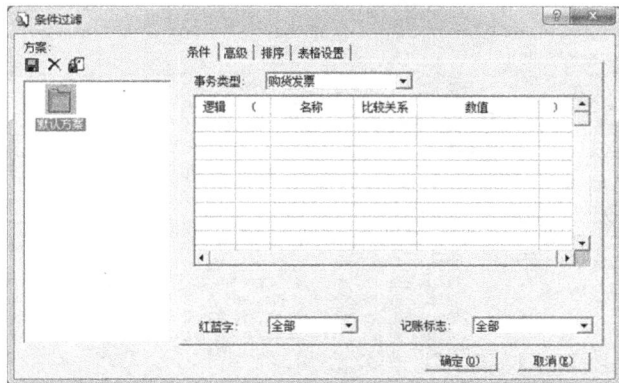

图 8-66 "条件过滤"窗口

Step2：在"存货核算（供应链）系统-[外购入库核算]"窗口中，分别单击工具栏中的"钩稽"和"分配"按钮，完成采购发票与外购入库的钩稽，以及采购费用发票的费用分配。最后，单击工具栏中的"核算"按钮，按采购钩稽结算中的金额来确定采购入库的成本，并反写成本至外购入库单中，核算出采购入库的真实成本，如图 8-67 所示。

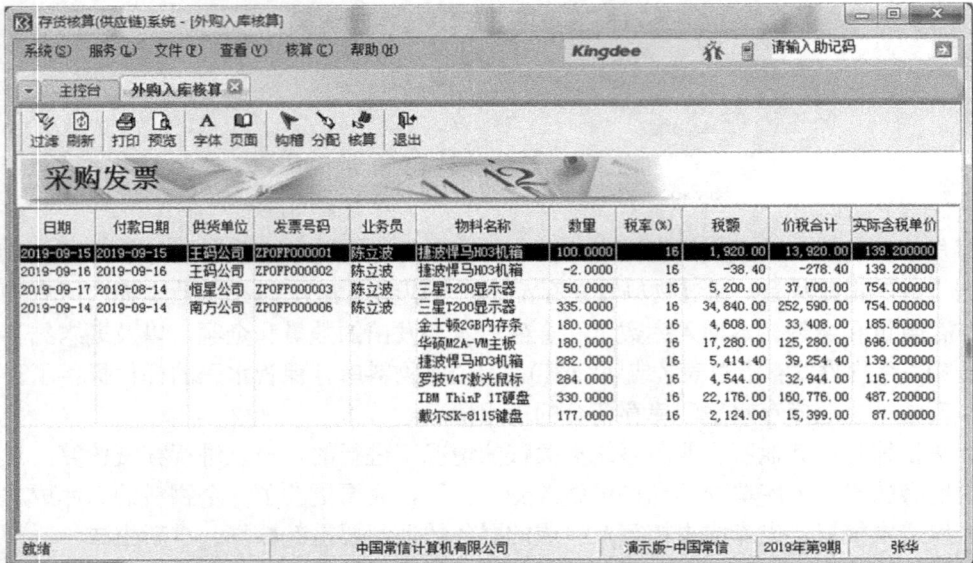

图 8-67　外购入库核算

Step3：查看核算后外购入库单中的物料采购成本。

打开"采购管理（供应链）系统-[外购入库单序时簿]"，找到 2019 年 9 月 14 日向王码公司采购入库的捷波悍马 H03 机箱，就会发现其单位成本由原来的 120 元变成了 121.86 元，多增加的 1.86 元就是分摊运费增加的单位采购成本，如图 8-68 所示。

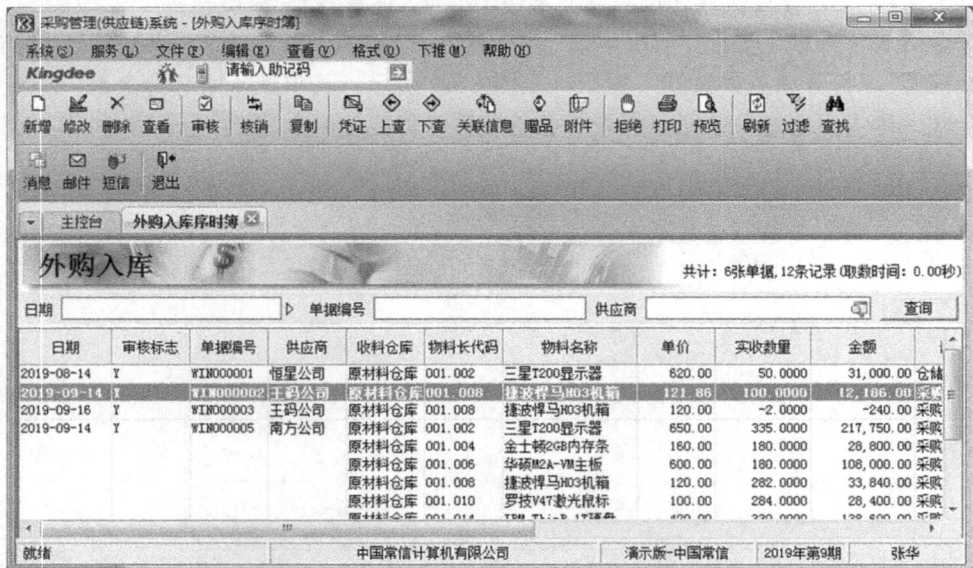

图 8-68　查看核算后外购入库单中的采购成本

（2）按期初加权平均价，分别核算本期其他入库成本和盘盈入库成本。

Step1：打开"存货核算（供应链）系统-[其他入库单序时簿]"窗口。

在金蝶 K/3 系统主界面，依次单击"供应链"→"存货核算"→"入库核算"，双击"其他入库核算"，在打开的"条件过滤"窗口中单击"确定"按钮，打开"存货核算（供应链）系统-[其他入库单序时簿]"窗口，如图 8-69 所示。这时，核算其他入库物料的成本有两种方式：一是直接单击工具栏中的"修改"按钮，可以修改物料的入库成本；二是使用无单价单据维护功能来核算其他入库物料的入库成本。但不管使用哪种方法，都要打开"存货核算（供应链）系统-[存货收发存汇总表]"窗口，查看物料的本期期初成本、入库成本、发出成本和结存成本。

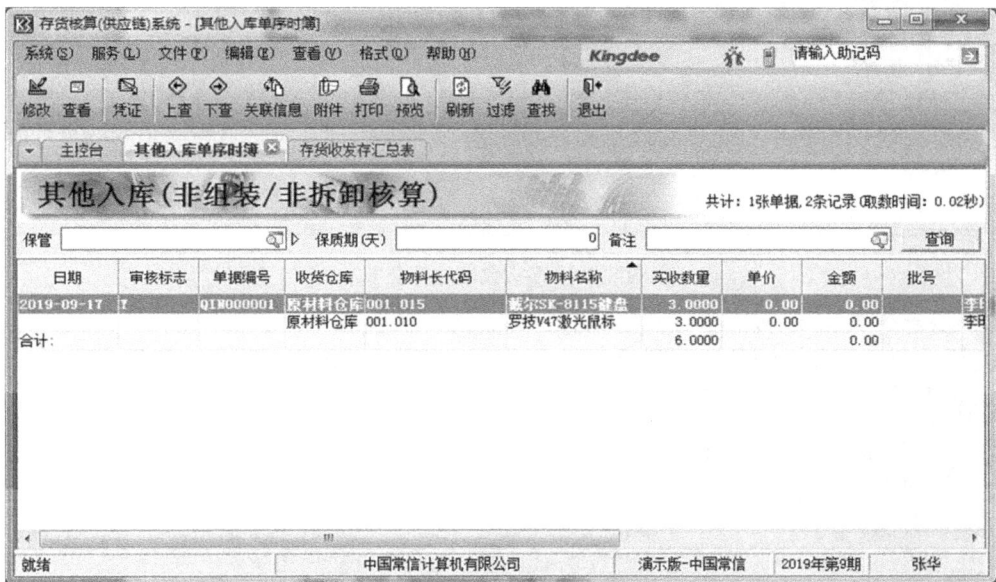

图 8-69 "存货核算（供应链）系统-[其他入库单序时簿]"窗口

Step2：打开"存货核算（供应链）系统-[存货收发存汇总表]"窗口。

在金蝶 K/3 系统主界面，依次单击"供应链"→"存货核算"→"报表分析"，双击"存货收发存汇总表"，在"过滤"对话框中取消勾选"分级汇总"和"仅显示汇总行"复选框，单击"确定"按钮，打开"存货核算（供应链）系统-[存货收发存汇总表]"窗口，如图 8-70 所示。

分别双击罗技 V47 激光鼠标和戴尔 SK-8115 键盘的所在行，打开"材料明细账"标签，查看其期初加权平均价，如图 8-71 所示。

Step3：在"存货核算（供应链）系统-[其他入库单序时簿]"窗口中，选择 2019-09-17 发生的其他入库单，单击工具栏中的"修改"按钮，在打开的"其他入库单-修改"窗口中分别输入键盘和鼠标的期初加权平均价，如图 8-72 所示。最后单击"保存"按钮，即可完成其他入库的成本核算。

存货收发存汇总表

起始期间：2019年 第9期　　　　　　　　　　　截止期间：2019年 第9期
物料代码范围：所有

会计期间	物料代码	物料名称	期初结存 数量	单价	金额	本期收入 数量	单价	金额	本期发出 数量	单价	金额	期末结存 数量	单价	金额
2019.9	001.002	三星T200显示器	100	650	65,000.00	335	654.48	219,250.00	435					84,250.00
2019.9	001.003	LGM4210C显示器	200	900	180,000.00				1			199	904.52	80,000.00
2019.9	001.004	金士顿2GB内存条	200	160	32,000.00	180	160	28,800.00	380					60,800.00
2019.9	001.005	现代2GB D3内存	100	170	17,000.00	20						120	141.67	17,000.00
2019.9	001.006	华硕M2A-VM主板	200	600	120,000.00	180	600	108,000.00	380					28,000.00
2019.9	001.008	捷波悍马H03机箱				380	120.49	45,786.00	380					45,786.00
2019.9	001.010	罗技V47激光鼠标	150	100	15,000.00	287	98.95	28,400.00	437					43,400.00
2019.9	001.011	酷睿E4500 CPU	120	600	72,000.00							120	600	72,000.00
2019.9	001.014	IBM ThinP 1T硬盘	50	400	20,000.00	330	420	138,600.00	380					58,600.00
2019.9	001.015	戴尔TSK-8115键盘	255	70	17,850.00	180	73.75	13,275.00	435					31,125.00
2019.9	002.001	超炫X1主机	50	5,200	260,000.00	380	5.26	2,000.00	430					62,000.00
2019.9	002.002	欧皇A主机	50	4,800	240,000.00				5			45	5,333.33	40,000.00
2019.9	002.003	腾信C3主机	80	3,250	260,000.00							80	3,250	60,000.00
2019.9	003.001	欧皇ASDJ3	100	7,200	720,000.00	5						105	6,857.14	20,000.00
2019.9	003.002	流呈08	80	6,000	480,000.00				8			72	6,666.67	80,000.00
2019.9	003.003	超炫王商用PCK2	20	7,300	146,000.00	430			450					46,000.00
2019.9	合计		1,755	1,507.04	2,644,850.00	2,707	215.78	584,111.00	3,721			741	4,357.57	28,961.00

图 8-70　存货收发存汇总表

材料明细账

起始期间：2019年 第9期　　　　　　　　　　　截止期间：2019年 第9期
材料名称：罗技V47激光鼠标 (001.010)　计量单位：件　计价方法：加权平均法
材料类别：原材料　　　　　　　　　　　　最高存量：1000　最低存量：0
规格型号：　　　　　　　　　　　　　　　物料属性：外购　存货科目代码：1403.01

会计期间	日期	单据号码	事务类型	收入 数量	单价	金额	发出 数量	单价	金额	结存 数量	单价	金额	备注
2019.9	2019-9-1		期初结存							150	100	15,000.00	
2019.9	2019-9-12	SOUT00000	生产领料单				5			145	103.45	15,000.00	
2019.9	2019-9-14	WIN000005	外购入库	284	100	28,400.00				429	101.17	43,400.00	
2019.9	2019-9-16	QOUT00000	其他出库单				2			427	101.64	43,400.00	
2019.9	2019-9-16	SOUT00000	生产领料单				430			-3	14,466.67	43,400.00	
2019.9	2019-9-17	QIN00000	其他入库	3								43,400.00	
2019.9	2019-9-30		本期合计	287	98.95	28,400.00	437						
2019.9	2019-9-30		期末结存									43,400.00	
2019.9	2019-9-30		本年累计	287	98.95	28,400.00	437						

图 8-71　材料明细账

图 8-72 其他入库核算

Step4：针对本期 2019 年 9 月 18 日原材料仓库盘盈的现代 2GB D3 内存条，使用第二种方法"无单价单据维护"功能来核算其入库成本。

在金蝶 K/3 系统主界面，依次单击"供应链"→"存货核算"→"无单价单据维护"，双击"更新无单价单据"，在打开的"更新无单价单据"对话框中，在"选择单价来源和本期核算单据"下拉列表中选择期初余额加权平均价，核算单据选择"盘盈入库单"，最后单击"更新"按钮，如图 8-73 所示，即可完成盘盈入库单的入库成本核算。

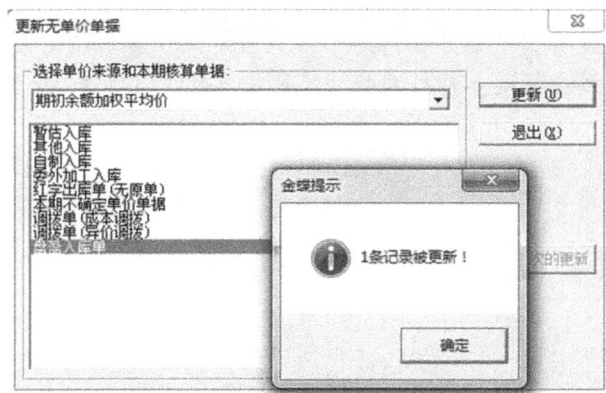

图 8-73 "更新无单价单据"对话框

Step5：查看盘盈入库单核算后的成本。

在金蝶 K/3 系统主界面，依次单击"供应链"→"仓存管理"→"盘点作业"，双击"盘盈入库-维护"，在"仓库管理（供应链）系统-[库存调整序时簿]"窗口中，可以看到盘盈入库核算结束后的成本，如图 8-74 所示。

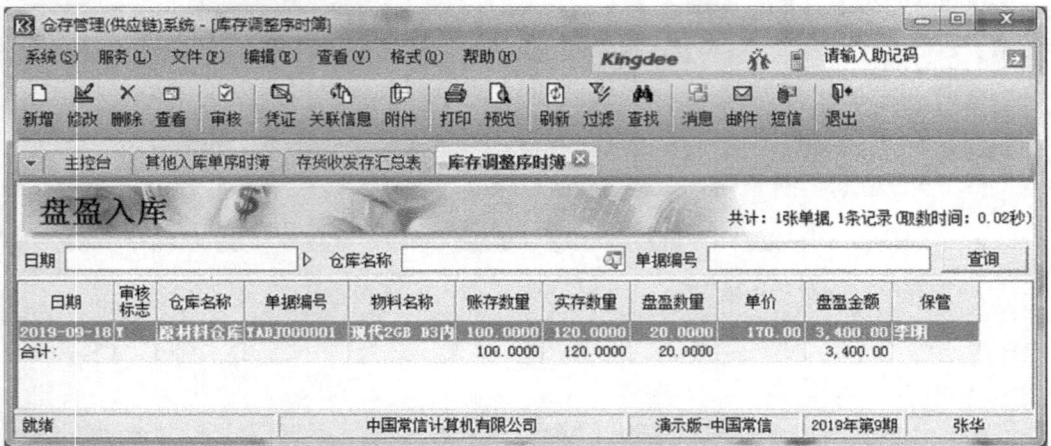

图 8-74　查看盘盈入库核算后的成本

（3）经过测算，本期超炫 X1 主机、超炫王商用 PCK2 计算机和欧皇 ASDJ3 计算机的生产成本分别为 5 000 元、6 600 和 6 500 元，对其进行产品入库成本核算。

Step1：打开自制入库核算"过滤"窗口。

在金蝶 K/3 系统主界面，依次单击"供应链"→"存货核算"→"入库核算"，双击"自制入库核算"，打开"过滤"窗口，事务类型选择"产品入库"，如图 8-75 所示，单击"确定"按钮。

Step2：核算自制产品的生产成本。在打开的"存货核算（供应链）系统-[自制入库核算]"窗口，分别输入超炫 X1 主机、超炫王商用 PCK2 计算机和欧皇 ASDJ3 计算机的生产成本分别为 5 000 元、6 600 和 6 500 元，再单击工具栏中的"核算"按钮，即可完成自制产品入库的成本核算，如图 8-76 所示。

小提示	其他入库核算对应的入库单据是其他入库单，自制入库核算对应的单据是自制件的产品入库单，盘盈入库核算对应的是盘盈单，暂估入库核算对应的是本月尚未收到采购发票的外购入库。

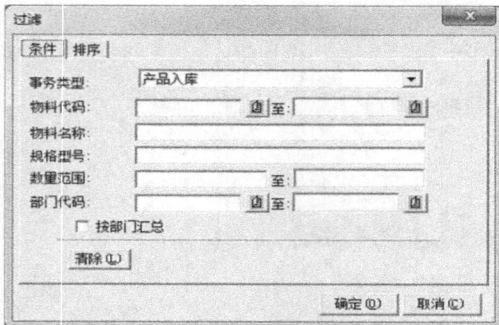

图 8-75　"过滤"对话框

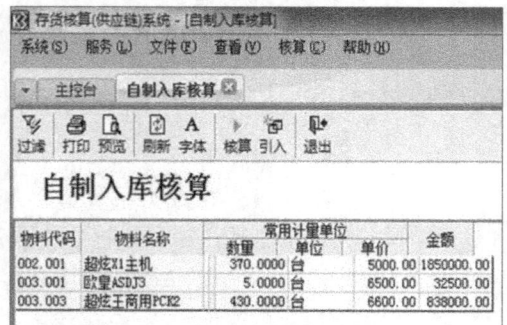

图 8-76　"存货核算（供应链）
系统-[自制入库核算]"窗口

Step3：查看核算后产品入库的成本。

在"仓存管理"子模块，打开"产品入库序时簿"，可以看到超炫 X1 主机、超炫王商用 PCK2 计算机和欧皇 ASDJ3 计算机的生产成本分别为 5 000 元、6 600 和 6 500 元。

（4）核算超炫 X1 主机的委外加工入库成本。

中国常信计算机有限公司本月发生了一笔委外加工业务，2019 年 9 月 15 日由恒星公司加工 10 台超炫 X1 主机。委外加工的超炫 X1 主机入库成本主要由两部分构成：一是委外加工发出的材料费，二是委外加工入库的加工费用。所以超炫 X1 主机的委外加工入库成本要分两块内容进行核算。

Step1：委外加工材料核销。

在金蝶 K/3 系统主界面，依次单击"供应链"→"存货核算"→"入库核算"，双击"委外加工入库核算"，打开"存货核算（供应链）系统-[委外加工入库单]"窗口，如图 8-77 所示，单击工具栏中的"核销"按钮。打开"委外加工入库核销"窗口，如图 8-78 所示，上方窗格中显示的是委外加工入库的半成品，下方窗格中显示的是委外加工发出的材料。

全选所有发出物料的行，拖动水平滚动条，依次输入每行的本次核销数量为 10，并单击工具栏中的"核销"按钮，完成委外加工入库材料成本的核销。

小提示	1. 委外加工入库核销是为了核算该笔委外加工入库业务使用的材料有多少，委外加工业务的材料成本和委外加工费共同构成委外加工入库业务的成本。 2. 要计算出委外加工业务的材料成本，必须先要进行材料发出成本核算。

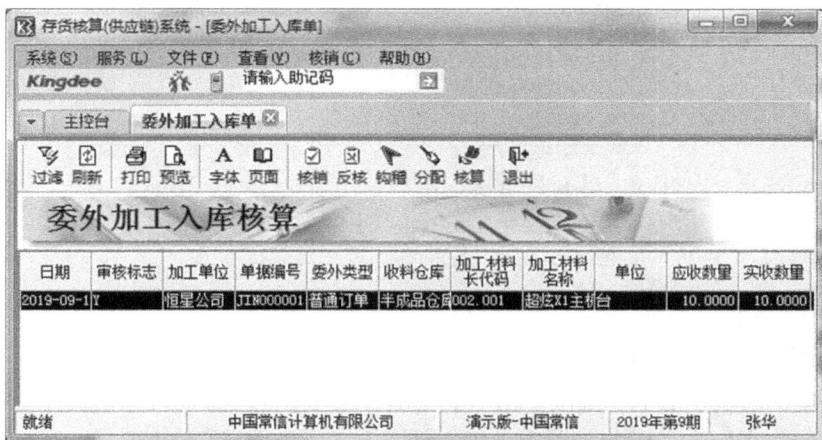

图 8-77　"存货核算（供应链）系统-[委外加工入库单]"窗口

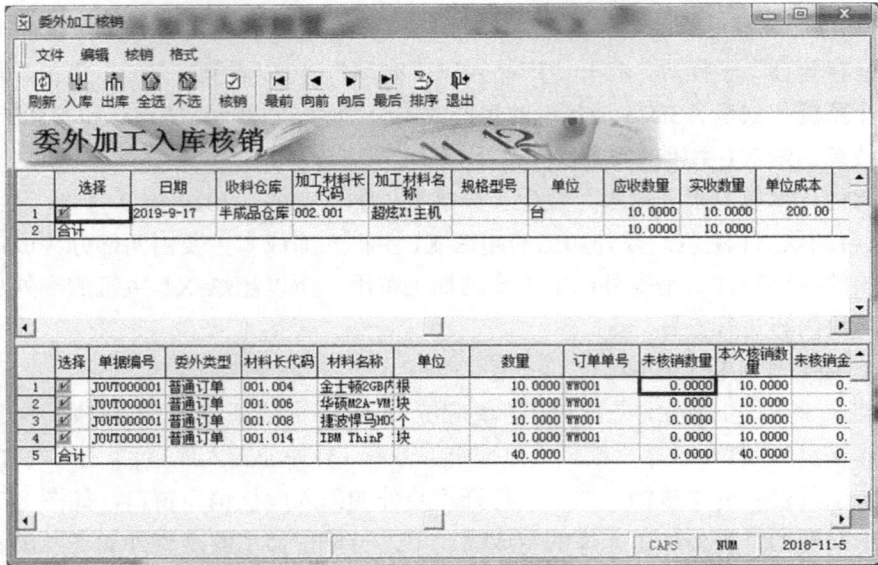

图 8-78 "委外加工入库核销"窗口

Step2：核算委外加工入库的加工费成本。

在"存货核算（供应链）系统-[委外加工入库单]"窗口中，依次单击菜单栏中的"核销"→"分配方式"→"按数量分配"，再单击工具栏中的"分配"按钮，完成委外加工费的分配，如图 8-79 所示。最后单击工具栏中的"核算"按钮，即可按委外加工费发票中的金额核算委外加工入库的加工费成本。

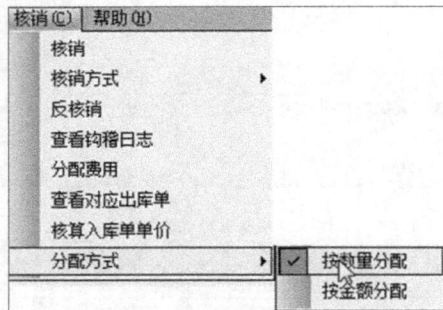

图 8-79 委外加工费分配方式

Step3：核算委外加工出库单中的发出材料成本。

在金蝶 K/3 系统主界面，依次单击"供应链"→"存货核算"→"出库核算"，双击"材料出库核算"，如图 8-80 所示。单击"下一步"按钮，在随后的对话框中，选择"结转本期所有物料"，如图 8-81 所示。

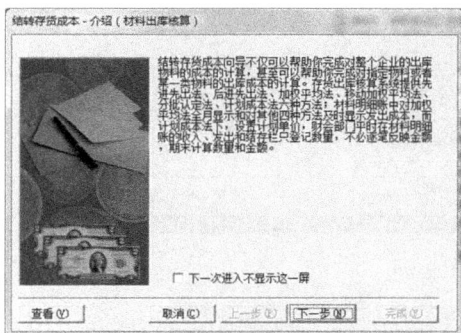

图8-80　材料出库核算（一）

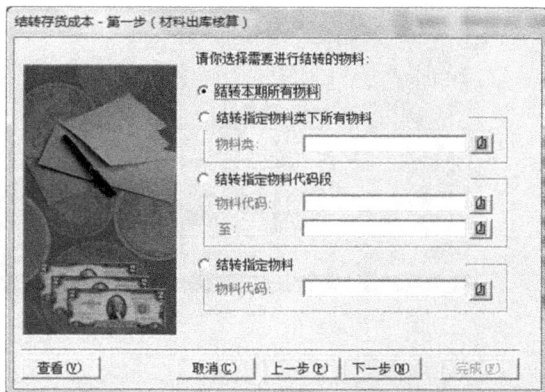

图8-81　材料出库核算（二）

分别单击"下一步"按钮，打开如图8-82和图8-83所示的对话框，完成材料出库成本的核算。

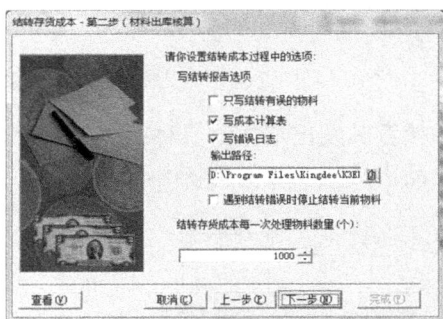

图8-82　材料出库核算（三）

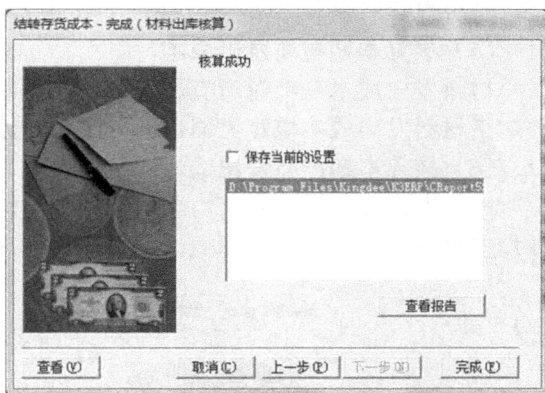

图8-83　材料出库核算（四）

小提示	1. 在做材料出库成本核算时，必须要满足没有以下三种类型的单据：本期已审核、没有单价的入库单，本期没有审核的单据，不能确定单价序时簿。只有这样才能做材料出库成本核算。 2. 在材料出库成本核算中，可以选择结转本期所有物料，也可选择结转某一个物料或某一段编号内的物料。

Step4：核算委外加工入库的材料成本。

在"存货核算（供应链）系统-[委外加工入库单]"窗口中，再次单击工具栏中的"核销"按钮，即可把委外发出材料的成本核算至委外加工入库单中，如图8-84所示。此时，委外加工入库的10台超炫X1主机的成本即为材料成本加上加工费的成本。

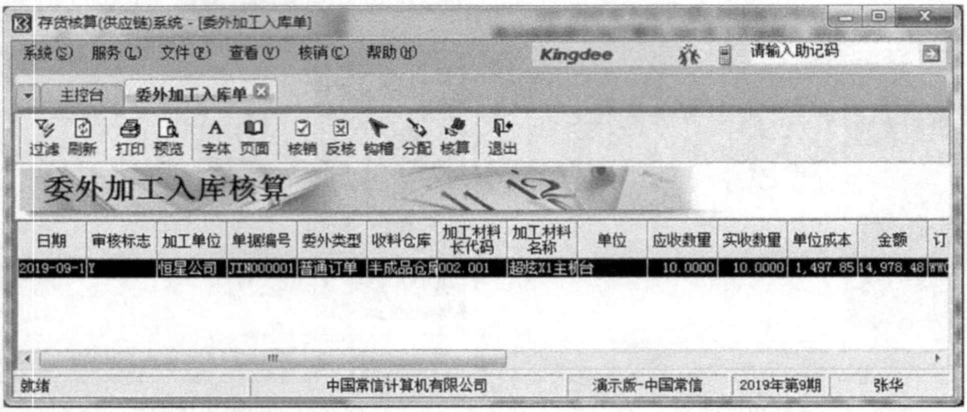

图 8-84　委外加工入库成本核算

同时，在仓存管理子模块"委外加工入库-维护"中，打开"委外加工入库序时簿"窗口，也可以查看核算之后委外加工入库的成本。

（5）核算本期材料发出成本。

材料发出成本是针对所有属性为外购的物料，核算其发出成本，具体操作的步骤同委外加工材料发出成本核算类似，此处不再详述。

（6）核算本期产品发出成本。

产品发出成本是针对所有属性为自制的物料，核算其发出成本，具体操作的步骤同委外加工材料发出成本核算类似，此外不再详述。产品出库成本核算如图 8-85 所示。

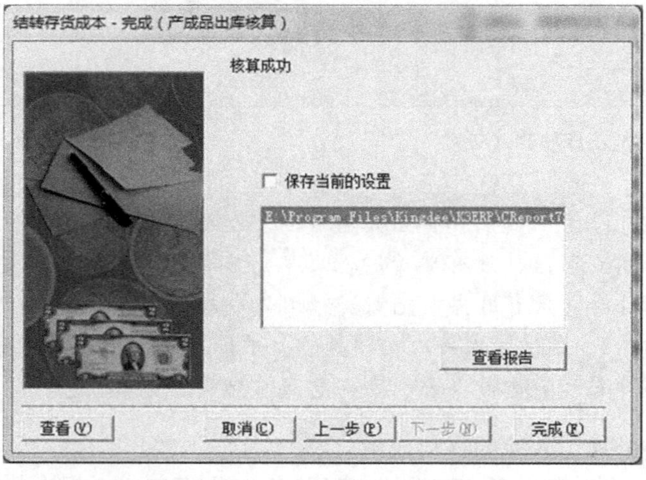

图 8-85　产成品出库成本核算

（7）查看 2019 年第 9 期的存货收发存汇总表或物料收发汇总表。

本期中国常信计算机有限公司所有物料的期初、入库、出库和结存数据都可以通过存货收发存汇总表或物料收发汇总表查看。在金蝶 K/3 系统主界面，依次单击"供应链"→"存货核算"→"报表分析"，双击"存货收发存汇总表"，在"过滤"对话框中取消勾选"分级汇总"和"仅显示汇总行"复选框。单击"确定"按钮即可查看存货收发存汇总表。

在金蝶 K/3 系统主界面，依次单击"供应链"→"仓存管理"→"报表分析"，双击"物料收发汇总表"，可查看物料收发汇总表，如图 8-86 所示。

图 8-86　物料收发汇总表

视频 8-7：存货核算业务处理

扫一扫

任务思考

供应链系统的业务处理主要包括采购管理、委外加工管理、销售管理、仓存管理和存货核算管理，而在生产计划管理业务处理时要综合应用上述的采购管理、委外加工管理、销售管理、仓存管理和库存核算管理 4 类业务。采购管理负责原材料的采购供应，销售管理是生产计划管理的目的，仓存管理是对原材料、半成品和产成品进行的库存管理。在财务业务一体化系统中，只有涉及资金运动的业务才需要根据单据生成记账凭证传递给总账系统，而没有引起资金运动的业务无须生成凭证，如销售订单、采购订单、收料通知单、发货通知单等，都不需要生成凭证。另外，对于仓库的调拨单（从一个仓库调出、调入另一个仓库）没有形成资金运动，也不需要生成记账凭证。其中，采购管理中采购发票实现从采购业务系统向应付款管理系统传递数据，销售管理中销售发票实现从销售业务系统向应收款管理系统传递数据。

在供应链管理模块的存货核算中，进行入库成本核算时要按物料的种类和性质确定其入库成本的核算方式，如生产产品完工入库成本由人工、材料和制造费构成；外购入库成本由钩稽结算的金额确定；盘盈入库与其他入库的成本根据期初的结存成本或本期入库的成本确定；委外加工入库成本由委外发出材料的成本和委外加工费构成。

在进行存货核算中的出库成本核算时，首先要对所有入库业务的成本进行正确核算，其次根据物料的计价方法，计算其每笔出库业务的发出成本。期末结存数量等于期初数量加上本期入库数量减去本期出库数量，期末结存金额等于期初金额加上本期入库金额减去本期出库金额。

1. 存货估价入账指的是什么？

2. 无单价数据维护中更新无单价单据时，一般采用哪些单价对无单价单据进行更新？

3. 存货出入库成本核算的步骤包括哪些？

举一反三

1. 采购暂估业务处理

在采购管理业务中，由于物料采购入库的时间与采购发票入账的时间可能存在差异，采购入库的时间与采购发票的时间跨越了不同的会计期间。当本期收到货，但未收到采购发票时，就要对采购入库的物料暂时进行估价入账，在下期收到发票时，再以采购发票中的金额对暂估入库的成本进行调整。

暂估入库的处理方法与一般采购入库的处理方法完全相同。本期收到货时，直接填制外购入库单，入库材料的成本可以使用存货估价入账核算其成本，或者使用更新无单价单据估算其成本。下期收到采购发票时，对采购发票与外购入库进行钩稽，再进行采购入库核算。

2. 盘盈入库也可以在自制入库核算中进行成本核算

在中国常信计算机有限公司的盘盈入库业务中，介绍了使用更新无单价单据核算盘盈入库的成本。同时，也可以使用自制入库核算来确定盘盈入库的成本，具体步骤如下所示。

Step1：在金蝶 K/3 系统主界面，依次单击"供应链"→"存货核算"→"入库核算"，双击"自制入库核算"，打开"过滤"对话框，在事务类型中选择"盘盈入库"，如图 8-87 所示，单击"确定"按钮。

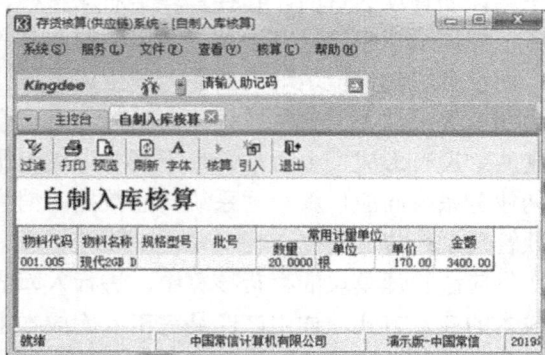

Step2：打开"存货核算（供应链）系统-[自制入库核算]"窗口，如图 8-88 所示，输入盘盈入库的单价为 170 元，再单击工具栏中的"核算"按钮。

Step3：打开盘盈入库单序簿，查看其物料的盘盈入库成本情况。

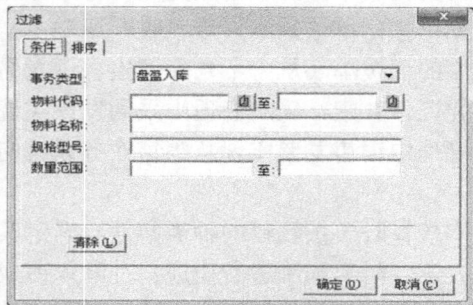

图 8-87 自"过滤"对话框　　图 8-88 "存货核算（供应链）系统-[自制入库核算]"窗口

3．查看销售订单和采购订单执行情况明细表

具体步骤如下所示。

Step1：查看采购订单执行情况明细表。在金蝶 K/3 系统主界面，依次单击"供应链"→"采购管理"→"采购订单"，双击"采购订单执行情况明细表"，在"过滤"对话框中输入起止日期，单击"确定"按钮，即可查看采购订单的所有执行情况，如图 8-89 所示。

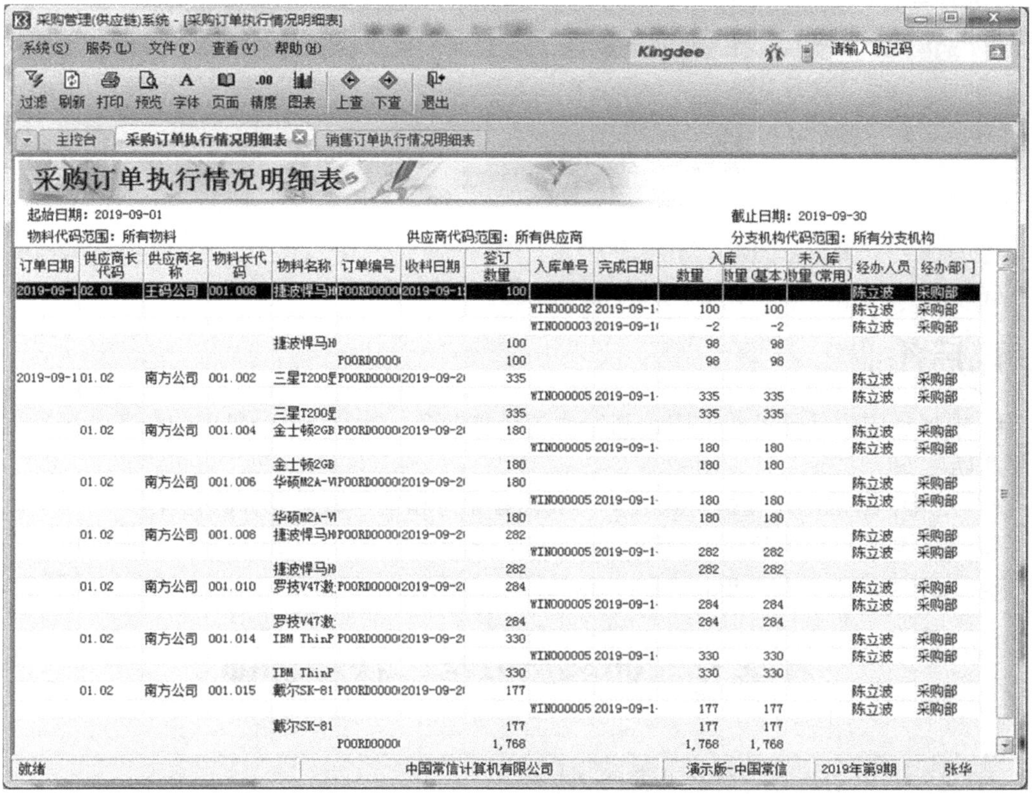

图 8-89　采购订单执行情况明细表

注意，对于那些无法执行的采购订单，可以使用"关闭"按钮，关闭当前采购订单的执行。

Step2：查看销售订单执行情况明细表。在金蝶 K/3 系统主界面，依次单击"供应链"→"销售管理"→"销售订单"，双击"销售订单执行情况明细表"，在"过滤"对话框中输入起止日期，单击"确定"按钮，即可查看所有销售订单的执行情况，如图 8-90 所示。

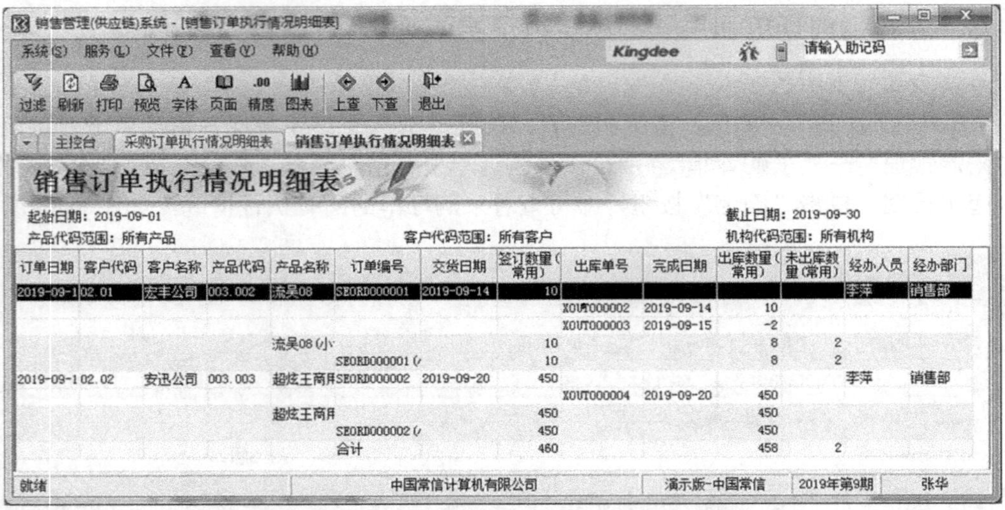

订单日期	客户代码	客户名称	产品代码	产品名称	订单编号	交货日期	签订数量(常用)	出库单号	完成日期	出库数量(常用)	未出库数量(常用)	经办人员	经办部门
2019-09-1	02.01	宏丰公司	003.002	流昊08	SEORD000001	2019-09-14	10					李萍	销售部
								XOUT000002	2019-09-14	10			
								XOUT000003	2019-09-15	-2			
				流昊08 (小			10			8	2		
					SEORD000001 (/		10			8	2		
2019-09-1	02.02	安迅公司	003.003	超炫王商用	SEORD000002	2019-09-20	450					李萍	销售部
								XOUT000004	2019-09-20	450			
				超炫王商用			450			450			
					SEORD000002 (/		450			450			
					合计		460			458	2		

图 8-90 销售订单执行情况明细表

课后作业

1. 根据中国常信计算机有限公司发生的经济业务，完成企业一般采购业务和采购退货业务处理。

2. 完成中国常信计算机有限公司一般销售业务和销售退货业务的处理。

3. 根据销售订单编制企业 MRP 生产计划，并根据运算的结果生成采购申请和生产订单。

4. 完成本期所有仓库的出入库业务处理，并核算其入库成本、出库成本和结存成本。

任务九 业务与财务一体化处理

任务导读

采购入库和付款业务凭证处理

销售出库和收款业务凭证处理

生产业务处理与账务处理

仓存业务处理与账务处理

凭证模板设置

任务重点

通过存货核算可以得出本期所有出入库业务的成本，现在要通过存货核算中的生成凭证功能把所有库存资金运动生成记账凭证，并传递给总账系统进行凭证账务的处理，使财务数据与业务数据保持一致。通过业务系统中的单据生成财务系统的凭证，需要设置生成凭证的模板，不同的业务类型选择相应的凭证模板，从而保证单据中记载的信息与凭证中记载的信息一致。

中国常信计算机有限公司2019年9月需要进行账务处理和生成凭证的经济业务如下所示。同时，还需要对采购应付款业务和销售应收款业务进行账务处理。

（一）采购发票业务账务处理与应付款管理业务处理

1．采购发票业务账务处理

（1）根据采购增值税发票生成记账凭证并传递给总账系统。

（2）根据采购费用发票生成记账凭证并传递给总账系统。

2．应付款管理业务处理

（1）2019 年 9 月 30 日，以银行存款——建设银行支付 2019 年 8 月 19 日向强发公司采购金士顿 2GB 内存条的欠款 9 280 元。

（2）2019 年 9 月 30 日，以银行存款——建设银行向恒星公司预付购货款 20 000 元。

（3）2019 年 9 月 30 日，向王码公司签发一张为期 3 个月的商业承兑汇票，用于支付 2019 年 9 月 12 日采购业务所欠的货款 13 920 元。

（4）查看应付款项明细表。

（5）查看应付款项账龄分析。

（6）应付款系统与总账系统对账。

（二）销售发票业务账务处理与应收款管理业务处理

1．销售发票业务账务处理

（1）根据本期销售增值税发票生成记账凭证并传递给总账系统。

（2）在 2019 年 9 月 14 日与宏丰公司的销售业务中，发生人工装卸费 200 元，费用由中国常信计算机有限公司使用现金垫付。

2．应收款管理业务处理

（1）2019 年 9 月 16 日，张华出差归来，交还剩余现金 800 元（原借款为 5 000 元）。

（2）2019 年 9 月 17 日，收到 9 月 12 日销售给宏丰公司 10 台流吴 O8 计算机的货款 80 000 元，存入建设银行。

（3）2019 年 9 月 18 日，收到恒利公司为期 2 个月的商业承兑汇票一张，用于支付 8 月 25 日 50 台欧皇 ASDJ3 计算机的货款 522 000 元。

（4）2019 年 9 月 19 日，收到安迅公司购货预付款 50 000 元，存入建设银行。

（5）2019 年 9 月 20 日，用现金支付李萍出差借款 3 000 元。

（6）计提本月坏账准备。

（7）查看应收款项报表并对账。

（三）仓存业务账务处理与凭证生成

1．入库业务

（1）外购入库业务。对本期的外购入库单进行账务处理，生成记账凭证。

（2）产品生产完工入库业务。分别对 2019 年 9 月 14 日生产完工的 5 台欧皇 ASDJ3 计算机、9 月 15 日生产完工的超炫 X1 主机和 9 月 19 日生产完工的超炫王商用 PCK2 计算机进行账务处理，生成记账凭证。

（3）其他入库业务。对 2019 年 9 月 17 日恒星公司发来的产品样本进行账务处理，生成记账凭证。

（4）盘盈入库业务。对 2019 年 9 月 18 日原材料仓库盘盈物料进行账务处理，生成记账凭证。

（5）委外加工入库业务。对 2019 年 9 月 17 日的委外加工入库物料及委外加工费发票进行账务处理，生成记账凭证。

2．出库业务

（1）销售出库业务。对本期的销售业务进行账务处理，根据销售出库单生成销售成本凭证。

（2）生产领料业务。分别对 2019 年 9 月 13 日生产欧皇 ASDJ3 计算机、9 月 14 日生产超炫 X1 主机和 9 月 16 日生产超炫王商用 PCK2 计算机的生产领料单进行账务处理，生成记账凭证。

（3）其他出库业务。对 2019 年 9 月 16 日行政部领用的 2 个罗技 V47 激光鼠标进行账务处理，生成记账凭证。

（4）盘亏毁损业务。对 2019 年 9 月 18 日仓库盘亏的物料进行账务处理，生成记账凭证。

（5）委外加工出库业务。根据 2019 年 9 月 16 日的委外加工出库进行账务处理，生成记账凭证。

任务实施

一、采购发票账务处理与应付款管理

采购是企业物资供应部门按已确定的物料采购计划，取得企业生产经营所需的各种物资的过程。伴随着采购业务，货款的支付通过应付款管理系统进行核算和管理，可以及时、准确地提供供应商的往来账款余额资料，提供各种分析报表，合理地进行资金的调配，以提高资金的利用效率。采购管理与应付款管理系统紧密结合，能够实现各种单据的快速传递，实现财务与业务的融合及数据共享，实现资金流和物流的全过程管理，提高工作效率，从而达到企业规范管理的目的。

不同类型企业的采购业务核算方法也不尽相同，有实际成本法和计划成本法两类。在采购成本的核算中，主要包括物料的采购成本和采购过程中的运杂费。一般把采购业务中的外购入库与采购发票分开处理，通过存货核算对外购入库单生成记账凭证并传递给总账系统，通过应付款管理对采购发票生成记账凭证并传递给总账系统。这样，就形成了采购管理、应付款管理、总账系统三者之间数据的统一和一体化。

中国常信计算机有限公司 2019 年 9 月采购发票账务处理与应付款管理业务处理的步骤如下所示。

1．采购发票业务账务处理

（1）根据采购增值税发票生成记账凭证并传递给总账系统。

Step1：查询本期所有的采购发票。

在金蝶 K/3 系统主界面，依次单击"供应链"→"采购管理"→"采购发票"，双击"采购发票-维护"，打开"采购管理（供应链）系统-[采购发票序时簿]"窗口，如图 9-1 所示。

图 9-1　"采购管理（供应链）系统-[采购发票序时簿]"窗口

从"采购管理（供应链）系统-[采购发票序时簿]"窗口中可以看到本期发生的所有采购增值税发票、采购普通发票和委外加工费发票，另外，在"费用发票-维护"明细功能中，可以查看本期所有的采购费用发票。

Step2：设置凭证模板。

在金蝶 K/3 系统主界面，依次单击"供应链"→"存货核算"→"凭证管理"，双击"凭证模板"，打开"凭证模板设置"窗口，如图 9-2 所示。

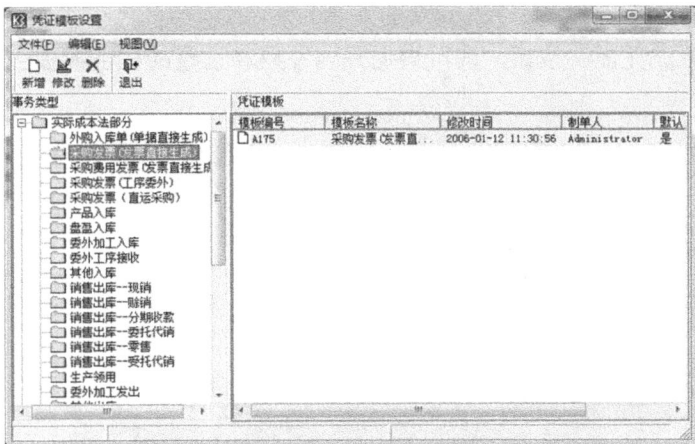

图 9-2　"凭证模板设置"窗口

在左边窗格中选择"采购发票（发票直接生成）"，单击工具栏中的"新增"按钮，依次输入如图 9-3 所示的凭证模板，并单击"保存"按钮。需要注意的是，单据上的往来科目需要设置核算项目，采购发票的凭证模板中设置往来科目的核算项目为供应商。

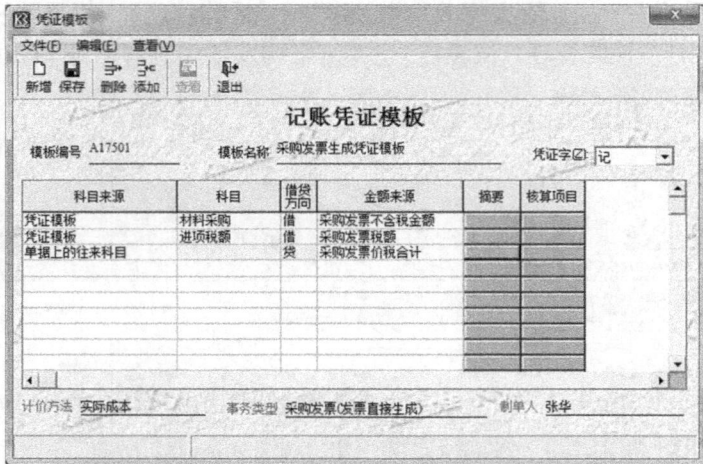

图 9-3　采购发票"凭证模板"对话框

选中刚才新增的 A175 01 凭证模板，单击"编辑"菜单中的"设为默认模板"命令，将其设为默认模板。

Step3：生成记账凭证。

在金蝶 K/3 系统主界面，依次单击"供应链"→"存货核算"→"凭证管理"，双击"生成凭证"，打开"生成凭证"窗口，在左边窗格选择"采购发票（发票直接生成）"，再单击工具栏中的"重设"按钮。

在"条件过滤"对话框中，选择红蓝字为全部，记账标志为全部，单击"确定"按钮，即可看到本期所有的采购发票。

单击工具栏中的"选项"按钮，在"生成凭证选项"对话框中选择"科目合并选项"标签，选择"借方相同科目合并""贷方相同科目合并"等选项，如图 9-4 所示。

在凭证生成方式中选择"按单生成凭证"，单击工具栏中的"全选"按钮选中所有的采购发票，单击"生成凭证"按钮，即可根据采购发票和设置的凭证模板生成记账凭证，如图 9-5 所示。

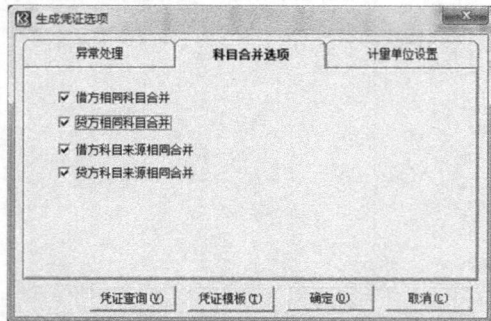

图 9-4　"生成凭证选项"对话框

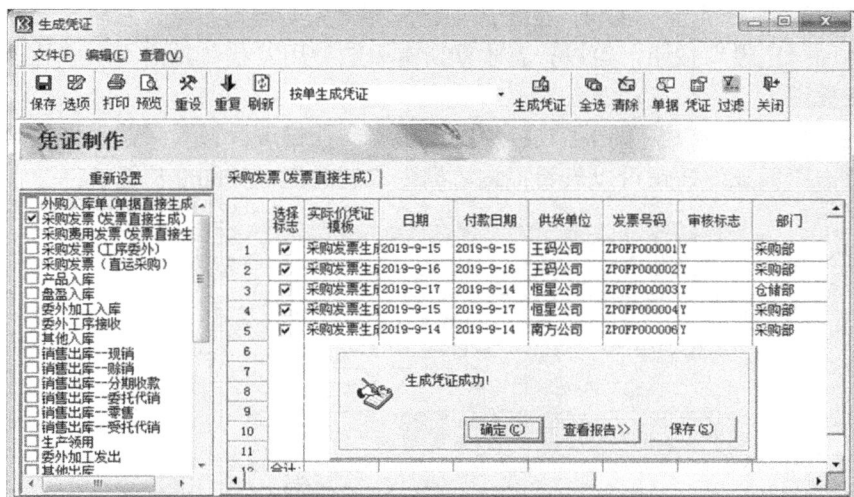

图 9-5　采购发票"生成凭证"窗口

Step4：查询生成的记账凭证。

在金蝶 K/3 系统主界面，依次单击"供应链"→"存货核算"→"凭证管理"，双击"凭证查询"，打开"凭证查询"窗口，即可看到根据采购发票生成的记账凭证，如图 9-6 所示。

图 9-6　"凭证查询"窗口

（2）根据采购费用发票生成记账凭证并传递给总账系统。

Step1：同理，新增采购费用发票的记账凭证模板，如图 9-7 所示（往来科目的核算项目为供应商）。

Step2：根据采购费用发票生成记账凭证。

同根据采购发票生成记账凭证一样，根据采购费用发票和设置的凭证模板生成记账凭证。在金蝶 K/3 系统主界面，依次单击"供应链"→"存货核算"→"凭证管理"，双击"生成凭证",打开"生成凭证"窗口,在左边窗格选择"采购费用发票(发票直接生成)",单击工具栏中的"重设"按钮,可以查看本期所有采购费用发票,单击"生成凭证"按钮即可生成记账凭证。

在"生成凭证"窗口,单击工具栏中的"单据"按钮可以查看采购费用发票单据,生成凭证后单击"凭证"按钮可以查看根据单据生成的凭证,如图 9-8 所示。

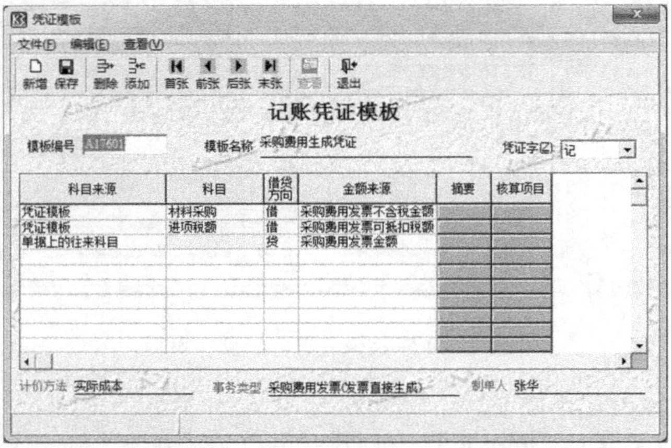

图 9-7 采购费用发票"凭证模板"对话框

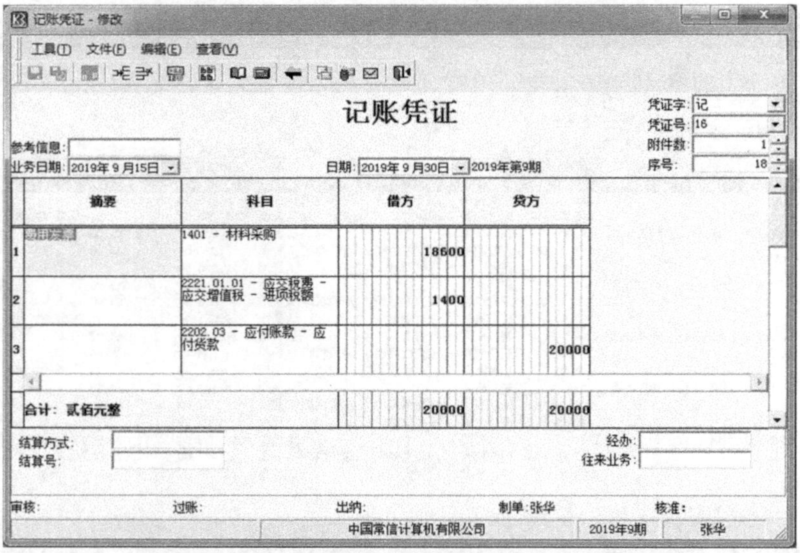

图 9-8 "记账凭证-修改"窗口

2. 应付款管理业务处理

(1)2019 年 9 月 20 日,以"银行存款——建设银行"支付 2019 年 8 月 19 日向强发公司采购金士顿 2GB 内存条的欠款 9 280 元。

Step1:新增付款单。

在金蝶 K/3 系统主界面,依次单击"财务会计"→"应付款管理"→"付款",双击"付款单-新增",打开"付款单-新增"窗口,在源单类型下拉列表中选择采购发票,源单编号中选择 2019 年 8 月 19 日的采购发票，生成的付款单如图 9-9 所示。再依次单击"保存""审核""核销"按钮，完成付款单的新增。

小提示	1. 这里的核销是指采购发票（欠款）和付款单之间的核销。 2. 核销也可以在"应付款管理"→"结算"→"应付款核销-付款结算"中进行。

图 9-9　新增付款单

Step2：设置付款单凭证模板。

在金蝶 K/3 系统主界面，依次单击"财务会计"→"应付款管理"→"凭证处理"，双击"凭证生成"，打开"选择事务类型"对话框，如图 9-10 所示。选择"付款"类型，单击"确定"按钮，在"过滤"对话框中再单击"确定"按钮，打开如图 9-11 所示的"生成记账凭证"窗口。

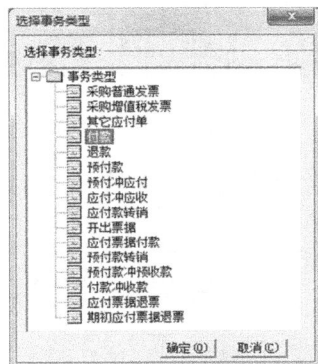

图 9-10　"选择事务类型"对话框

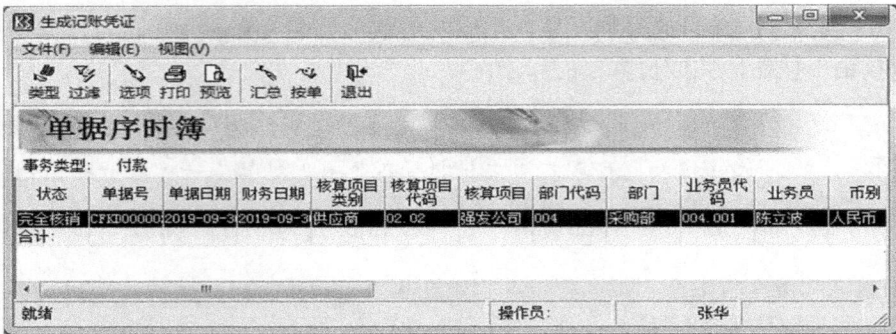

图 9-11 "生成记账凭证"窗口

单击工具栏中的"选项"按钮，在"生成凭证选项"对话框中单击"模板设置"，打开"凭证模板设置"窗口，如图 9-12 所示。在左边窗格中选择"付款"，并选中右边窗格的凭证模板，单击工具栏中的"修改"命令，修改付款单的凭证模板如图 9-13 所示。注意：单据上的往来科目中需要设置供应商核算项目。

图 9-12 "凭证模板设置"窗口

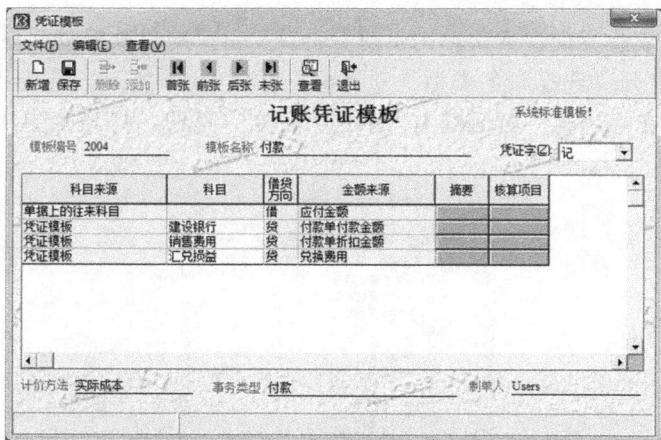

图 9-13 付款单"凭证模板"对话框

Step3：生成凭证。

在"生成记账凭证"窗口，单击工具栏中的"按单"按钮，即可生成凭证，如图 9-14 所示。

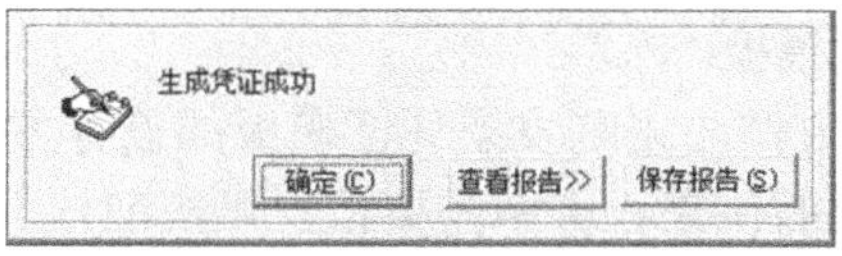

图 9-14　生成凭证成功

Step4：查看凭证。

在金蝶 K/3 系统主界面，依次单击"财务会计"→"应付款管理"→"凭证处理"，双击"凭证-维护"，即可查看生成的记账凭证，如图 9-15 所示。

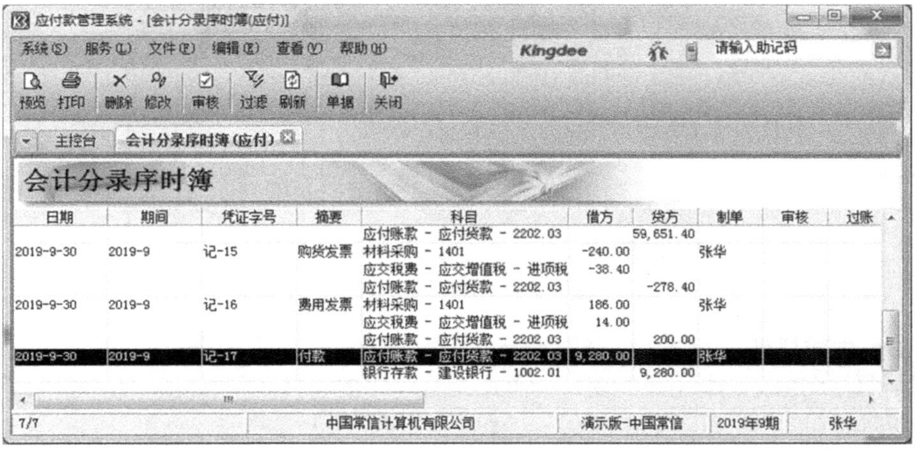

图 9-15　"应付款管理系统-[会计分录序时簿(应付)]"窗口

（2）2019 年 9 月 30 日，以银行存款——建设银行向恒星公司预付购货款 20 000 元。

Step1：新增预付单。

在金蝶 K/3 系统主界面，依次单击"财务会计"→"应付款管理"→"付款"，双击"预付单-新增"，打开"预付单-新增"窗口，填制的付款单如图 9-16 所示。

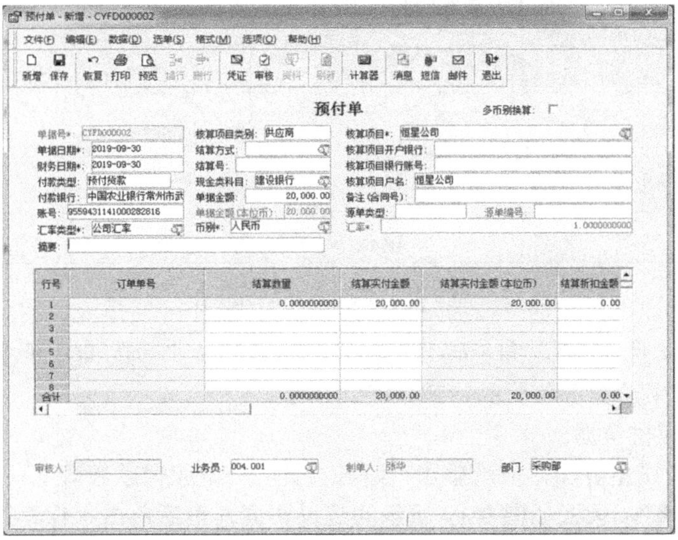

图 9-16　"预付单-新增"窗口

Step2：设置预付单凭证模板。

预付单凭证模板的设置方法与采购发票凭证模板的设置方法相同，预付单凭证模板如图 9-17 所示。注意：单据上的往来科目中需要设置供应商核算项目。

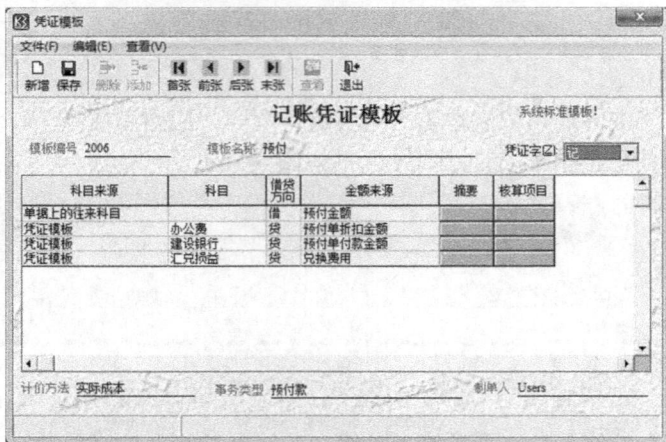

图 9-17 预付单凭证模板

Step3：生成凭证。

在预付单"生成记账凭证"窗口，单击工具栏中的"按单"按钮，即可生成凭证，如图 9-18 所示。

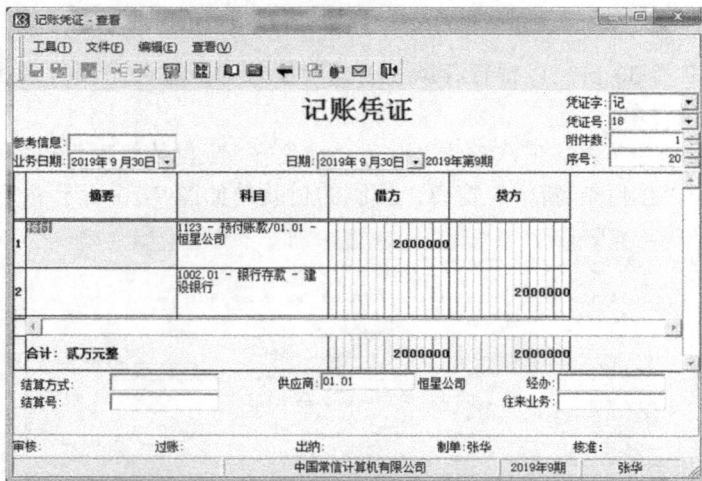

图 9-18 预付单生成凭证

（3）2019 年 9 月 30 日，向王码公司签发一张为期 3 个月的商业承兑汇票，用于支付 2019 年 9 月 12 日采购业务所欠的货款 13 920 元。

Step1：新增应付票据。

在金蝶 K/3 系统主界面，依次单击"财务会计"→"应付款管理"→"票据处理"，双击"应付票据-新增"，录入如图 9-19 所示的应付票据，最后单击"保存"按钮。

Step2：审核应付票据。

单击工具栏中的"审核"按钮，在系统弹出的"请选择"对话框中选择"生成付款单"，如图9-20所示，单击"确定"按钮，即可根据应付票据自动生成付款单。

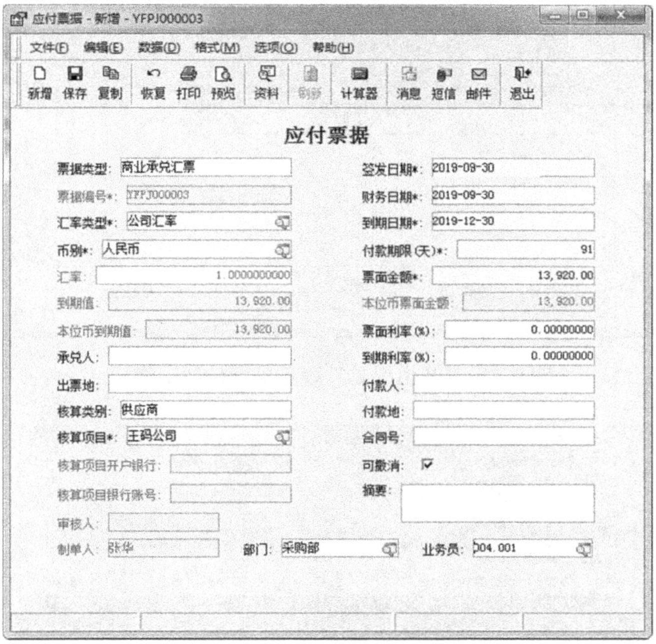

图9-19　新增应付票据

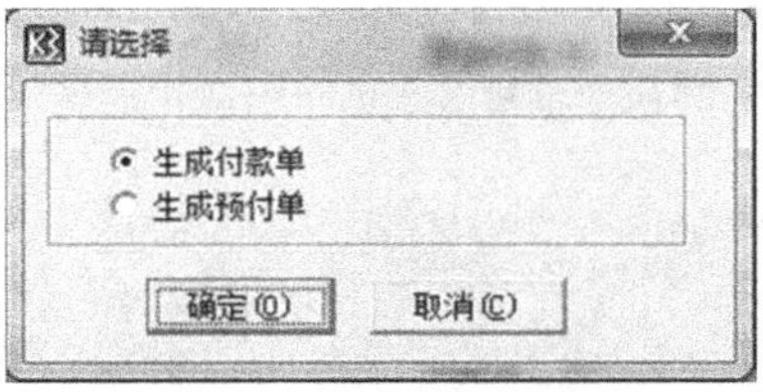

图9-20　"请选择"对话框

Step3：审核付款单。

在金蝶K/3系统主界面，依次单击"财务会计"→"应付款管理"→"付款"，双击"付款单-维护"，在"付款单-维护"窗口中，选择刚才生成的金额为13 920元的付款单，再单击工具栏中的"审核"按钮。

Step4：设置"开出票具"事务类型的凭证模板。

在"凭证模板"窗口，设置"开出票据"事务类型的凭证模板，如图9-21所示。

Step5：生成记账凭证。

在"生成记账凭证"窗口，选择"开出票具"事务类型，打开开出票据事务类型"生成记账凭证"窗口，如图9-22所示，单击工具栏中的"按单"按钮，即可生成记账凭证。

Step6：查看凭证。

在金蝶K/3系统主界面，依次单击"财务会计"→"应付款管理"→"凭证处理"，双击"凭证-维护"，即可查看生成的记账凭证，如图9-23所示。

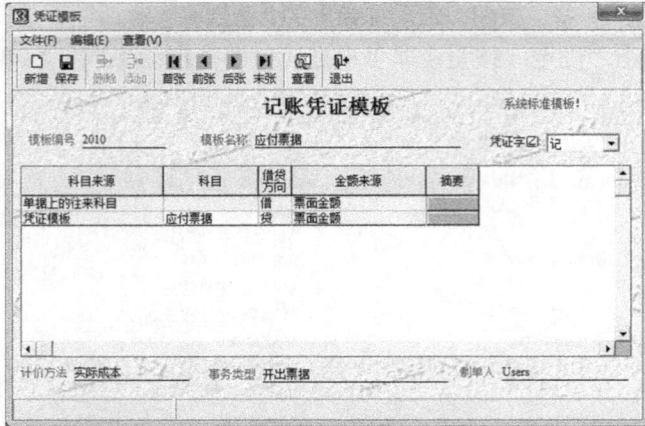

图 9-21 "开出票具"事务类型的凭证模板

图 9-22 开出票据事务类型"生成记账凭证"窗口

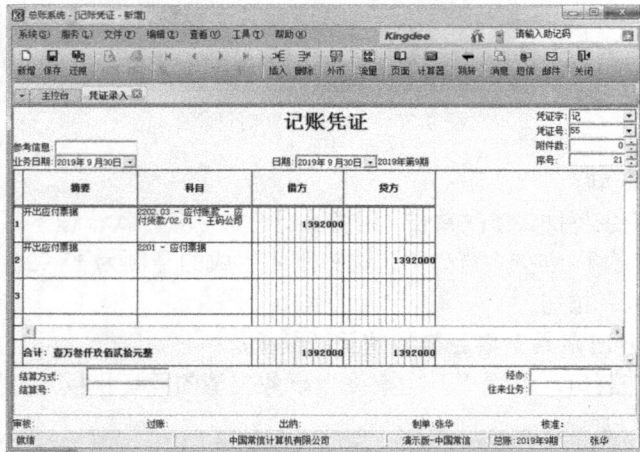

图 9-23 生成的记账凭证

（4）查看应付款项明细表。

在金蝶 K/3 系统主界面，依次单击"财务会计"→"应付款管理"→"账表"，双击"应付款明细表"，在"过滤条件"对话框中选择相应的会计期间和供应商核算项目，最后单击"确定"按钮，如图 9-24 所示。

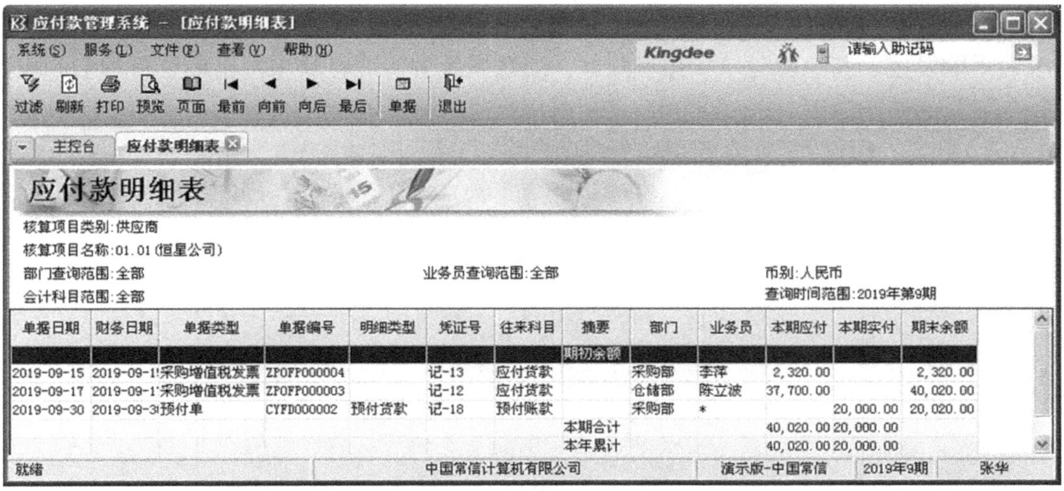

图 9-24　应付款项明细表

（5）查看应付款项账龄分析。

在金蝶 K/3 系统主界面，依次单击"财务会计"→"应付款管理"→"分析"，双击"账龄分析"，在"过滤条件"对话框中选择相应的会计期间和供应商核算项目，最后单击"确定"按钮，如图 9-25 所示，从中可以查看未到期和已到期的应付款项。

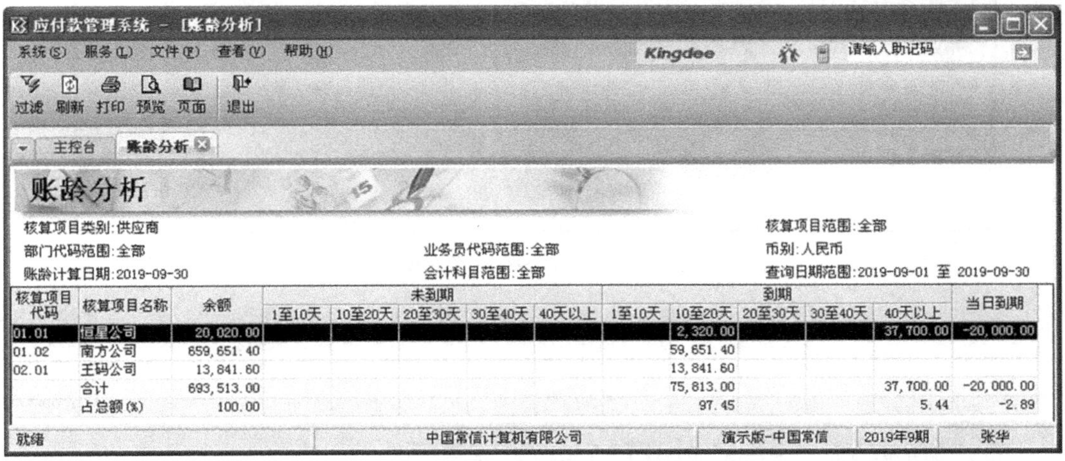

图 9-25　账龄分析

（6）应付款系统与总账系统对账。

在金蝶 K/3 系统主界面，依次单击"财务会计"→"应付款管理"→"期末处理"，双击"期末总额对账"，打开"期末总额对账-过滤条件"对话框，在核算项目类别中选择"供应商"，在科目代码中分别按 F7 快捷键选择"应付账款-应付货款"和"预付账款"两个会计科目，同时，如果本期有未过账的记账凭证还要勾选"考虑未过账的凭证"复选框，如图 9-26 所示，最后单击"确定"按钮。

打开"应付款管理系统-[期末总额对账]"窗口，如图 9-27 所示，显示的是"应付账款-应付货款"和"预付账款"两个会计科目的总计信息，分别显示应付款系统和总账系统的期初余额、本期借方发生、本期贷方发生和期末余额信息。在应付款系统中应付款项主要体现为采购发票、其他应付单和预付账款，总账系统中的应付款项可以通过科目余额表查看各个科目的明细数据。

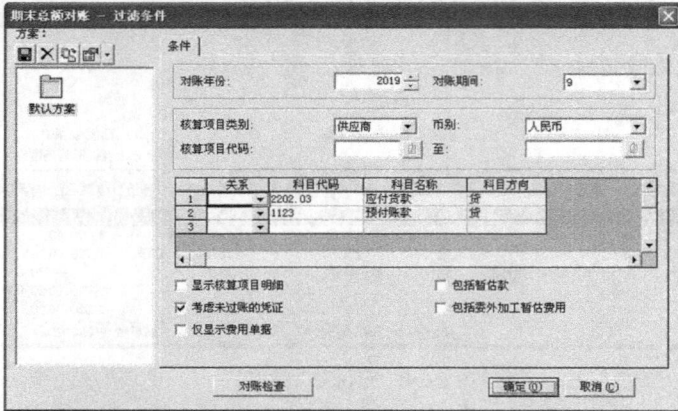

图 9-26　期末总额对账-过滤条件

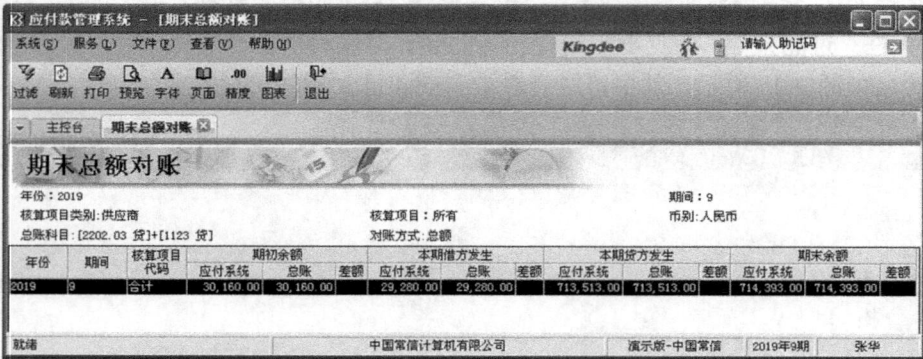

图 9-27　应付款系统期末总额对账

扫一扫　　视频 9-1：采购发票账务处理与应付款管理

二、销售发票账务处理与应收款管理

销售是企业生产经营成果实现的过程，是企业经营活动的中心。销售管理系统通过销售订货、发货、开票，处理销售发货和销售退货业务，同时在销售业务处理的过程中可以对销售价格、客户信用进行控制和检查。另外，销售管理还可以进行销售增长分析、货物流向分析、销售结构分析、销售毛利分析和市场分析等。

应收款是企业资产的一个重要组成部分，是企业正常经营活动中由于赊销商品、产品或提供劳务而产生的，企业除了要对应收账款进行核算，还要加强对客户信用的管理、应收票据的管理、坏账损失的处理，并对预收款及其他业务往来进行记录。

中国常信计算机有限公司 2019 年 9 月销售发票账务处理与应付款管理业务的处理步骤如下所示。

1．销售发票业务账务处理

（1）根据本期销售增值税发票生成记账凭证并传递给总账系统。

Step1：查询本期所有的销售发票。

在金蝶 K/3 系统主界面，依次单击"供应链"→"销售管理"→"销售发票"，双击"销售发票-维护"，打开"销售管理（供应链）系统-[销售发票序时簿]"窗口，如图 9-28 所示。

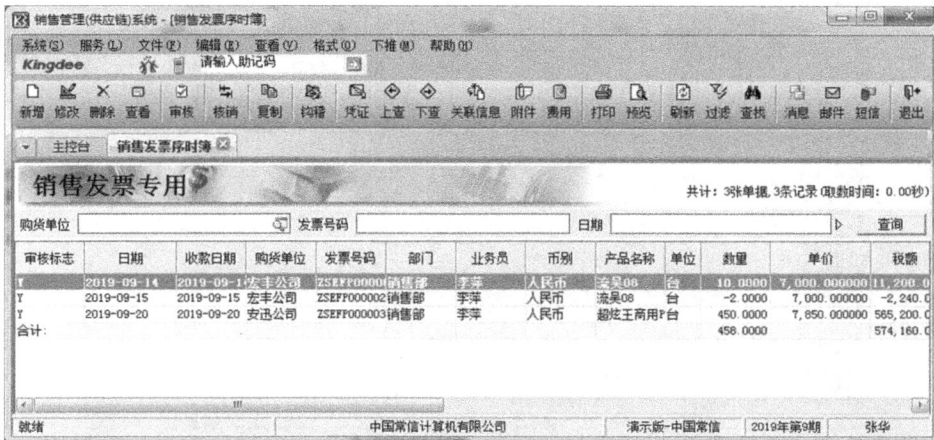

图 9-28　"销售管理（供应链）系统-[销售发票序时簿]"窗口

Step2：设置凭证模板。

在金蝶 K/3 系统主界面，依次单击"供应链"→"存货核算"→"凭证管理"，双击"凭证模板"，打开"凭证模板"窗口，在其中设置（修改或新增）销售收入-赊销事务类型的凭证模板如图 9-29 所示。注意：单据上物料的销售收入科目的核算项目设置为部门、物料和业务员，单据上的往来科目的核算项目设置为客户。

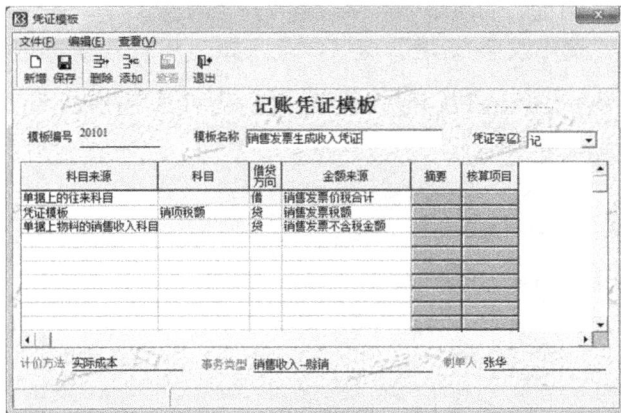

图 9-29　销售收入-赊销事务类型的凭证模板

Step3：生成记账凭证。

在金蝶 K/3 系统主界面，依次单击"供应链"→"存货核算"→"凭证管理"，双击"生成凭证"，打开"生成凭证"窗口，从中选择"销售收入-赊销"事务类型，单击工具栏中的"重设"按钮，在"过滤"对话框中，选择红蓝字为"全部"，单击"确定"按钮，全选所有销售发票后，单击工具栏中的"按单生成凭证"，即可根据销售发票生成销售收入的记账凭证，如图 9-30 所示。

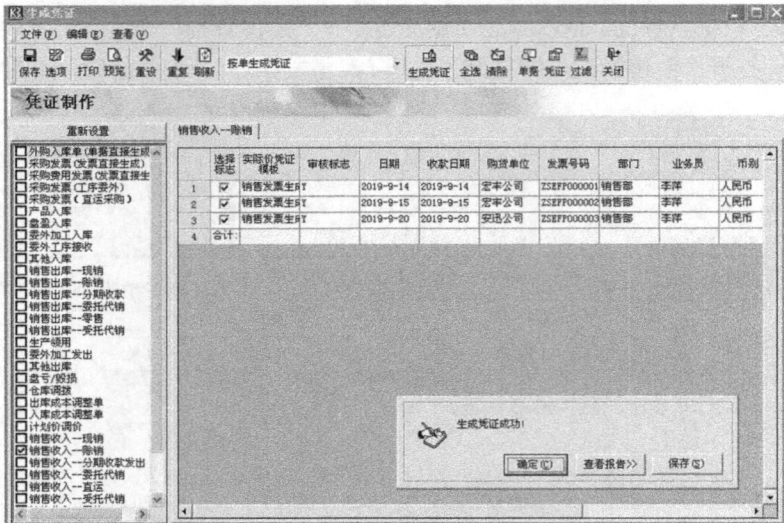

图 9-30　销售收入的记账凭证

Step4：查看记账凭证。

在金蝶 K/3 系统主界面，依次单击"供应链"→"存货核算"→"凭证管理"，双击"凭证查询"，打开"凭证查询"窗口，即可看到根据销售发票生成的记账凭证。

（2）在 2019 年 9 月 14 日与宏丰公司的销售业务中，发生人工装卸费 200 元，费用由中国常信计算机有限公司使用现金垫付。

Step1：新增销售费用发票。

在金蝶 K/3 系统主界面，依次单击"供应链"→"销售管理"→"费用发票"，双击"费用发票-新增"，打开"费用发票-新增"窗口，录入如图 9-31 所示的内容。

图 9-31　销售费用发票

Step2：设置销售费用发票凭证模板。

在存货核算"凭证模板"窗口，设置（修改或新增）销售费用发票（应收费用）事务类型的记账凭证模板如图 9-32 所示。

图 9-32　销售费用发票（应收费用）事务类型的记账凭证模板

Step3：生成记账凭证。

在"生成凭证"窗口，选择"销售费用发票（应收费用）"事务类型，单击工具栏中的"生成凭证"按钮，即可根据销售费用发票生成记账凭证，如图 9-33 所示。在"凭证查询"窗口中可以查看生成的凭证。

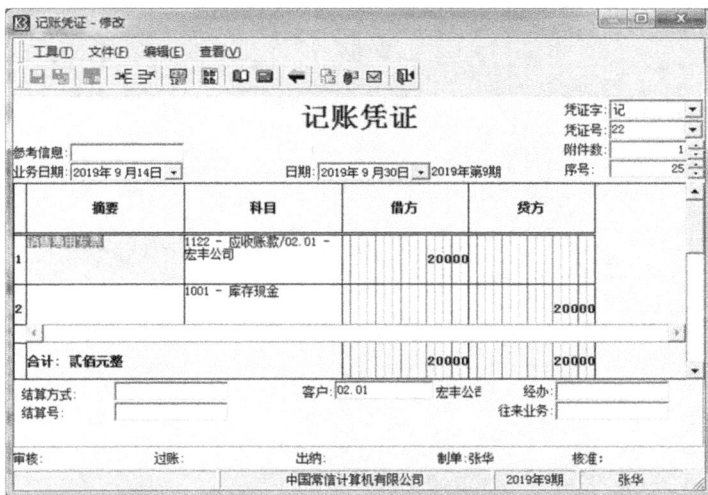

图 9-33　根据销售费用发票生成的凭证

2．应收款管理业务处理

（1）2019 年 9 月 16 日，张华出差归来，交还剩余的现金 800 元（原借款为 5 000 元）。

Step1：初始应收单据查询。

在金蝶 K/3 系统主界面，依次单击"系统设置"→"初始化"→"应收款管理"，双击

"初始应收单据-维护",在"过滤"对话框中,选择"初始化_其他应收单"事务类型,单击"确定"按钮即可打开"应收系统-[初始化_其他应收单序时簿]"窗口,如图9-34所示。

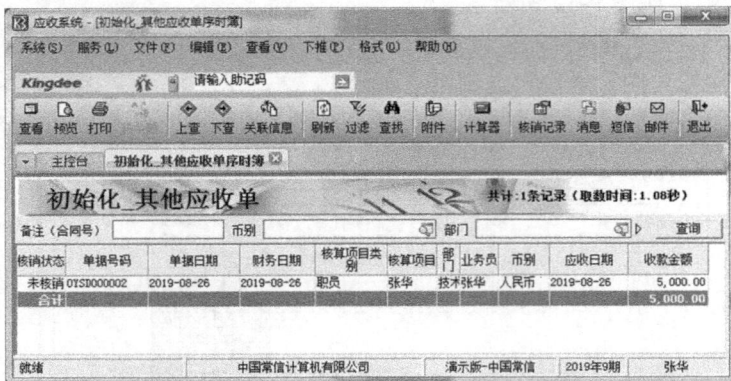

图9-34 "应收系统-[初始化_其他应收单序时簿]"窗口

Step2:录入收款单。

在金蝶 K/3 系统主界面,依次单击"财务会计"→"应收款管理"→"收款",双击"收款单-新增",在"收款单-新增"窗口,核算项目类别选择"职员",源单类型选择"其他应收单据",源单编号中选择期初张华的其他应收单,生成的收款单如图9-35所示。

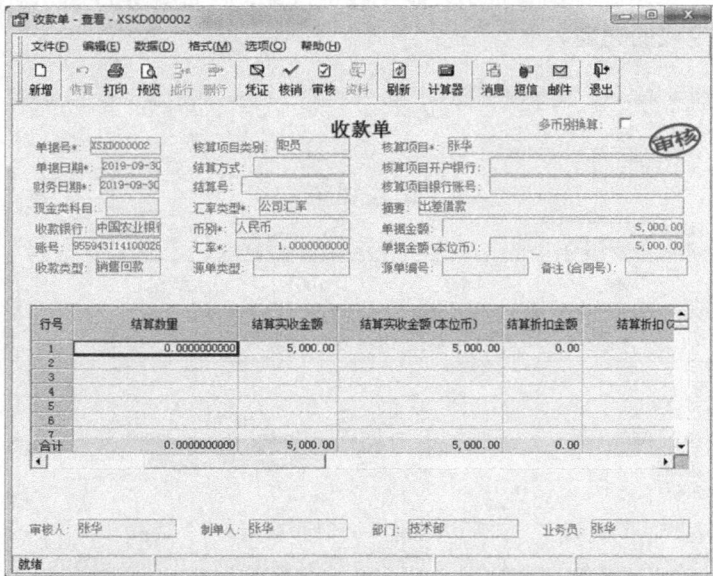

图9-35 收款单

Step3:设置收款单凭证模板。

如同在应付款管理系统中设置付款单的凭证模板一样,在应收款管理系统中设置收款单的记账凭证模板,如图9-36所示。

由于收款单可能是收客户的应收账款,也可能是收职工的借款,会计科目可能是应收账款或其他应收款，所以单据上的往来科目的核算项目需要设置两个：客户和职员。

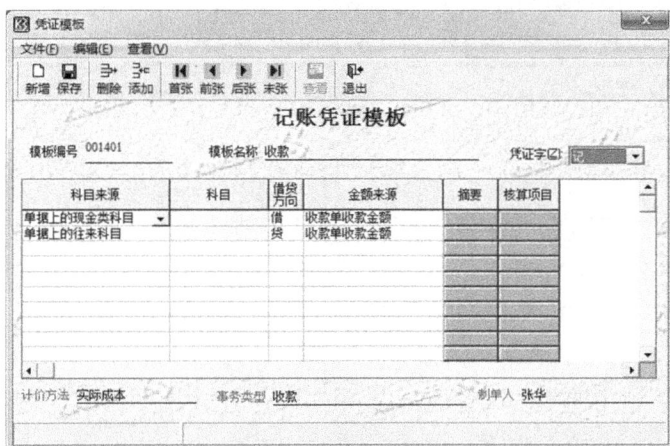

图 9-36　收款单的记账凭证模板

Step4：生成记账凭证。

在应收款管理"生成凭证"窗口，选择收款单，单击"生成凭证"按钮，即可生成凭证，如图 9-37 所示。

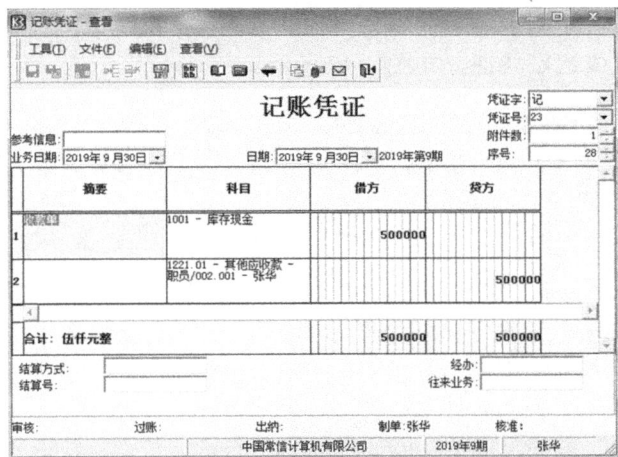

图 9-37　根据收款单生成的记账凭证

Step5：录入差旅费记账凭证。

在总账系统中，录入差旅费报销的记账凭证，如图 9-38 所示。

小提示	1．报销差旅费的记账凭证不涉及往来会计科目，只能在总账系统中录入。 2．各个系统生成的凭证，只能在相应的系统中删除，如应收款管理系统生成的凭证，在总账系统中无法删除，只能在应收款系统中删除。

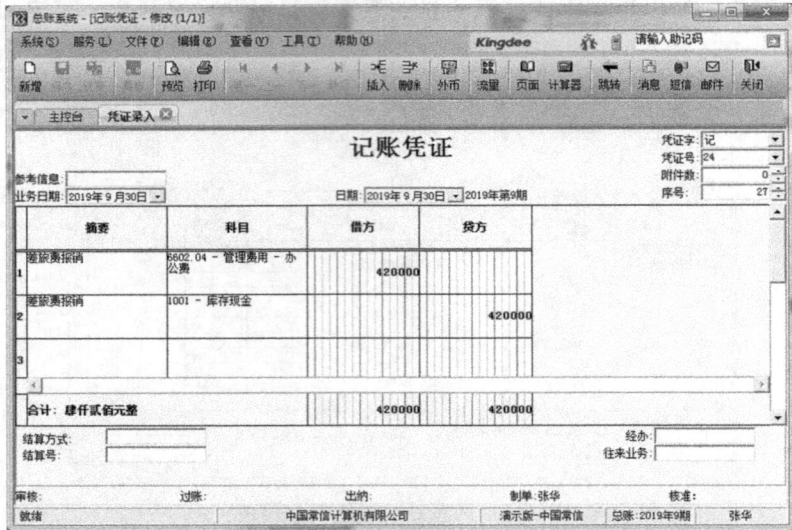

图 9-38　差旅费报销的记账凭证

（2）2019 年 9 月 17 日，收到 9 月 12 日销售给宏丰公司 10 台流吴 O8 计算机的货款 80 000 元，存入建设银行。

与收到职工张华交还剩余现金业务处理相同，直接在系统中填制收款单，如图 9-39 所示，再根据收款单生成记账凭证，如图 9-40 所示。

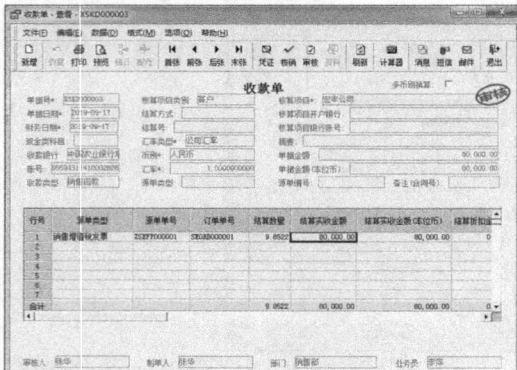

图 9-39　收款单

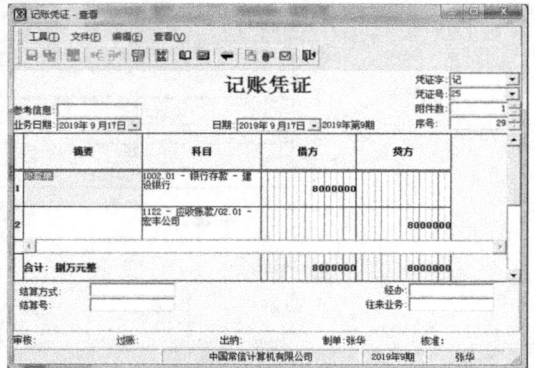

图 9-40　根据收款单生成的记账凭证

（3）2019 年 9 月 18 日，收到恒利公司为期 2 个月的商业承兑汇票一张，用于支付 8 月 25 日 50 台欧皇 ASDJ3 计算机的货款 522 000 元。

Step1：新增应收票据。

在金蝶 K/3 系统主界面，依次单击"财务会计"→"应收款管理"→"票据处理"，双击"应收票据-新增"，在"应收票据-新增"窗口，依次输入票据类型为商业承兑汇票，核算项目为恒利公司，付款期限为 60 天，票面金额为 522 000，部门为销售部，业务员为 003.001 李萍。最后依次单击工具栏中的"保存"和"审核"按钮，系统会弹出"请选择"对话框，从中选择"生成收款单"，如图 9-41 所示，再单击"确定"按钮，系统会自动生成一张收款单。

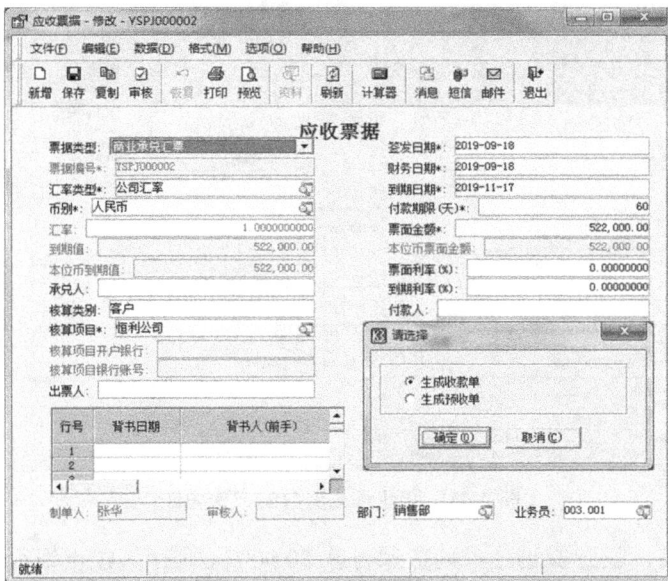

图 9-41　新增应收票据

Step2：审核收款单。

在"收款单序时簿"窗口，找到刚生成的收款单，单击工具栏中的"审核"按钮，完成对收款单审核。

Step3：设置凭证模板。

在应收款管理系统"凭证处理"→"凭证-生成"中设置收到票据事务类型的记账凭证模板，如图 9-42 所示，设置凭证模板时需要注意单据上的往来科目的核算项目为客户。

图 9-42　收到票据事务类型的记账凭证模板

Step4：生成凭证。

在应收款管理"生成记账凭证"窗口，选择类型为"收到票据"，再单击工具栏中的"按单"按钮，即可生成商业承兑汇票的记账凭证，如图 9-43 所示。

图 9-43　商业承兑汇票的记账凭证

（4）9 月 19 日，收到安迅公司购货预付款 50 000 元，存入建设银行。

Step1：新增预收单。

在金蝶 K/3 系统主界面，依次单击"财务会计"→"应收款管理"→"收款"，双击"预收单-新增"，录入的预收单如图 9-44 所示。

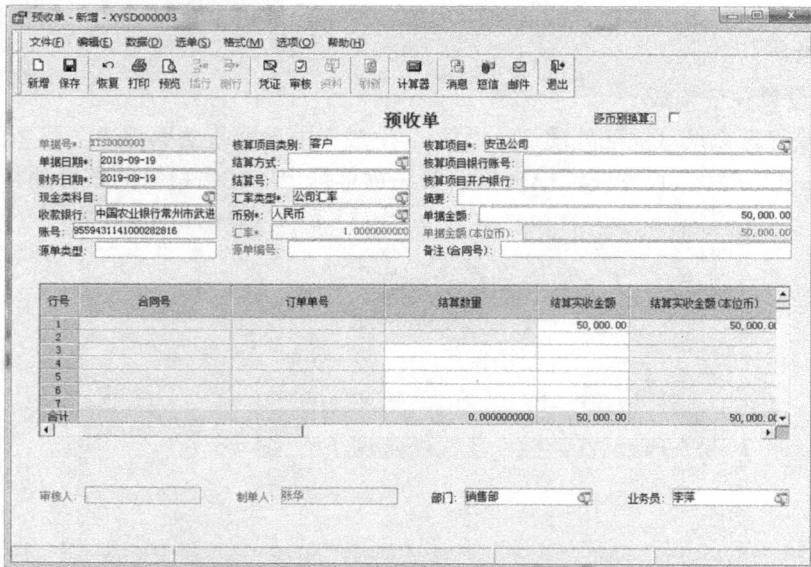

图 9-44　预收单

Step2：设置预收单凭证模板并生成凭证。

在图 9-44 中，依次单击工具栏中的中的"保存"、"审核"和"凭证"按钮，打开"生成记账凭证"窗口。单击工具栏中的"选项"命令，设置预收单的记账凭证模板，如图 9-45 所示，设置凭证模板时需要注意单据上的往来科目的核算项目为客户。设置好凭证模板之后，在"生成记账凭证"窗口单击工具栏中的"按单"按钮，即可生成预收单的记账凭证，如图 9-46 所示。

查看单据生成的凭证时，可以在应收款管理中打开"凭证-维护"窗口查看，也可以打开预收单，再单击工具栏中的"凭证"按钮查看。

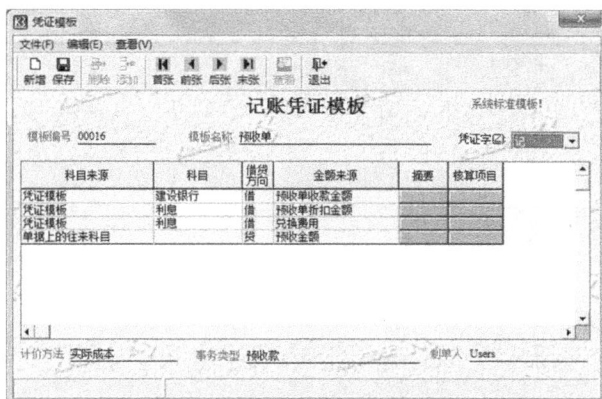

图 9-45 预收单的记账凭证模板

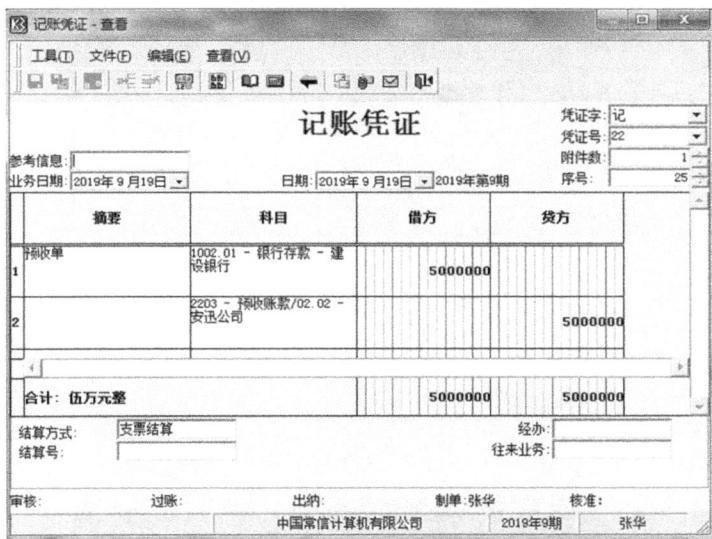

图 9-46 预收单的记账凭证

（5）2019 年 9 月 20 日，用现金支付李萍出差借款 3 000 元。

Step1：录入其他应收单。在金蝶 K/3 系统主界面，依次单击"财务会计"→"应收款管理"→"其他应收单"，双击"其他应收单-新增"，录入如图 9-47 所示的其他应收单。

Step2：设置其他应收单凭证模板，并生成记账凭证。

在图 9-47 中，依次单击工具栏中的"保存"、"审核"和"凭证"按钮，打开"生成记账凭证"窗口。单击工具栏中的"选项"命令，设置其他应收单的记账凭证模板，如图 9-48 所示，设置凭证模板时需要注意单据上的往来科目的核算项目为职员。设置好凭证模板之后，在"生成记账凭证"窗口单击工具栏中的"按单"按钮，即可生成其他应收单的记账凭证，如图 9-49 所示。

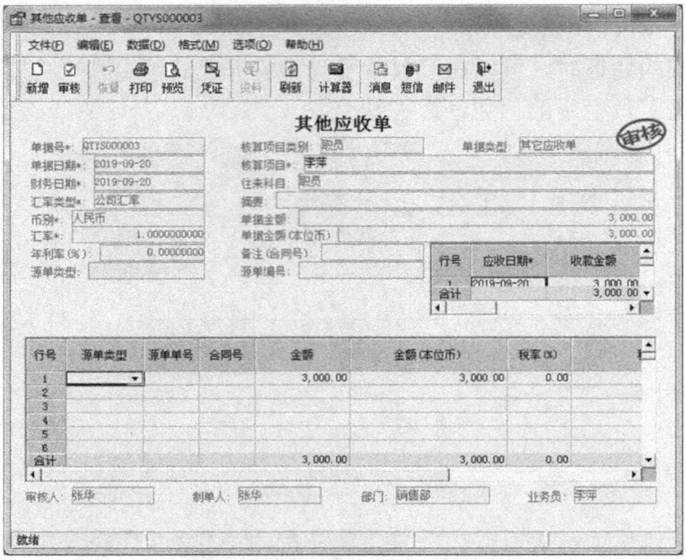

图 9-47 其他应收单

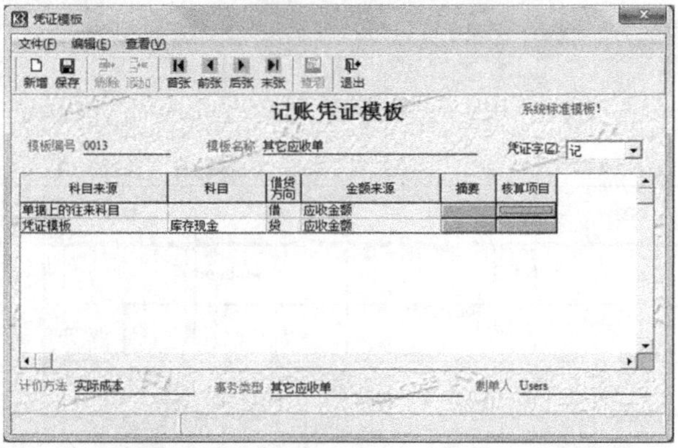

图 9-48 其他应收单的记账凭证模板

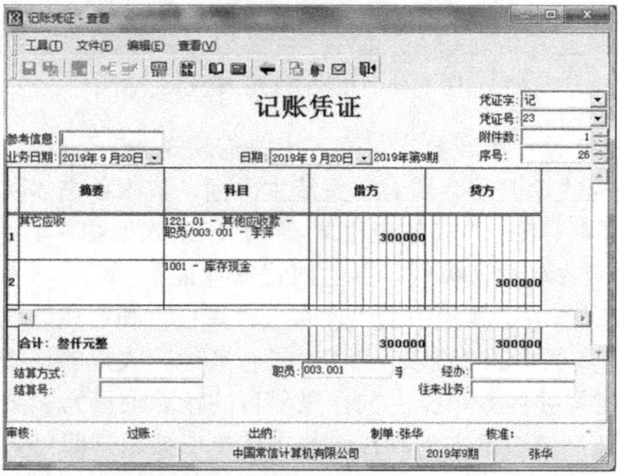

图 9-49 其他应收单的记账凭证

（6）计提本月坏账准备。

Step1：对本期所有凭证进行复核、审核、过账。

使用会计人员张林的账号重新登录系统，对所有未过账的凭证进行复核、审核和过账。过账后，使用系统管理员张华的账号重新登录系统。

Step2：计提本期坏账准备。

在金蝶 K/3 系统主界面，依次单击"财务会计"→"应收款管理"→"坏账处理"，双击"坏账准备"，打开"计提坏账准备"窗口，如图 9-50 所示，单击"凭证"按钮，即可生成本月计提坏账准备的记账凭证，如图 9-51 所示。

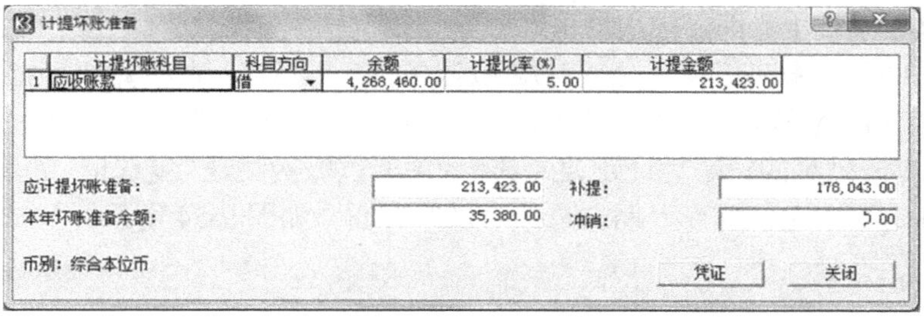

图 9-50　计提坏账准备

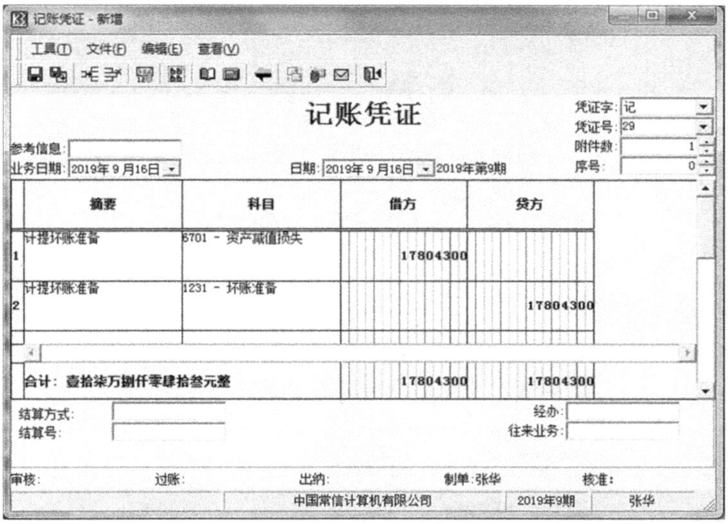

图 9-51　计提坏账准备的记账凭证

如果本月发生坏账损失，可以从"坏账处理"子功能"坏账损失"明细功能中选择销售业务的发票，并输入发生坏账的金额，再单击"凭证"按钮，即可生成坏账损失的凭证。

如果本月收回以前确认的坏账，首先需要录入坏账收回的收款单，再在"坏账收回"明细功能中选择录入的收款单，单击"凭证"按钮，即可完成坏账收回的凭证处理。

（7）查看应收款项报表并对账

Step1：查看账龄分析。

在金蝶 K/3 系统主界面，依次单击"财务会计"→"应收款管理"→"分析"，双击"账龄分析"，进入"账龄分析"界面，可以查看每笔应收款的账龄分析及比例，如图 9-52 所示。

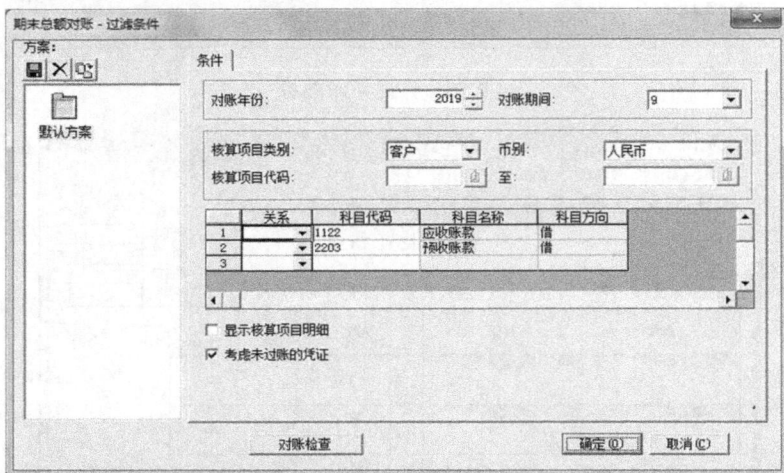

账龄分析

核算项目类别：客户													
部门代码范围：全部					业务员代码范围：全部				核算项目范围：全部				
账龄计算日期：2019-09-17					会计科目范围：全部				币别：人民币				
									查询日期范围：2019-09-01 至 2019-09-30				

核算项目代码	核算项目名称	信用期限	信用额度	余额	未到期					到期					当日到期
					1至10天	10至20天	20至30天	30至40天	40天以上	1至10天	10至20天	20至30天	30至40天	40天以上	
01.02	恒利公司	0	0	-522,000.00	-522,000.00										
02.01	宏丰公司	0	0	-14,840.00	-14,840.00					65,160.00					-80,000.00
02.02	安迅公司	0	0	4,047,700.00	4,047,700.00										
	合计	0	0	3,510,860.00	3,525,700.00					65,160.00					-80,000.00
	占总额（%）	0	0	100.00	100.42					1.86					-2.28

图 9-52 "账龄分析"界面

Step2：查看期末总额对账。

在金蝶 K/3 系统主界面，依次单击"财务会计"→"应收款管理"→"期末处理"，双击"期末总额对账"，打开"期末总额对账-过滤条件"对话框，在核算项目类别中选择"客户"，在科目代码中分别按 F7 快捷键选择"应收账款"和"预收账款"两个会计科目，同时，如果本期有未过账的记账凭证还要勾选"考虑未过账的凭证"复选框，如图 9-53 所示，最后单击"确定"按钮，打开"期末总额对账"界面，如图 9-54 所示。

图 9-53 "期末总额对账-过滤条件"对话框

期末总额对账

年份：2019								期间：9							
核算项目类别：客户					核算项目：所有				币别：人民币						
总账科目：[1122 借]+[2203 借]					对账方式：总额										

年份	期间	核算项目代码	核算项目	期初余额			本期借方发生			本期贷方发生			期末余额		
				应收系统	总账	差额	应收系统	总账	差额	应收系统	总账	差额	应收系统	总账	差额
2019	9		合计	707,600.00	707,600.00		4,162,860.00	4,162,860.00		652,000.00	652,000.00		4,218,460.00	4,218,460.00	

图 9-54 "期末总额对账"界面

扫一扫　视频 9-2：销售发票账务处理与应收款管理

三、仓存业务账务处理与凭证生成

存货是指企业在日常生产经营过程中持有已备出售，或者在生产或提供劳务过程中将消耗的材料或物料等，主要包括原材料、半成品、库存商品、包装物、低值易耗品等。存货管理是采购管理和生产管理、销售管理的一个中间环节，采购的完成使存货增加，销售的完成使存货减少。存货管理的好坏，不仅与存货管理系统本身有关，还与采购、生产、销售系统相关，要求这些系统之间紧密相连、信息共享，所以在很多企业中"进销存"是集成使用的共享系统。同时，存货管理作为企业会计核算和管理的一个重要环节，它提供的信息是否及时、准确，直接对企业采购、生产和销售业务产生影响。存货管理系统是企业财务业务一体化信息系统的重要构成部分。

存货管理有两个角度：一个是物流角度上的管理，以实物单位计量，如各种存货的库位管理、保质期管理、安全库存管理等，一般称为"库存管理"；另一个是资金流角度上的管理，以货币为单位计量资金，采购增加了多少存货的价值，销售减少了多少存货的价值，库存剩余的存货价值是多少，占用了多少企业的资金，一般称为"存货核算"。所以，仓存业务管理系统主要是从物流和资金流两个角度对存货加以管理与核算。

在物流角度上，仓存管理是对存货的入库、出库和结余加以反映和监督。系统可处理不同类型的入库业务、不同种类的出库业务、调拨业务和盘点业务，对库存可以有存货安全库存预警、存货保质期管理、呆滞积压存货报警、供应商跟踪等各种监督与控制。系统可以根据输入的各种入库单和出库单，以及可反映存货收发存情况的出入库流水账、库存台账等，进行统计、分析和汇总。

在资金流角度上，仓存业务的账务处理主要是核算企业存货的入库成本、出库成本和结余成本，反映和监督存货的收发、领退和保管情况，一般有入库业务类型及成本核算、出库业务类型及成本核算等。

中国常信计算机有限公司 2019 年 9 月仓存业务账务处理与凭证生成的处理步骤如下所示。

1．入库业务

（1）外购入库业务。对本期的外购入库单进行账务处理，生成记账凭证。

根据采购发票和采购入库单生成采购的记账凭证。在采购发票的记账凭证中借方科目是材料采购和进项税额，贷方科目是应付账款-应付货款。采购入库单的记账凭证借方科目是原材料，贷方科目是材料采购。

Step1：设置凭证模板。

在金蝶 K/3 系统主界面，依次单击"供应链"→"存货核算"→"凭证管理"，双击"凭证模板"，打开"凭证模板"窗口，设置外购入库单的记账凭证模板如图 9-55 所示。同时，在设置凭证模板时，也需要设置计划成本法下外购入库的凭证模板。

Step2：生成凭证。

在金蝶 K/3 系统主界面，依次单击"供应链"→"存货核算"→"凭证管理"，双击"生成凭证"，打开"生成凭证"窗口，如图 9-56 所示，在左边窗格选择"外购入库单（单据直接生成）"，分别单击工具栏中的"重设"和"生成凭证"按钮，即可根据外购入库单生成记账凭证。

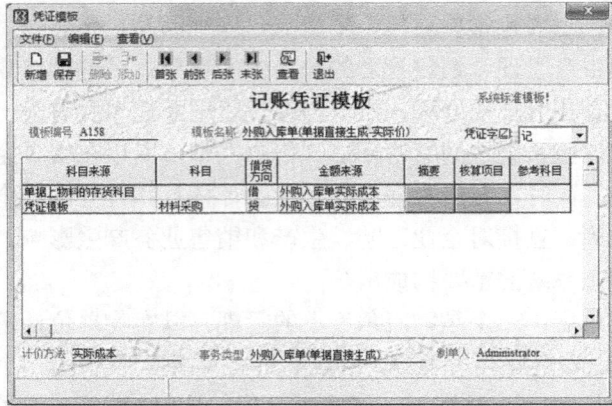

图 9-55　外购入库单的记账凭证模板

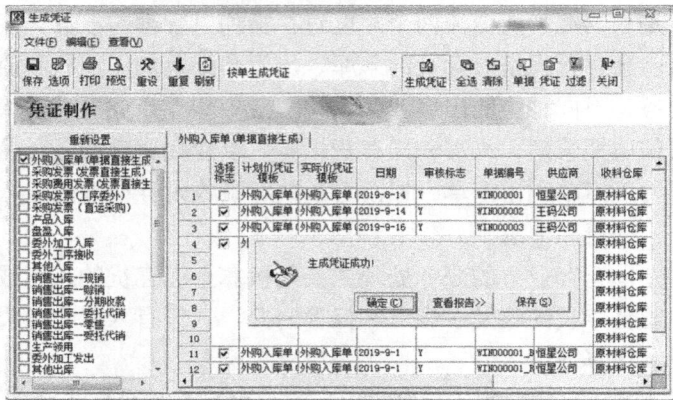

图 9-56　"生成凭证"窗口

（2）产品生产完工入库业务。分别对 2019 年 9 月 14 日生产完工的 5 台欧皇 ASDJ3 计算机、9 月 15 日生产完工的超炫 X1 主机和 9 月 19 日生产完工的超炫王商用 PCK2 计算机进行账务处理，生成记账凭证。

产品入库的记账凭证模板和产品入库的记账凭证分别如图 9-57 和图 9-58 所示。需要注意的是，如果"生产成本——材料费"科目设置了核算项目，则需要设置核算项目为单据上的成本对象。

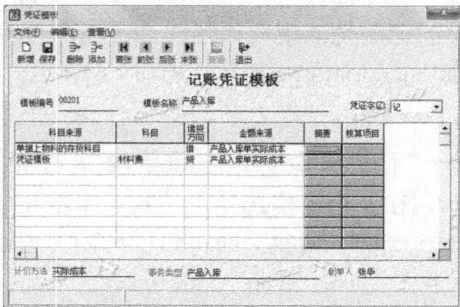

图 9-57　产品入库的记账凭证模板

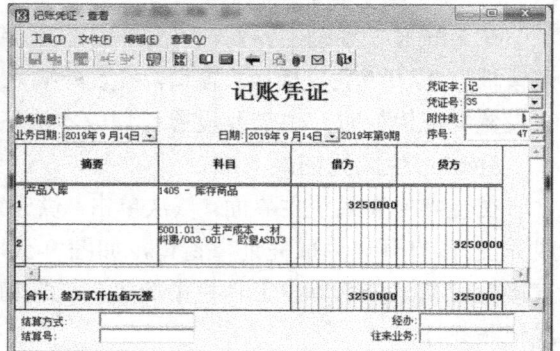

图 9-58　产品入库的记账凭证

（3）其他入库业务。对 2019 年 9 月 17 日恒星公司发来的产品样本进行账务处理，生成记账凭证。

其他入库的记账凭证模板和其他入库的记账凭证分别如图 9-59 和图 9-60 所示。

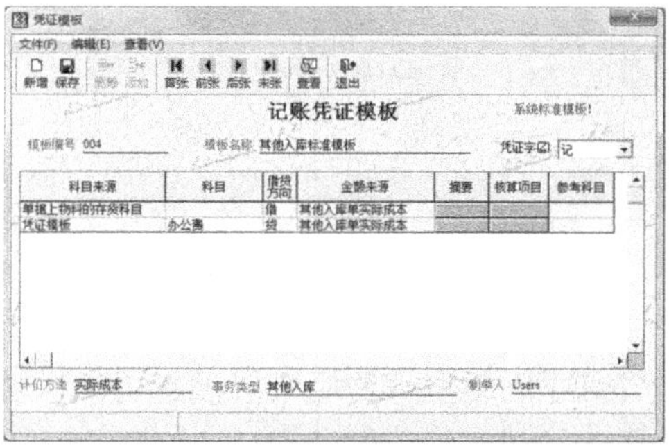

图 9-59　其他入库的记账凭证模板

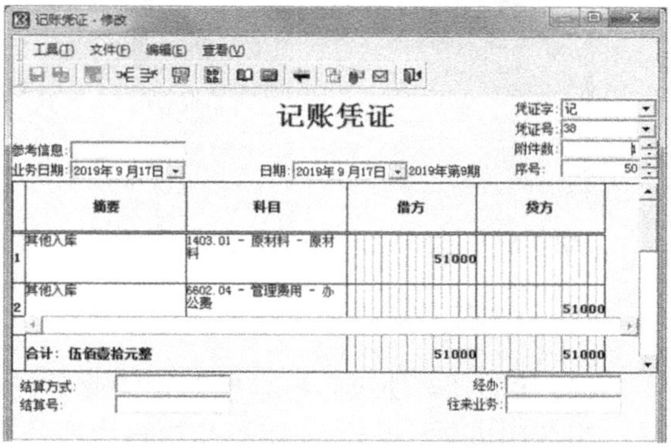

图 9-60　其他入库的记账凭证

（4）盘盈入库业务。对 2019 年 9 月 18 日原材料仓库盘盈物料进行账务处理，生成记账凭证。

盘盈入库的记账凭证模板和盘盈入库的记账凭证分别如图 9-61 和图 9-62 所示。

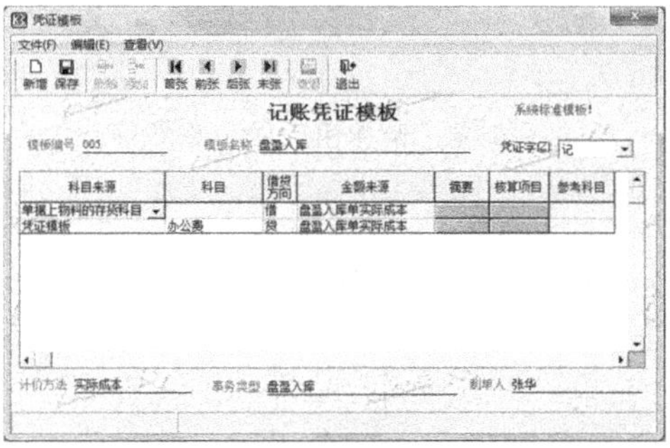

图 9-61　盘盈入库的记账凭证模板

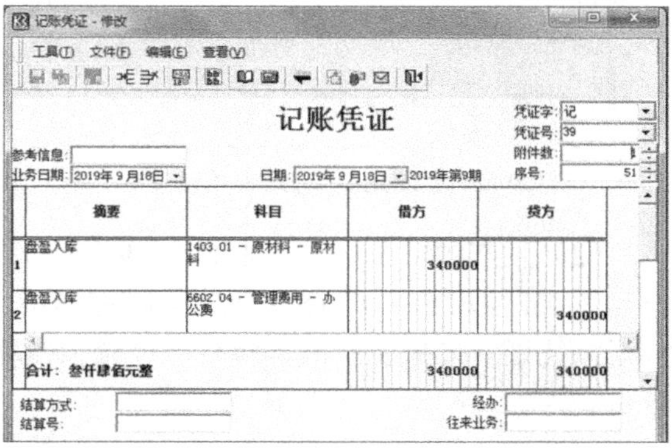

图 9-62　盘盈入库的记账凭证

（5）委外加工入库业务。对 2019 年 9 月 17 日的委外加工入库及委外加工费发票进行账务处理，生成记账凭证。

委外加工入库业务比较复杂，其入库成本由两部分构成：一是委外加工的材料成本；二是委外加工费成本。在委外加工发票生成的凭证中，借方科目为材料采购，贷方科目为应付账款-应付货款。委外加工入库的记账凭证模板和委外加工入库的记账凭证分别如图 9-63 和图 9-64 所示。

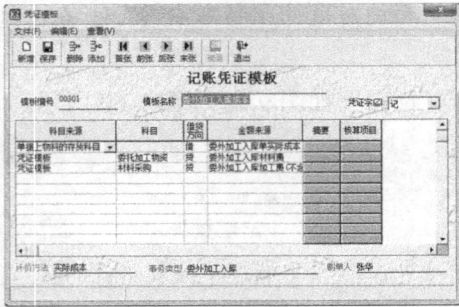

图 9-63　委外加工入库的记账凭证模板

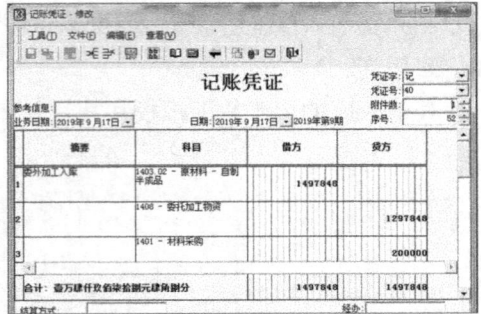

图 9-64　委外加工入库的记账凭证

2．出库业务

（1）销售出库业务。对本期的销售业务进行账务处理，根据销售出库单生成记账凭证。销售出库的记账凭证模板和销售出库的记账凭证分别如图 9-65 和图 9-66 所示。

图 9-65　销售出库的记账凭证模板

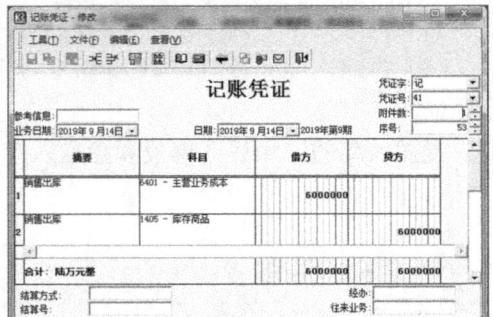

图 9-66　销售出库的记账凭证

（2）生产领料业务。分别对 2019 年 9 月 13 日生产欧皇 ASDJ3 计算机、9 月 14 日生产超炫 X1 主机和 9 月 16 日生产超炫王商用 PCK2 计算机的生产领料单进行账务处理，生成记账凭证。如果生产成本科目下设置了核算项目，则要在生成的凭证中修改科目的核算项目。

生产领料的记账凭证模板和生产领料的记账凭证分别如图 9-67 和图 9-68 所示。

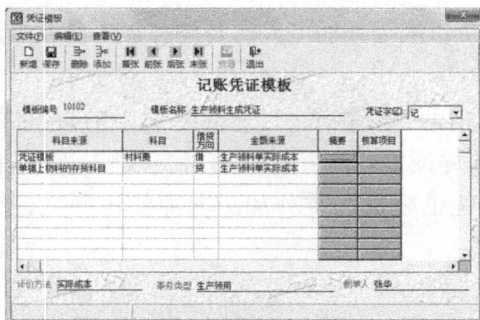

图 9-67　生产领料的记账凭证模板

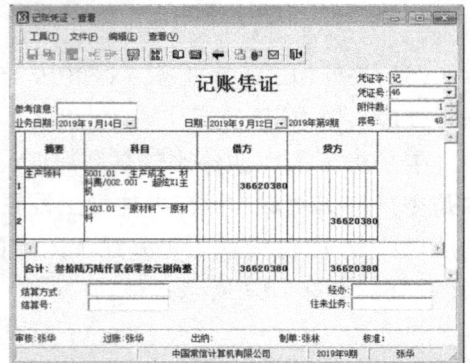

图 9-68　生产领料的记账凭证

（3）其他出库业务。对 2019 年 9 月 16 日行政部领用的 2 个罗技 V47 激光鼠标进行账务处理，生成记账凭证。

其他出库的记账凭证模板和其他出库的记账凭证分别如图9-69和图9-70所示。

其他出库业务按其物料的使用目的不同，会生成不同的会计科目。例如，销售部门赠送给客户的样品，则应记入销售费用；管理部门领用的物料，则应记入管理费用。不同的使用用途，其他出库单的凭证模板也不相同。

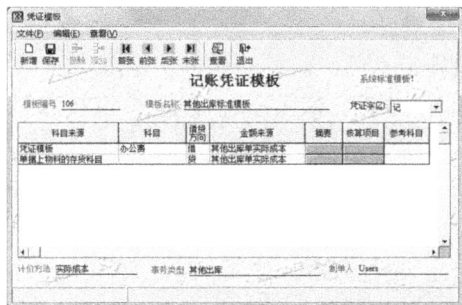

图9-69　其他出库的记账凭证模板

图9-70　其他出库的记账凭证

（4）盘亏毁损业务。对2019年9月18日仓库盘亏的物料进行账务处理，生成记账凭证。

盘亏毁损的记账凭证模板和盘亏毁损的记账凭证分别如图9-71和图9-72所示。

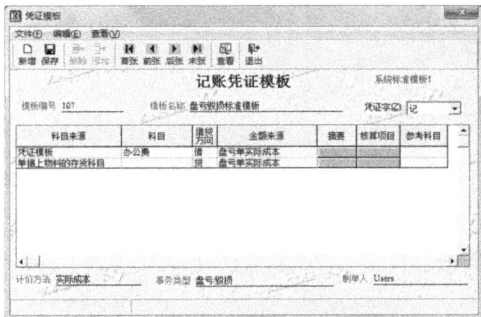

图9-71　盘亏毁损的记账凭证模板

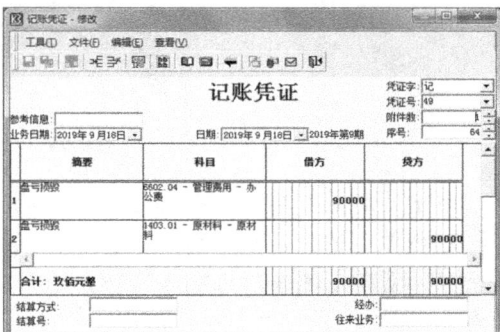

图9-72　盘亏毁损的记账凭证

（5）委外加工出库业务。根据2019年9月16日的委外加工出库进行账务处理，生成记账凭证。

委外加工出库的记账凭证模板和委外加工出库的记账凭证分别如图9-73和图9-74所示。

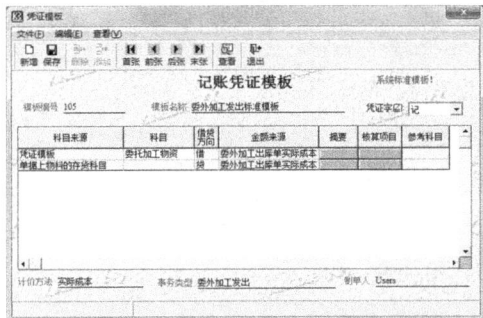

图9-73　委外加工出库的记账凭证模板

图9-74　委外加工出库的记账凭证

四、业务系统期末处理

本期所有的供应链业务都已完成，可以通过存货核算系统中的对账功能，对仓存管理系统中的物料数据和总账系统中的存货数据进行核对。

Step1：对本期所有凭证进行复核、审核和过账。

使用财务人员张林的账号登录金蝶 K/3 系统，对本期所有凭证进行复核、审核和过账。

Step2：查看仓存与总账对账单。

在金蝶 K/3 系统主界面，依次单击"供应链"→"存货核算"→"期末处理"，双击"期末关账"，打开"期末关账"对话框，如图 9-75 所示。

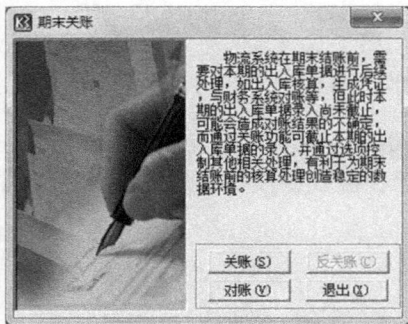

图 9-75 "期末关账"对话框

单击"对账"按钮，在弹出的"过滤"窗口中单击"确定"按钮，即可打开"仓存与总账对账单"窗口，从中可以查看仓存系统物料数据和总账存货科目的期初余额、本期收入金额、本期发出金额和期末余额，如图 9-76 所示。同时，对账时确保两个系统之间没有差额。

仓存与总账对账单

起始期间：2019年 第9期   截止期间：2019年 第9期
科目代码范围：所有科目

存货明细科目代码	存货明细科目名称	仓存期初余额	总账期初余额	期初差额	仓存本期收入	总账借方发生额	收入差额	仓存本期发出	总账贷方发生额	发出差额	仓存期末余额	总账期末余额	期末差额
1405	库存商品	1,346,000.00	1,346,000.00		2,870,500.00	2,870,500.00		3,032,000.00	3,032,000.00		1,184,500.00	1,184,500.00	
1403.01	原材料	538,850.00	538,850.00		586,017.28	586,017.28		853,367.28	853,367.28		271,500.00	271,500.00	
1403.02	自制半成品	760,000.00	760,000.00		1,864,978.48	1,864,978.48		2,148,978.48	2,148,978.48		476,000.00	476,000.00	
	小计	2,644,850.00	2,644,850.00		5,321,495.76	5,321,495.76		6,034,345.76	6,034,345.76		1,932,000.00	1,932,000.00	
	合计	2,644,850.00	2,644,850.00		5,321,495.76	5,321,495.76		6,034,345.76	6,034,345.76		1,932,000.00	1,932,000.00	

图 9-76 仓存与总账对账单

Step3：期末结账。

本期所有业务结束以后，单击"期末处理"，双击"期末结账"，完成结账处理，系统进入下一期，分别在"期末结账-介绍"对话框中单击"下一步"和在"金蝶提示"对话框中单击"确定"按钮，进行期末结账，如图 9-77 和图 9-78 所示。

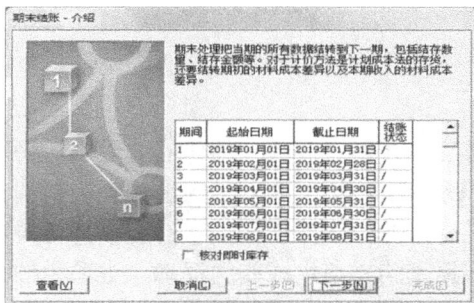

图 9-77 "期末结账-介绍"对话框

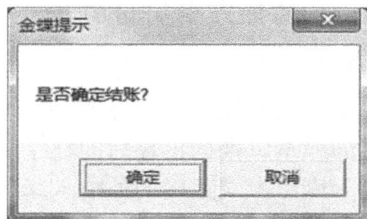

图 9-78 "金蝶提示"对话框

同理，在所有应收款和应付款业务处理结束以后，也要对财务系统中的应收款管理和应付款管理进行期末结账。

视频 9-4：业务系统期末结账

扫一扫

任务思考

财务业务一体化的主要任务是根据业务系统的单据生成财务系统的凭证，需要根据不同的业务类型核算所有入库业务的成本，根据物料的计价方法核算发出成本，再根据不同的业务类型设置不同的凭证模板，最后生成相应的记账凭证。物料入库成本和出库成本的核算是通过供应链存货核算功能进行的，记账凭证则是在凭证管理功能中生成。业务系统主要的入库业务类型包括外购入库、产品入库、委外加工入库、其他入库和盘盈入库，主要的出库业务类型包括销售出库、生产领料、委外加工出库、其他出库和盘亏毁损。在进行存货核算时，根据不同入库类型确定物料成本的构成，首先需要核算入库成本，其次要核算出库成本，最后才能生成记账凭证。

在进行财务业务一体化处理时，需要特别注意凭证模板的设置，尤其是各项会计科目核算项目的设置，这些会计科目的核算项目一般都来源于出入库单据中的字段。例如，应收账款的核算项目为客户，来源于销售发票中的客户；应付账款-应付货款的核算项目为供应商，来源于采购发票中的供应商；生产成本的核算项目为成本对象，来源于生产领料单中的成本对象；销售发票与采购发票中客户与供应商作为往来科目的核算项目。

本书中财务业务一体化不涉及业务操作的过程和内容，只对引起存货科目发生金额变动的业务单据进行凭证处理。业务单据引起库存数额变化，记账凭证相应地反映存货科目变化，从而可以保证同一数据在不同系统之间的唯一性和一致性。

想一想

1. 委外加工业务主要包括哪些出入库内容？委外入库成本如何核算？凭证如何处理？

2. 如果本月发生暂估业务（没有收到采购发票），那么应该如何进行业务处理？

3. 金蝶 K/3 业务系统如何与总账系统进行对账，从而确保各项数据的准确性和正确性？

4. 业务系统中主要的出入库类别有哪些？分别对应的会计分录是什么？

举一反三

1．暂估业务凭证处理

在任务八中详细描述了暂估业务的处理方法，在财务业务一体化的处理中，采用存货核算中不同的凭证生成方式（单到冲回或差额调整），根据采购发票的金额来重新调整暂估入库的成本。根据核算后的红字回冲单生成凭证，冲销以前期间估错的金额，再根据蓝字外购入库单生成正确的外购入库成本，最后根据采购发票生成的凭证确认进项税额和应付款项。

2．采购与销售现结业务

采购与销售现结业务是在填制采购发票和销售发票时，选择采购方式和销售方式为现购和现销，在采购发票的贷方科目中选择库存现金或银行存款明细科目，在销售发票的收款科目中选择库存现金或银行存款明细科目。

采购现结业务生成记账凭证时，与一般的采购发票业务相同，直接设置采购发票的凭证模板，即可生成采购现结业务的凭证。销售现结业务生成凭证时，选择"销售收入-现销"和"销售出库-现销"生成销售收入和销售成本的记账凭证。

不管是采购现结业务还是销售现结业务，生成的记账凭证都不涉及往来款项（应收款与应付款），结算会计科目均为库存现金或银行存款。

课后作业

1．根据本期发生的采购业务，分别生成应付款单据和记账凭证并传递给应付款管理系统和总账系统。

2．根据本期发生的销售业务，分别生成应收款单据和记账凭证并传递给应收款管理系统和总账系统。

3．根据本期发生的仓存管理业务，分别生成出入库业务单据和记账凭证并传递给总账系统。

4．根据本期发生的业务单据与生成的记账凭证，进行业务系统数据与总账系统数据的对账。

项目四　财务子系统信息化

➡️ 项目导入

在实施了总账、应收款、应付款、采购、销售、仓存和核算等系统之后，中国常信计算机有限公司将应用现金管理子系统、固定资产管理子系统和工资管理子系统，分别在现金管理、固定资产管理和工资管理模块对总账系统进行辅助管理，从而实现更加精细化的管理。其中，现金管理子系统对应总账系统中的现金及银行存款等会计科目；固定资产管理子系统对应总账系统中的固定资产、累计折旧、固定资产减值准备等会计科目；工资管理子系统主要用于工资和所得税的计提，主要对应总账系统中的应付职工薪酬会计科目。

2019 年 9 月，中国常信计算机有限公司选择金蝶 K/3 ERP 软件系统作为财务和业务处理平台，同时，在当月开始实施金蝶 K/3 ERP 软件系统。通过金蝶 K/3 ERP 软件系统构建企业各项管理制度，实现从手工业务处理到 ERP 信息化业务管理的平稳过渡，以确保公司的各项财务与业务管理规范有序，确保公司生产经营活动的顺利开展，提高公司的管理效率。

🧑‍💼 项目分析

中国常信计算机有限公司在应用财务与业务一体化 ERP 软件系统时，除启用了总账、应收款、应付款和业务系统之外，还启用了现金管理系统、固定资产管理系统和工资管理系统，对企业的现金、固定资产和工资进行业务核算和辅助管理，并根据业务处理的结果生成凭证并传递给总账系统。

现金管理系统主要处理企业中的日常出纳收支业务，包括现金管理、银行存款管理、票据管理及相关报表和系统维护等内容，同时，会计人员可以在该系统中根据出纳录入的收付款信息，生成凭证并传递到总账系统。

固定资产管理系统主要处理企业固定资产的相关业务，对固定资产的增减变动及折旧的计提和分配进行核算，包括固定资产明细账、新增、维护与改良、计提折旧和清理等功能。同时，固定资产不是一个孤立的模块，它和其他模块也相互进行集成。例如，它与总账、应付款、应收款、采购管理和仓存管理等模块管理相互集成。

工资管理系统是面向企业人力资源设计，支持多种模式的薪酬核算管理，并实现薪酬发放业务，包括个税申报和银行代发业务。工资管理系统帮助企业承载薪酬体系构建，定薪、调薪管理的结果与应用，以及薪酬发放的全过程管理业务，可将工资核算结果数据提供给总账系统进行统一核算。

任务十　现金管理系统信息化

任务导读
现金管理系统与总账系统对账
编制银行存款余额调节表
现金管理系统票据管理
现金管理系统期末处理

☑ 任务重点

现金管理是整个财务管理系统中的重要环节，金蝶 K/3 ERP 软件提供的现金管理，既可以同总账系统联合起来使用，也可以作为独立的模块供出纳人员使用。现金管理系统中主要包括现金管理、银行存款管理和票据管理等功能。

2019 年 9 月，中国常信计算机有限公司正式启用了金蝶 K/3 ERP 软件中的现金管理系统，开始对公司现金管理的日常业务进行处理，现金管理系统的业务如下所示。

（1）会计人员张林，登记现金日记账并与总账系统对账。

（2）会计人员张林，编制每日现金盘点单。

（3）会计人员张林，登记银行存款日记账，填制银行对账单，编制银行存款余额调节表，并与总账系统对账。

✅ 任务实施

一、现金管理

现金部分的各种业务管理主要包括：现金日记账、现金盘点、现金对账、日报表等。其中日记账的登记有 3 种方法：①直接从总账引入现金类凭证记录，可以按日或期间登记日记账，也可以按对方科目或现金类科目进行登账；②通过复核记账的方式逐笔或批量登记日记账；③直接逐笔登记日记账，或录入日期、凭证字后自动获取凭证摘要、金额等信息进行登记日记账。

1．现金管理系统中的总账数据

现金管理系统中的总账数据指的是，将总账系统中有关现金的数据引入现金管理系统，以便实现现金管理系统中的日记账与总账核对。

1）复核记账

复核记账是出纳人员对总账系统中的现金和银行存款凭证进行复核登账的过程，是将总账系统中有关现金和银行存款数据引入现金管理系统的一种方式。企业出纳人员也可以通过复核凭证的方式登记现金或银行存款日记账。

复核记账的具体步骤如下所示。

Step1：打开"复核记账"对话框。

在金蝶 K/3 系统主界面中，依次单击"财务会计"→"现金管理"→"总账数据"，双击"复核记账"，打开"复核记账"对话框，如图 10-1 所示。选择相应的会计期间和科目范围后，单击"确定"按钮。

Step2：登账。

在"现金管理系统-[复核记账]"窗口，选择需要登账的记录，再单击工具栏中的"登账"按钮，即可完成相应记录的登账，如图 10-2 所示。

图 10-1 "复核记账"对话框

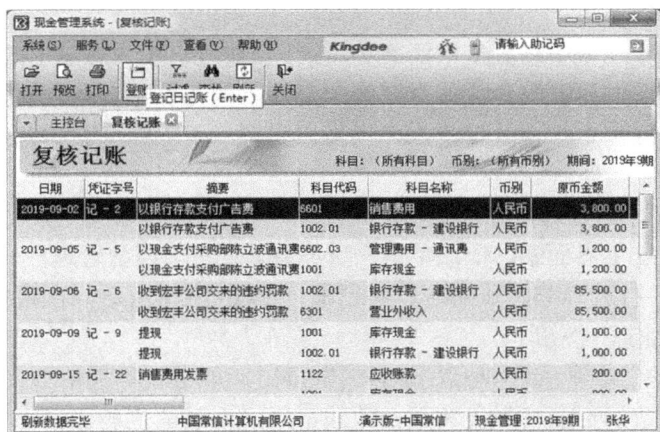

图 10-2 "现金管理系统-[复核记账]"窗口

2）引入日记账

引入日记账包括引入现金日记账和引入银行存款日记账。

Step1：在金蝶 K/3 系统主界面中，依次单击"财务会计"→"现金管理"→"总账数据"，双击"引入日记账"，打开"引入日记账"对话框。选择"现金日记账"标签，如图 10-3 所示，期间模式选择"引入本期所有凭证"，单击"引入"按钮，即可完成现金日记账的引入。同理，选择"银行存款日记账"标签，可以引入银行存款日记账，如图 10-4 所示。

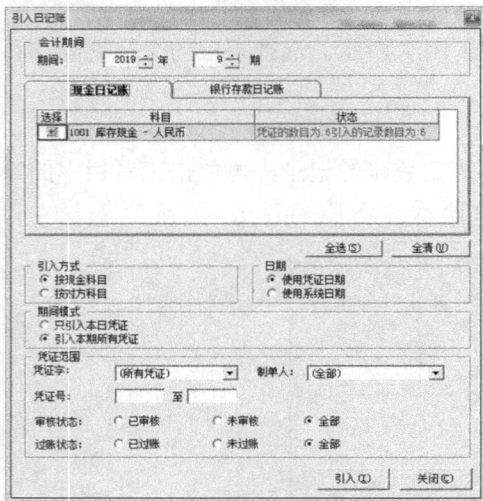

图 10-3　引入现金日记账

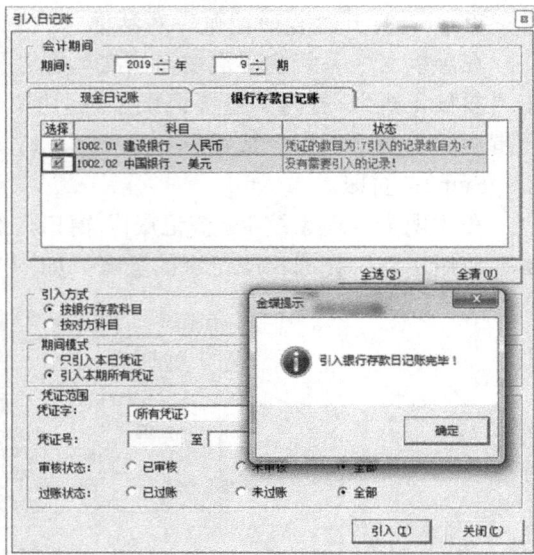

图 10-4　引入银行存款日记账

3）与总账对账

与总账对账是指现金管理系统中的现金、银行存款日记账与总账中的日记账进行核对，以保证现金管理系统的日记账和总账登账的一致性，但与总账对账之前，首先应该保证总账中所有现金日记账和银行存款日记账已经复核完毕或引入完毕。与总账对账的步骤如下所示。

Step1：打开"与总账对账"对话框。

在金蝶 K/3 系统主界面中，依次单击"财务会计"→"现金管理"→"总账数据"，双击"与总账对账"，打开"与总账对账"对话框，如图 10-5 所示，在科目范围中选择"所有科目"，单击"确定"按钮。

Step2：在"现金管理系统-[与总账对账]"窗口，单击工具栏中的"自动查找"按钮，即可找到对账不一致的记录（如果有不一致的记录，则以蓝色显示），如图 10-6 所示。

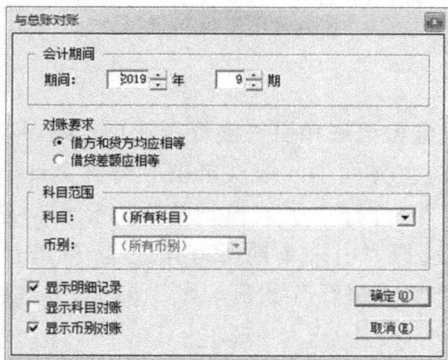

图 10-5　"与总账对账"对话框

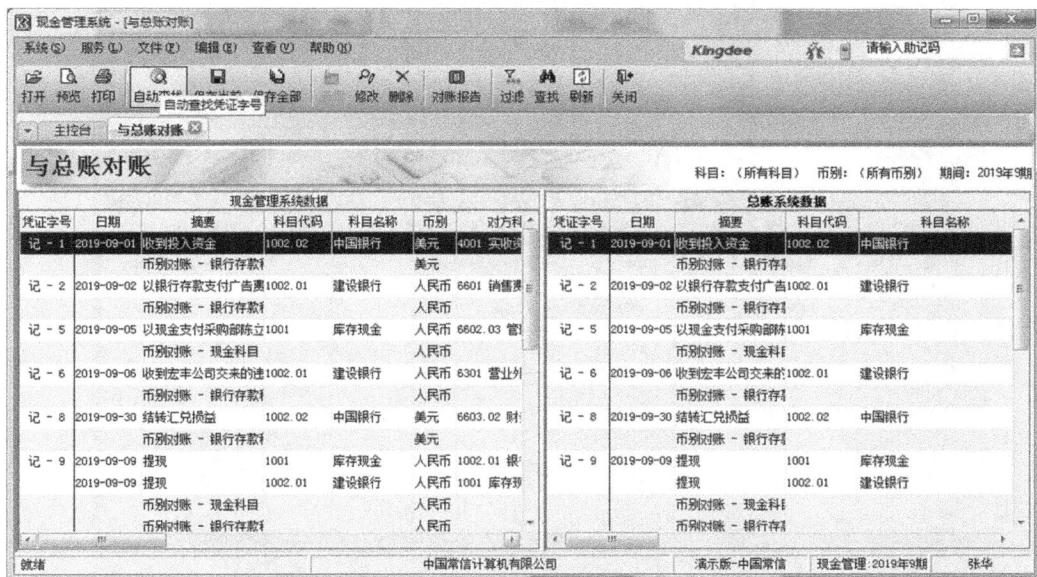

图 10-6 "现金管理系统-[与总账对账]"窗口

2．现金管理

出纳是重要的会计工作岗位，负责核算与管理企业最活跃的资金。现金管理模块功能是指企事业单位财务部门按照国家的政策和规定，对现金收入、支出和库存进行预算、监督和控制，是财务管理中资金管理的重要内容，也是出纳会计的一项重要工作。

1）现金日记账

现金日记账是用来逐日、逐笔反映库存现金的收入、支出和结存情况，以便对现金的保管、使用及现金管理制度的执行情况进行严格的日常监督及核算的账簿，现金日记账的登记依据是经过复核无误的收款记账凭证和付款记账凭证（企业使用收、付、转凭证字）。录入现金日记账的具体操作步骤如下。

Step1：在金蝶 K/3 系统主界面中，依次单击"财务会计"→"现金管理"→"现金"，双击"现金日记账"，在"现金管理系统-[现金日记账]"窗口中单击"确定"按钮，如图 10-7 所示。双击某一记录，即可对该记录进行修改，单击工具栏中的"按单"按钮，即可生成记账凭证传递给总账系统。

Step2：在"现金日记账"窗口，单击"引入"按钮，可以引入总账中的现金收支数据，单击"新增"按钮，可以手工新增现金的收支记录，如图 10-8 所示。

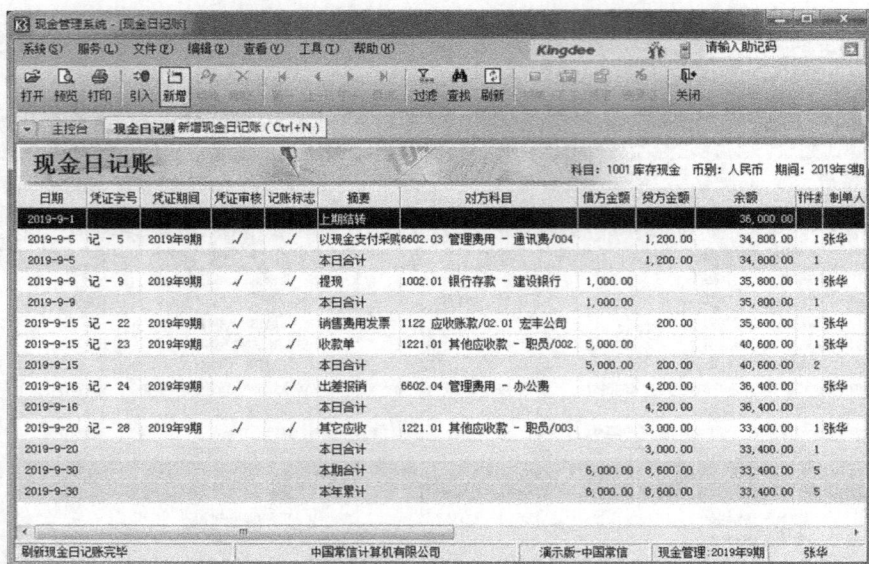

图 10-7 "现金管理系统-[现金日记账]"窗口

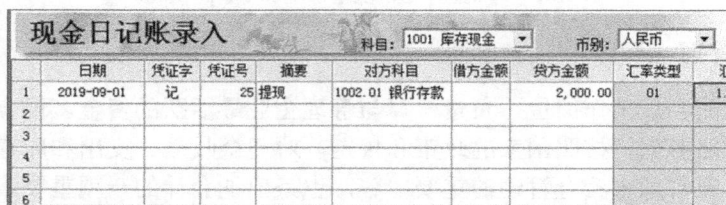

图 10-8 "现金日记账录入"界面

2）现金盘点单

现金盘点单是指出纳在每天业务终了之后对现金进行盘点的结果。具体操作步骤如下所示。

Step1：在金蝶 K/3 系统主界面中，依次单击"财务会计"→"现金管理"→"现金"，双击"现金盘点单"，打开"现金管理系统-[现金盘点单]"窗口，如图 10-9 所示。

Step2：单击工具栏中的"新增"按钮，打开"现金盘点单-新增"对话框，如图 10-10 所示。分别录入现金的币别、盘点单的日期，并在票面列中输入实际的数量。最后单击"保存"按钮，即可把盘点单增加到现金盘点单窗口中。

在现金盘点单的底部有一个账实核对信息行。账实核对实际上是指对现金日记账与库存现金进行核对。通过账实核对，如果现金实有数大于现金日记账账面余额，则为盘盈；如果现金实有数小于现金日记账账面余额，则为盘亏。

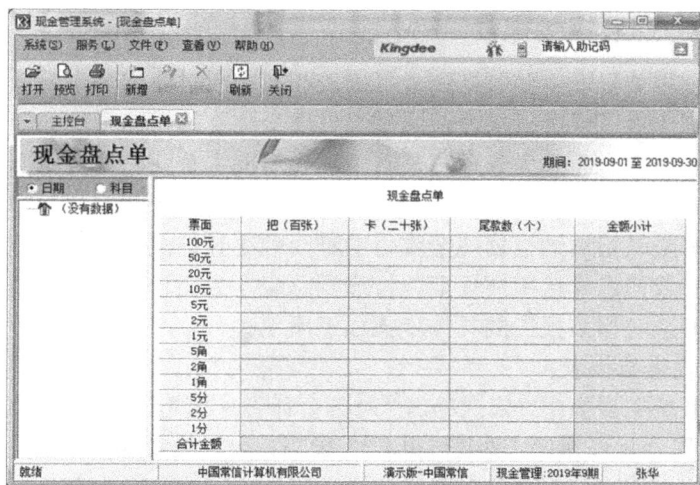

图 10-9　"现金管理系统-[现金盘点单]"窗口

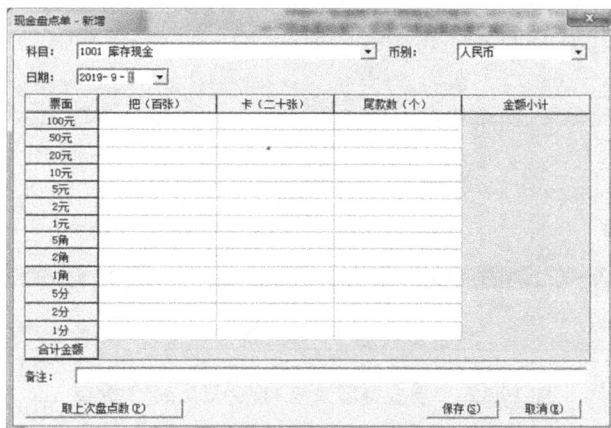

图 10-10　"现金盘点单-新增"对话框

3）现金对账

现金对账是指系统自动将出纳账与日记账（总账）当期现金发生额和现金余额进行核对，并生成对账表，具体操作步骤如下所示。

在金蝶 K/3 系统主界面中，依次单击"财务会计"→"现金管理"→"现金"，双击"现金对账"，进入"现金对账"界面，如图 10-11 所示，从中可以看到现金管理系统与总账系统之间的对账差额。

图 10-11　"现金对账"界面

3．现金管理系统相关报表

现金管理系统相关报表主要包括现金日报表和现金收付流水账。

现金管理系统提供了现金日报表，通过当日现金收支及账面余额的输出，不仅为企业现金的管理提供了方便，而且为管理层及时了解和掌握本企业的资金状况和合理运用资金提供了参考数据。

现金收付流水账是指出纳根据现金收付的时间顺序登记流水账，在现金收付流水账中，会计可以根据收付款信息直接生成凭证，传递到总账，为会计人员节省大量时间。

查看现金管理系统相关报表的具体步骤如下所示。

Step1：查看现金日报表。

在金蝶 K/3 系统主界面中，依次单击"财务会计"→"现金管理"→"现金"，双击"现金日报表"，在"现金管理系统-[现金日报表]"窗口，可以查看昨日余额、今日借方、今日贷方及今日余额，如图 10-12 所示。

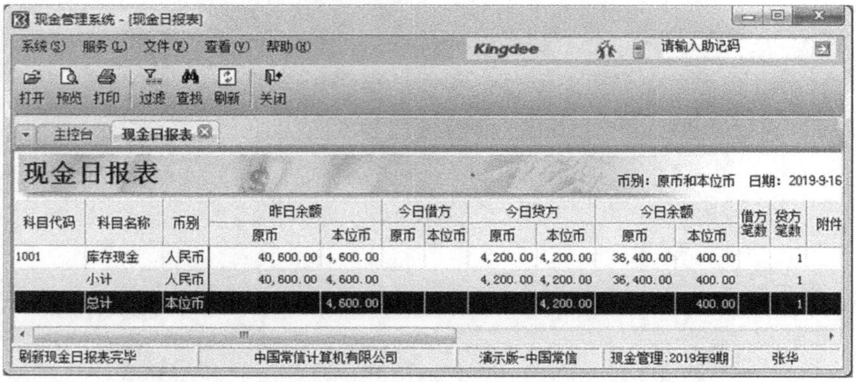

图 10-12 "现金管理系统-[现金日报表]"窗口

Step2：查看现金收付流水账。

在"现金"子功能中，双击"现金收付流水账"明细功能，如果是第一次打开现金收付流水账，需要进行初始化，输入现金的初始余额后，单击"编辑"菜单中的"结束初始化"命令，即可完成初始化，如图 10-13 所示。

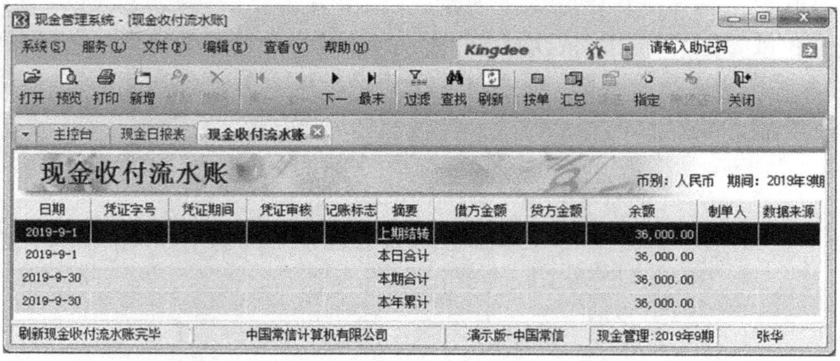

图 10-13 "现金管理系统-[现金收付流水账]"窗口

单击工具栏中的"新增"按钮，打开"现金管理系统-[现金收付流水账录入]"窗口，手工录入每一笔现金收付流水账，如图 10-14 所示。

图 10-14　"现金管理系统-[现金收付流水账录入]"窗口

录入相关的现金收付流水后，在"现金收付流水账"窗口，单击工具栏中的"按单""凭证"等命令，进行相应凭证的录入和查看。

视频 10-1：现金管理

二、银行存款管理

银行存款日记账和银行对账单的管理方法与现金日记账和现金对账单相似，这里不做过多介绍。

1．银行存款对账

银行存款对账是指银行存款日记账与银行出具的银行对账单之间的核对。银行对账是企业和银行出纳最基本的工作之一，结算业务大部分要通过银行进行结算，但由于企业与银行的账务处理和入账时间不一致，往往会发生双方账项不一致的情况。为防止记账发生差错，准确掌握银行存款的实际金额，企业必须定期将银行存款日记账与银行出具的对账单进行核对。以 2019 年 9 月 2 日支付 3 800 元广告费为例，具体的操作步骤如下所示。

Step1：录入银行对账单数据。

在"银行对账单"窗口，单击工具栏中的"新增"按钮，在"银行对账单录入"界面中，新增支付产品销售广告费 3 800 元的记录，如图 10-15 所示。

图 10-15　"银行对账单录入"界面

Step2：银行存款对账。

依次单击"银行存款"→"银行存款对账"，在打开的"现金管理系统-[银行对账]"窗口中，分别选择银行对账单中的记录和银行存款日记账中的记录，再单击工具栏中的"手工"按钮，实现手工对账，如图 10-16 所示。

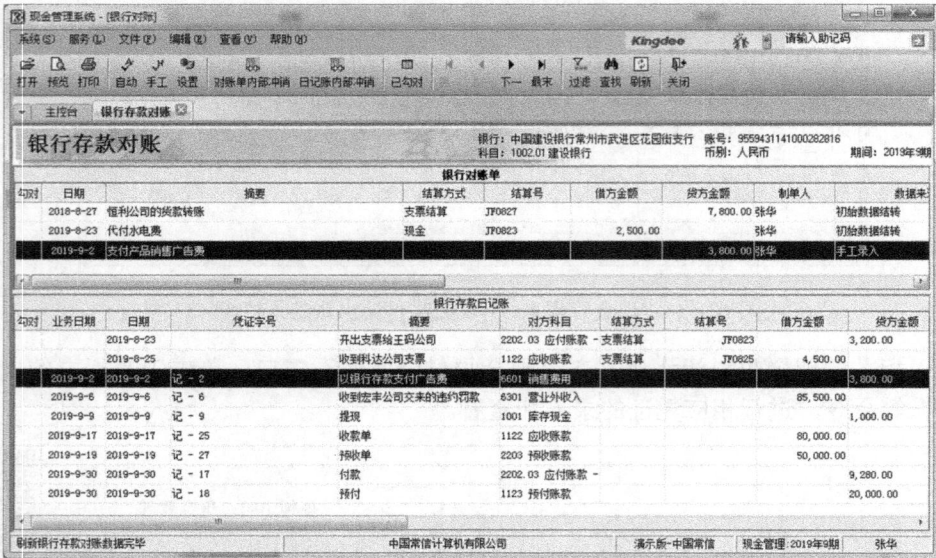

图 10-16　银行存款对账

在工具栏中，单击"设置"按钮可以进行自动对账和手工对账参数的设置，单击"已勾对"按钮，可以查看已勾对的记录。

2．余额调节表

为了查询对账结果，从而检查对账结果是否正确，应编制银行存款余额调节表，查看企业未达账项和银行存款未达账的调节情况。银行存款余额调节表的编制步骤如下所示。

依次单击"银行存款"→"余额调节表"，在打开的"余额调节表"界面中，可以查看企业与银行的未达账项及企业实际可以动用的银行存款数额，如图 10-17 所示。

图 10-17　"余额调节表"界面

3．长期未达账

由于主客观等方面的原因，有时会出现个别业务长期未达的情况，这说明企业记账或银行结算等环节出现了差错。长期未达账的功能就是协助用户查询输出这类长期未达账项，以辅助财会人员分析查找造成长期未达账的原因，避免资金丢失。

4．银行对账相关报表

1）银行对账日报表

为了方便企业了解某一天其在银行的实际存款，系统提供了银行对账日报表，通过当日银行存款的收支和对账单余额的输出，查看企业存放在银行的实际资金余额。

2）银行存款日报表

为了及时掌握货币资金的流动情况，企业管理者一般都要求财务部门每日提供现金和银行存款的日报表。银行存款日报表通过当日银行存款收支及账面余额的输出，不仅为企业银行存款的管理提供了方便，而且为管理者及时了解和掌握本企业的资金状况和合理运用资金提供了参考数据。

3）银行存款与总账对账

银行存款与总账对账是指系统自动将出纳账与日记账（总账）当期银行存款发生额、余额进行核对，并生成对账表。

银行对账相关报表的查询步骤如下所示。

Step1：查看银行对账日报表。依次单击“银行存款”→“银行对账日报表”，打开“银行对账日报表”界面，如图10-18所示。

银行对账日报表

科目代码	科目名称	币别	银行名称	银行账号	昨日余额	今日借方	今日贷方	今日余额	借方笔数	贷方笔数	启用
1002.01	建设银行	人民币	中国建设银行常州市	9559431141000282816	1,294,000.00	3,800.00		1,290,200.00	1		启用
	小计	人民币			1,294,000.00	3,800.00		1,290,200.00	1		
1002.02	中国银行	美元	中国银行常州市支行	6217856110008283588	20,000.00			20,000.00			启用
	小计	美元			20,000.00			20,000.00			

图10-18　“银行对账日报表”界面

Step2：查看银行存款日报表。依次单击“银行存款”→“银行存款日报表”，打开“银行存款日报表”界面，如图10-19所示。

银行存款日报表

科目代码	科目名称	币别	银行名称	银行账号	昨日余额		今日借方		今日贷方		今日余额		借方笔数	贷方笔数	附件数	启用
					原币	本位币	原币	本位币	原币	本位币	原币	本位币				
1002.01	建设银行	人民币	中国建设银	955943114	1,290,000.00				3,800.00	3,800.00	1,286,200.00	-3,800.00		1	1	启用
	小计	人民币			1,290,000.00				3,800.00	3,800.00	1,286,200.00	-3,800.00		1	1	
1002.02	中国银行	美元	中国银行常	62178561	120,000.00	683,000.00					120,000.00	683,000.00				启用
	小计	美元			120,000.00	683,000.00					120,000.00	683,000.00				
	总计	本位币				683,000.00				3,800.00		679,200.00		1	1	

图10-19　“银行存款日报表”界面

Step3：查看银行存款与总账对账。依次单击“银行存款”→“银行存款与总账对账”，打开“银行存款与总账对账”界面，如图10-20所示。

图 10-20 "银行存款与总账对账"界面

银行存款与总账对账的结果应该没有差额，从而确保银行存款数据在不同系统之间的一致性。

扫一扫　　视频 10-2：银行存款管理

三、票据管理

票据包括支票、本票和汇票等各种票据，以及汇兑、托收承付、委托收款、贷记凭证和利息单等结算凭证。同时，在票据备查簿中，会计可以根据出纳录入的票据信息自动生成记账凭证。

1. 票据备查簿

在"现金管理系统-[票据备查簿]"窗口，可以对票据进行管理。票据备查簿的作用是使企业实现对除空头支票以外的所有票据信息的登记和管理，查询票据备查簿的具体步骤如下所示。

在金蝶 K/3 系统主界面中，依次单击"财务会计"→"现金管理"→"票据"，双击"票据备查簿"，即可打开"现金管理系统-[票据备查簿]"窗口，单击工具栏中的"新增"按钮，根据需要输入新增票据的内容，再单击"保存"按钮，即可将新增的票据保存到系统中，如图 10-21 所示。

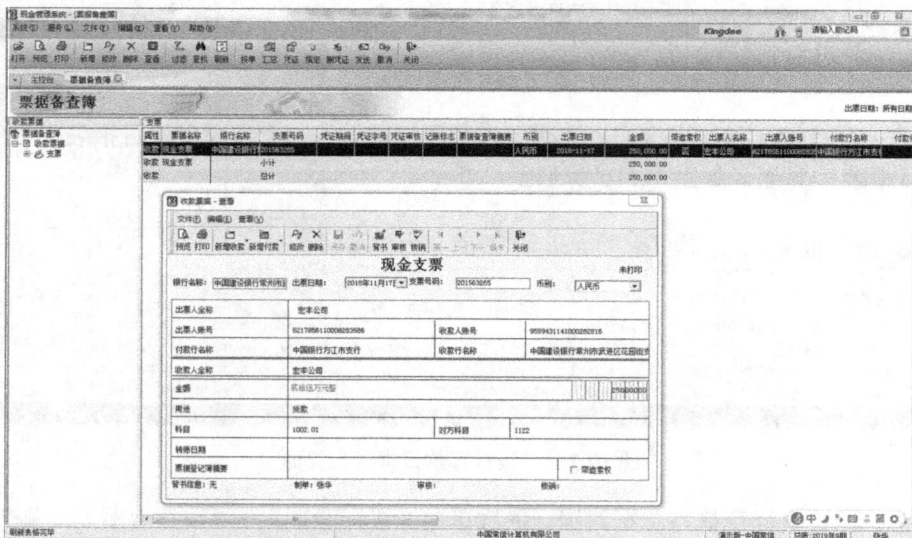

图 10-21 "现金管理系统-[票据备查簿]"窗口

2．支票管理

支票是指由出票人签发的，委托办理支票存款业务的银行或其他金融机构在见票时无条件支付确定金额给收款人或持票人的票据。由于支票是资金支付业务的重要凭证，所以必须要加强管理，严禁支票遗漏、丢失等现象的发生，避免给企业带来巨大损失，购买的空白支票必须登记，严加管理，具体操作步骤如下所示。

Step1：购置支票。

在金蝶 K/3 系统主界面中，依次单击"财务会计"→"现金管理"→"票据"，双击"支票管理"，即可打开"支票管理"窗口，单击工具栏中的"购置"按钮，打开"支票购置"窗口，如图 10-22 所示。

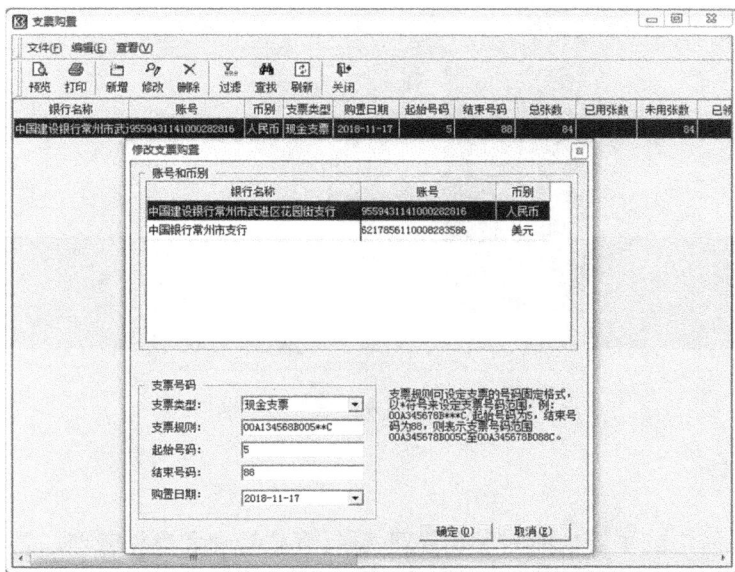

图 10-22　"支票购置"窗口

Step2：领用支票。

在"支票管理"窗口，单击工具栏中的"领用"按钮，填制如图 10-23 所示的领用支票。

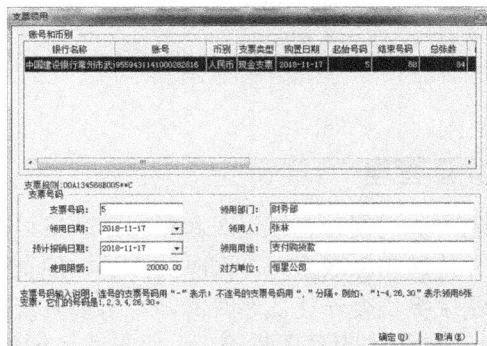

图 10-23　"支票领用"对话框

视频 10-3：票据管理
扫一扫

四、期末结账

本期所有的现金管理业务结束以后，可以对现金管理系统进行期末结账。结账后，现金管理系统将自动进入下一期。

在金蝶 K/3 系统主界面中，依次单击"财务会计"→"现金管理"→"期末处理"，双击"期末结账"，打开"期末结账"对话框，如图 10-24 所示，单击"开始"按钮，即可完成结账操作。

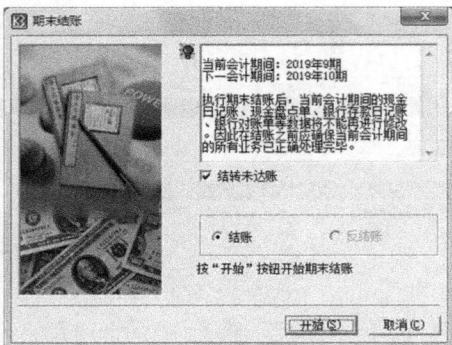

图 10-24 "期末结账"对话框

任务思考

现金管理系统中的主要功能为现金管理、银行存款管理和票据管理，其主要工作包括：现金日记账的填写，现金日记账和银行存款日记账之间的核对，现金管理业务的常见报表，现金管理系统与总账数据的现金对账，银行存款日记账的引入或新增，银行存款对账单的管理，银行存款对账的相关报表和票据管理。

想一想

1. 银行存款余额调节表中的主要内容包括哪些？
2. 为什么要编制银行存款余额调节表？
3. 现金管理系统的主要作用是什么？谁负责现金管理系统的业务处理？

举一反三

1. 现金管理系统凭证管理

在现金管理系统中，也可以根据现金日记账和银行存款日记账进行记账凭证管理，根据日记账的记录生成凭证并传递到总账系统。同时，为了方便企业查询在现金管理系统生成的凭证，在现金管理系统中提供会计凭证序时簿，可对现金管理系统生成的凭证进行查看、修改和审核等操作。在金蝶 K/3 系统主界面中，依次单击"财务会计"→"现金管理"→"凭证管理"，双击"会计凭证序时簿"，在打开的"会计凭证序时簿"窗口中查看。

2．往来结算

现金管理系统中提供了往来结算的功能，主要处理企业资金结算业务，同时与应收应付系统集成。收款功能主要包括"收款通知单录入"、"收款通知单序时簿"和"收款单录入"，在序时簿中有新增、修改、删除、查询和审核等功能。同理，付款功能主要包括"付款通知单录入"、"付款通知单序时簿"和"付款单录入"。

课后作业

1．根据中国常信计算机有限公司的现金与银行存款管理业务，完成本期现金收支业务管理并与总账系统对账。

2．完成本期银行存款业务管理，编制银行存款、银行存款日记账和余额调节表并与总账系统进行对账。

任务十一　固定资产管理系统信息化

任务导读
　　新增固定资产卡片
　　固定资产变动
　　固定资产清理与报废
　　固定资产折旧业务处理

任务重点

固定资产管理系统是企业管理中的一个重要组成部分，固定资产具有价值高、使用周期长、使用地点分散、管理难度大等特点。固定资产管理系统的主要功能是处理固定资产的账务核算、计提折旧费用及实现设备管理。

1．固定资产管理的基本功能

（1）资产日常操作管理功能。主要包括固定资产的新增、修改、退出、转移、删除、借用、归还、维修、计算折旧率及残值率等日常工作。

（2）打印条形码功能。根据选定的固定资产，自动生成粘贴在固定资产实物上的条形码。

（3）盘点功能。将条码阅读器中的数据与数据库中的数据进行核对，并对正常或异常的数据做出处理，得出固定资产的实际情况，并可按单位、部门生成盘盈明细表、盘亏明细表、盘亏明细附表、盘点汇总表、盘点汇总附表等。

（4）资产折旧。包括计提固定资产月折旧、打印月折旧报表、对折旧信息进行备份、恢复折旧工作、折旧手工录入、折旧调整等。

（5）固定资产月报。根据单位、部门、时间等条件查询分类统计月（年）报、本月增加固定资产月报、本月减少固定资产月报、固定资产折旧月（年）报，并提供打印功能。

（6）固定资产综合查询。可以对单条或一批固定资产的情况进行查询，查询条件包括资产卡片、保管情况、有效资产信息、部门资产统计、退出资产、转移资产、历史资产、名称规格、起始及结束日期、单位或部门。

（7）系统维护功能。由系统管理员对资产分类代码表、退出方式代码表、购置方式代码表、存放地代码表、部门代码表、保管人员表、单位名称表进行新增、修改、删除等操作。

2．固定资产管理系统与其他系统之间的集成

固定资产管理系统不是一个孤立的模块，它和其他模块相互集成。

（1）与总账系统的集成。固定资产管理系统要与总账系统集成在一起，启用固定资产系统后，所有关于固定资产的操作和凭证处理都要来源于固定资产系统，总账系统不能再对固定资产进行管理，而只能处理相关的业务凭证。总账系统中固定资产相关会计科目的数值必须与固定资产卡片的数值一致。

（2）与采购和应收应付款系统的集成。固定资产的采购要与采购系统集成，把采购过程中所有发生的费用都计入固定资产的原值中。若在采购中发生欠款业务，则要与应付款系统集成在一起。固定资产的清理与变卖要与应收款系统集成。

（3）与库存管理的集成。固定资产的管理要与库存管理集成在一起，针对部分资产要定期盘点，做到账实相符。

2019 年 9 月，中国常信计算机有限公司 ERP 系统中固定资产管理的日常业务处理如下所示。

（1）2019 年 9 月 19 日，公司购买办公桌 3 套，当日由行政部门投入使用，总计 24 000元，以银行存款支付相关款项。

（2）2019 年 9 月 1 日，公司决定对办公楼进行整体装修，装修工作于 20 日结束并投入使用，金额为 200 000 元，以银行存款支付。

（3）2019 年 9 月 21 日，将固定资产卡片中的一台组装机器人报废，清理费用 500 元由现金支付，报废残值收入为 10 000 元。

（4）2019 年 9 月小汽车行驶里程为 2 000 公里，计提本月固定资产累计折旧。

（5）查看 2019 年 9 月固定资产清单和固定资产价值变动表。

任务实施

一、新增固定资产卡片

企业的固定资产是通过卡片的形式管理的。中国常信计算机有限公司 2019 年 9 月发生的新增固定资产（3 套办公桌）业务的具体操作步骤如下所示。

2019 年 9 月 19 日，公司购买办公桌 3 套，当日由行政部门投入使用，总计 24 000 元，以银行存款支付相关款项。

Step1：新增固定资产卡片。在金蝶 K/3 主界面，依次单击“财务会计”→“固定资产管理”→“业务处理”，双击“新增卡片”，在“卡片及变动-新增”对话框中依次输入办公桌固定资产卡片的“基本信息”、“部门及其他”、“原值与折旧”标签中的内容，分别如图11-1、图 11-2 和图 11-3 所示，最后单击“保存”按钮，完成固定资产卡片的新增。

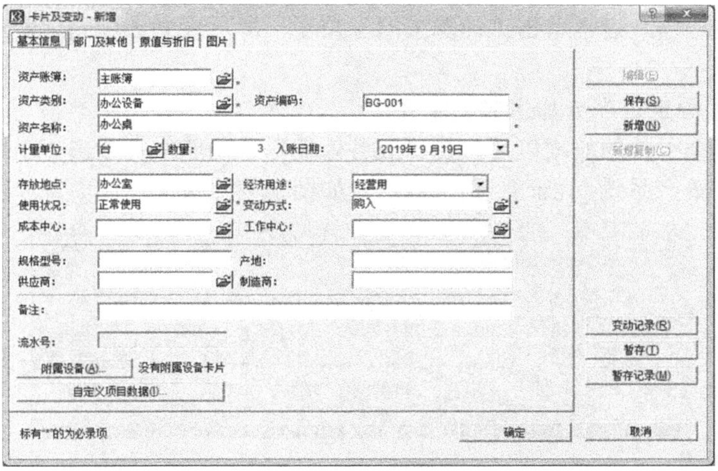

图 11-1 固定资产卡片基本信息

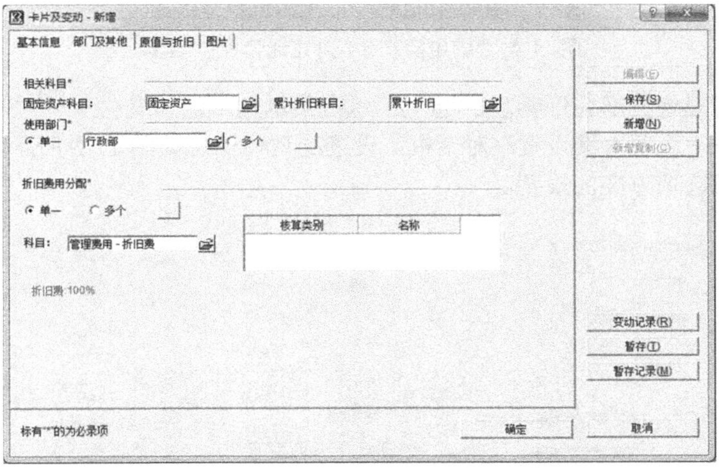

图 11-2 固定资产卡片部门及其他信息

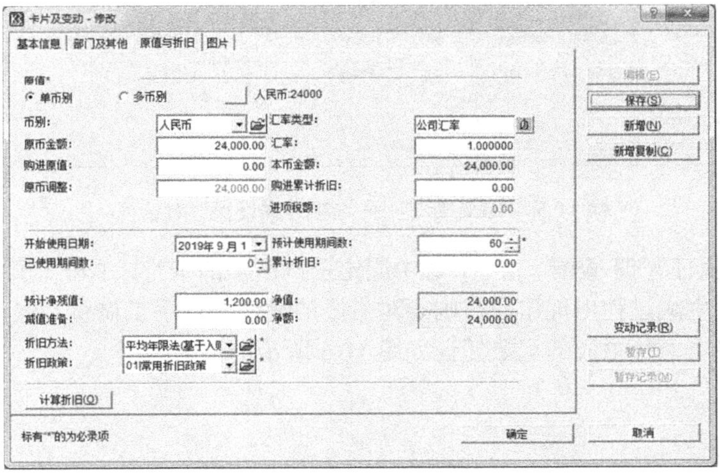

图 11-3 固定资产卡片原值与折旧信息

保存固定资产卡片后，单击"计算折旧"按钮，即可看到该项固定资产每月的折旧率与折旧额。

Step2：根据固定资产卡片生成记账凭证。

完成固定资产卡片的新增以后，在"业务处理"子功能中，双击"新增卡片"明细功能，打开"固定资产系统-[凭证管理]"窗口，如图 11-4 所示。

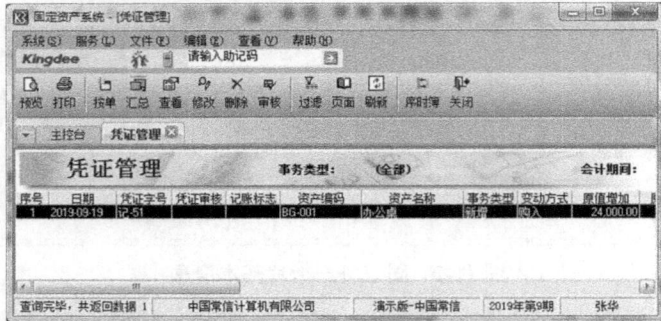

图 11-4 "固定资产系统-[凭证管理]"窗口

首先，设置固定资产凭证管理的选项。单击菜单栏中的"文件"→"选项"命令，打开"凭证管理——选项方案设置"对话框，设置的具体信息如图 11-5 所示。最后单击"确定"按钮，完成选项方案的设置。

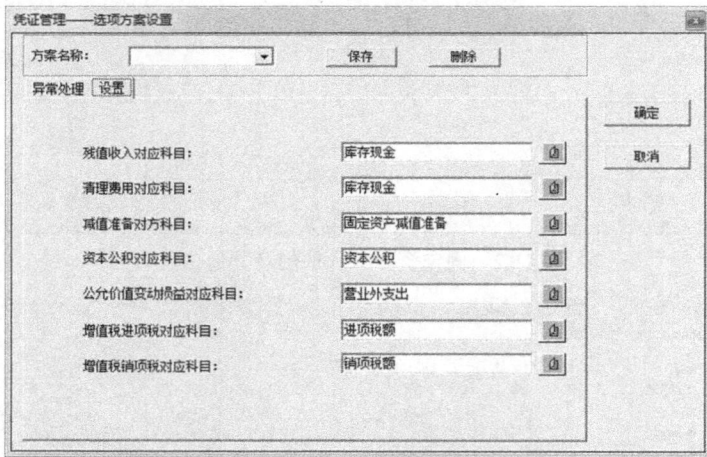

图 11-5 "凭证管理——选项方案设置"对话框

其次，在"凭证管理-查看"窗口，选中固定资产新增的卡片，单击工具栏中的"按单"按钮，如果凭证生成过程出现错误，则要对生成的凭证进行手工调整并保存生成的记账凭证。新增固定资产卡片生成的记账凭证如图 11-6 所示。

图 11-6　新增固定资产卡片生成的记账凭证

视频 11-1：新增固定资产

扫一扫

二、固定资产维修与变动业务处理

固定资产变动业务主要包括两个方面：一是对固定资产价值信息的变更；二是对固定资产非价值信息的变更。

对固定资产价值信息的变更主要是指对固定资产的后续支出，如果使可能流入企业的经济利益超过原先估计，如延长固定资产的使用寿命，或使产品质量实质性提高，或使产品成本实质性降低，则可对后续支出予以资本化，计入固定资产的账面价值，这时可利用系统的固定资产变动功能，调整固定资产原值。另外，根据企业的实际情况，对固定资产折旧方法、预计使用寿命、预计净残值等折旧要素进行变更，并经有关各方批准备案后，也可利用系统的固定资产变动功能进行调整，系统从下一期开始将按变动后的折旧要素计提折旧。

对固定资产非价值信息的变更主要是指固定资产的使用情况、使用部门、存放地点等发生变动，那么也需要在固定资产系统中通过系统提供的变动功能，将变更的信息录入系统，以确保固定资产数据的正确性，便于以后的跟踪管理。

2019 年 9 月固定资产变动业务如下所示。

2019 年 9 月 1 日，中国常信计算机有限公司决定对办公楼进行整体装修，装修工作于20 日结束并投入使用，金额为 200 000 元，由银行存款支付。

该笔变动业务的操作步骤如下所示。

Step1：在金蝶 K/3 主界面，依次单击"财务会计"→"固定资产管理"→"业务处理"，双击"变动处理"，打开"固定资产系统-[卡片管理]"窗口，如图 11-7 所示。

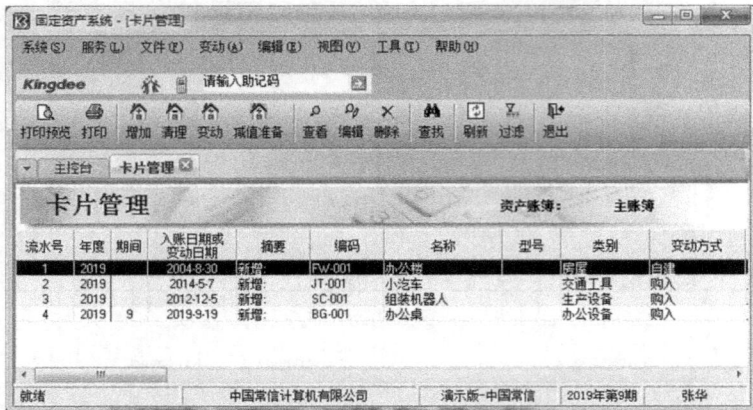

图 11-7 "固定资产系统-[卡片管理]"窗口

选择办公楼的固定资产卡片，单击工具栏中的"变动"按钮，在弹出的"卡片及变动-新增"对话框的"基本信息"标签中，选择变动方式为"其他增加"，在"原值与折旧"标签中，修改原币金额为 1 200 000 元，如图 11-8 所示。最后单击"保存"按钮，即可完成对固定资产的变动处理。

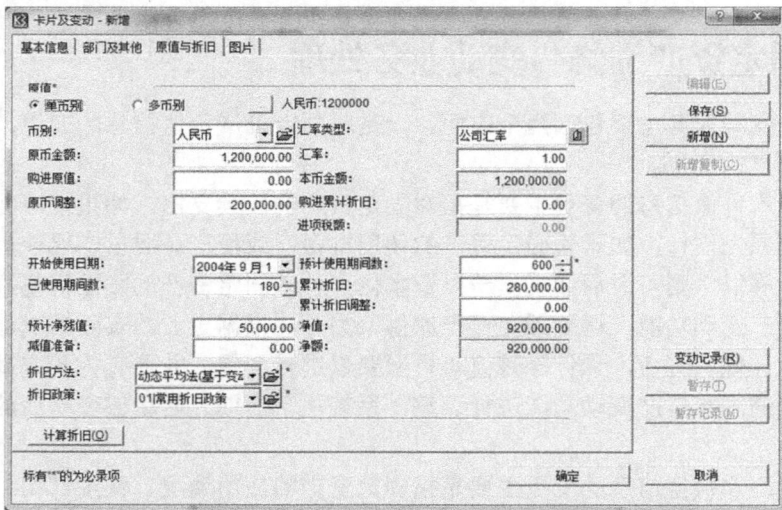

图 11-8 "卡片及变动-新增"对话框

固定资产变动保存以后，由于其价值发生了变动，固定资产的净残值也同步发生了变化。

Step2：根据固定资产卡片变动生成记账凭证。与新增固定资产卡片类似，在"凭证管理"窗口生成固定资产变动的记账凭证，如图 11-9 所示。

摘要	科目	借方	贷方
其它增加--办公楼	1601 - 固定资产	20000000	
其它增加--办公楼	1002.01 - 银行存款 - 建设银行		20000000

图 11-9　固定资产变动的记账凭证

扫一扫　视频 11-2：固定资产变动业务处理

三、固定资产清理与报废

固定资产清理是固定资产变动的另一种情况。当出现下列情形时，企业一般会对固定资产进行清理处理：将不适用或不需用的固定资产出售或转让；由于被使用，固定资产不断磨损直至报废；由于新技术的发展，原有固定资产遭到淘汰而提前报废；由于非常事故或自然灾害，固定资产发生损毁；对外投资转出固定资产；对外捐赠转出固定资产；以非现金资产抵偿债务方式转出固定资产；以非货币性交易换出的固定资产；按照有关规定并经有关部门批准无偿调出的固定资产。

中国常信计算机有限公司 2019 年 9 月发生的固定资产清理业务如下。

2019 年 9 月 21 日，将固定资产卡片中的一台组装机器人报废，清理费用 500 元由现金支付，报废残值收入为 10 000 元。

固定资产清理业务具体的操作步骤如下所示。

Step1：新增固定资产清理。

在固定资产"卡片管理"窗口，选择组装机器人卡片，单击工具栏"清理"按钮，在弹出的"固定资产清理-新增"对话框中，输入如图 11-10 所示的内容，再单击"保存"按钮，即可自动生成组装机器人的部分清理变动记录。

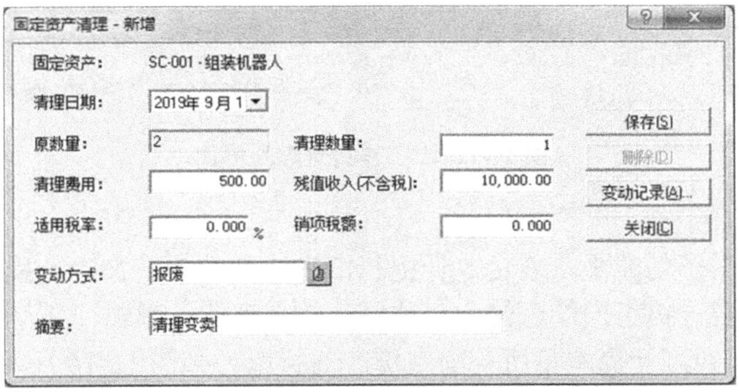

图 11-10　"固定资产清理-新增"窗口

Step2：根据固定资产卡片清理变动生成记账凭证。

与新增固定资产卡片类似，在"凭证管理"窗口生成固定资产清理变动的记账凭证，如图 11-11 所示。

	摘要	科目	借方	贷方
1	报废一组装机器人	1601 - 固定资产		30000000
2	报废一组装机器人	1602 - 累计折旧	20166666	
3	报废一组装机器人	1001 - 库存现金	950000	
4	报废一组装机器人	6301 - 营业外收入	8883334	

图 11-11　固定资产卡片清理变动的记账凭证

扫一扫　　　视频 11-3：固定资产清理

四、固定资产折旧业务处理

固定资产的所有账务处理操作完成之后，可以对处理的固定资产进行计提折旧。由于中国常信计算机有限公司有工作量折旧法的固定资产（汽车），所以在计提折旧之前首先要输入其工作量数据。

2019 年 9 月公司发生的折旧业务如下。

2019 年 9 月小汽车行驶里程为 2 000 公里，计提 9 月固定资产累计折旧。

固定资产计提折旧的具体操作步骤如下所示。

Step1：录入本期工作量数据。

在金蝶 K/3 主界面，依次单击"财务会计"→"固定资产管理"→"期末处理"，双击"工作量管理"，在"工作量编辑过滤"对话框中，单击"确定"按钮，输入方案名称为"工作量"，再次单击"确定"按钮，打开"工作量管理"界面，如图 11-12 所示。在本期工作量中输入 2 000，并保存录入的工作量数据。

工作量管理

序号	资产编码	资产名称	规格型号	单位	本期工作量	工作总量	累计工作总量	剩余工作量
1	JT-001	小汽车			2,000.0000	3,000,000.0000	180,000.0000	2,818,000.0000
2		合计			2,000.0000	3,000,000.0000	180,000.0000	2,818,000.0000

图 11-12　"工作量管理"界面

Step2：计提折旧。

在"期末处理"子功能中，双击"计提折旧"明细功能，在"计提折旧"对话框中将主账簿加入本期需要计提折旧的账簿中，如图 11-13 所示。单击"下一步"按钮，再单击"计提折旧"按钮，即可计提本月所有固定资产的折旧，如图 11-14 所示。

> **小提示**
> 1. 本月新增的固定资产卡片不需要计提折旧，其折旧是从使用月份的下一个月开始计提。
> 2. 计提折旧时，需要注意固定资产的使用状态为正常使用。

项目四 财务子系统信息化

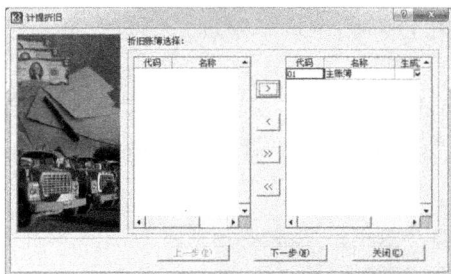

图 11-13 计提折旧（一）

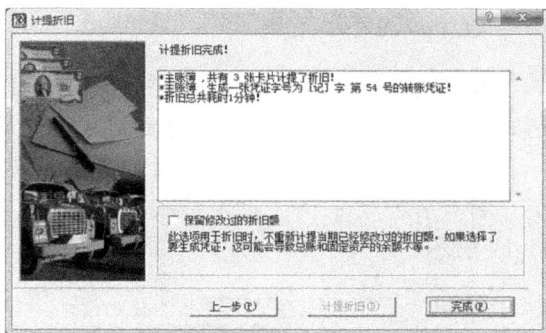

图 11-14 计提折旧（二）

Step3：查看本月折旧信息。

在"期末处理"子功能中，双击"折旧管理"明细功能，即可查看本月固定资产的折旧信息，如图 11-15 所示。

图 11-15 "折旧管理"界面

	资产编码	资产名称	本期折旧额	本期应提折旧额	未提折旧额
1	FW-001	办公楼	1,595.2400	1,595.2400	668,404.7600
2	JT-001	小汽车	258.6700	258.6700	167,741.3300
3	SC-001	组装机器人	3,333.3300	3,333.3300	178,666.6700
4	合计		5,187.2400	5,187.2400	1,014,812.7600

视频 11-4：固定资产计提折旧
扫一扫

所有固定资产日常业务处理结束以后，通过固定资产中自动对账功能实现固定资产管理系统与总账系统之间数据的核对。

在"期末处理"子功能中，双击"自动对账"明细功能，打开"固定资产系统-[自动对账]"窗口，可以从中查看两个系统中数据的核对信息，如图 11-16 所示。

图 11-16 "固定资产管理系统-[自动对账]"窗口

• 265 •

五、期末结账

本期所有固定资产的管理业务处理结束以后，可以对固定资产管理系统进行期末结账，结账后，固定资产管理系统将自动进入下一期。

在金蝶 K/3 系统主界面中，依次单击"财务会计"→"固定资产"→"期末处理"，双击"期末结账"，打开"期末结账"对话框，单击"开始"按钮，即可完成系统结账，如图11-17 所示。

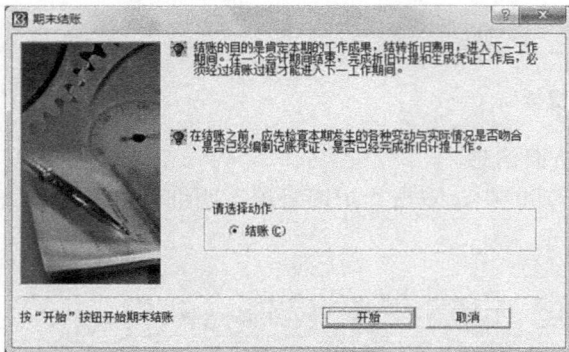

图 11-17 "期末结账"对话框

任务思考

固定资产管理系统除能够完成对固定资产的新增、减少和变动的业务处理，并进行折旧计提和费用分摊以外，还具有凭证管理功能，即依据会计制度和准则的规定，完成对固定资产业务的会计核算处理。固定资产管理系统生成的凭证将自动传递到总账系统，实现财务业务的一体化管理，同时保证固定资产管理系统和总账系统的数据相符。

通过固定资产卡片管理及其凭证管理，固定资产管理系统实现了固定资产业务处理和总账财务核算处理的无缝连接，但为了防止会计人员不通过固定资产系统而直接在总账系统中录入固定资产凭证，导致业务与财务数据不一致，系统提供了自动对账功能，帮助会计人员将固定资产业务数据与总账系统的财务数据进行核对，从而发现错误，确保固定资产数据在不同系统间的一致性和正确性。

1. 固定资产改良维修与日常维护保养的区别是什么？
2. 常见的固定资产折旧方法有哪些？
3. 在处理采用工作量法计提折旧的固定资产时，应该注意的内容有哪些？

想一想

举一反三

固定资产日常业务处理结束之后，还可以查看公司的相关统计报表。固定资产统计表中最常用的报表是资产清单和固定资产价值变动表。此外，金蝶 K/3 系统中还提供了其他的固定资产报表，如固定资产数量统计表、固定资产到期提示表、固定资产处理情况表、固定资产折旧费用分配表、固定资产折旧表。

1. 资产清单

资产清单提供指定期间对企业各类固定资产信息的详细查询，并可按固定资产类别、使用部门、存放地点、经济用途、变动方式、使用状态等数据项进行多级汇总。固定资产清单上的数据来源于固定资产卡片和折旧计提的数据。

2. 固定资产价值变动表

固定资产价值变动表用于查询各项固定资产原值、累计折旧、减值准备在指定期间的变化情况。

3. 固定资产数量统计表

固定资产数量统计表反映指定期间内固定资产的数量及原值信息，该表的数量数据依据固定资产卡片最后一次变动后的信息。

4. 固定资产到期提示表

固定资产到期提示表反映按使用寿命计算，在指定期间到期的全部固定资产资料，包括到期固定资产的使用时间、到期时间、原值、折旧等信息。

5. 固定资产处理情况表

固定资产处理情况表反映固定资产因各种原因而减少的信息，可以按固定资产类别、使用部门、存放地点、经济用途、变动方式、使用状态等项目的指定级次进行多级汇总。其中，表中的"处理数量""处理费用""残值收入""处理时间""处理原因"等均来源于固定资产清理时录入的数据，其余数据则来源于固定资产卡片。

6. 固定资产折旧费用分配表

固定资产折旧费用分配表用于查询在一个或多个会计期间，固定资产折旧计提后折旧费用分摊及核算的详细情况，可以按固定资产类别、使用部门、存放地点、经济用途、变动方式、使用状态等项目的指定级次进行多级汇总。

7. 固定资产折旧表

固定资产折旧表用于查询各项固定资产的价值及折旧信息，可以按固定资产类别、使用部门、存放地点、经济用途、变动方式、使用状态等项目的指定级次进行多级汇总。

以资产清单为例，固定资产统计报表的查询方法如下所示。

在金蝶 K/3 主界面，依次单击"财务会计"→"固定资产管理"→"统计报表"，双击"资产清单"，即可打开"固定资产资产清单"界面，如图 11-18 所示。

固定资产清单						资产账簿：	主账簿			会计期间：	2019年9期		
资产编码	资产名称	类别	单位	变动方式	入账日期	使用部门	数量	原值原币	累计折旧	净值	净额	预计净残值	本期折旧额
FW-001	办公楼	房屋	栋	其它增加	2004-8-30	行政部	1.00	1,200,000.00	281,595.24	918,404.76	918,404.76	60,000.00	1,595.24
JT-001	小汽车	交通工具	辆	购入	2014-5-7	行政部 50%	1.00	400,000.00	220,258.67	179,741.33	179,741.33	12,000.00	258.67
SC-001	组装机器人	生产设备	台	报废	2012-12-5	生产一部	1.00	300,000.00	201,666.67	98,333.33	98,333.33	9,000.00	3,333.33
BG-001	办公桌	办公设备	台	购入	2019-9-19	行政部	3.00	24,000.00	0.00	24,000.00	24,000.00	1,200.00	0.00
总计							6.00	1,924,000.00	703,520.58	1,220,479.42	220,479.42	82,200.00	5,187.24

图 11-18 "固定资产清单"界面

课后作业

1. 根据中国常信计算机有限公司的日常经济业务，新增固定资产卡片并生成凭证。

2. 2019 年 9 月 23 日，企业变卖固定资产"组装机器人"，以现金支付出售费用 500 元，变卖后获得 98 000 元存入银行。在固定资产管理系统中完成该笔业务处理并生成凭证。

3. 对公司办公楼进行内部装修，装修费用为 100 000 元，以银行存款支付。在固定资产管理系统中完成该笔业务处理并生成凭证。

4. 计提本月固定资产折旧。

任务十二　工资管理系统信息化

任务导读

工资管理系统基础数据设置
工资录入与计算
所得税计算
工资审核、复核与凭证生成

任务重点

工资管理系统与其他管理系统一样，首先要对工资管理系统进行基础设置，为工资管理的应用打下基础。金蝶 K/3 系统中，工资管理系统具有用户自定义的特点，能够适用于不同的商业环境，满足不同的管理要求，从而可以对企业的薪资进行有效的管理。

中国常信计算机有限公司工资管理系统中部门与职员的数据都来源于总账数据，两者数据保持一致，具体业务如下所示。

（1）设置全体职工工资管理基础数据。

从总账系统中引入部门与职员数据。

设置全体职工工资类别中的工资项目为：基本工资、加班小时、加班费、奖金、其他扣款、代扣税、应发合计、实发合计和扣款合计。其中，加班费=加班小时×20，应发合计=基本工资+加班费+奖金，扣款合计=其他扣款+代扣税，实发合计=应发合计-扣款合计。

设置所得税计算参数，公司采用含税级距税率计算所得税，将税前的实发合计作为应纳税额。

（2）工资数据录入与计算。

2019 年 9 月，中国常信计算机有限公司职工工资如表 12-1 所示。

表 12-1　2019 年 9 月中国常信计算机有限公司职工工资表

编号	用户名	部门	基本工资（元）	加班小时	加班费（元）	奖金（元）	其他扣款（元）
001.001	李信诚	行政部	5 500		0	3 500	1 800
002.001	张华	技术部	4 600	12	240	2 200	450
003.001	李萍	销售部	3 500		0	6 300	450
004.001	陈立波	采购部	3 500	10	200	2 300	450
005.001	李呈栋	仓储部	3 500	23	460	2 200	450

编号	用户名	部门	基本工资（元）	加班小时	加班费（元）	奖金（元）	其他扣款（元）
005.002	李明	仓储部	3 500	26	520	2 350	200
006.001.001	张恒	生产一部	3 300	25	500	1 860	280
006.002.001	何仁杰	生产二部	3 300	20	400	2 250	200
007.001	张林	财务部	3 500	0	0	2 600	280
007.002	李丽娟	财务部	3 500	20	400	2 400	200
007.003	王丽妍	财务部	3 300	20	400	1 200	200
007.004	马剑飞	财务部	3 300	15	300	1 350	200

根据表 12-1 中的内容，录入各部门员工的工资数据，并计算税前应发合计、扣款合计和实发合计。

（3）计算职工工资并在工资表中导入个人所得税计算数据。

（4）审核工资数据并生成凭证。

✔ 任务实施

一、工资管理系统基础数据设置

1. 工资类别管理

在任务四系统参数设置与初始化中，已经对工资管理系统的系统参数进行了设置，并设置了工资类别为全体职工，在进行工资管理之前，需要首先选择进行工资管理的类别。工资类别的设置和管理是用于工资核算的分类处理方式，可以按部门、人员类别、人员等任意选择。选择工资类别的具体操作如下所示。

在金蝶 K/3 系统主界面中，依次单击"人力资源"→"工资管理"→"类别管理"，双击"选择类别"，在"打开工资类别"对话框中选中全体职工，再单击"选择"按钮，如图 12-1 所示。

图 12-1 "打开工资类别"对话框

2. 部门与人员管理

（1）设置工资管理系统的部门数据。

在金蝶 K/3 系统主界面中，依次单击"人力资源"→"工资管理"→"设置"，双击"部门管理"，打开"部门"对话框，单击工具栏中的"导入"按钮，选择从总账数据中导入全部部门数据，如图 12-2 所示。

图 12-2　导入部门数据

（2）设置工资管理系统的职员数据。

在金蝶 K/3 系统主界面中，依次单击"人力资源"→"工资管理"→"设置"，双击"职员管理"，打开"职员"对话框，单击工具栏中的"导入"按钮，选择从总账数据中导入全部职员数据，如图 12-3 所示。

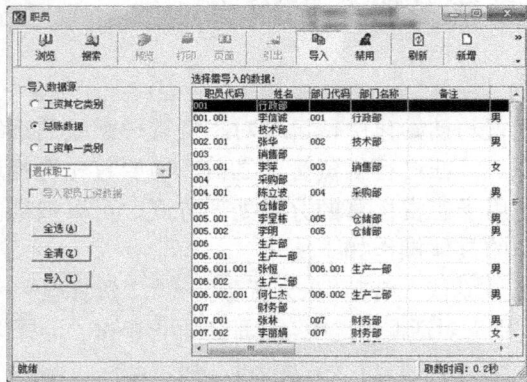

图 12-3　导入职员数据

3．工资项目设置

在金蝶 K/3 系统主界面中，依次单击"人力资源"→"工资管理"→"设置"，双击"项目设置"，打开"工资核算项目设置"对话框，单击"新增"按钮，在"工资项目-新增"对话框中，依次输入项目名称为加班小时，数据类型为实数，数据长度为 18，小数位数为 2，项目属性为可变项目。最后单击"新增"按钮，即可完成工资项目的新增，如图 12-4 所示。

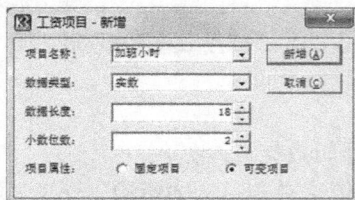

图 12-4　"工资项目-新增"对话框

同理，在工资项目中继续添加加班费的工资项目。在添加工资项目时，只有数字类型（非文本类型）的工资项目才能进行公式计算。设置好的工资项目如图 12-5 所示。

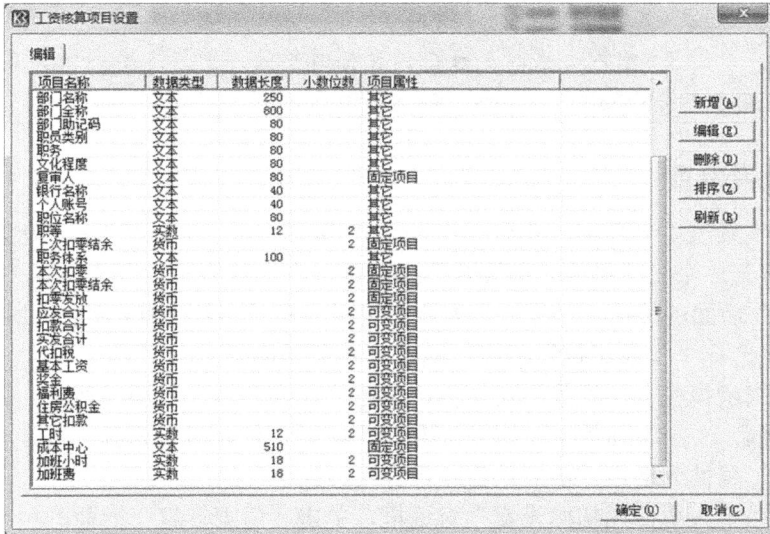

图 12-5　设置好的工资项目

4．工资计算公式设置

全体职工类别的工资项目设置完成以后，就可以设置工资的计算公式，具体方法如下所示。

在金蝶 K/3 系统主界面中，依次单击"人力资源"→"工资管理"→"设置"，双击"公式设置"，打开"工资公式设置"对话框，单击"新增"按钮，在公式名称中输入"全体职工"，在公式计算方法中，依次输入如图 12-6 所示的工资计算公式。最后单击"保存"按钮，完成对工资计算公式的设置。

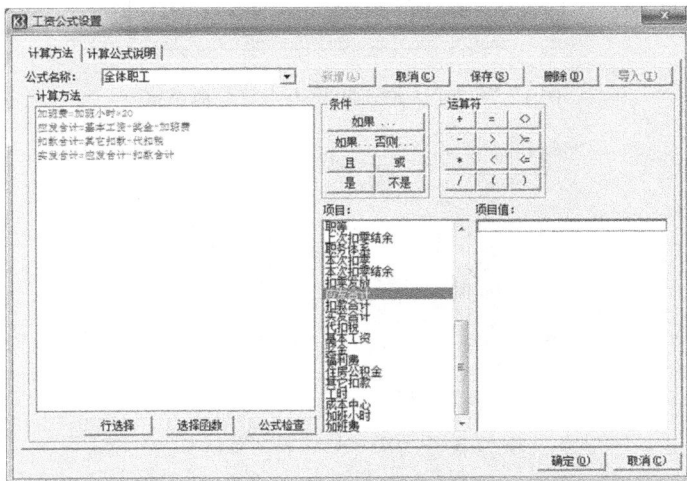

图 12-6　"工资公式设置"对话框

| | 小提示 | 1．定义公式计算方法时，可通过双击项目或运算符进行快速编辑。
2．设置公式计算方法时候，需要考虑公式计算的顺序，如加班费公式必须在应发合计公式的前面。
3．输入公式时，每个计算公式单独为一行，不同的公式行之间使用回车符分隔。 |

5．所得税设置

在金蝶 K/3 系统主界面中，依次单击"人力资源"→"工资管理"→"设置"，双击"所得税设置"，打开"个人所得税初始设置"对话框，在名称中输入"全体职工所得税"，单击"税率类别"后面的按钮，进入"个人所得税税率设置"对话框，如图 12-7 所示，单击"编辑"按钮，选择"含税级距"税率，修改个人所得税税率。

返回"个人所得税初始设置"对话框，单击"税率项目"后面的按钮，打开"所得项目计算"对话框，如图 12-8 所示，单击"编辑"按钮，依次设置名称为实发合计，所得项目为实发合计，属性为增项，最后单击"保存"按钮。

再次返回"个人所得税初始设置"对话框，单击"所得计算"后面的按钮，设置所得计算项目也为实发合计。

在所得期间中输入所得税计算期间为 1-12，基本扣除为 5 000，如图 12-9 所示。

所有个人所得税初始设置完成之后，单击"保存"按钮，完成对工资管理系统中个人所得税的初始设置。

图 12-7 "个人所得税税率设置"对话框

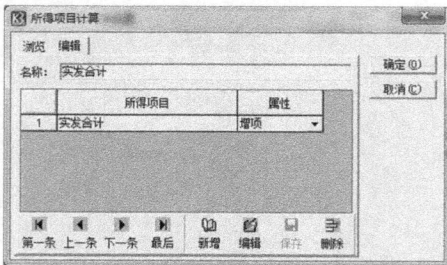

图 12-8 "所得项目计算"对话框

图 12-9 "个人所得税初始设置"对话框

视频 12-1：工资管理系统基础
资料设置

扫一扫

二、工资数据录入与计算

1. 工资数据录入

Step1：定义工资过滤条件。

在金蝶 K/3 系统主界面中，依次单击"人力资源"→"工资管理"→"工资业务"，双击"工资录入"，在"过滤器"对话框中，单击"增加"按钮，弹出"定义过滤条件"对话框，如图 12-10 所示，随后在过滤名称中录入"全体职工"，计算公式选择全体职工，在工资项目中选择相应的项目，并调整相应的显示顺序，最后单击"确定"按钮，完成过滤器的增加。

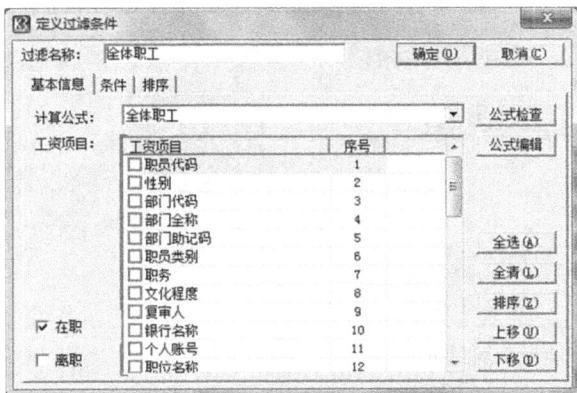

图 12-10 定义过滤条件

Step2：录入工资数据。

返回"过滤器"对话框，选择刚才新增的"全体职工"过滤条件，单击"确定"按钮，在打开的"工资数据录入-[全体职工]"窗口中，录入表 12-1 中的工资项目数据，如图 12-11 所示。

图 12-11 "工资数据录入-[全体职工]"窗口

在图 12-11 中，单击工具栏中的"保存"按钮，完成工资数据的保存。从工资的录入过程中可以看出，定义了工资计算公式的工资项目均不能录入数据，而要通过工资计算才能得出相应的汇总数据。

2. 工资计算

Step1：计算工资合计数。

在金蝶 K/3 系统主界面中，依次单击"人力资源"→"工资管理"→"工资业务"，双击"工资计算"，打开"工资计算向导"对话框（一），选择工资方案为全体职工，如图 12-12 所示，并依次单击"下一步"按钮，在随后的"工资计算向导"对话框（二）中单击"计算"按钮，工资管理系统会自动会根据录入的工资项目数据计算相关的汇总项目，如加班费、应发合计、扣款合计和实发合计等，如图 12-13 所示。

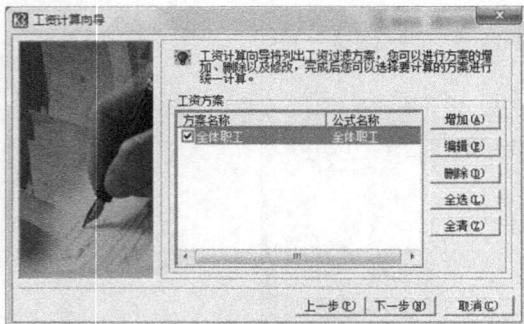

图 12-12 "工资计算向导"对话框（一）

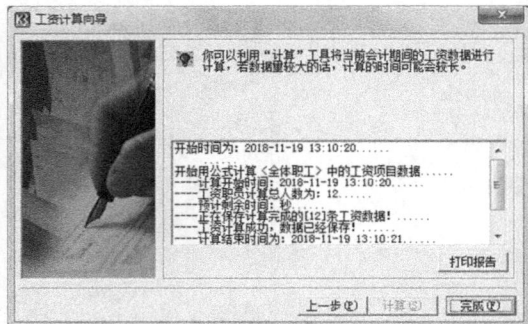

图 12-13 "工资计算向导"对话框（二）

需要注意的是，录入工资数据后第一次工资计算的结果是税前数据，也就是说，这时的应发合计和扣款合计是没有包括个人所得税的税前数据。

Step2：查看工资计算后的结果。

再次打开"工资数据录入-[全体职工]"窗口，即可查看计算汇总后的工资数据，如图 12-14 所示。

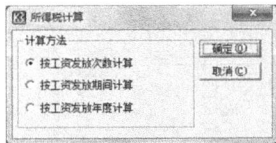

图 12-14　计算汇总后的工资数据

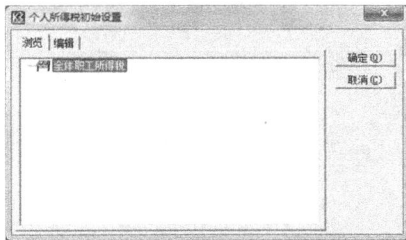

扫一扫　　视频 12-2：工资录入

三、所得税计算

工资数据录入和计算之后的合计数额为税前数据，需要根据在工资管理基础资料设置中的所得税税率，计算每位职工的个人所得税。个人所得税计算的具体操作步骤如下所示。

Step1：计算个人所得税。

在"工资业务"子功能中，双击"计算所得税"明细功能，打开"个人所得税数据录入"窗口。单击工具栏中的"方法"按钮，在弹出的"所得税计算"对话框中选择"按工资发放次数计算"，如图 12-15 所示。

单击工具栏中的"设置"按钮，在"个人所得税初始设置"对话框中选择"全体职工所得税"，如图 12-16 所示。在系统弹出的"金蝶提示"对话框中，单击"确定"按钮，如图 12-17 所示。系统将自动根据个人所得税的初始设置计算每位职工的个人所得税，个人所得税的计算结果如图 12-18 所示。

图 12-15　"所得税计算"对话框　　图 12-16　"个人所得税初始设置"对话框　　图 12-17　"金蝶提示"对话框

图 12-18　个人所得税的计算结果

Step2：在工资数据表中，导入个人所得税数据。

打开"工资数据录入"窗口，选择"代扣税"列，单击工具栏中的"所得税"按钮，打开"引入所得税"对话框，从中选择"引入本次所得税"选项，如图 12-19 所示。单击"确定"按钮，系统即自动把个人所得税计算的数据引入工资数据表中，如图 12-20 所示。最后，单击"保存"按钮。

Step3：重新计算税后工资项目的合计数。

在工资数据表中引入所得税的数据之后，工资项目中的扣款合计和实发合计都需要重新计算，以反映工资项目的税后数据。双击"工资计算"明细功能，打开"工资计算向导"对话框，依次单击"下一步"之后，单击"计算"按钮，完成税后工资项目的计算，计算的结果如图 12-21 所示。

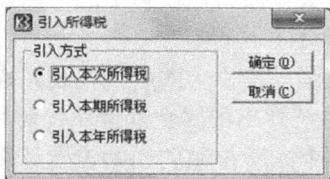

图 12-19　"引入所得税"对话框

图 12-20　引入所得税计算数据

制表人	审核人	职员姓名	部门名称	基本工资	奖金	加班小时	加班费	代扣税	其它扣款	应发合计	扣款合计	实发合计
张华	李信诚	行政部		5,500.00	3,500.00			66.00	1,800.00	9,000.00	1,866.00	7,134.00
张华	张华	技术部		4,600.00	2,200.00	12.00	240.00	47.70	450.00	7,040.00	497.70	6,542.30
张华	李萍	销售部		3,500.00	6,300.00			225.00	450.00	9,800.00	675.00	9,125.00
张华	陈立波	采购部		3,500.00	2,300.00	10.00	200.00	16.50	450.00	6,000.00	466.50	5,533.50
张华	李呈栋	仓储部		3,500.00	2,200.00	23.00	460.00	21.30	450.00	6,160.00	471.30	5,688.70
张华	李明	仓储部		3,500.00	2,350.00	26.00	520.00	35.10	450.00	6,370.00	235.10	6,134.90
张华	张恒	生产一部		3,300.00	1,860.00	25.00	500.00	11.40	280.00	5,660.00	291.40	5,368.60
张华	何仁杰	生产二部		3,300.00	2,250.00	20.00	400.00	22.50	200.00	5,950.00	222.50	5,727.50
张华	张林	财务部		3,500.00	2,600.00			24.60	280.00	6,100.00	304.60	5,795.40
张华	李丽娟	财务部		3,500.00	2,400.00	20.00	400.00	33.00	200.00	6,300.00	233.00	6,067.00
张华	王丽妍	财务部		3,300.00	1,200.00	20.00	400.00		200.00	4,900.00	200.00	4,700.00
张华	马剑飞	财务部		3,300.00	1,350.00	15.00	300.00		200.00	4,950.00	200.00	4,750.00
合计				44,300.00	30,510.00	171.00	3420.00	503.10	5,160.00	78,230.00	5,863.10	72,566.90

图 12-21　税后各项工资数据

扫一扫　视频 12-3：所得税计算

四、工资审核、复核与凭证处理

1．工资审核、复核

在金蝶 K/3 系统主界面中，依次单击"人力资源"→"工资管理"→"工资业务"，双击"工资审核"，打开"工资审核"对话框，单击"全选"按钮并勾选"审核"单选框，单击"确定"按钮，完成工资数据的审核，如图 12-22 所示。

在"工资审核"窗口，全选所有部门并勾选"复核"单选框，单击"确定"按钮，完成工资数据的复核，如图 12-23 所示。

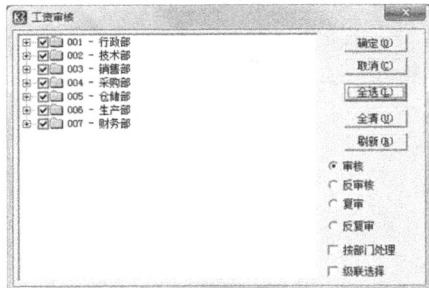

图 12-22　工资审核　　　　　　　　图 12-23　工资复核

工资数据审核和复核之后，工资录入窗口中的所有数据不允许再做变动。

2．根据工资数据生成记账凭证

在根据工资数据生成记账凭证传递给总账系统之前，需要设置各个部门职工工资的费用分配方案，根据费用分配方案归集各个部门职工的工资费用，具体步骤如下所示。

Step1：费用分配方案设计。

在金蝶 K/3 系统主界面中，依次单击"人力资源"→"工资管理"→"工资业务"，双击"费用分配"，打开"费用分配"对话框，如图 12-24 所示。在"编辑"标签中，单击"新增"按钮，新增工资费用分配方案。最后，单击"保存"按钮。

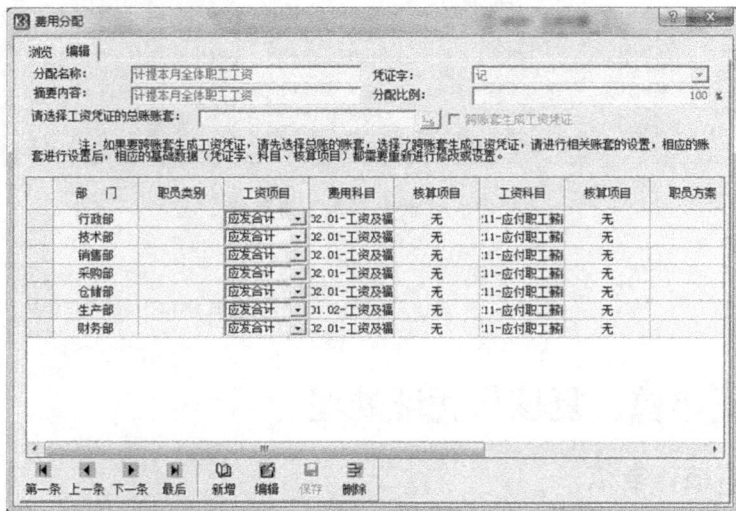

图 12-24 "费用分配"对话框

Step2：生成记账凭证。

在"费用分配"对话框中，单击"浏览"标签，选择"计提本月全体职工工资"费用分配方案，再单击"生成凭证"按钮，即可根据工资数据和费用分配方案生成工资的记账凭证传递给总账系统，如图 12-25 所示。

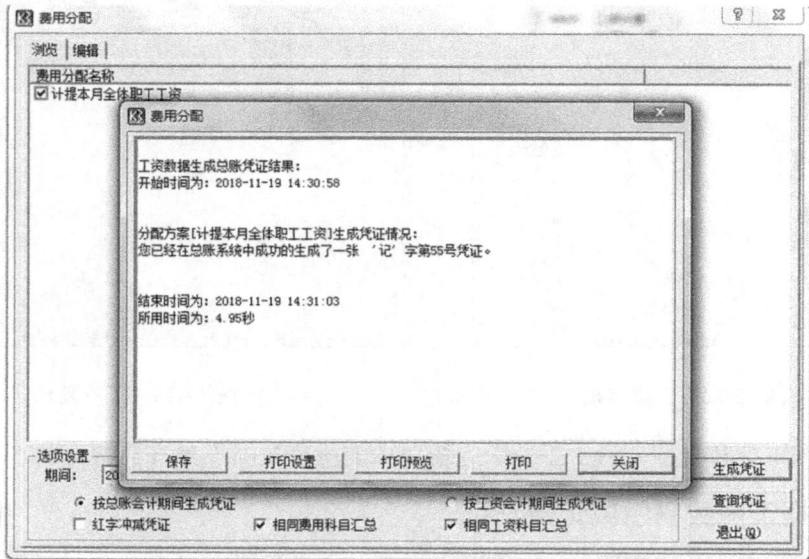

图 12-25 工资数据生成记账凭证

Step3：查看工资记账凭证。

在"工资业务"子功能"工资凭证管理"明细功能中，可以查看根据费用分配方案生成的记账凭证，如图 12-26 所示。

	摘要	科目	借方	贷方
1	计提本月全体职工工资	6602.01 - 管理费用 - 工资及福利	6662000	
2	计提本月全体职工工资	5101.02 - 制造费用 - 工资及福利	1161000	
3	计提本月全体职工工资	2211 - 应付职工薪酬		7823000

图 12-26　根据费用分配方案生成的记账凭证

图 12-26 中记账凭证中的数据必须要与工资录入表中的数据一致，从而保证工资系统中数据与总账系统中数据的一致性。

视频 12-4：工资审核、复核与生成凭证

扫一扫

五、期末结账

本期所有的工资管理业务结束以后，可以对工资管理系统进行期末结账。结账后，工资管理系统将自动进入下一期。

在金蝶 K/3 系统主界面中，依次单击"人力资源"→"工资管理"→"工资业务"，双击"期末结账"，打开"期末结账"对话框，勾选"本期"单选框，再单击"开始"按钮，即可完成结账操作，如图 12-27 所示。

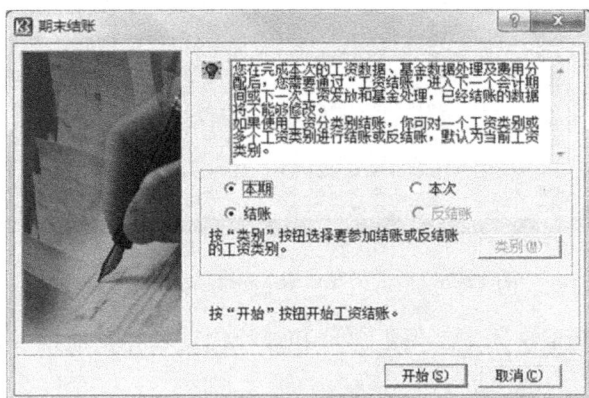

图 12-27　"期末结账"对话框

任务思考

中国常信计算机有限公司全体职工工资凭证的生成是按职工所在的部门计提的，当某个部门有不同类别的职工时，就要分别在"职员管理"明细功能中，设置职工的职员类别。如生产部既有生产工人，又有车间管理人员，在根据工资数据生成凭证时，由于职工所属

部门和类别不同，产品生产工人的工资要计入“生产成本——工资及福利”科目中，车间管理人员的工资要计入“制造费用——工资及福利”科目中。

想一想

1. 在工资管理系统中，如何设置每月数额相同的工资项目？
2. 如果某职工发生了部门变动，其工资业务如何处理？
3. 同一部门不同职员类别的职工工资，如何生成记账凭证？

举一反三

工资报表主要提供工资管理需要的一些基本报表，如工资发放表、工资汇总表、银行代发表等，通过这些报表，可以全面地掌握企业工资总额、分部门工资水平及其构成、人员工龄、年龄结构等，可以制定合理的工资管理报表。

工资业务报表中，工资条用于分条输出每名员工的工资数据信息；工资发放表可以对工资发放数据进行分页浏览、打印输出或引出等操作；工资汇总表中存放着所有职工的工资数据，可以从中查看工资的发放情况；工资统计表中存储着工资的汇总信息，包括扣零结余、奖金、基本工资等选项，可以通过工资统计表对职工的工资详情进行查阅；个人所得税报表用于查询每名员工在一定期间内个人所得税的交纳情况。

以工资发放表为例。在金蝶 K/3 系统主界面中，依次单击“人力资源”→“工资管理”→“工资报表”，双击“工资发放表”，打开“工资发放表-[标准格式]”窗口，从中可以查看本期或其他期的工资发放报表，如图 12-28 所示。

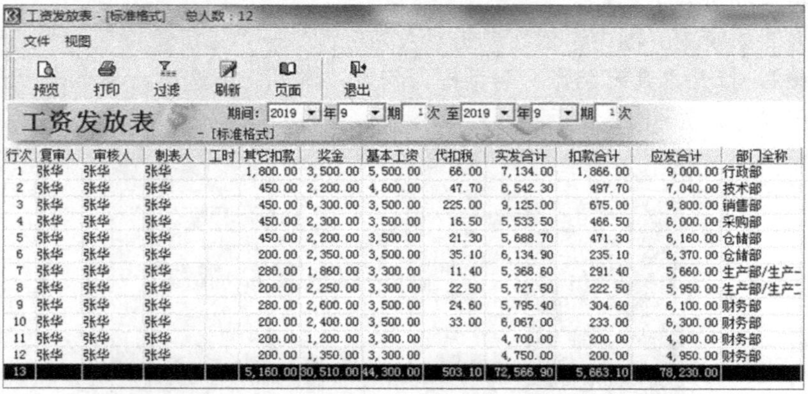

行次	复审人	审核人	制表人	工时	其它扣款	奖金	基本工资	代扣税	实发合计	扣款合计	应发合计	部门全称
1	张华	张华	张华		1,800.00	3,500.00	5,500.00	66.00	7,134.00	1,866.00	9,000.00	行政部
2	张华	张华	张华		450.00	2,200.00	4,600.00	47.70	6,542.30	497.70	7,040.00	技术部
3	张华	张华	张华		450.00	6,300.00	3,500.00	225.00	9,125.00	675.00	9,800.00	销售部
4	张华	张华	张华		450.00	2,300.00	3,500.00	16.50	5,533.50	466.50	6,000.00	采购部
5	张华	张华	张华		450.00	2,200.00	3,500.00	21.30	5,688.70	471.30	6,160.00	仓储部
6	张华	张华	张华		200.00	2,350.00	3,500.00	35.10	6,134.90	235.10	6,370.00	仓储部
7	张华	张华	张华		280.00	1,860.00	3,300.00	11.40	5,368.60	291.40	5,660.00	生产部/生产一
8	张华	张华	张华		200.00	2,250.00	3,300.00	22.50	5,727.50	222.50	5,950.00	生产部/生产二
9	张华	张华	张华		280.00	2,600.00	3,500.00	24.60	5,795.40	304.60	6,100.00	财务部
10	张华	张华	张华		200.00	2,400.00	3,500.00	33.00	6,067.00	233.00	6,300.00	财务部
11	张华	张华	张华		200.00	1,200.00	3,300.00		4,700.00	200.00	4,900.00	财务部
12	张华	张华	张华		200.00	1,350.00	3,300.00		4,750.00	200.00	4,950.00	财务部
13					5,160.00	30,510.00	44,300.00	503.10	72,566.90	5,663.10	78,230.00	

图 12-28 “工资发放表-[标准格式]”窗口

同理，也可以查看工资条、工资汇总表和银行代发表等其他报表。

课后作业

1. 根据中国常信计算机有限公司的职工工资表，进行工资管理系统的部门、职员、工资项目、工资计算公式和所得税初始设置。
2. 录入中国常信计算机有限公司的职工工资数据。
3. 计算全体职工的个人所得税。
4. 审核、复核全体职工工资数据。
5. 根据全体职工工资数据，对工资进行费用分配并生成记账凭证传递给总账系统。

附录一 中国蓝海电子有限责任公司财务业务一体化实践案例

一、公司基本情况

公司名称：中国蓝海电子有限责任公司

账套名称：中国蓝海

单位地址：中国江苏省常州市武进区鸣新东路 2 号

法人代表：王程公

邮政编码：213164

电子邮件：sqlusqlusqlu@163.com

电话：0519-86323208

传真：0519-86323170

税号：320402563921000236

启用期间：自然年度会计期间，2019 年 11 期

账套类型：标准供应链解决方案

账套属性：记账本位币为人民币，保留两位小数位

二、公司静态基础数据

1．核算参数设置

启用年度：2019 年

启用期间：第 9 期

核算方式：数量、金额核算

库存更新控制：单据审核后立即更新

2．公司基础档案

公司使用的会计科目为 2007 年新会计准则科目，凭证字采用"记"。中国蓝海电子有限责任公司期初基础数据如下。

1）公司部门、人员及权限分工（附表 2-1）

附表 2-1 公司部门、人员及权限分工

职 员 编 号	用 户 名	部 门 编 号	部 门	权 限
201.001	陈英	201	行政部	管理员，不需授权
202.001	袁众学	202	财务部	管理员，不需授权

职 员 编 号	用 户 名	部 门 编 号	部 门	权 限
203.001	张林	203	采购部	基础资料查询、采购管理系统
204.001	赵伟	204	销售部	基础资料查询、销售管理系统
205.001	赵公成	205	仓储部	基础资料查询、仓存管理系统
206.001	朱山永	206	生产部	基础资料查询、生产管理系统
206.001	刘功泽	206	生产部	基础资料查询、生产管理系统

2）会计科目

"1221 其他应收款"科目下新增明细科目：1221.01 职员，核算项目为"职员"；1221.02 客户，核算项目为"客户"。

"1403 原材料"科目下新增明细科目：1403.01 原材料、1403.02 自制半成品。

"2202 应付账款"科目下新增明细科目：2202.01 暂估应付款、2202.02 应付货款，并将"2202.02 应付货款"的核算项目设置为"供应商"。

"1122 应收账款"的核算项目设置为"客户"。

"1123 预付账款"的核算项目设置为"供应商"。

"2203 预收账款"的核算项目设置为"客户"。

"2221 应交税费"科目下新增明细科目：2221.01 应交增值税、2221.01.01 进项税额、2221.01.02 进项税额转出、2221.01.05 销项税额。

"5001 生产成本"科目下新增明细科目："5001.01"101#产品、"5001.02"102#产品。

"6602 管理费用"科目下新增明细科目：6602.01 工资及福利、6602.02 折旧费、6602.03 通信费、6602.04 办公费。

"6603 财务费用"科目下新增明细科目：6603.01 利息、6603.02 汇兑损益。

3）计量单位（附表 2-2）

附表 2-2　计量单位

组 别	代 码	名 称	系 数
重量组	kg	千克	1
数量组	Jian	件	1

4）增加结算方式（附表 2-3）

附表 2-3　增加结算方式

代 码	名 称
JF06	支票结算

5）客户档案（附表 2-4）

附表 2-4　客户档案

代 码	名 称
01	上海光华公司
02	江苏威宇公司

6）供应商档案（附表 2-5）

附表 2-5 供应商档案

代　码	名　　称
01	天津信达公司
02	沈阳达美公司

7）仓库档案（附表 2-6）

附表 2-6 仓库档案

代　码	名　　称
01	原材料仓库
02	产品仓库

8）凭证字

新增凭证字：记。

9）物料资料（附表 2-7）

附表 2-7 物料资料

代　码	名　　称	计量单位	计价方法	存货科目	销售收入科目	销售成本科目
001	原材料					
001.001	ADS 材料	千克	先进先出	1403.01	6051	6402
001.002	BCF 材料	千克	先进先出	1403.01	6051	6402
002	产品					
002.001	101#产品	件	先进先出	1405	6001	6401
002.001	102#产品	件	先进先出	1405	6001	6401

注：所有物料的税率均为 16%，原材料的属性为外购，默认仓库设置为原材料仓库；产品的属性为自制，默认仓库设置为产品仓库。

三、系统参数设置与初始数据

（1）总账系统参数设置与初始数据。

本年利润科目设置为 4103，利润分配科目设置为 4104。

各个会计科目的期初余额如附表 2-8 所示。

附表 2-8 各个会计科目的期初余额

账户名称	方　向	期初余额	账户名称	方向	期初余额
银行存款	借	21 000	短期借款		25 000
库存现金	借	8 280	长期借款		70 000
原材料——原材料	借	4 020	应付账款		8 200
库存商品	借	30 000	应交税费——应交所得税		900
生产成本——101#产品	借	1 200	应付利息		800
应收账款	借	1 000	实收资本		27 000
其他应收款——职员	借	1 200	本年利润		6 300

续表

账 户 名 称	方 向	期 初 余 额	账 户 名 称	方 向	期 初 余 额
固定资产	借	80 000			
累计折旧	贷	−8 500			

（2）应收款管理系统参数设置与初始数据。

坏账计提方法为"备抵法"中的"应收账款百分比法"，计提比例为5%，坏账损失科目为6701，坏账准备科目为1231。

科目设置：销售发票、收款单、退款单的会计科目均为应收账款1122，预收单会计科目为预收账款2203，其他应收单的会计科目为其他应收款——职员1221.01，应收票据科目为1121，应交税金科目为2221.01.05。

单据控制：反审核人与审核人为同一人，只允许修改、删除本人录入的单据，税率来源为"取产品属性的税率"。

期末处理：结账与总账期间同步。

凭证处理：使用凭证模板，预收冲应收需要生成转账凭证。

核销控制：不同订单号、合同号也能核销，审核后不自动核销。

应收款管理系统初始数据如下。

应收账款的期初余额为2019年10月19日向上海光华公司销售101#产品15件，价税合计金额为1 000元。

其他应收款——职员的期初余额为陈英于2019年10月18日向公司借款1 200元。

（3）应付款管理系统参数设置与初始数据。

科目设置：采购发票、付款单、退款单的会计科目均为应付账款2202，预付单会计科目为预付账款1123，其他应付单的会计科目为其他应付款2241，应付票据科目为2201，应交税金科目为2221.01.01。

单据控制：反审核人与审核人为同一人，只允许修改、删除本人录入的单据，税率来源为"取产品属性的税率"。

期末处理：结账与总账期间同步。

凭证处理：使用凭证模板，预付冲应付需要生成转账凭证。

核销控制：不同订单号、合同号也能核销，审核后不自动核销。

应付款管理系统初始数据如下。

应付账款——应付货款8 200元，2018年10月15日向沈阳达美公司采购ADS材料1600千克，价税合计为8 200元。

（4）固定资产管理系统参数设置与初始数据。

初始固定资产信息为001厂房，入账日期为2007年7月28日，原价为80 000元，变动方式为购入。生产部使用比率占60%，行政部使用比率占40%；制造费用分摊占60%，管理费用分摊占 40%。使用年限为 80 个月，已经提取累计折旧 8 500 元，采用平均年限法提取折旧，净残值率为 0。

（5）业务系统参数与初始数据。

核算系统选项：暂估差额生成方式为"单到冲回"。

供应链整体选项：取消"若应收应付系统未结束初始化，则业务发票不允许保存"复选框。

采购系统启用新单多级审核，并设置 Administrators 组中的所有人均有权审核。

中国蓝海电子有限责任公司原材料仓库 ADS 材料为 1 000 千克，金额为 4 020 元，产品仓库 101#产品数量为 600 件，金额为 30 000 元。

中国蓝海电子有限责任公司启用总账、应收款管理、应付款管理、固定资产管理、现金管理、工资管理和业务系统。

四、中国蓝海电子有限责任公司 2019 年 11 月财务业务一体化处理

（1）1 日，接银行收款通知，收到投资者投入现金 80 000 元，存入银行存款。

（2）1 日，从沈阳达美公司购入 ADS 材料 2 000 千克，每千克 4 元；BCF 材料 3 000 千克，每千克 2 元。供方代垫运杂费 100 元，增值税额为 2 380 元，货款与运费尚未支付。

（3）2 日，上述 ADS、BCF 材料两种材料运到本公司验收入库。

（4）4 日，为生产 101#产品领用 ADS 材料 1 000 千克，每千克 4.02 元；BCF 材料 1 500 千克，每千克 2.02 元。

（5）5 日，行政管理部门购买办公用品，费用为 100 元，以银行存款支付。

（6）6 日，向上海光华公司销售 101#产品 200 件，每件售价 100 元，货款 20 000 元，应交增值税 3 400 元，货款尚未收到。

（7）7 日，以银行存款支付之前欠沈阳达美公司的货款 1 500 元。

（8）8 日，向银行借入短期借款 50 000 元存入银行存款。

（9）9 日，以银行存款支付 101#产品销售费用 200 元。

（10）10 日，上月行政部陈英报销差旅费 1 000 元，余额 200 退回现金。

（11）12 日，分配本月应付职工薪酬，工资数据如附表 2-9 所示。

附表 2-9　2019 年 11 月中国蓝海电子有限责任公司职工工资表

编号	用户名	部门	基本工资（元）	加班小时	加班费（元）	奖金（元）	其他扣款（元）
201.001	陈英	行政部	5 500	0	0	2 600	1 500
202.001	袁众学	财务部	4 600	15	300	2 900	600
203.001	张林	采购部	4 000	15	300	6 000	450
204.001	赵伟	销售部	3 500	10	200	2 500	500
205.001	赵公成	仓储部	4 000	15	300	3 000	450
206.001	朱山永	生产部	3 500	25	500	2 400	200
206.001	刘功泽	生产部	3 900	25	500	2 000	300

（12）13 日，向江苏威宇公司销售 101#产品 250 件，每件 100 元，货款 25 000 元，

应交增值税 4 250 元，货款已收到，存入银行。

（13）16 日，收到上海光华公司还来之前欠的货款 23 400 元，存入银行。

（14）19 日，采购员张林预借差旅费 800 元，以现金支付。

（15）21 日，为组织管理车间生产使用 ADS 材料 500 千克，每千克 4.02 元。

（16）25 日，预付下年度报纸、杂志费 1 600 元。

（17）凭证审核、过账。

（18）30 日，以银行存款 20 000 元支付本月职工工资。

（19）30 日，计提本月应负担的短期借款利息 500 元。

（20）30 日，提取本月固定资产折旧 1 000 元，其中，生产车间固定资产折旧 600 元，公司管理部门固定资产折旧 400 元。

（21）30 日，以银行存款支付本月水电费，其中，生产 101#产品耗用 1 000 元，车间耗用 500 元，管理部门耗用 300 元。

（22）30 日，发现 25 日预付下年度报纸、杂志费应为 600 元，进行调整。

（23）30 日，结转本月产品负担的制造费用。

（24）30 日，本月 101#产品全部完工，共计 500 件，结转完工产品成本。

（25）30 日，结转本月产品销售成本，按照先进先出法，单位成本为 50 元。

（26）凭证审核、过账。

（27）30 日，使用"结转损益"将本月费用账户结转至"本年利润"账户。

（28）30 日，将营业收入结转至"本年利润"账户。

（29）30 日，计算并结转"所得税费用"，以银行存款交纳所得税，所得税税率为 25%。

（30）30 日，查看科目余额表，编制资产负债表和利润表。

五、中国蓝海电子有限责任公司 2019 年 12 月财务业务一体化处理

（1）1 日，向沈阳达美公司预付购买 ADS 材料的货款 10 000 元，以银行存款支付。

（2）4 日，生产 102#产品，领用 ADS 材料 1 500 千克，每千克 4.02 元，BCF 材料 1 000 千克，每千克 2.02 元。

（3）5 日，购入一台机床设备，编号为 JC-001，价值为 50 000 元，预计使用年限为 60 个月，根据平均年限法计提折旧，设备为生产部独用，预计净残值率为 0。

（4）6 日，向上海光华公司销售 101#产品 150 件，每件售价 100 元，货款 15 000 元，应交增值税 2 550 元，货款尚未收到。

（5）7 日，向江苏威宇公司销售 101#产品 500 件，每件售价 100 元，货款 50 000 元，应交增值税 8 500 元，货款已收到，存入银行。

（6）9 日，向沈阳达美公司订购的 ADS 材料验收入库，单价为 4 元，数量为 2 500 千克，增值税 1 700 元，不足部分以银行存款补付。

（7）10 日，生产 101#产品，领用 ADS 材料 1 000 千克，每千克 4 元，领用 BCF 材料 500 千克，每千克 2.02 元。

（8）15 日，以银行存款支付 101#产品和 102#产品的广告费 200 元。

（9）16 日，收到上海光华公司归还之前欠的货款 17 550 元，存入银行。

（10）21日，以现金600元购买车间办公用品。

（11）22日，向江苏威宇公司销售ADS材料200千克，每千克5元，增值税170元，款项收到存入银行。

（12）25日，本月盘亏ADS材料4 000元，单价4元，经查为非正常损失；本月盘盈BCF材料100千克，每千克2元，经查为收发计量上的错误所致。

（13）25日，本月盘盈机器设备一台，预计原值为10 000元，已计提折旧4 000元，预计剩余使用年限为5年。

（14）凭证审核、过账。

（15）28日，计提本月应付职工工资，工资数据如附表2-10所示。

附表2-10　2019年12月中国蓝海电子有限责任公司职工工资表

编号	用户名	部门	基本工资（元）	加班小时	加班费（元）	奖金（元）	其他扣款（元）
201.001	陈英	行政部	5 500	0	0	2 800	1 500
202.001	袁众学	财务部	4 600	10	200	2 000	600
203.001	张林	采购部	4 000	8	160	2 000	450
204.001	赵伟	销售部	3 500	10	200	2 000	500
205.001	赵公成	仓储部	4 000	15	300	1 500	450
206.001	朱山永	生产部	3 500	20	400	2 400	200
206.001	刘功泽	生产部	3 900	20	400	1 500	300

（16）28日，企业归还短期借款，其中本金25 000元，已计提的利息1 300元，本月应承担500元，共计26 800元。

（17）31日，提取本月固定资产折旧。

（18）31日，以银行存款支付本月水电费，其中生产101#产品耗用800元，生产102#产品耗用400元，车间耗用500元，管理部门耗用300元。

（19）31日，发现15日支付的广告费应为2 000元，进行调整。

（20）31日，结转本月产品负担的制造费用，按照产品所耗用工时来分配，101#产品耗用2 500工时，102#产品耗用1 500工时。

（21）31日，本月101#产品全部完工，计100件，102#产品全部完工计200件，结转完工产品成本。

（22）31日，按先进先出法结转本月销售产品成本。

（23）31日，计提本月长期借款利息1 000元。

（24）31日，支付本月和上月的增值税。

（25）31日，支付税收滞纳金100元，以现金支付。

（26）31日，计算本月应该缴纳的城建税和教育费附加。

（27）31日，结转已售材料成本。

（28）凭证审核过账。

（29）31日，用"结转损益"将本月费用账户结转至"本年利润"账户。

（30）31日，将营业收入结转本年利润账户。

（31）31日，计算并结转本月应交纳的所得税费用，以银行存款支付，税率25%。

（32）31日，将"本年利润"余额转入"利润分配"。

（33）31 日，按全年"未分配利润"的余额的 10%提取法定盈余公积金。

（34）31 日，经中国蓝海电子有限责任公司管理层决议，分配给投资者的现金股利为 5 000 元。

（35）31 日，中国蓝海电子有限责任公司年终将"利润分配"其他明细账户的余额转入"利润分配-未分配利润"。

（36）31 日，查看科目余额表，编制资产负债表和利润表。

扫一扫   附录一 中国蓝海电子有限责任公司财务业务一体化实践案例

附录二 全书拍摄视频列表

任　务	视 频 内 容	时　长
任务一	视频 1-1：金蝶 K3 安装	12 分 1 秒
任务一	任务一：任务思考	
任务一	任务一：课后作业	
任务二	视频 2-1：新建账套	2 分 0 秒
任务二	视频 2-2：账套属性设置与启用	1 分 46 秒
任务二	视频 2-3：账套备份与恢复	2 分 45 秒
任务二	视频 2-4：用户及权限管理	5 分 2 秒
任务二	任务二：任务思考	
任务三	视频 3-1：金蝶 K3 核算参数和工厂日历设置	7 分 10 秒
任务三	视频 3-2：新增币别	3 分 18 秒
任务三	视频 3-3：会计科目的引入与设置	7 分 5 秒
任务三	视频 3-4：新增计量单位	3 分 54 秒
任务三	视频 3-5：新增结算方式、部门和职员	7 分 19 秒
任务三	视频 3-6：新增客户与供应商档案	6 分 7 秒
任务三	视频 3-7：新增物料数据	20 分 26 秒
任务三	视频 3-8：新增自定义核算项目	6 分 24 秒
任务三	任务三：任务思考	
任务四	视频 4-1：应收款管理系统参数设置与初始化	19 分 38 秒
任务四	视频 4-2：应付款管理系统参数设置与初始化	13 分 37 秒
任务四	视频 4-3：固定资产系统参数设置与初始化	22 分 52 秒
任务四	视频 4-4：现金管理系统参数设置与初始化	15 分 47 秒
任务四	视频 4-5：总账系统参数设置与初始化	15 分 41 秒
任务四	视频 4-6：总账系统与其他系统的对账	6 分 10 秒
任务四	视频 4-7：业务系统参数设置与初始化	29 分 53 秒
任务四	视频 4-8：业务系统与总账系统对账	10 分 8 秒
任务四	任务四：任务思考	
任务五	视频 5-1：新增记账凭证	19 分 26 秒
任务五	视频 5-2：凭证查询、复核、审核和过账	12 分 59 秒
任务五	视频 5-3：错账更正	10 分 59 秒
任务五	任务五：任务思考	
任务六	视频 6-1：查看总分类账和明细分类账	11 分 35 秒
任务六	视频 6-2：自动转账	15 分 35 秒
任务六	视频 6-3：期末调汇与结转损益	12 分 55 秒
任务六	任务六：任务思考	
任务七	视频 7-1：编制会计科目简表	21 分 27 秒

续表

任 务	视 频 内 容	时 长
任务七	视频 7-2：编制货币资金表	11 分 51 秒
任务七	视频 7-3：编制资产负债表	9 分 51 秒
任务七	视频 7-4：编制利润表	7 分 51 秒
任务七	视频 7-5：编制现金流量表	11 分 35 秒
任务七	任务七：任务思考	
任务八	视频 8-1：一般采购业务处理	10 分 17 秒
任务八	视频 8-2：采购退货业务处理	5 分 27 秒
任务八	视频 8-3：一般销售业务处理	9 分 36 秒
任务八	视频 8-4：仓存系统业务处理	10 分 35 秒
任务八	视频 8-5：委外加工业务处理	11 分 51 秒
任务八	视频 8-6：生产计划业务处理	26 分 38 秒
任务八	视频 8-7：存货核算业务处理	20 分 29 秒
任务八	任务八：任务思考	
任务九	视频 9-1：采购发票账务处理与应付款管理	19 分 32 秒
任务九	视频 9-2：销售发票账务处理与应收款管理	26 分 35 秒
任务九	视频 9-3：仓存业务账务处理与凭证生成	21 分 31 秒
任务九	视频 9-4：业务系统期末结账	4 分 3 秒
任务九	任务九：任务思考	
任务十	视频 10-1：现金管理	5 分 5 秒
任务十	视频 10-2：银行存款管理	5 分 56 秒
任务十	视频 10-3：票据管理	5 分 3 秒
任务十	任务十：任务思考	
任务十一	视频 11-1：新增固定资产	5 分 8 秒
任务十一	视频 11-2：固定资产变动业务处理	2 分 7 秒
任务十一	视频 11-3：固定资产清理	3 分 32 秒
任务十一	视频 11-4：固定资产计提折旧	3 分 3 秒
任务十一	任务十一：任务思考	
任务十二	视频 12-1：工资管理系统基础资料设置	10 分 47 秒
任务十二	视频 12-2：工资录入	6 分 12 秒
任务十二	视频 12-3：所得税计算	2 分 58 秒
任务十二	视频 12-4：工资审核、复核与生成凭证	6 分 39 秒
任务十二	任务十二：任务思考	
	中国常信计算机有限公司财务业务一体化实践案例	
附录一	附录一 中国蓝海电子有限责任公司财务业务一体化实践案例	
总计		588 分 18 秒

扫一扫　　附录二 全书拍摄视频列表

附录三 全书账套列表

账套 1	任务四结束初始化后账套	
账套 2	任务六结束后账套	
账套 3	任务八结束后账套	
账套 4	任务九结束后账套	
账套 5	任务十一结束后账套	
账套 6	任务十二结束后账套	

参 考 文 献

[1] 刘大斌，李吉梅，万新焕. 财务业务一体化实训教程（用友 U8 V10.1）（微课版）[M]. 北京：清华大学出版社，2018.

[2] 青云财经，刘清云. 详解金蝶 K/3 财务应用[M]. 北京：中国铁道出版社，2012.

[3] 王先鹿，陈瑞艳等. 金蝶 K/3 财务软件应用实务大全[M]. 北京：机械工业出版社，2013.

[4] 牛永芹，杨琴，喻竹等. ERP 财务业务一体化实训教程（第二版）（用友 U8V10.1 版）[M]. 北京：高等教育出版社，2017.

[5] 魏世和，陈祥禧. ERP 财务业务一体化应用（用友 ERP-U8.72 版）[M]. 南京：南京大学出版社，2014.

[6] 何亮等. 金蝶 ERP-K/3 标准财务模拟实训[M]. 北京：人民邮电出版社，2009.

[7] 袁颂峰. 企业财务业务一体化[M]. 重庆：重庆大学出版社，2014.

[8] 潘林芝，孙洁，毛卫东. 会计信息化实务[M]. 北京：北京大学出版社，2017.

[9] 孙莲香. 财务业务一体化应用教程[M]. 南京：南京大学出版社，2007.

[10] 伍少金. 会计信息化一体化教程[M]. 上海：上海交通大学出版社，2016.

[11] 邱立新. ERP 原理与应用（第二版）[M]. 北京：北京大学出版社，2018.

[12] 周玉清，刘伯莹，周强. ERP 原理与应用简明教程[M]. 北京：清华大学出版社，2016.

[13] 龚素霞，黄勇，李晶等. ERP 原理与应用[M]. 北京：清华大学出版社，2016.

[14] 傅仕伟，李湘琳. 金蝶 K/3 ERP 供应链管理系统实验教程[M]. 北京：清华大学出版社，2013.

[15] 肖玉，周磊，严正宇等. ERP 原理、实施与案例(第 2 版) [M]. 北京：清华大学出版社，2014.

[16] 胡生夕，姜明霞，刘轶卿等. ERP 供应链管理系统[M]. 大连：东北财经大学出版社，2016.

[17] 郝美丽，贺茉莉. 金蝶 K/3 应用实训教程（第二版）[M]. 大连：东北财经大学出版社，2018.

[18] 张洪波. 会计信息化[M]. 北京：高等教育出版社，2011.

[19] 孙晶，赵颖. ERP 应用实训教程——金蝶 K/3 版[M]. 南京：东南大学出版社，2015.

[20] 杨尊琦. ERP 企业内部物流实验教程[M]. 北京：清华大学出版社，2016.

[21] 陈其明. ERP 系统与实践[M]. 北京：清华大学出版社，2014.

[22] 毛华扬. 会计信息系统原理与应用——基于金蝶 K/3 WISE [M]. 北京：中国人民大学出版社，2016.

[23] 刘玉萍，王英英. 金蝶 K/3 财务管理入门与实战[M]. 北京：清华大学出版社，2013.

[24] 韩福才，张娜，闫华. 会计信息系统（金蝶 K/3）[M]. 西安：西安电子科技大学出版社，2016.

[25] 张冬梅. 电算会计项目化教程（用友 ERP-U872 版）[M]. 北京：电子工业出版社，2013

[26] 王剑盛. 会计信息化（用友 ERP-U8V10.1）[M]. 大连：东北财经大学出版社，2017.